21世纪高等院校旅游管理精品教材

Tourism Psychology

旅游心理学

第5版

5th edition

舒伯阳 冯婉怡 谭庆秋 编著

东北财经大学出版社
Dongbei University of Finance & Economics Press
大连

图书在版编目（CIP）数据

旅游心理学 / 舒伯阳，冯婉怡，谭庆秋编著．—5版．—大连：东北财经大学出版社，2023.2（2025.7重印）
（21世纪高等院校旅游管理精品教材）
ISBN 978-7-5654-4676-4

Ⅰ.旅… Ⅱ.①舒… ②冯… ③谭… Ⅲ.旅游心理学-高等学校-教材 Ⅳ.F590-05

中国版本图书馆CIP数据核字（2022）第225829号

东北财经大学出版社出版
（大连市黑石礁尖山街217号　邮政编码　116025）
网　址：http://www.dufep.cn
读者信箱：dufep@dufe.edu.cn
大连日升彩色印刷有限公司印刷　东北财经大学出版社发行
幅面尺寸：185mm×260mm　字数：411千字　印张：18.75
2023年2月第5版　2025年7月第2次印刷
责任编辑：刘贤恩　王兆勇　责任校对：石建华
封面设计：冀贵收　版式设计：原　皓
定价：42.00元

教学支持　售后服务　联系电话：（0411）84710309

如有印装质量问题，请联系营销部：（0411）84710711

第五版前言

20世纪80年代以来，伴随着国内经济的快速发展以及旅游业的兴起，旅游学科开始在我国高等教育体系中崭露头角。旅游学科建立伊始，国内的旅游高等院校即普遍开设了“旅游心理学”这门课，并将其列为旅游管理专业的一门主干课程，并且，在随后如雨后春笋般遍地开花的旅游行业的各类培训班上大部分也都有“旅游心理学”的课程或专题讲座。直至今日，“旅游心理学”仍然是旅游管理专业设置中的8门主干课程之一。由此可见，“旅游心理学”在旅游学科中的重要性从来就不缺乏关注。

在“旅游心理学”的发展过程中，许多专家学者为建立“旅游心理学”这一应用学科付出了辛勤的劳动。据不完全统计，20世纪80年代以来正式出版的“旅游心理学”教材达几十种。然而，“旅游心理学”这一新兴学科基本的理论框架是什么，“旅游心理学”这门课到底应该为旅游从业人员传授什么……所有这些似乎仍然停留在30多年前的认识层面，没有太大的进展。

经过改革开放和市场化的洗礼，中国旅游业的发展取得了举世瞩目的成就，中国已经从亚洲旅游资源大国迅速发展成为亚洲旅游强国。今天，中国旅游业的多项指标已名列世界前茅。作为旅游业重要支撑基础的旅游教育事业也得到了空前发展，经过30多年的发展，我国已经形成研究生、本科、专科（含高职）和中等职业教育四个培养层次。截至2015年，全国设立旅游管理专业的普通高等院校583所，高职高专院校1 075所，中等职业学校789所，形成一个庞大的共同体。随着新一轮高等教育扩招与高校重组，一大批旅游中专以及高职旅游专业涌现出来，旅游学科面临着新的发展思考，其中旅游教材的建设和升级已经迫在眉睫。

“旅游心理学”应该如何编写？这是本书作者在下笔之前反复思考的一个问题。在翻阅相关资料的过程中，我们认为可以将现有的“旅游心理学”成果划分为以下两个层次：

1.国外的“旅游心理学”

国外的“旅游心理学”更多体现的是对旅游过程中相关心理问题的专题探讨与思考。以小爱德华·J.梅奥和兰斯·P.贾维斯两位博士早期完成的《闲暇旅行心理学》一书为代表。

2.国内的“旅游心理学”

（1）开创者。以甘朝有、齐善鸿、刘纯等为代表的一批学者在20世纪90年代初期就开始了心理学与旅游业现实的最初嫁接和移植尝试，并初步奠定了目前国内“旅游心理学”的框架体系。

（2）思想者。尤其值得一提的是，学者吴正平于1994年完成了《旅游心理学教程》一书，从此开始了针对“旅游业中若干心理专题”展开独特而系统的理论思考和实践尝试，并由此提出了一系列有价值的论题。

（3）编写者。目前，国内大多数“旅游心理学”教材的作者属于该群体，由于教材编写任务紧迫等原因，大家各显其能，水平参差不齐，但仍然在沿用传统的体系，并无太大的突破。

旅游学者谢彦君先生曾指出，旅游者行为研究应该成为整个旅游大学科中的基础之一，它应该发出自己的声音。近年来围绕旅游消费者行为等专题的旅游心理学基础研究正在逐渐深入。旅游心理学需要增加对现实鲜活案例的关注和思考，否则教材编写就是在重复前人的工作。尽管笔者目前仍属编写者层次，但试图进行新的尝试，期望能够通过自己的思考将教材编出些新意。唯有如此，才能及时跟上当前旅游业飞速发展的步伐。另外，也希望新的“旅游心理学”教材能够真正对旅游学子开拓视野有所助益。因此在本教材编写的过程中，我们对传统的“旅游心理学”体例进行了重组，将其分成了“总论”、“旅游消费心理篇”（从消费者角度，第1～4章）、“旅游服务心理篇”（从客我双方交往角度，第5～9章）以及“旅游企业管理心理篇”（从企业管理角度，第10～12章）四大部分，从而使论述相对集中。在理论引用方面，我们也尽量做到引用那些能够真正与旅游业心理现象相关联的心理学理论，同时结合党的二十大报告中所提出的“坚持以文塑旅、以旅彰文，推进文化和旅游深度融合”发展精神，链接文旅融合发展最新动态，摈弃了传统教材中一些陈旧而脱离旅游业实践的案例。此外，本书最大的特点（或者说做出的最大努力）就是大量采用一些直接反映当前旅游业现实的新案例，并且力图做到真实、生动、有趣。通过这些生动而鲜活的案例，旅游心理学方面的那些理论由此而变得浅显如话。

本书的编写参考了国内外“旅游心理学”诸多学者的研究成果，有部分案例改编自其他一些旅游相关书籍，在此对这些学者和专家深表谢意！是他们无私地向我们提供了旅游服务工作和旅游企业管理工作中极为宝贵的原始素材和经验教训，但愿将那些书中提到和因为疏忽未提到的朋友的感激之情化作我们的勤奋之笔！

本书前四版自推出以来受到了读者的广泛好评，应出版社之邀，本书第五版在原书第四版的基础上进行了完善，并体现了以下几点改变：

（1）增加每个章节的思维导图，以帮助学生形成对理论内容的系统认识。

（2）对大部分章节的“相关链接”“实例”“案例分析题”进行了更新，以体现与时俱进。

（3）对部分章节的理论内容进行更新，并补充疫情下旅游者、旅游从业者等人员的心理变化。

（4）结合党的二十大报告精神分析旅游者、旅游从业者心理需求变化以及行业发展动态。

本教材由中南财经政法大学教授、博士生导师舒伯阳组织编撰。舒伯阳负责修订方案和修改内容审定，中南财经政法大学的冯婉怡、谭庆秋负责本版修订内容的编撰工作。

本教材经过多轮修订，力求不断臻于完美，但可能仍然存在不完善之处，所以我们也恳切地希望使用本书第五版教材的师生朋友能提出批评和改进的意见，我们将不胜感激。另外，东北财经大学出版社刘贤恩先生积极倡议了本书第五版的推出，并提出了许多宝贵的建议，在此，我们谨向刘贤恩先生为本书出版所付出的辛勤劳动表示诚挚的谢意！

舒伯阳

中南财经政法大学旅游系

2022年8月

目 录

总 论 ……1
学习目标 ……1
思维导图 ……1
0.1 旅游现象的心理透视 ……1
0.2 旅游心理学的理论基础 ……2
0.3 旅游心理学的分析框架 ……5
0.4 研究旅游心理学的意义 ……13
本章小结 ……18
关键概念 ……18
基本训练 ……18
第1章 旅游消费行为的心理背景 ……20
学习目标 ……20
思维导图 ……20
1.1 消费者与旅游消费行为 ……20
1.2 旅游消费的环境与心理因素 ……32
1.3 旅游消费行为的一般过程 ……34
本章小结 ……51
关键概念 ……51
基本训练 ……51
第2章 知觉、学习与旅游消费行为 ……53
学习目标 ……53
思维导图 ……53
2.1 知觉与旅游消费行为 ……53
2.2 学习与旅游消费行为 ……65
本章小结 ……71
关键概念 ……72
基本训练 ……72
第3章 需要、动机与旅游消费行为 ……73
学习目标 ……73
思维导图 ……73

3.1 旅游需要的多样化 ……73
3.2 旅游动机的驱动性 ……82
3.3 影响旅游动机的个人因素 ……86
3.4 消费环境与动机的互动 ……87
本章小结 ……89
关键概念 ……89
基本训练 ……89
第 4 章 个性、态度与旅游消费行为 ……91
学习目标 ……91
思维导图 ……91
4.1 人格特征与旅游消费行为 ……91
4.2 人格结构与旅游消费决策 ……100
4.3 态度偏好与旅游行为 ……105
本章小结 ……120
关键概念 ……120
基本训练 ……120
第 5 章 旅游服务的心理环境 ……122
学习目标 ……122
思维导图 ……122
5.1 旅游服务中的客我交往关系 ……122
5.2 旅游服务中的功能服务与心理服务 ……129
本章小结 ……135
关键概念 ……135
基本训练 ……135
第 6 章 旅游服务各阶段心理的纵向分析 ……137
学习目标 ……137
思维导图 ……137
6.1 服务开始阶段的旅游者心理 ……137
6.2 服务中间阶段的旅游者心理 ……140
6.3 服务结束阶段的旅游者心理 ……147
本章小结 ……153
关键概念 ……153
基本训练 ……153
第 7 章 旅游服务具体环节心理的横向分析 ……156
学习目标 ……156
思维导图 ……156

7.1 服务场景与顾客心理 ……156
7.2 服务时机与顾客心理 ……164
7.3 员工行为与顾客心理 ……169
本章小结 ……176
关键概念 ……177
基本训练 ……177
第8章 专业旅游服务的心理要求 ……179
学习目标 ……179
思维导图 ……179
8.1 饭店服务的心理要求 ……179
8.2 餐饮服务的心理要求 ……187
8.3 旅行社服务的心理要求 ……191
本章小结 ……199
关键概念 ……199
基本训练 ……199
第9章 旅游从业人员心理素质要求 ……200
学习目标 ……200
思维导图 ……200
9.1 仪表、气质与服务表现 ……200
9.2 性格、情感与服务热情 ……203
9.3 意志、能力与服务水平 ……207
本章小结 ……213
关键概念 ……213
基本训练 ……214
第10章 旅游企业员工心理及行为管理 ……216
学习目标 ……216
思维导图 ……216
10.1 旅游企业员工个体心理差异 ……216
10.2 旅游企业员工工作动机的激发 ……223
10.3 旅游企业员工的情绪控制 ……233
10.4 旅游企业员工心理引导与行为矫正 ……237
本章小结 ……241
关键概念 ……241
基本训练 ……242
第11章 员工的群体心理 ……244
学习目标 ……244

思维导图 ······244
11.1 群体管理中的人际关系 ······244
11.2 正式群体与非正式群体 ······249
11.3 群体中的信息沟通与传播 ······253
本章小结 ······261
关键概念 ······261
基本训练 ······261
第12章 领导与管理激励 ······263
学习目标 ······263
思维导图 ······263
12.1 领导行为与员工心理 ······263
12.2 领导风格与情景权变 ······271
12.3 管理激励与团队士气 ······276
本章小结 ······284
关键概念 ······284
基本训练 ······284
参考文献 ······286

总　论

学习目标

通过本章的学习，建立对旅游心理学的基本认识，了解旅游心理学的主要研究对象：旅游者消费心理、旅游服务心理、旅游企业管理心理。了解在旅游心理学分析中常用的四种研究方法：观察法、实验法、测量法、调查法。掌握对旅游现象进行心理分析的两大基本原则：客观性原则、发展性原则。了解学习旅游心理学的意义。

思维导图

0.1　旅游现象的心理透视

心理学也许是现代生活中人们最广泛涉及的主题，因为，人们的现实生活主要是由人的心理和行为支配的。旅游是一种社会活动，是一种特定环境中的人际交往活动，而一切人际交往行为皆由意识和心理支配。例如，某位游客在“十一黄金周”来临前广泛查询，向众多朋友请教，与家人商量，在几经周折、反复酝酿之后，终于在多个旅游目的地中做出了去桂林的选择。如果我们深入地探究和分析，就会发现这一旅游消费决策现象的背后其实有着深层的心理原因（参见相关链接0-1）。人们为什么要去旅游呢？也许源于他们心底久远的一个梦想，也许出于眼前的暂时需要，总之，他们在做出旅游决定的那一刻，大多有如一首流行歌曲《快乐老家》所唱出的那种强烈感觉：跟我走吧，天亮就出发！

从相关链接0-1中，我们可以看出，一个人的出游行为其实是有着长期的心理原因的，在看似平常的现实生活中，每一个人都会酝酿自己的梦想，形成旅游的期望。有位学者曾经总结说，世界上有三大未解之谜：物质起源之谜、生命起源之谜、意识起源之谜。而心理学恰恰是探索关于意识起源之谜的科学，而且，由于“意识起源之谜”在很大程度上又和前两个未解之谜有着密切关联，所以这也使得心理学成为当今一个相当庞大而复杂的学科领域，同时也是一个能够使任何人都可能在其中找到自己感兴趣主题的领域。学习旅游心理学能够帮助我们透视纷繁复杂的旅游现象背后的心理奥妙，这正是旅游心理学的魅力所在！

【相关链接0-1】 旅行的意义

余秋雨

“人的生命由时间和空间组成。时间再怎么长，也就百来岁吧，延长余地不大，但空间就不一样了，伸缩的范围可以非常悬殊。因此，生命质量的落差，很大程度上与空间相关。”

“如果说，我的文化知识大半来自书房，那么，我的文化感悟则大半来自旅途。在半路客栈中把新获得的文化感悟匆匆写下来与广大读者分享，是我的一大幸福。”

钱锺书

“认识一个人最好的方式就是和他（她）去旅行。旅行最能试验得出一个人的品性，因为旅行是最劳顿、最麻烦、叫人本相毕现的时候，经过长期苦旅而彼此不讨厌的人，才可以结伴交作朋友。”

卢梭

“旅行包含着某种使我兴奋和活跃的东西，我静止不动时几乎不能思索。”

欧文

“不管命运如何，我漂泊的宿愿终于实现，游历了很多国家，考察了变化万千的人间真相。”

利群

“人生就像一场旅行，在乎的不是目的地，在乎的是沿途的风景和看风景时的心情。”

资料来源 作者根据相关资料整理.

0.2 旅游心理学的理论基础

如何深入地了解游客的真实心理？这是每一位旅游从业者都必须面对的问题，也是其提高自己职业能力所必须突破的关键。自心理学诞生之日起，人们就一直没有停止对人类心理奥秘的理论解释，并且逐渐形成了一些具有代表性的心理学理论流派，这些理论正是今天旅游心理学的理论基础。

一些人以为，学习旅游心理学就是为了能知道别人“心里是怎么想的”。这种想法不能说不对，因为心理学的确要研究人们“心里是怎么想的”，但是，心理学不能离开人们的所作所为和所处的环境，孤立地来研究人们“心里是怎么想的”。旅游心理学是在人与旅游活动环境的相互作用中来研究人的心理和行为的。一些心理学家把环境对人的作用称为“刺激”，而把人对环境的反作用称为“反应”。如果说人的行为是“对刺激的反应”，那么，人的心理就是“刺激”和“反应”之间的“中介”环节。

0.2.1 在人与环境的相互作用中研究人的心理和行为

举一个大学校园里发生在你身边的例子，四月底的某天，你在校园的布告栏中看到一张校旅游协会的“五一出游”海报，海报宣布：“本周五下午4点，本校旅游协会会员在学校国旗广场集中乘车，去市郊的天堂谷户外拓展野营地欢度‘五一’。”这张海报其实就是环境给你的一个具体“刺激”。到了星期五下午4点，作为校旅游协会一员的你准时来到国旗广场集中乘车，参加“五一出游”，这就是你对“刺激”做出的“反应”。

如果有人问你为什么要参加这次“五一出游”，你可能会说，这是因为你前两天看到了“五一出游”的海报；但实际上，使你走到国旗广场乘车出游的直接原因并不是那张海报，而是你看了那张海报以后，在脑子里产生的那些具体“想法”——“啊，太好了，我正想‘五一’去郊外散散心呢！”产生的这些想法就是你的“心理活动”，它发生在“刺激”和行为“反应”之间，是“刺激”和“反应”的“中介”。

看了那张海报，是不是所有的校旅游协会会员都会准时去国旗广场集中乘车呢？不一定。也许有的会员会有另外的个人想法：“哟，星期五我还要回家与家人团聚过‘五一’呢，我都三个月没有回家啦，正好利用这个‘五一’假期和家人聚聚。协会的这次活动就请个假算了，还是回家吧！”如果你这样想，你的行为“反应”就是不去国旗广场，而是按自己的原定计划，周末回家过“五一”。由此可见，人对“刺激”的“反应”固然与“刺激”有关，但并不是由“刺激”直接决定的，是作为“中介”的心理活动，在“刺激”和“反应”之间起着非常重要的作用。

现代心理学中有一个流派叫“行为主义心理学”。行为主义心理学的观点认为，科学研究应该从对研究对象的观察开始，但是人的心理是无法观察的，所以心理学研究的对象不应该是人的“心理”，而应该是人的“行为”。他们的观点受到许多人的批评，但我们不能因此就否定他们对心理学所做的贡献。在“控制论”产生以后，有人认为行为主义心理学家实际上是在用“控制论”的“黑箱方法”研究人的心理。如果说人的心理是一个无法打开的“黑箱”，那就只能通过它的“输入”和“输出”（也就是“刺激”和“反应”）去进行研究。

心理学家库尔特·勒温曾提出一个“行为公式”：

$$B=f(P, E)$$

公式中的B代表行为，P代表人，E代表环境，f代表函数关系。

公式的含义就是：行为是人和环境相互作用的函数。它会随着人的变化而变化，也会随着环境的变化而变化。

库尔特·勒温用这个公式来揭示：人（P）、人所处的环境（E）和人的行为（B）都是可以改变的“变量”。这三个“变量”之间存在着一种规律性，这就是B会随着P的改变而改变，也会随着E的改变而改变。换句话说，B是“因变量”，而P和E是“自变量”。

勒温指出：“要理解和描述行为，人和他所处的环境必须被看成是一个互相依赖的因素群。”

"行为公式"看起来很简单，却为我们解释人的行为和对人的行为施加影响提供了一条清晰的思路。

0.2.2 除了被动地接受环境"刺激"之外，人有时会主动地作用于环境

实际上，环境对人的"刺激"往往是由人的行为所引起的。这就是说，"刺激"可以是"反应"的前因，也可以是"反应"的后果。

一些心理学家把人的行为分为"应答性行为"和"操作性行为"，"应答性行为"是"被动"的，而"操作性行为"是"主动"的。

例如：旅游巴士的司机开车快到十字路口的时候，看见红灯亮了，于是他赶紧刹车——这就是一种"应答性行为"。经过一天的游览，游客晚上回到酒店客房，他们会自觉地伸手去按墙上的电源开关，客房的吊灯随之也就亮了，如果游客不按开关，吊灯就不会亮——在这里，游客伸手按开关就是一种"操作性行为"。

在前一个例子里，红灯亮，给了旅游巴士司机一个"刺激"，这个"刺激"是司机刹车的"前因"；在后一个例子里，客房内的吊灯亮，也给了游客一个"刺激"，但这个"刺激"不是游客按开关的"前因"，而是游客按开关的"后果"。

0.2.3 环境因素可通过"前因"和"后果"两种作用机制来影响人的行为

人的某种行为是否会出现，很显然要受其"前因"的影响；但这种行为是否会重复出现，则要受其"后果"的影响。

谈到人的行为受"前因"的影响，这很好理解，但谈到人的行为受"后果"的影响，这也许就有点令人费解了。按时间顺序来讲，通常是先有某种行为，然后才会有这种行为的后果；当后果出现的时候，行为已经成为"过去"。那么，已经成为"过去"的行为为何还会受到"后果"的影响呢？心理学的解释其实是："行为受其后果的影响"并不是指"后果"能直接影响行为"是否出现"，而是指"后果"会间接影响到行为"是否重复出现"。

眼下，温泉旅游在国内盛行，一位游客因为看到了某温泉度假地温泉旅游的广告，所以冬天的一个周末就前往那里泡温泉。当然，如果他没有看到这则温泉旅游广告，他也许根本就不知道，也不会去那里泡温泉，显然，这则温泉旅游广告就是环境给他的一种具体"刺激"，是他前往该地泡温泉这一行为的"前因"。当他泡过温泉之后，可能会有两种结果：一种结果是这家温泉度假地温泉水质很好，服务也很到位，这位游客感觉很开心；另一种结果是觉得这家温泉度假地虽然听起来有名，但是服务却并不如期望的那样好，感觉"并不怎么样"。那么，这位游客以后还会不会再次光顾呢？这就要看他感觉"好不好"了。如果他觉得很好，那他以后可能还会再来；如果他觉得这次温泉体验其实并不好，那他以后也许就不会再来了。所以，"行为的后果能影响行为是否重复出现"说明的正是这个道理。

行为主义心理学的创立者华生曾经提出了一个"S-R（刺激-反应）"研究模式，该模式主要研究某种行为"是否会出现"；而新行为主义心理学家斯金纳提出的研究模式是

“R-S（反应-刺激）”，主要是研究某种行为“是否会重复出现”。

0.3 旅游心理学的分析框架

要了解旅游心理学，我们不妨先从人的心理活动、旅游心理和心理学开始。

法国浪漫主义作家雨果曾说过：“世界上最浩瀚的是海洋，比海洋更浩瀚的是天空，比天空更浩瀚的是人的心灵。”心灵和意识是如此复杂、神秘莫测，人类对它的探究从古至今就没有停止过。心理学成为一门学科不过100多年的历史，但它已渗透到了各个行业。

人的心理活动如此丰富多样，而其中的关联也异常复杂。比如，我们听到“竹林”的沙沙声，看到“竹影婆娑”光与色，尝到“竹筒饭”的清香滋味，摸到硬直、温涩的竹节等，这都是感觉。在这些感觉的基础上，能分辨出这是斑竹，那是毛竹，这是雨天的竹，那是月光下的凤尾竹等，这就是知觉。在离开了这些具体的刺激物的作用之后，原来听过的关于竹的话题，看过的某些竹的图形、影像仍“话犹在耳”“历历在目”，这就是记忆。人不仅能通过记忆把经历过的事物回想起来，还能想出自己从未体验过的事物，如同小说里所描写的人物形象和场面，这就是想象。凭借人所特有的语言，通过分析、综合、判断事物的本质及发生、发展的规律，例如导游根据游客参观“蜀南竹海”过程中的表情、谈话的语气以及谈话的内容，可以推断出游客对该旅游项目是否满意，以及下一步需要改进的内容，这就是思维。

注意、感觉、知觉、表象、记忆、思维、想象等都属于对客观事物的认识活动，是为了弄清客观事物的性质和规律而产生的心理活动，这种心理活动在心理学上统称为认识过程。

人在认识客观事物时，常常会伴随产生满意或不满意、愉快或不愉快等态度，这在心理学上称为情感或情绪。

人不仅能认识客观事物，并产生一定的感受，还能根据对客观事物及其规律的认识自觉地改造世界。人能够根据自己的认识确定行动目的，拟订计划和步骤，克服困难，最终将计划付诸行动，这种自觉地确定目标并努力加以实现的心理过程就是意志过程。

所有这些心理现象，即认识、情感、意志过程统称心理过程，认识、情感、意志这三个心理过程是互相联系、互相促进、相互统一的。

由于每个人的先天因素、受教育程度以及个人的实践经历各不相同，因此，每个人的心理过程总是带有明显的个人特征，于是就形成了每个人不同的个性，并具体表现为每个人具有不同的个性倾向性、动机、兴趣、理想、信念、世界观和个性的心理特征（如能力、气质和性格）。如各人的兴趣倾向性、兴趣的广度、兴趣的中心、兴趣的稳定性不同；各人的观察力、注意力、记忆力、想象力、思考力不同；能力高低不同；在同一种情境下，各人的反应不同。例如，当诗人看到一棵挺直的青松时，他会把这棵青松人格化，会写出《青松赞》之类的诗歌；当旅游者看到这棵青松时，会更多地注意它的外形，在头脑中对比与自己以前所见的青松有何不同；而生物学家看到这棵青松时，则会关注它生长的环境和它的生长特征。此外，各人的理想和信念、情感体验的深浅度、情感表现的强弱，以及克服困难的决心和毅力的大小也不相同。所有这些都是个性的不同倾向和不同特点。

在一定的社会历史条件下人的个性倾向性和个性心理特征的总和，统称为个性心理或人格。个性心理是一个人相对稳定、平衡的动态系统（如图0-1所示）。

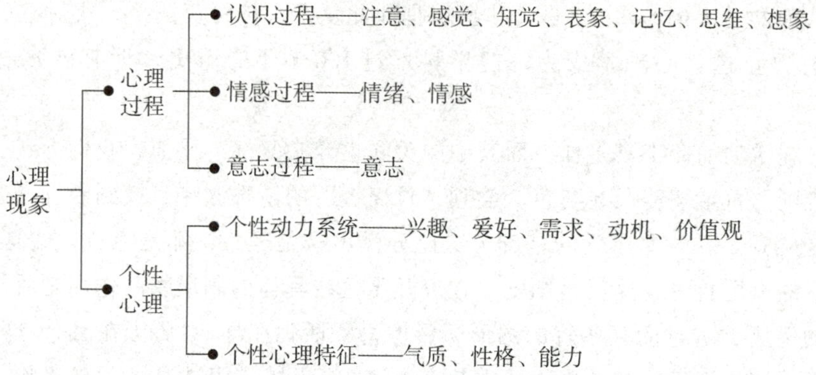

图0-1 心理现象的构成

总之，心理学是研究心理过程发生、发展的规律性，研究个性心理形成和发展的过程，研究心理过程和个性心理相互关系的规律性的科学。

旅游心理是旅游者、旅游工作者和旅游地居民在旅游活动过程中表现出来的特有的心理活动。旅游活动的主体是旅游者，吸引物是旅游景区景点、旅游酒店、旅游服务等，而使旅游活动得以实现的条件有旅游交通、旅游接待机构等。旅游者活动的外在表现行为，是在主体的内部因素和外部条件相互作用下产生和进行的。在两者的相互作用中，心理因素是旅游者的内在因素，旅游者的心理特点 、心理状态决定着其感知到了哪些旅游条件，选择什么样的旅游活动内容和方式，同时还影响着旅游者在旅游活动中的感受、体验的性质和程度。旅游吸引物的特点及建设、发展状况，对旅游行为的激发、旅游目的地的选择及旅游心理感受、体验，直接产生积极或消极的作用。因此，旅游心理学就是要对旅游活动中产生的心理现象进行研究，从而发现旅游活动中的心理规律。

综上所述，旅游心理学是一门新兴的学科，是一门介于旅游学和心理学之间，并有自己独立研究的边缘学科，也是一门应用性很强的学科。旅游心理学作为心理学的一门分支学科，是以研究旅游活动中人们（包括旅游者、旅游工作者、旅游地居民）的心理活动和旅游过程中的各种心理现象及其规律为主的学科。它的起步与发展，一方面是因为旅游的普及、旅游人数的激增和旅游业的兴旺；另一方面也得益于相关学科的研究成果。旅游活动是一种综合性的活动。它是一种人文现象、一种商业活动，同时也是一种社会行为、一种人生经历，旅游心理学为解剖这一复杂现象提供了一个重要的视角。狭义的旅游心理学只研究旅游者即旅游行为主体的心理；广义的旅游心理学则不仅研究旅游者的心理，而且研究旅游业的开发、经营与管理的心理依据。根据旅游心理学的研究对象，目前普遍认为旅游心理学的具体研究内容应包括以下三个方面：

（1）旅游者心理。其具体包括旅游知觉、旅游动机、旅游者的人格、旅游者的态度、旅游者的情绪和情感及旅游审美心理。

（2）旅游服务心理。其具体包括导游与风景区服务心理、酒店服务心理、旅游交通服务心理和旅游商品服务心理。

（3）旅游企业员工心理。其具体包括旅游企业中的人际关系、员工的心理保健、员工劳动心理和旅游企业领导心理。

【相关链接0-2】 西方现代心理学的三大流派

西方现代心理学的三大流派，即弗洛伊德创立的精神分析心理学、华生创立的行为主义心理学和以马斯洛为代表的人本主义心理学。

1.精神分析心理学

代表人物：弗洛伊德

主要观点：精神分析学派是弗洛伊德在毕生的精神医疗实践中，对人的病态心理经过无数次的总结、多年的累积而逐渐形成的。主要着重于精神分析和治疗，并由此提出了人的心理和人格的新的独特的解释。弗洛伊德精神分析学说的最大特点就是强调人的本能的、情欲的、自然性的一面，认为人的心理包含了意识和无意识，人的心理结构分为本我、自我和超我，认为三者发展平衡，就是健全人格，否则就会导致精神疾病。

2.行为主义心理学

代表人物：华生、斯金纳

主要观点：行为主义的主要观点是认为心理学不应该研究意识，只应该研究行为，把行为与意识完全对立起来。在研究方法上，行为主义主张采用客观的实验方法，而不使用内省法。华生认为人类的行为都是后天习得的，环境决定了一个人的行为模式。在他眼里，人和动物没什么差异，都遵循同样的规律。斯金纳认为心理学最重要的问题不在于各种各样的行为是由什么样的刺激引起的，而在于什么因素让已经出现的行为能够巩固下来，形成习惯。他用大量实验证明，奖励能够“强化”已经出现的行为。

3.人本主义心理学

代表人物：马斯洛、罗杰斯

主要观点：人本主义主张研究对人类进步富有意义的问题，关心人的价值和尊严。马斯洛认为人类行为的心理驱动力不是性本能，而是人的需要。马斯洛的需要层次理论将其分为两大类、七个层次，好像一座金字塔，自下而上依次是生理需要、安全需要、归属与爱的需要、尊重的需要、认识需要、审美需要、自我实现需要。罗杰斯主张人应该领悟自己的本性，不再倚重外来的价值观念，重新信赖、依靠机体估价过程来处理经验，消除外界环境通过内化而强加的价值观，让人可以自由表达自己的思想和感情，由自己的意志来决定自己的行为，掌握自己的命运，修复被破坏的自我实现潜力，促进人格的健康发展。

资料来源 作者根据相关资料整理.

0.3.1 旅游心理学研究的基本原则

1）客观性与主观性原则

任何事物的发生、发展和变化都有其自身的客观规律，心理现象也不例外。因此，研究旅游心理学必须遵循客观性原则。所谓客观性原则，就是对任何心理现象必须按照它的本来面貌加以考察，必须在人的生活和活动中进行研究，这是因为心理现象是人脑对外部事物的反应。所谓主观性原则，是指对任何心理现象还必须充分考虑作为主体的人的主观作用，特定的心理现象往往带有明显的个人主观色彩，所以，在对旅游活动中的心理现象进行分析的过程中，应围绕该主体的经历背景、动机及个性倾向展开综合研究。根据客观性的原则，在设计旅游心理学研究方法时，应该注意以下几个问题：

（1）要设定一定的外部活动环境。在研究活动中，要突出所要研究的心理现象主题。例如，研究旅游者的旅游偏好，就要根据研究的需要选定主题（如在经费和时间特定的前提下你选择去哪些地方旅游），来具体确定旅游偏好研究的某项指标，通过旅游者行为过程来考察和研究旅游者的旅游偏好。

（2）要有意识地控制外部条件。心理现象是受外部条件制约的。心理学的研究很大一部分是要确定心理现象与外部条件的关系，旅游心理学也不例外：一定的心理现象依存于一定的外部条件；一定的外部条件的变化会引起一定的心理现象的变化。控制和改变一定的外部条件，可以探寻外部条件与所要研究的心理现象的关系。

（3）要确定心理观察的生理指标。对心理现象的生理指标方面的研究，标志着从对心理现象的描述发展到本质的说明。在许多心理现象的研究中，都要确定心理现象与生理变化的关系，要说明在发生一定的心理现象时，会有什么样的生理变化，或者一定的生理变化的产生会引起什么样心理现象的出现。所以，在研究某种旅游心理现象时，有时要记录、观察生理的变化，使旅游心理现象的研究建立在客观、科学的基础上。当然，这对于难以控制的旅游者而言困难较大。

2）共同性与差异性原则

不同的旅游者在心理上或多或少都会有一些相同的因素，在研究中要注意发现那些具有共同性和普遍性的心理因素。同时，由于每一个旅游者其生活背景、受教育程度、思维方式等各不相同，每一个旅游者又有着不同于他人的心理特点，因此，在研究中既要注意共同性又要注意差异性。

3）稳定性与变化性原则

曾经有一句很流行的话，“不是我不懂，只是这世界变化太快”。的确，世界上的任何事物都处在永恒运动和不断变化之中，当然，人的心理也同样随着客观刺激物的发展变化而变化。不仅如此，作为人的心理的物质基础——人的大脑，也是生命不断进化发展的产物。这就要求我们必须坚持发展的原则，以发展的眼光来进行旅游心理学研究。

但是，每个人在长期生活中形成的心理特点还是具有相对的稳定性的，因此，当面对外界环境的刺激时，个体的反应会表现为稳定的一贯性。例如，某位游客因为长期的习惯和个人爱好选择了滑雪旅游项目，那么就有可能在今后冬季选择出游时继续表现出这种稳定的倾向性。另外，人们的旅游需要、旅游动机在得到满足和实现之前是不会消失的，也会表现出相对的稳定性。

然而，每个人的心理状况在不同时期、不同条件下呈现不同的状态，因此，又会表现出一定的变化性，如受个体心理环境、生理状况的影响而使个体动机强度、情绪的性质和强度发生变化，由此产生不同的心理状态，就是这种变化性的体现。比如，上例中的那位游客因为今年冬天身体欠佳，加之心情郁闷，于是放弃了去外地滑雪旅游的打算。因此，在研究旅游心理时要兼顾个体心理状况的稳定性和变化性两个方面加以分析。

0.3.2 旅游心理学的研究方法

旅游心理学是一门应用性极强的学科，其研究对象是旅游活动中的人，他们生活在不同的社会环境和文化背景之下，无一不打上了社会和文化的烙印。旅游活动表现出空间上的流动性、时间上的短暂性与构成上的复杂性等特点。旅游心理学是心理学的一个新兴的分支应用学科，其主要来自心理学中已经非常成熟的研究方法，此外，社会学的知识和研究方法也是旅游心理学的重要知识和方法的来源。这些构成了旅游心理学科发展的先天优势，其后天优势则是强大的社会实践需要。因此，旅游心理学综合运用了心理学、社会学、人类学、社会心理学、统计学、经济学等多学科研究方法，表现出了很强的实践性，主要解决旅游实践活动中亟待解决的问题，故在旅游心理学的具体实践中，会从旅游业的自身特点出发，有选择、有变化地使用这些研究方法。

旅游心理学的研究始终具有多学科参与的特点。在不同学科参与的条件下，形成了不同的方法论体系。而不同的方法论体系都会提出关于旅游心理学研究的方法论的不同基本假设。目前，在旅游心理学研究中，实证主义、阐释主义和行为主义的研究范式最具影响力（见表0-1）。

表0-1 旅游者心理研究的方法论与具体方法

研究方法论	主要观点假设	旅游业实践	研究方法
实证主义（positivism）	强调人类的理性至高无上，认为存在单一的客观真理，可以用科学来发现。实证主义鼓励人关注客体的功能，运用技术，把世界看成理性的、有秩序的场所；具有可清晰界定的过去、现在和未来	旅游者被视为问题的解决者和决策者。旅游者购买行为被看作一个理性的问题解决过程，并将该过程分为收集信息、评估筛选、购买和购买后行为等几个阶段。其重点在于如何形成购买决策、在不同产品和品牌之间做出选择，因此，又被称为信息处理范式	大量汲取认知心理学的研究成果并依赖实验心理学研究成果。研究方法主要来自自然科学领域，包括实验方法、调查技术和观察方法。其研究结论是描述性和经验性的，并被推广应用于较大规模的群体中

续表

研究方法论	主要观点假设	旅游业实践	研究方法
阐释主义（interpretivism）	认为现代社会中的科学过度了，传统的实证主义假设忽视了现实社会和文化的复杂性。强调消费者心理的主观性和象征性，阐释主义的研究重点在产品所提供的情感利益或体验上	阐释主义者认为：旅游者有时并不一定经过理性的购买决策过程而购买产品，相反，他们经常为了获得情绪或情感上的某种体验而购买产品。例如，旅游者为消除厌恶感或得到新鲜感而转移品牌的购买行为就是寻求多样性（variety-seeking）的购买决策	主要采取人类学方法、符号学方法和深度访谈方法。由于研究人员在访谈过程中扮演着积极的角色，因此阐释主义的研究结论往往取决于特定研究人员与旅游者之间的互动过程
行为主义（behaviorism）	否定了对人类意识、情绪和情感等心理过程和状态的研究，坚持只有能被观察到的、可以客观记录和量化的行为才是心理学的研究对象	旅游者在外部环境因素的刺激下直接产生购买行为的反应，而不一定在经过了情感、认知和态度等理性的决策过程之后才采取购买行动。研究人员在分析旅游者行为时更强调通过营销工具或刺激手段直接影响旅游者的行为	主要采用观察法、实验法

心理学是一门边缘学科，其研究方法往往兼有自然科学和社会科学两方面的特点，作为心理学的分支学科的旅游心理学的研究方法也具有这种特点。旅游心理学的基本研究方法主要有观察法、实验法、个案法、调查法等。

1）观察法

观察法是在自然条件下，有目的、有计划地系统观察人的行为和活动，从中发现心理现象产生和发展的规律的一种方法，或叫自然观察法。观察法应在自然条件下进行，研究者不应去控制或改变有关条件，否则，被试者行为表现的客观性将受到影响。通过观察、记录和分析，可以了解被观察者的行为反应特点，用以分析被观察者心理活动的规律，并且还可以直接为刺激被观察者的行为反应提供策略选择的依据。

运用观察法，首先应有明确的目的，要制订研究计划，拟定详细的观察提纲。观察过程中要敏锐捕捉各种现象，并准确、详细地记录下来，及时予以整理和分析，以便形成科学的研究结论。由于观察法很少干扰或不干扰被观察者的正常活动，因而得出的结论比较符合实际情况。另外，观察法简便易行，可以涉及相当广泛的内容。但由于观察者往往处于被动地位，他只能等待需要观察的现象自然出现，因此，观察所得到的结果往往不足以说明哪些是偶然的，哪些是规律性的。此外，观察法对研究者要求较高，表面看起来观察法很简单，但实际运用起来难度非常大，因此，只有经过严格训练的人才能有效使用。在具体实践中，一般有四种观察方法可供研究人员选择：

（1）直接/间接观察法。直接观察法指观察那些正在发生的行为；间接观察法是指对一些隐蔽行为（如过去行为）的观察，采用间接观察法时研究人员注意某一行为造成的影响或结果多于注意行为本身。

（2）隐蔽/非隐蔽观察法。在隐蔽观察法中，被观察者不知道自己正在被观察；如果无法避免使被观察者意识到他正被观察的情况，则被称为非隐蔽观察法。

（3）结构/非结构观察法。结构观察法将事先确定观察的范围；而非结构观察法对观察范围不加任何限制。

（4）人工/机器观察法。在人工观察法中，观察者是研究人员雇用的人员或其本人；用非人工的形式，如自动记录仪器设备进行观察，就是机器观察法。

2）实验法

实验法是有目的地严格控制或创设一定的条件，人为地引起某种心理现象产生，从而对它进行分析研究的方法。实验法主要有两种形式：

（1）人工实验法。其通常是经过人工设计，在专门的实验室内借助各种仪器来进行的。在设备完善的实验室里研究心理现象，从呈现刺激到记录被试者反应、数据的计算和统计处理，都采用电子计算机、录音、录像等现代化手段，实行自动控制，因而对心理现象的产生原因、大脑生理变化以及被试者行为表现的记录和分析都是比较精确的。它较多地运用于对心理过程的研究和对心理现象的生理机制的研究。例如，在实验室中模拟各种自然环境条件和各种工作环境条件，然后研究人在这些条件下与技术条件相互作用过程中的心理活动的各种成分（运动的、感觉的、知觉的、记忆的、智力的、意志的和性格的成分）。人工实验法在旅游研究中使用起来难度较大，一般较少使用。

（2）自然实验法。它是由研究者有目的地创造一些条件在比较自然的情况下进行的。它既可以用于研究旅游者一些简单的心理活动，又可用于研究较复杂的心理活动。自然实验法的特点是把科学研究与旅游工作结合起来，其研究结果具有直接的实践指导意义。自然实验法兼有观察法和人工实验法的优点。由于自然实验法是在实际情况下进行的，所得到的结果比较接近实际，又由于自然实验法是由研究者有目的地改变或控制某些条件，因此比较具有主动性和严密性，所得到的结果也比较准确。

使用实验法研究旅游者的心理和行为时，应该注意三个方面的问题：第一，实验必须设立对照组。实验结果如何最终取决于实验组与对照组被试者反应的比较。两组被试者的有关实验的条件应完全相同或相似，所不同的是实验组接受了特殊的实验处理，而对照组没有接受。如果两组被试者的反应之间出现了差别，就可以归结为特殊的实验处理所致。第二，需要对被试者进行精确的事前测验和事后测验。研究者要在对被试者实施实验处理之前，就研究的指标对他们进行测验，然后在实施实验处理之后再就相同的指标进行测验，比较两次测验的结果，就可以确认研究指标与实验处理之间是否存在因果关系。第三，被试取样随机化。研究者不能主观任意地挑选被试者，而应该使在某个范围内的每个人都具有均等的机会成为被试者，即被试者取样随机化。随机取样可以减少实验结果的偶然性和特殊性，增加其可靠性和普遍性。

3）个案法

个案法是对某一被试者所做的多方面的深入详细研究，包括他的历史资料、作业成绩，以及别人对他的评价等，目的在于发现影响某种心理和行为的原因。个案法又叫个案历史技术，这种方法强调的是个体之间的差异。例如，通过对超常儿童的个案研究，可以了解超常儿童成长的历程、他们的个性特点、影响他们创造性发挥的主客观条件等。

个案法是对一个人进行研究所得到的结果，其能否加以扩展，应该慎重分析，它的信度和效度都是难以做出判断的。

个案法的应用在心理学研究中又是不可或缺的，因为有时除了现实生活提供的样本，我们无法从别的途径获得。现实生活给我们提供了个案，这是非常难得的机会，我们应该紧紧抓住这个机会，认真观察分析，以求得出应有的结论。

4）调查法

就某一问题，用口头或书面的形式向被调查的对象提问，让他回答，通过对他的回答的分析，来了解他的思想观点、态度、需要动机、人格特征的方法叫调查法。

调查法包括问卷法、访谈/访问法、作品分析法等。

（1）问卷法。它是指通过对一组具有代表性的样本采取问卷调查的方式收集研究所需的资料。根据调查所需资料和条件的不同，可以分为人工操作调查（由调查者提出问题并记录答案）、计算机操作调查（计算机技术在整个调查中发挥重要作用）和自我管理调查（由被调查者阅读问卷并直接将答案写在问卷上）三种基本的调查法。在实际调查时，研究人员还可以采用拦截访问、办公室访问、传统意义上的电话访问、集中电话访问、计算机辅助电话访问、全电脑化访问、小组自我管理调查、留置问卷调查、邮寄调查等具体的调查技术来获得第一手资料。问卷法的优点是可以同时进行大规模的调查，缺点是问卷回收率低，对所回收的问卷答案的真伪判断较难，这是因为有些问卷的回答者可能并不认真对待。

（2）访谈/访问法。它是指研究者通过同被调查者谈话，针对某一论点以一对一的方式提出一系列探究性问题，深入了解被调查者对某事的看法，或为什么做出某种行为的心理特点。访谈法在理解个人是如何做出决定的、对旅游产品的评价以及旅游者生活中的情绪和个人倾向方面，尤为适用。新的概念、新的产品设计、广告和促销信息往往以这种方法形成。进行访谈时，一般由训练有素的访问者提出一些开放式的问题，如“你能详细阐述你对生态的观点吗？”“为什么是那样呢？”等。这些问题可以帮助研究人员了解被访问者的真实想法。但是，访谈法的缺点在于对被调查者的心理特点的结论是根据被调查者口头回答做出的，往往不可靠，因而此法不经常单独使用，而是与其他方法结合使用。

【实例 0-1】 通过问卷调查了解残障游客的旅游动机

一位博士在“是否可以利用这种递进式的思维训练影响残障游客个人对于旅游活动的认知（特别是对该旅游活动是否可以满足其自主性和自我效能的认知），从而最终在内在动机的驱使下对于旅游机会不轻言放弃”议题中使用了问卷调查法。

这个调查选择了基于网络的实验设计，从而可以招募到美国不同地区的大量残障人士参加到实验中。招募被试的广告则通过美国国内知名的残疾人杂志分发到订阅人邮箱里。第一步问卷是干预前的旅游动机和旅游决策基线测量（baseline measure）以及个人特征测量，在这些问卷结果的基础上进行后面的实验，最终得到实验结果。

分析：

进行数据统计分析的第一步就是数据收集，通过问卷调查是数据收集的常用方法。根据调查主题、环境以及阶段进行各种问卷调查，结合使用不同问卷调查策略，从而达到理想的调查结果。

资料来源 作者根据相关资料整理.

心理学的研究方法还有很多，比如个案法、经验总结法、模拟法等。这些方法各有其优缺点。由于旅游心理现象的特殊性和复杂性，进行研究时应根据研究对象的特点和具体任务的差别选择某一种或某几种方法。

0.4 研究旅游心理学的意义

研究旅游心理学对于旅游学科的建设和发展，对于旅游业的发展都具有十分重要的意义。我们必须对旅游学科中的一些本质问题从心理层面进行深入研究，以构建和完善旅游学科大厦的理论基础。例如，人们为什么外出旅游？对于旅游学科中这一根本性问题，至今为止仍未得到很好的解答。传统的教科书中通常列举了许多种原因，如旅游是为了扩大视野、增长见识，是为了接触和了解异国他乡的人们，是为了探亲访友，是为了放松、娱乐、游玩，是为了身体健康，是为了寻访故土，是为了得到一个好心情。但这些回答并不能令人满意，其仅仅只是罗列了问题的一些表象，却并未揭示出“人们为什么要见识这个世界”“为什么要了解异国他乡的人们”等更深层次的心理原因。

旅游心理学从产生到现在只有30多年的历史，但它已扮演着为旅游企业提高旅游服务质量、设计新的旅游产品、旅游资源开发与规划、旅游市场营销等提供心理依据和理论决策的重要角色，研究和学习旅游心理学的意义不言而喻。

0.4.1 有助于开发能真正满足旅游者需求的旅游产品

同大多数产业的有形产品相比，旅游产品作为一种服务产品，具有无形性、生产与消费的同时性、不可储存性、季节性、独特性等特点。另外，由于旅游产品主要满足的是游客的精神需要，因此它还具有心理性。

（1）研究旅游心理学有助于深入了解旅游者现实和潜在需求。旅游者现实的需求是旅游者能意识到的现实的旅游需求。如根据现代旅游者返璞归真的旅游需求，旅游企业大力开发的乡村旅游、生态旅游、民族风情旅游，这些符合旅游者心理需求的产品必然会有市场，受到旅游者的青睐。但仅这样做，旅游企业只能把握当前的旅游市场需求，而把握住了潜在的旅游需求，就能把握住人们未来的需求，甚至可以引导人们的旅游需求。旅游心理学会给旅游业提供把握旅游需求的理论依据，为旅游企业打开旅游产品创新的思路。

（2）研究旅游心理学有助于为旅游者提供丰富多彩的旅游体验。由于旅游产品在时间上不能储存、在空间上不能转移、所有权不能转让、生产与消费同步进行，所以旅游者无法真正获得有形实物的所有权，也不可能把旅游产品从生产和消费的现场带走。旅游产品的使用价值是满足旅游者审美与愉悦的体验需要。例如，在旅游企业为旅游者提供服务的过程中，看得见的是一张飞机票、一顿佳肴、一间酒店客房、一张景区门票……而背后的本质其实是一次航行、一次美味品尝、一晚舒适的睡眠、一次赏心悦目的游览……旅游产品的核心在于游客的无形体验。体验是每个人以个性化的方式参与其中的事件，是一个人达到情绪、体力、智力甚至是精神的某一特定水平时，他意识中产生的难忘感觉。在旅游活动中，旅游者总是不断地以虚拟、仿真的方式构建自己的心灵世界，消解了现实世界与表象之间的差别，热情地投身于那些具有直接性、强烈感受性的感官体验和情感体验之中，以把握每一个旅游时间片段。

旅游业从诞生的那一时刻起就注定了与心理学存在千丝万缕的联系。体验经济时代正在来临，旅游心理学能为旅游体验提供理论依据。旅游体验项目可以从旅游者知觉、旅游动机、旅游态度、旅游者人格、旅游学习、旅游活动中的情绪情感、旅游活动中的人际关系的理论和知识中获得指导和启迪。旅游产品的设计必须对旅游体验给予更多的关注，应充分调动人们的情绪，有效刺激旅游者的味觉、嗅觉、视觉、听觉、触觉中的一种或几种，使人们的体验更加深刻，难以忘记，使之能够满足旅游者的需要、需求与期望，能强化旅游产品的感官刺激，使旅游者对旅游项目留下深刻的印象。

0.4.2 有助于旅游业寻找提高旅游服务质量的关键

旅游业的宗旨是“顾客至上，宾至如归”。旅游业工作的宗旨就是根据旅游者的心理和行为特点，为旅游者提供能够满足其心愿的最佳服务。

首先，旅游服务人员要对服务对象有深刻的认识，并在工作实践中不断去发现和了解旅游者潜在的、真实的心理需求，从而去迎合和满足旅游者的心理，这样才能保证应有的服务质量。旅游企业对旅游者的服务不是抽象的，而是通过导游、前厅、客房、餐厅、交通、商场等具体环节实现的。因此，必须研究旅游者在旅游活动的各具体过程和场景中的消费心理特点以及我们所应采取的相应的心理服务措施。旅游服务心理通过分析存在于旅游业服务过程中旅游者的心理因素，旨在揭示并遵循旅游者的心理和行为规律，采取相应的积极的服务措施，从而不断改进和提高服务质量。旅游心理学为有针对性的旅游服务提供了理论基础。

其次，旅游业要真正提升服务质量，还需要实现从“顾客第一”向“员工第一”的转化。在现代旅游管理实践中，管理者已经逐渐认识到“快乐的员工才是真正具有生产效率的员工”，因为，员工心存不满和怨恨，是不可能为旅游者提供尽善尽美的服务的。因此，要使旅游者得到最佳服务，关键在于拥有一支高水准、高素质的员工队伍。这就需要管理者将员工的利益放在首位，关爱下属、尊重下属，充分调动其积极性。只有对员工的思想、感受和需要深入地了解，才能使员工获得全身心投入工作、提供优质服务的饱满精神动力。旅游心理学正是从旅游管理心理、员工心理的角度，研究如何调动员工工作的积极性、如何引导员工培养良好的心态。克服挫折感、与旅游者建立良好的关系等，可以使旅游管理工作更加科学化、人性化。同时，还可为旅游企业有效激励和培训员工提供理论原则与方法指导。

0.4.3 有助于旅游企业有效地提升市场竞争力

随着现代经济的发展和人们收入水平的提高，旅游者的需求日趋复杂多样，他们不仅要求旅游产品丰富，还希望享受周到完善的优质服务；不仅要满足生理的、物质层面的需要，还希望得到心理的、精神层面上的满足。另外，随着旅游业的迅速发展，几乎所有的旅游企业都被卷入市场竞争的激流之中，而旅游市场需求状况的变化和买方市场的形成，使旅游企业间竞争的焦点集中到争夺旅游者上。谁的旅游产品和服务能够赢得更多的旅游者，谁就能在竞争中处于优势地位，就能获得较大的市场份额；反之，失去旅游者，就会丧失竞争力，进而危及企业的生存。为在激烈的竞争中求得生存和发展，每一家旅游企业都必须千方百计地开拓市场，借助各种营销手段争取旅游者，满足其多样化的旅游需要，不断巩固和扩大市场占有率。

旅游市场营销的实质就是将各种营销手段或诱因作用于旅游者，以引起其心理反应，激发购买欲望，促进购买行为的实现。旅游企业要使营销活动取得最佳效果，必须加强对旅游者心理与行为的研究，了解和掌握旅游者心理与行为活动的特点及规律，以便为制定营销战略和策略组合提供准确依据。例如，在开发新的旅游项目时，可以根据目标市场旅游者群体的心理欲求和消费偏好设计产品的功能、款式、使用方式和期限等，针对旅游者对产品需求的心理周期及时改进或淘汰旧产品，推出新产品。在广告宣传方面，可以根据旅游者在知觉、注意、记忆、学习等方面的心理活动规律，选择适宜的广告媒体和传播方式，提高商品信息的传递与接收效果。实践证明，只有加强对旅游者心理与行为的研究，根据旅游者心理活动的特点与规律制定和调整营销策略，企业才能不断满足旅游者的旅游需要，在瞬息万变的市场环境中应付自如，具备较强的应变能力和竞争能力。

0.4.4 有助于合理规划旅游资源的开发与管理

旅游资源的开发和规划应该以满足旅游者需求为导向，为旅游者创造独特的经历和体验。其开发原则应做到差异性、参与性、真实性、挑战性四个方面。

差异性要求景区在设计项目时力求独特，人无我有，人有我优，时刻保持项目与众不同的个性，并通过创新不断使旅游者获得新鲜的旅游感受，满足人性化需求。景区可通过多种途径、方式实现项目的差异化。其具体做法包括：①率先进入某一产品市场，即以市场先行者的身份出现，推出新产品、新项目，最大程度地满足旅游者的个性化需求；②对旅游项目或产品不断更新，不断为旅游者带来耳目一新的感觉。这是一些景区保持独有特色的法宝。

参与性是指旅游者主要通过两种途径参与旅游活动，即精神参与和身体参与。

旅游者的精神参与是指旅游者通过各种途径获取旅游吸引物的信息，增强对旅游吸引物的感知和理解，从而在旅游活动中得到更丰富的知识、美感和情感交流。这种精神参与要求旅游者事先具备关于景区或景点的相关背景知识，在景区或景点又能获得以前不了解的、有助于丰富其旅游体验的信息，只有这样，旅游者才能真正深入地进入角色，获得深刻的旅游体验。如果旅游者事先不了解任何关于景区的知识，则景区应更加周到、细致地向旅游者进行宣传。如对古建筑、博物馆类旅游吸引物的游览，如果不了解它们的历史、用途、特色、价值，仅仅是游览一遍，则旅游者很难体会这些旅游吸引物的真正价值，得不到应有的旅游体验，而且还可能使整个旅游经历失去激情和值得回忆的东西；旅游吸引物也因信息不对称而降低了其在旅游者心中的地位或形象。

旅游者的身体参与是指旅游者参与到景区组织的旅游活动中，用自身行为获取所需信息，体验旅游活动的真谛。身体参与容易调动旅游者的各种感觉器官，从而对活动的感受更加丰富，印象也更加深刻。

真实性是指旅游资源的开发和规划应有助于增强旅游者的真实感，应用感知等旅游心理学的相关理论与原则，为旅游者创造真实的氛围。

挑战性是指旅游资源的开发和规划要关注旅游者不断地挑战自我、最大限度地发挥自己的潜能的项目设计。不断增加的工作压力、不断缩小的生活空间、不断加快的生活节奏使现代人的感觉渐趋麻木，他们需要更加强烈的刺激来激发休眠的感觉细胞，通过不断挑战自我以最大限度地发挥自己的潜能，追求在超越心理障碍时的成就感和舒畅的感觉。这也是这些年来极限运动“X-Sport”不断升温的原因。极限运动多在野外进行，旅游者在自然的环境中体味天人合一的感觉，在不断挑战自我、不断突破生理极限中感受自我突破、自我实现的快乐。蹦极、漂流、滑翔等极限活动使旅游者在惊险中体味由恐惧而舒畅，感觉灵魂出窍、心灵飞翔的极度畅快和挑战成功后的极度自豪感。

【实例0-2】 **台北101大楼的电子导游**

2003年12月30日，由中国台湾地区14家重量级企业历时6年联手打造的当时世界第一高楼——“TAIPEI 101”正式落成。大楼设计高度为508米，地下5层，地上101层，分为办公大楼、购物中心以及观景台三大主体。“TAIPEI”六个字母既是“台北”的拼音，同时又分别代表：科技（technology）、艺术（art）、创新（innovation）、人性（people）、环保（environment）和认同（identity）六大特质，并以层数101代表超越100分。

台北101大楼设计别具一格，许多细节彰显了中华民族的传统风格。外墙用透明玻璃帷幕砌成；以吉祥数字“8”作为设计单元，从26楼以上每8层外墙还附挂如意图案，象征大楼节节上升；最后一根钢梁通体金黄，梁柱为9.99米，期许黄金满楼，长长久久。

2005年1月19日，101大楼89层的观景台正式对外开放，大楼为每个入内参观的旅游者配备了自动导游解说耳机，旅游者在解说耳机的指导下按顺序游览，极大增强了游客的参与性，使游客对101大楼的功能、特点以及台北市景的认知更加深刻。另外，大楼还根据客源情况采用汉语、英语或其他语种解说，并根据不同的旅游对象（专业考察者和一般游客，境外游客和境内游客)，设计不同的讲解内容。同时，该大楼还通过监控设施记录旅游者在每个窗口平台停留的时间，及时跟进和调整讲解内容长短。台北101大楼在让世人为其高度叹为观止的同时，以其周到细致的服务再一次丰富了旅游者的体验。

分析：

台北101大楼以旅游者需求为导向，从差异性、参与性出发，为每个入内参观的旅游者配备了自动导游解说耳机，并根据游客情况设置不同语种讲解，既保障了讲解的专业性，也满足了游客体验的参与性需求。

资料来源 作者根据相关资料整理.

0.4.5 有助于构建旅游者、旅游地居民、旅游开发商和当地政府的和谐关系

在旅游项目的开发过程中，常常会涉及旅游者、旅游地居民、旅游开发商和当地政府等多个利益相关者（stakeholder）。由于各自的利益出发点不同，因此各群体之间的矛盾冲突在所难免。“低流量、高质量、高附加值”的旅游是未来旅游目的地的发展目标，但是旅游目的地通常是由旅游者和其他使用者共同占用的。例如，海岸线一带既有旅游利用，又有渔业、林业的使用，所以就需要旅游规划对此加以有效的协调，针对其间的冲突提出解决的办法。在旅游者涌入目的地的市场推动作用下，地方政府或投资商加大了对目的地的旅游设施和接待业的投入，以满足旅游者的消费需求，并通过旅游业获得利益。但随着目的地接待能力的提高，有可能接纳更多的旅游者，这时需要对外界目标市场进行目的地营销活动，以赢得更多的旅游者前来访问。在旅游业经济利益机制驱动下，投资商和政府进一步投资于基础设施、旅游设施和接待服务业。较长时间的旅游业市场氛围的熏陶和推动，使目的地的社会结构、经济格局、景观环境乃至文化品质都发生了一系列变化，一部分旅游度假者甚至迁居至旅游开发区，原有居民的性质也有了一定程度的改变，形成了一批所谓的新居民。过度的社会文化和环境改变，削弱了目的地对外界的吸引力，可能导致目的地造访人数下降、旅游产业出现衰退等迹象。

在这一过程中，旅游地居民的心理会发生很大的变化，他们从开始的积极支持旅游开发，热情地欢迎旅游者的到来，到后来的反对旅游开发，形成对旅游者的抵触心理。旅游心理学应对这一心理发展历程加以关注、研究，找出其发生、发展、变化的规律，为政府制定旅游政策、旅游开发商决策，旅游地构建和谐稳定的社会秩序等提供理论依据。

思政园地

文化铺路 脱贫致富

2011年以来，全国文化和旅游志愿者走边疆、下基层，持续深入推进“春雨工程”，把丰富精彩的文化和旅游服务送到广大群众身边，开阔了群众眼界，提振了脱贫精气神。“十三五”期间，各地共组织3万多名文化志愿者开展活动1 300余场，服务群众700万余人次。

2018年7月，文化和旅游部办公厅与国务院扶贫办综合司联合印发《关于支持设立非遗扶贫就业工坊的通知》，确定了10个“非遗+扶贫”重点支持地区，建设非遗扶贫就业

工坊。2019年12月，两部门决定进一步扩大非遗扶贫就业工坊范围。据统计，2018年7月以来，各地在国家级贫困县共设立非遗扶贫就业工坊近1 000家，这些工坊为当地脱贫攻坚工作贡献了力量。

文化扶贫不仅是物质上的扶贫，更是精神上的扶贫，是开阔群众视野，更新思想观念，培育文明乡风、良好家风、淳朴民风的综合之举。当前，各地各有关部门积极推进文化扶贫工作，让广大群众感受到党的声音就在身边、党的温暖就在身边、美好生活就在身边。

资料来源　郑海鸥，等. 文化铺路　脱贫致富［N］. 人民日报，2021-02-21（07）.

本章小结

本章介绍了旅游心理学的研究对象、研究方法和学习旅游心理学的意义。旅游心理学的研究对象包括旅游消费心理、旅游服务心理、旅游企业员工管理心理。旅游心理学的研究要遵循客观性与主观性原则、共同性与差异性原则、稳定性与变化性原则。旅游心理学分析中常用的四种研究方法包括：观察法、实验法、心理测量法、调查法。学习旅游心理学的意义在于：有助于开发能真正满足旅游者需求的旅游产品；有助于旅游业寻找提高旅游服务质量的关键环节；有助于旅游企业有效地提升市场竞争力；有助于合理规划旅游资源的开发与管理；有助于构建旅游者、旅游地居民、旅游开发商和当地政府的和谐关系。

关键概念

旅游心理学　行为主义　旅游体验

基本训练

□ 案例分析题

躲进旅行包

有位前同事曾被猎头介绍到一家法国公司。结果面试日期一推再推。前同事以为事情黄了，没想到结果却是法国老板回欧洲度假去了，整整一个月，他都将不在工作状态。如果赶在法国老板度假前面试，猎头怕一个月后，没记性的老板会把这人忘了。

这是欧洲人令人羡慕的Vacation季节。尽管我们没有长达8周的假期，还是依然能凑足7～10天去旅行。有的人会设法避开“十一”的中国“黄金周”，选在非假日时段出行。实在做不到，“十一”期间挑个冷门旅游地应该也是做得到的。

其实有些时候，旅行的意义就在于逃离这个熟悉的环境和日复一日、月复一月一成不变的生活模式。

早就有时尚人士号称：可以没有一切，不能没有旅行。我想大概是他对这熟悉的一切厌倦了，只想一个人在谁也不认识的空间晃荡的缘故吧。

同事去丽江待了两个星期，回来说，真想永远住下来算了，那里真舒服，最幸福的是，没人认识你，你想怎样就怎样，可以“放肆”一把。

都说日久生情，其实是日久产生连带关系，师生、邻里、同事、同学、恋人，还有亲戚等。

你必须尊老爱幼，牺牲个人的喜怒哀乐；你必须忠诚勤恳，在社会的价值标准下成为一个好人；你必须善于世故，在纵横交错的人际关系中才能如鱼得水，以无缝入有间，然后自由自在。

多少个“必须”后，你自己早已被剥夺得一干二净，空剩一个包裹着责任与义务的好皮囊了。

背上旅行包，关上手机，告别熟悉的城市，漂到完全陌生的地域，一切都不同了。旅行包就像隐身衣，让你成为别人眼中的盲点，不再具有任何社会意义。没有人会注意一张陌生的面孔。而且，至少你可以在短时期内不必再为每月的口粮营营役役，想去哪里就去哪里，想干什么就干什么，尽可以坐在屋檐下发呆，没人会来烦你。

有个旅行家游了一圈回来后说，一路上交了许多朋友，有青年旅馆的店主，有一起登山的队友，有拼车的车友，有拼台的台友……只靠着最初搭讪时几句话的投机，就可以快快乐乐在一起过上大半天，彼此间比多年的老友还默契，比亲密的爱人还体贴。

旅行的时候，手机是一定要关掉的，用来过滤掉之前的千丝万缕的联系。相机和DV倒不妨带着。它可以留下记忆，在你忙得抽不出身远行的时候，把你再一次送回旅行包中，就像又旅行了一次一样。

资料来源 谁谁谁. 躲进旅行包 [EB/OL]. [2015-10-28]. http: //www.FTChinese.com.

讨论题：

请结合本案例，分析旅游的意义何在。

□ 思考题

1. 如何理解“环境因素可通过‘前因’和‘后果’两种作用机制来影响人的行为”？

2. 如何理解“旅游心理学是在人与旅游活动环境的相互作用中来研究人的心理和行为的”？

3. 试比较“实证主义”、“阐释主义”和“行为主义”三种方法论研究旅游心理现象的角度的差异。

4. 旅游心理学的基本研究方法有哪些？

5. 试述研究旅游心理学的意义。

第 1 章

旅游消费行为的心理背景

学习目标

通过本章的学习，了解影响旅游消费行为的外部环境因素与内部心理因素。了解旅游者购买行为方面的主要理论与观点，熟悉并掌握旅游产品、旅游者决策过程的特点，消费者购买行为模式及其发展趋势。

思维导图

1.1 消费者与旅游消费行为

这是一个消费品泛滥，但同时又到处充斥着消费欲望的时代。当你外出随团旅游之时，你是否注意过你身边的那位旅友，从出发之时起就滔滔不绝地在发表个人对此次旅游的高论？你也许习以为常，因为人上一百，形形色色，今天已是一个张扬着消费个性的年代。

1.1.1 消费行为概述

1）消费者与消费者价值

人从呱呱落地的那一天起，就注定了成为潜在的社会消费者中的一员。也许，此时他（她）只能算是潜在消费者，因为婴儿喝的是母乳（非商品）。当然，在经济日益市场化的今天，能够做到完全超脱消费活动之外的人恐怕是很难找到了。

这说明，消费者的概念来自市场，个人或家庭需要购买、使用的商品或接受的服务均来自市场交换。广义的消费者还包括社团组织。一般来说，消费者应具备以下基本特征：

（1）消费者购买/消费商品和接受服务是出于自身的某种需要；

（2）消费者消费的对象是生活资料，而不是生产资料；

（3）消费的对象（客体）不仅包括实物，也包括服务；

（4）消费的主体是自然人或者家庭；

(5) 获得商品和服务的手段，是通过市场交换来实现的。

当你在某个旅游目的地购买了一件印有旅游地标志的民族服饰时，你想得到的仅仅是一件衣服这么简单吗？当你走进一家咖啡屋品尝咖啡的时候，你想要的仅仅是一杯咖啡而已吗？

那么，你为什么在长阳土家族旅游区要选择一件西兰卡普[①]而不是其他的衣服呢？你为什么是去这间星巴克（Starbucks）咖啡屋而不是去别的咖啡屋，或者干脆买袋速溶咖啡自己冲饮呢？

你可能会说“我喜欢这件衣服的独特款式，而且也比较合身”“这间咖啡屋比较有个性情调，可以让我彻底放松下来，让我觉得很自在舒服”。这正是问题的关键所在，因为它能满足你的某种心理需求（合身、放松心情），满足了你追求的某种利益。

消费者购买和消费商品/服务，并不仅仅是针对商品/服务本身，其目的是购买和消费这种商品/服务带给自己的某种利益，这种利益就是消费者价值。确切地说，消费者价值是指消费者从某一特定产品或服务中获得的一种利益，它受消费者年龄、职业、收入、文化程度、自身素质、身体状况、消费经验以及整个社会环境、社会经济形势的影响并随之不断变化。

有学者从历史发展的角度，区分了与人类社会形态相联系的三种消费者价值形态（见表1-1）。

表1-1 社会类型与消费者价值形态

社会类型	消费者价值形态
农业社会——农业经济	寻求温饱
工业社会——工业经济	物质成功
后工业社会——服务与体验经济	自我表现

资料来源 刘易斯，布里格．新消费者理念［M］．江林，刘伟萍，译．北京：机械工业出版社，2002.

正是这些不同时期的消费者价值形态，构成了人类社会在转型过程中的总体主导价值观。受这些主导价值观和各个消费者自身不同价值观的支配，消费者的消费行为因此而表现得复杂多样。

2）消费行为及趋势

事实上，当你受到某个广告或是外界事物的刺激，在头脑中开始酝酿某种消费需求与动机的时候，你的消费行为就已经开始了。

消费行为是指在一定外界环境的刺激下，消费者出于满足自身某种利益的需要与外界环境产生互动，进而购买和使用各种消费品的动态决策和行动过程。我们可以看出，这一定义包含了以下内涵：

① 西兰卡普，是湖北鄂西土家族的一种传统手工织锦，原意指“花被子”，是土家女儿出嫁时的陪嫁品。

（1）消费行为是一个系统动态的过程。它一方面表现为消费行为的系统连贯性，即消费行为包括从购前—购中—购后到下一轮消费的购前决策行为，具体的消费行为始终处在这一系统的某一环节中；另一方面还表现为消费行为具有动态性。消费者个体、群体和整个社会都在随时间的推移而发生改变，某一时期的消费行为的特征通常会受到特定时期、特定产品和特定消费者个体和群体的限制与左右。

（2）消费行为与外部环境具有互动性。消费行为是消费者在与外部环境的不断相互作用的过程中完成的，这一过程不断循环往复，呈螺旋式发展态势。消费行为同外部环境的作用过程不是单纯的因果关系，而是互为因果的逻辑关系。2020年新冠肺炎疫情暴发至今，文旅行业从几近停摆的状态到逐步适应与疫情常态化共存，行业的发展和消费逻辑也在不断调整和迭代。疫情下，出于安全与便利的考虑，“微度假”模式兴起，从中国旅游研究院与马蜂窝联合发布的《2021全球自由行报告》来看，2021年度游客的周边游热度较上一年显著提高了251%，游客的出行时间也在不断压缩，大多数游客的单次游玩时间控制在1~3天，低于往年的长途、长时间游玩的时间。疫情让旅游需求端发生了巨大的改变，“微度假”成为旅行新风尚。

【相关链接1-1】　　微度假正风行，年轻人都在为什么买单？

微度假是指以本地为中心，开展3天以内的休闲度假活动。“近程、易到、高频”是其主要特点。马蜂窝发布的《2021“微度假”风行报告》中显示，微度假以“玩法”为驱动力，越来越多的微度假用户愿意为高品质的服务与体验买单，3天内旅行消费2 000元已是常态。

多样化兴趣点催热微度假。80后和90后在微度假大军中以80%的占比一骑绝尘。基于兴趣的深度体验、沉浸式玩法诉求，亲子玩乐、户外运动和娱乐休闲，成为微度假的主要驱动力，其中，“民宿+”是微度假的热门选择。

微度假的“扛把子”：周末游、异地周边游。作为微度假最重要的组成部分，周边游以其决策时间短、易抵达、高频次、注重品质体验等特性，成为后疫情时代都市青年的玩乐日常。探索身边的未知美景，在周边的“老地方”打开“新世界”的大门，年轻人好奇的脚步带动着国内各地周边游市场蓬勃发展。

“玩法”驱动的微度假：露营最受欢迎。体验至上的内核决定了新时期的微度假主要为“玩法”驱动的特性。2021年最热门的微度假玩法中，露营当之无愧排名第一。截至2021年10月，马蜂窝平台上关于露营的新增内容已经超越2020年全年新增露营内容的总量，同比增长215%。豪迈壮阔、星空璀璨的大西北是露营咖们的最爱，而由露营衍生的露营+飞钓、露营+桨板瑜伽、洞穴露营+探险等“露营+”玩法则是2021年最为马蜂窝玩家所津津乐道的潮酷体验。

资料来源　作者根据相关资料整理.

（3）消费行为是一个系列决策过程。消费行为不仅指决策后的行动过程，也包括决策前和决策中的所有心理过程。决策是行动的依据，作为旅游企业，应认真研究和把握旅游者的消费心理和决策过程，了解其决策过程中的影响因素，这将有助于企业营销活动有的放矢，从而大大提高成功的概率。

2020年伊始，突如其来的新冠肺炎疫情使人们的生活按下了暂停键，为了避免疫情给自己的健康造成影响，足不出户已经成为多数人的生活状态，这在一定程度上导致了消费者消费习惯和生活习惯方面的变化。此外，随着网络科学技术的不断更新升级，信息化时代的快速发展，消费者面临着多样化的选择，消费者借助科技的进步不断积累和丰富了消费经验，消费心理也日趋成熟与理性。目前，消费者的行为及趋势主要表现如下：

① 消费心理日趋成熟。随着互联网在生活中各个领域的渗透以及市场为消费者提供可供选择的商品的增多，消费者在通过互联网消费时更加注重所购商品的自身价值以及相应的信息，而不是盲目地消费。互联网的出现为消费者提供了更多了解商家所提供的众多商品的详细信息的渠道，而不像以往的传统市场环境下，消费者只是单纯地被动接受商家所传达的商品信息。了解商品的渠道越多，就意味着消费者获取的信息越多，在获取信息后，消费者就可以做出综合性的对比分析，找出性价比更高的、更适合自己的消费品，在消费过程中购买到物有所值甚至是物超所值的商品。例如，现代越来越多的消费者更加倾向于用手机新媒体、网络客户端等来收集旅游情报，如用微信公众号以及携程、途牛、飞猪等旅游相关的App来获得所需要的信息。这些无疑表明，消费者选择商品的理智性在明显增强，消费心理日趋成熟。

② 消费需求趋于个性化。信息化时代下，网络的重要性不断提升，网络消费者已成为当前消费的主流。面对琳琅满目的商品，越来越多的消费者消费心理发生转变，由注重实用变为注重个性。与此同时，因为生产能力大幅提升，商品数量与质量同步提升，整体的销售模式愈发成熟。为此，越来越多的消费者开始转变消费思维，对于新兴的、富有个性化商品的青睐不断提升。此外，90后已逐渐成为网络消费的主体，其自身对商品的想象力不断提升，并且消费心理逐渐趋于成熟，时尚、新潮和猎奇是其消费商品的重要指标，在进行商品选购时，这些网络消费者往往会选择符合自身个性的商品。

③ 消费过程追求便捷性。受到疫情影响，消费者在消费过程中普遍增强了自我保护意识，越来越多的人改变了购物习惯，开始关注消费过程的便捷性、安全性、时效性。而互联网环境下的消费正好迎合了消费者的这种心理需求。区别于传统的消费模式，在互联网消费模式下，消费者借助互联网，动一下鼠标与键盘即可完成商品的购买，并且通过快递在足不出户的情况下便能拿到自己所购物品。另外，消费者通过互联网搜索引擎能更加方便、快速地寻找到所需商品，节约了大量时间成本和精力成本。

④ 决策方式借助新技术手段。随着科技的不断进步，高新技术的不断涌现和日渐普及使消费者尽享科技带来的方便与快捷，尤其是在消费决策方式上，消费者借助各种新技术实现着自己不断变幻的梦想。互联网新技术使得人们之间的信息交流已变得没有阻碍。新一代的年轻旅游者更乐于借助互联网新技术途径充分享受“网游”的乐趣，在互联网的天地中，多姿多彩的大千世界通过“声、色、形、音”的多媒体方式向我们“飞奔”而来，遥远的异域风光第一次变得如此之近而又如此亲切逼真，一代伟人毛泽东在

诗中写的“坐地日行八万里，巡天遥看一千河”的情境，正在现代旅游的消费方式中得到完美体现。

1.1.2 旅游消费行为及特点

1）旅游者

世界旅游组织（UNWTO）在1991年6月的渥太华会议上就明确界定了旅游的概念，即“旅游是以消遣、商务、朝觐、健康等为目的到惯常环境之外的地方旅行，时间在12个月之内的游客的活动”。同时，还对旅行者、游客、旅游者的概念进行了阐述，见表1-2。游客（visitor）是指任何一个到其常住环境之外的地方旅行，时间在12个月之内且旅行的主要目的是消遣、商务、朝觐、健康等，而并非通过所从事的活动从被访问地获取报酬或移民的人。

表1-2 世界旅游组织（UNWTO）对旅行者、游客、旅游者的分类与定义

<table>
<tr><th colspan="3">分 类</th><th>定 义</th></tr>
<tr><td rowspan="5">旅行者
traveler</td><td rowspan="2">游客
visitor</td><td>旅游者
tourist</td><td>特指过夜游客，指在访问地停留一夜次以上的游客（并非必须在收费住宿设施中过夜）</td></tr>
<tr><td>“一日游”游客
same-day visitor</td><td>也称excursionist，day-visitor，指不在访问地过夜的游客</td></tr>
<tr><td colspan="2">直接过境旅行者
direct transit traveler</td><td>在一个机场或两个相邻港口之间旅行的人</td></tr>
<tr><td colspan="2">通勤者
commuters</td><td>因工作、学习、购物而进行日常旅行的人</td></tr>
<tr><td colspan="2">其他非通勤者
other non-commuting traveler</td><td>偶尔在当地旅行（到不同目的地）的人、交通工具乘务人员和旅行推销员、流动工人（包括临时性工作）和（赴任/离任的）外交官</td></tr>
</table>

资料来源 改编自UNSTAT的数据和《关于旅游统计的建议》.

这里讲的旅游消费者有狭义和广义之分，狭义的旅游消费者是指在访问地停留一夜次以上，在旅行游览过程中为满足个人需要而购买和消费一切旅游产品和劳务的旅游者。广义的旅游消费者是指在旅行游览过程中为满足个人需要而购买和消费一切产品和劳务的游客，例如游客在游览过程中可能会因生病而购买和消费了医药产品。本书中讲到的旅游者指的是狭义的旅游消费者，探讨他们的消费行为局限于他们消费旅游产品和劳务的行为。

2）旅游消费动因

我们不妨设想：具体到一位旅游者，他（她）为什么此次要选择去海南旅游，而不是去云南旅游呢？难道仅仅是因为他（她）觉得海南能满足其内心的某种渴求而其他地方不能吗？或许是因为海南恰好是此次单位组织的奖励旅游中的出游备选地之一，而他（她）向往已久的云南却根本不在其中。或许仅仅是因为一个偶然的情境因素：他（她）

路过某个广场，被海南旅游促销花车所吸引，被众多游说者和曾经身临其境的旅游者的言辞所打动，被方便、快捷、舒适的旅游方式和比云南相对便宜的促销优惠价所打动，而此次“五一”长假在即，自己手头又正好有一笔奖金，于是便毫不犹豫付了定金报名参团旅游。

我们可以将推动旅游者产生旅游行为的动因归纳为三个方面：内部动因、条件动因、外部动因（如图1-1所示）。内部动因即个人旅游动机，这是人的基本需求之一。推动人们出游的条件动因是指个人充足的闲暇时间、足够的可自由支配的金钱和便利的交通条件，具备条件动因是旅游行为产生的必不可少的条件。外部动因主要是指旅游目的地与客源地之间的空间相互作用，这种空间的相互作用将吸引游客朝某一特定的空间移动。

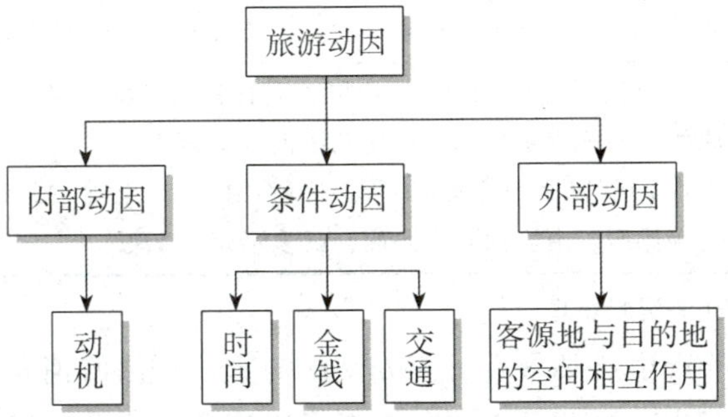

图1-1 旅游动因分类

（1）旅游行为产生的内部动因——个人动机

动机是推动人们采取行动的内部动因，是人们对旅游消费的主观设计。如，希望到什么地方去旅游，要求哪种方式的旅游，想通过旅游消费活动满足何种需求，都要进行个人主观设计，这种主观设计就是旅游动机。动机理论描述了人们由于内部心理因素（如需要、希望和目标）的作用而产生不平衡或紧张状态的动态过程。这种状态促使人们采取某种行为以满足自身需要。因此，旅游个人动机是指促使人们进行某一旅游活动，以实现自身心理或生理需要的满足。人们做出旅游决策主要是由于内部驱动力的推动和与外部诱因的拉动共同作用所致。其中“推”动机是促使人们旅游意愿产生的内部因素，指无形的或者内在的渴望，而“拉”动机则是促使旅游消费者出游的外部客观因素，如闲暇时间和可支配的收入等。

（2）旅游行为产生的条件动因——时间、金钱、交通

首先，旅游行为的产生必须有足够的闲暇时间，曾有学者根据目的倾向将人生的时间划分为如下五个部分：就业工作时间、附加工作时间、个人生活时间、社会活动时间、个人闲暇时间。旅游消费活动是一项主要在闲暇时间进行的活动，因此，可自由支配的时间是旅游消费行为产生的必要前提。另外，根据旅游消费者概念，只有闲暇时间超出24小时，才有出游可能，故闲暇时间需具备集中性特点，才能保证旅游消费成为实际可能。世界部分国家的休假制度见表1-3。

表1-3 世界部分国家的休假制度

城市	休假方式与规定
美国	◆ 节假日：节日10天，假日140天 ◆学校寒暑假：美国的寒假根据院校规定不同，一般长达3~5周；暑假是最长的假期，通常从6月中旬开始，长达2~3个月；除此之外，美国院校通常会在3月份安排1~2周的春假
法国	◆双休日、带薪长假、法定节假日再加上其他假日，法国假期约有150天 ◆带薪假期：根据劳动法，员工工作一个月，可“存下”2天半的带薪假期；工作满一年，全年带薪假期天数为30个非假日。另外，法国人目前每周工作时间仅35小时，超过35小时的部分，都可以转换成假期
德国	◆《联邦休假法》规定，每人每年享有至少24个工作日的带薪休假。加上法定节假日，每年假期超过150天 ◆休假灵活，除10月3日德国统一日是全国法定节日外，其他节日均由各州自行决定
澳大利亚	◆为同一雇主工作超过1年的，将得到至少20天有奖励金额（相当于17.5%的平时工资，已扣税）的带薪休假；不在一定时期内使用则取消奖励金额 ◆为同一雇主工作10年以上则可获6周带薪休假，15年以上则13周；雇主有义务给予4周连休假，若分开使用休假，由雇佣双方协商，最多不超过4次

资料来源 作者根据相关资料整理.

其次，旅游行为的产生还必须有可充分支配的金钱。旅游消费相对于其他日常必需品而言，属于非必需开支。按照马斯洛的需要层次理论，通常情况下，只有当低层次需要得到满足时，人们才会产生高层次需要。外出旅游在需要层次中表现为社交的需要、尊重的需要等，因此，经济上的安全感是人们外出旅游的必要条件之一。有关研究结果显示：当一国人均国内生产总值达到300美元时，国内旅游需求就会蓬勃发展；达到1 000美元时，人们就会产生国际旅游的动机；当超出3 000美元时，洲际旅游动机就会较为普及。

最后，便捷、舒适的交通条件也会激发人们出游的欲望。值得注意的是，这里提到的交通条件是指旅游者感知到的交通条件，有时它并不受实际空间距离尺度的制约。例如从武汉到大连，若乘飞机，游客会觉得那不过是2小时的事而已，而乘汽车前往则似乎显得遥不可及，显然，在这里汽车交通方式无形中降低了人们的出游兴趣。

（3）旅游行为产生的外部动因——客源地与目的地的空间相互作用

在现实中，旅游客源发生地（origin）与旅游目的地（destination）双向相互作用的旅游空间结构模式通常被称为客源地-目的地（O-D）模式。这种空间相互作用产生的条件主要是两地间的互补性、替代性和可达性。互补性较强的旅游目的地将会以其自身区别于客源地的独特旅游资源吸引游客。例如，对于内陆城市的游客而言，海滨城市景观就具有很大的视觉吸引力，因此成为一种独特的旅游吸引物。两个替代性较强的旅游目的地彼此是竞争对手，其中越靠近客源地，则对游客的吸引力就越大，因为距离越近就意味着游客付出的时间、精力和金钱投入越少。另外，游客感知到的旅游地与目的地之间的可达性也将影响旅游者的出游决策。

3）旅游消费行为

（1）旅游消费行为的概念

这里，我们先看一个平时发生在我们身边的旅游案例（见实例1-1）。

【实例1-1】 张先生的自助旅游

张先生是某艺术院校的一位青年教师，他尤其爱好美术与摄影。借此次“十一”长假的难得机会，他想和几位旅游与摄影爱好者好友一同外出来个自助五日游，顺便也写写生，收集一些艺术素材，同时感受一下大自然，彻底放松一下心情。从9月底开始，张先生和几位准备一同出游的朋友就分头通过网上查询、翻看报纸、观看专题旅游电视节目，以及向身边旅游经验丰富的同事和朋友打听，并结合自己的个人爱好作了一个初步的旅游打算，他们商定以武夷山、黄山、泰山作为备选方案。在对自己的经济实力、出游时间、距离远近等因素全面权衡并与旅友反复探讨后，张先生一行最终确定去黄山进行自助旅游。“十一”前一天，张先生一行的黄山五日“艺术写生游”正式启程，他们带足了干粮，租了一辆面包车便上路了。安徽境内前往黄山的沿途风景美不胜收，令人十分惬意。张先生他们白天吃干粮、拍照片，晚上或在山上露营，或在宽敞的旅行车内住一宿，风景、美景、情景尽情挥洒画中，艺术人生好不自在！

分析：

张先生意在借助“十一”小长假外出自助旅游，以感受自然、放松心情。旅行前商定旅行计划，旅行过程中，自备干粮、自行驾驶、车内住宿或是野外露营，享受了一场惬意十足的黄山五日自助游。

资料来源 作者根据相关资料整理.

从张先生一行的旅游行为中，你能说出哪些属于旅游消费行为吗？

对旅游消费行为的认识可从我国理论界对旅游消费概念的探讨出发，在这些研究成果中，部分学者从行为分析的角度对旅游消费进行了概念界定。其中比较有代表性的看法是：旅游消费是指人们在旅行游览过程中，通过购买旅游产品来满足个人发展和享受需要的系列行为和活动。我们认为，要比较清晰地理解旅游消费行为的概念，就必须全面地分析旅游消费涉及的以下方面：

① 旅游消费行为以旅游产品为消费对象。有别于常见的单体产品，旅游产品是个综合概念，它是旅游者在旅游活动过程中购买所需要的商品和服务的总和，即旅游活动所涉及的六要素（食、住、行、游、购、娱）产品和服务的综合。它包括旅游餐饮（食）、旅游住宿（住）、旅游交通（行）、旅游吸引物（游）、旅游商品（购）、旅游娱乐（娱）等要素的产品和服务的购买与消费。

② 旅游消费行为在旅游互动体验中完成。旅游业是典型的服务行业，服务业的特点之一便是服务产品的不可感知性、服务消费与服务生产的同步性。旅游消费行为的完成必须借助游客对旅游活动的参与，以及游客与旅游的产品和服务人员之间的互动，游客与服务人员之间的充分沟通是确保游客获取最佳消费体验的关键条件之一。体验是一种

心理过程，是旅游者在参与旅游活动过程中所产生的一种愉悦情绪和精神满足。旅游消费行为所体现的就是一种旅游者与服务提供者之间的互动体验过程。迪士尼乐园在提供游客精神体验方面就是一个典范。在迪士尼乐园里，随处可见杰克船长、兔子朱迪、灰姑娘、白雪公主等平时只能在电影里才能一见的超人气角色，那里随处都洋溢着一种童话般的梦幻氛围，迪士尼乐园让所有游客身临梦幻世界，获得了一种从未有过的全新的“童心”体验。

③ 旅游消费行为是一种高层次精神需求。旅游需求是以一定的经济条件、休闲时间、便利交通为背景，是在社会经济水平发展到一定阶段时才产生的，它是在满足了旅游者个人基本的生理和安全需求前提下的一种高层次需求表现形式。旅游消费行为的高层次精神享受主要体现在两方面：第一，旅游消费动机的高端性。与其他消费动机相比，旅游消费是一种在满足了人们基本生理和安全需要前提下寻求社交、自尊与个人成就等的高层次需求。第二，旅游消费产品的高层次性。旅游消费产品较其他的日常消费品来说，具有内涵丰富、档次较高、非生活必需的特点。无论是旅游产品系列中较高层次的文化、生态旅游产品，还是较低层次的观光旅游产品，旅游者消费这些产品或多或少都是为了提升个人视野、提高自我素质，从这个角度来说，正是旅游消费产品的高层次吸引了旅游的消费行为。党的二十大报告提出：坚持以文塑旅、以旅彰文，推进文化和旅游深度融合发展，为旅游业发展注入了文化内涵，支持文旅消费的新产品、新场景、新业态、新商品，增加高质量文旅产品与服务供给。

根据以上分析，我们可将旅游消费行为的定义概括为：旅游消费行为是旅游者在一定外界条件的刺激下，为了满足个人消遣、健康、商务等较高层次需求而选择某类旅游产品，并通过与旅游产品和服务人员互动体验完成购买和消费活动的决策与行动过程。

（2）旅游消费行为的发展趋势

①旅游消费内容不断追求个性化。现代消费的一个重要特征就是“新消费者”异军突起，成为社会消费市场的主力军。随着社会经济的发展，旅游产品日益丰富，消费者选择余地增大，消费个性日益突显，在旅游市场里，个性特征的宣扬及消费个性化业已成为一种时尚。2020年的新冠肺炎疫情让游客在旅游产品选择方面，更加重视出行安全，也更注重旅行品质，追求更高品质的服务和体验。疫情的暴发，让乡村游受到了更多关注，宽阔的游玩场地、清新的空气……这些与乡村游密切相关的场景，是“后疫情时代”更多游客选择乡村游的主要原因之一。户外游、自驾游人流密度较低，私密性较高，成为人们最为关注的旅游出行场景。在疫情的影响下，出于安全与便利考虑，中国游客更关注人流较小、体验更为独特的新兴小众目的地。很多消费者选择距离近、时间短的轻度假方式，在熟悉的环境中获得新鲜感，促使更多旅行者寻找更深度、更精细化的旅行体验。旅游者选择个性化的旅游消费方式主要是为了获得某种个性的肯定和自我价值的实现，这已经成了现代后工业社会和都市化进程中一种比较普遍的消费心理需求。现代旅游消费与传统旅游消费的主要区别如图1–2所示。

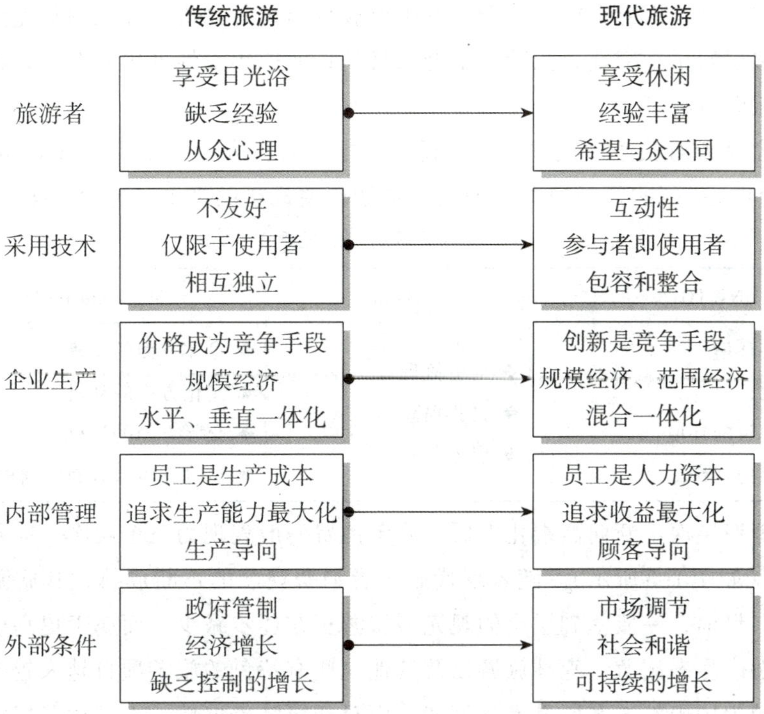

图1-2　两种旅游消费的对比

资料来源　Poon A.The new tourism revolution [J]. Tourism Management，1994，15（2）.

②旅游消费方式倾向于自助化。从2016年起，旅行者出行方式的散客化和自助化趋势愈发明显。美团点评旗下一站式旅行平台美团旅行联合21世纪经济研究院发布的《中国全域旅游消费趋势报告（2017）》显示，我国自助游的游客占比超过85%，其中自驾游占比超过60%。在自由安排行程中，美团旅行作为互联网平台具有快捷、便利的特点，帮用户缩短了决策时间，大多数旅行者已经从提前规划到“随走随订”，临时在美团旅行平台购买景点门票，其中，提前一天及当天购买者占比88.3%。随着国民旅游观的不断升级，个性化、品质化的旅游产品受到追捧，旅行者倾向于自己安排时间、酒店、车辆来获得独特的旅游体验。

③旅游消费动机呈现多样化。旅游消费动机的多样化主要表现在：

第一，不同国家或地区旅游者的旅游消费动机各不相同。例如国外旅游者游览我国的主要动机是欣赏中华历史文化古迹，参观中国现代化建设的成就，了解中国人民的生活方式、风土人情等。我国港、澳、台同胞和华侨大多从乡土观念出发，来大陆探亲访友、寻根问祖，以社会交往为主要旅游动机。而一般的境内旅游者主要是出于文化、健康、社交等动机。

第二，不同年龄旅游者的消费动机呈现明显差异。年轻人好奇心强，喜欢猎奇冒险；中年人成熟老练，追求知识和专业爱好；老年人饱经沧桑，怀旧心理浓，多喜欢故地重游，探亲访友。

第三，不同性别的旅游者的旅游动机迥然不同。不同性别的人群，其价值观、参与活动的性别指向不同，因此在旅游消费过程中所表现出来的动机就存在明显差异。如成年男性外出旅游多以娱乐、交友、探险、猎奇为目的；而成年女性外出旅游的兴趣则多是了解风土人情、旅游购物等。

一些专家学者对旅游动机进行了分析，其中具有代表性的主要是Mackintosh和Goeldner（1984）、Dann（1977）与UNWTO对于旅游消费动机的理解（见表1-4）。

表1-4 旅游消费动机的概括

UNWTO	Dann	Mackintosh和Goeldner
◆ 消遣与更换环境 ◆ 休息与松弛 ◆ 寻求赏心悦目的环境 ◆ 对外部世界的好奇	◆ 情感梳理 ◆ 自我提高 ◆ 想入非非	◆ 身体方面的动机 ◆ 文化方面的动机 ◆ 交际方面的动机 ◆ 地位与声望方面的动机

④旅游消费层次不断向高端化发展。旅游消费一般表现为三个层次，即基础层、提高层和发展层（如图1-3所示）。随着现代旅游者消费观念的不断成熟，其旅游消费层次也在不断提高。目前，一般基础层次的观光型旅游正在逐步减少，而属于提高层次和发展层次的文化旅游、生态旅游、森林旅游以及其他一些有特色的旅游项目越来越多，这些专项旅游已越来越为国内外游客所喜爱。例如，面对新冠肺炎疫情，人们对美好精神文化生活的向往从未停止，对未来文化休闲的体验和消费依然充满热情。党的二十大强调坚持以文塑旅、以旅彰文，推动文化和旅游在更广范围、更深层次、更高水平上深度融合，引领驱动旅游消费升级。文旅融合通过丰富产品内涵与功能，拓宽产品体验的深度与广度，开启游客的五感体验。武汉的“汉风国潮·礼赞祖国”时尚大秀不仅给游客带来一场听觉、视觉盛宴，还带来触觉、感觉的体验。传统剧目和非遗融合、地域特色和时尚结合，既展示了中华传统文化技艺，又融合最新消费时尚，给游客带来高品质享受与体验。这类文旅融合产品在假期中表现抢眼，飞猪平台大数据统计显示，博物馆、非遗及文旅融合类相关商品订单量环比上涨逾15倍。

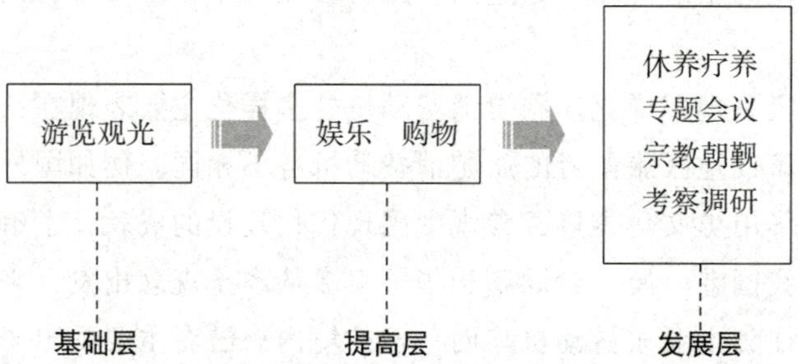

图1-3 旅游消费的行为层次

⑤旅游消费决策行为日趋成熟和理性化。旅游者消费行为的日趋成熟，可从近些年来我国国民出境旅游消费发展状况中窥见一斑。马蜂窝旅游网联合银联智惠发布了《中国人的旅游消费账单：全球旅游消费报告2017》。该报告指出，我国旅游购物消费，从一开始中老年团的“盲目消费”到自由行初级阶段的“炫耀性消费”，向更理性、更务实的消费

阶段发展；购物内容也从珠宝、名表，到国际奢侈品牌，再到实用性强的日用品转变。旅游购物尽管火爆，但其热度与往年相比有明显降温，之前“疯抢”的场面逐渐消退，“爆买时代”成为历史。马蜂窝大数据显示，68%的年轻消费者会在出国前查好目的地什么值得买，会参考他人的推荐和使用体验。还有32%的年轻消费者表示，他们会在当地购买商品的同时，通过手机查看国内电商平台上此商品的价格。从“只买不问”转向“先查后买”和“边查边买”，并从“购买商品”转向“购买体验”，这充分表明，中国游客的旅游消费观念日趋理性。

4）不同旅游者的行为表现

由于历史传统、文化背景、社会制度、民族特点等方面的差异，不同国家和民族的旅游者往往具有不同的旅游行为。在这方面，青岛大学的马波曾对中西传统文化背景下的旅游消费行为进行了比较研究。其要点如下：

（1）旅游动机的差异：中国人对于单一性的需求——寻求平衡、和谐、相同、没有冲突和可预见性的倾向比较明显，而对多样性的需求程度远逊于西方人。如果说西方人通过旅游寻求刺激的感官享受，从探求征服中获得以自我为主体的人生价值的话，中国人则旨在通过休闲，从回归自然中寻找飘飘然的快意，在天人合一、物我交融中得到心灵的慰藉。

（2）目的地选择上的差异：中国人信奉天人合一，喜欢小桥流水、田园风光、波澜不惊的平和景观。西方人信奉天人对立的自然价值观，凡是个性突出的目的地或景观，西方人一般颇感兴趣。

（3）选择旅游目的地的决策方式差异：中国人具有较强的重视群体的传统观念，容易听从他人的意见和融入社会流行风尚的潮流中，从众现象普遍存在。西方旅游者在选择目的地时较少受他人的支配和影响。

（4）旅游组织形式上的差异：因有强烈的群体意识和排斥冒险的性格，中国人在出境旅游和国内长距离旅游中，多喜欢组团的形式，认为这样可以相互照顾，有安全感；近距离旅游则往往与家人或亲友同行。西方人正好相反，在他们看来，似乎与人结伴或与家人同游会比独自旅游的效益低。

思政园地

公平守正　安心消费

2021年，中国经济总量突破114万亿元，新发展理念指引下的中国经济进入高质量发展的新阶段，充分彰显了稳健增长的底气和实力。

2021年中央经济工作会议强调，要提振市场主体信心，激发市场主体活力，深入推进公平竞争政策实施，加强反垄断和反不正当竞争，以公正监管保障公平竞争，营造各类所有制企业竞相发展的良好环境。

2022年的“3·15”晚会以“公平守正 安心消费”为主题，继续关注消费领域的违法侵权现象，倡导用诚信之力，筑牢消费之基，共同创造美好生活。

“公平”是守护市场经济平稳健康发展的基础，是市场经济参与各方必须共同遵守的规则。公平也意味着政府监管部门要公正监管、公正执法、平等对待；企业要公平交易、公平竞争，共同为消费者创造公平诚信的消费环境。

“守正”就是恪守正道。政府监管要依法依规，为企业发展营造良好环境，打击违规违法的不正当竞争行为；企业要遵纪守法、诚信经营、重视创新，担当起社会责任。

只有各方齐抓共管，促成法治完善，环境改善，秩序向善，促进消费升级，改善消费体验，才能创造让百姓真正“安心消费”的市场环境，助力中国经济提质升级，不断推进高质量发展。

资料来源　央视财经．“公平守正 安心消费”[EB/OL]．[2022-03-15]．https：//www.xuexi.cn/lgpage/detail/index.html.

1.2　旅游消费的环境与心理因素

旅游者对旅游产品购买和消费的整个行为过程中，往往会受到各种内部和外部因素的影响。这些因素不仅对旅游者决策产生重要影响，对其消费行为也具有重要的作用。

1.2.1　旅游消费的外部环境因素

这主要是指由外部社会经济环境造成的对旅游者行为的影响。一般可将旅游者的家庭、参考群体、角色地位、社会阶层、文化群体等归为影响其旅游决策行为的外部因素。

家庭——对消费者的决策有最大影响力的群体。从市场营销的观点看，许多产品的需求水平是由家庭的数目而不是由人员的数量所决定的，如在娱乐活动中有2/3以上是家庭性质的，在文化闲暇活动中有近40%是以家庭为基础的。由于家庭与旅游者行为联系十分紧密，因此在旅游活动过程中，家庭是影响旅游者行为的主导因素。

参考群体——对旅游者的决策、行为和评价等具有重要影响的相关个人或群体。不同的参考群体在不同时间内或不同的情境下，影响着旅游者的信念、态度和行为。如某位潜在旅游者看到自己的同事或好朋友都去某地旅游，并且游后评价不错，于是受这些参考群体的影响，他下次出游的地点首选很可能就是该旅游地。

角色地位——旅游者个体在特定社会和群体中所处的位置。在旅游活动中，旅游者的角色地位同在家里可能大相径庭，如一个人决定驾车带全家出去旅游，在整个旅游活动过程中，他除承担司机角色外，还可能承担导游及汽车修理工的角色；而如果他决定带全家乘坐飞机或轮船外出旅游，他就不再担任司机和汽车修理工的角色，而可能担任导游、决策者之类的角色。

社会阶层——在一个社会中具有相对同质性的群体，并且这一群体是按照等级排列的，每一阶层成员具有类似的价值观、兴趣爱好和行为方式。在旅游活动上，不同社会阶层的旅游者显示出不同的旅游产品偏好和旅游目的地偏好，其消费行为也具有不同的特点。

文化群体——具有相同的信念和价值的人群。不同的文化群体对旅游者行为的决策具有不同的影响。在旅游市场上，与文化偏好一致的旅游产品和服务，更有可能被旅游者所接受。每一文化群体又包含着能为其群体成员提供更为具体的认同感和社会化特征的内涵，并形成次一级的亚文化群体（subcultures）。亚文化群体包括民族亚文化群体、宗教亚文化群体、年龄亚文化群体和地域亚文化群体等。在休闲和旅游活动中，一种亚文化群体要寻求的利益并不完全等同于处于支配地位的文化群体所寻求的利益。

1.2.2 旅游消费的内部心理因素

影响旅游者消费的内部心理因素，主要指旅游者个人的主观心理因素所造成的对旅游行为的影响因素。影响旅游者行为的个人主观心理因素有很多，一般包括知觉、需要、动机、个性、态度、学习等方面。

知觉——人们对旅游产品和服务的各种不同属性、不同部分及其相互关系的综合认知和反映。旅游者选择旅游活动对象时所发生的认知和主观判断取决于许多因素，其中最重要的是对每个旅游活动对象的知觉，即它是否具有满足旅游者需要并为旅游者所认识的特征，是否具有激发旅游者动机和行为的能力。因此，对旅游者知觉的分析和研究是理解和掌握旅游者心理的重要开端。

需要——旅游者或潜在旅游者对某种旅游产品的渴求或欲望，它是旅游者的一种潜在需求，即旅游者自身感到缺少某些东西，又期望得到某些东西的一种心理现象。旅游需要一般具有以下特征：对象性，即对一定事物产生的渴求或欲望；个性与多样性，即不同的旅游者有不同的旅游需要，必然造成旅游需求的个性与多样性并存的情况；伸缩性，即旅游者的旅游需要会随着条件的变化而增加或减少；可诱导性，即旅游者的需要会受外部各种旅游信息的刺激影响而发生变化；驱动性，即旅游者产生需要时就会产生不安与紧张情绪，进而推动其从事旅游活动以寻求心理平衡。

动机——直接推动旅游者进行旅游活动的内在动力。旅游者的行为由旅游动机所引起并受其支配，而旅游动机又产生于旅游需要。旅游者的旅游动机是复杂多样的，既有出自求实、求新、求名、求美、求知等心理动机，又有探亲访友、文化寻访、科考探险、康体健身等社会与生理动机。

个性——一种复杂的心理现象，它是指属于旅游者个人独有的心理定式，以及这种心理定式在对环境的反应中所形成并一贯保持的行为倾向。通常，不同性格的旅游者其旅游行为有很大的差异性，如在旅游市场上，不同旅游者对不同旅游产品和服务选择的差异性，就是由旅游者自身个性差别导致的结果，即旅游者认同旅游产品和服务与自身需要的一致性。

态度——旅游者对某个旅游产品或旅游地的一种稳定的看法和倾向。态度对每个旅游者都很重要，因为它比较准确地反映了旅游活动中，旅游者在特定情况下可能产生的旅游行为，尤其是旅游者对相互竞争的旅游产品和服务所持的态度，往往是旅游经营者和市场营销人员关注的焦点。

学习——根据日常经验而产生的旅游者行为中相对持续不断的变化状态。通常，在旅游活动中，旅游者既是消费者，又是问题的解决者，旅游者要解决各种各样的旅游问题，如去什么地方旅游、什么时间出发、怎么去、逗留多少时间、选择什么样的饭店住宿等。因此，购买旅游产品其实就是一种学习的过程，就是购买一种新的体验，而在这种全新的体验过程中，旅游者必须适应许多环境的变化。因此，旅游学习的过程就是旅游者满足自身需要和适应环境变化的过程。

1.3 旅游消费行为的一般过程

1.3.1 旅游者购买行为理论①

1）习惯建立理论

习惯建立理论认为，旅游者的购买行为实际上是一种习惯的建立过程。旅游者对消费对象和消费方式的喜好是在重复使用和消费中逐步建立起来的，这个过程不需要认知过程参与。旅游者在内在需要的激发和外在产品的刺激下，购买了该产品并在消费过程中感觉不错，那么他可能会再次购买并使用，如果多次的购买和使用给旅游者带来的是愉快的经历，购买、使用和愉快的多次结合，最终在旅游者身上形成了固定化反应模式，消费习惯就建立了。每当产生消费需要时，消费者就会想到这种旅游产品，并随之产生相应的购买行为。

习惯建立理论完全符合斯金纳操作条件学习理论，是行为主义心理学观点在消费行为研究中的应用。消费者主动的购买和使用行为在先，愉快这种正面强化在后，此过程丝毫不见认知因素的影子。多次的购买和使用与愉快经验的结合就在消费者身上形成了固定的联结，一种新的条件反射建立了，如图 1-4 所示。

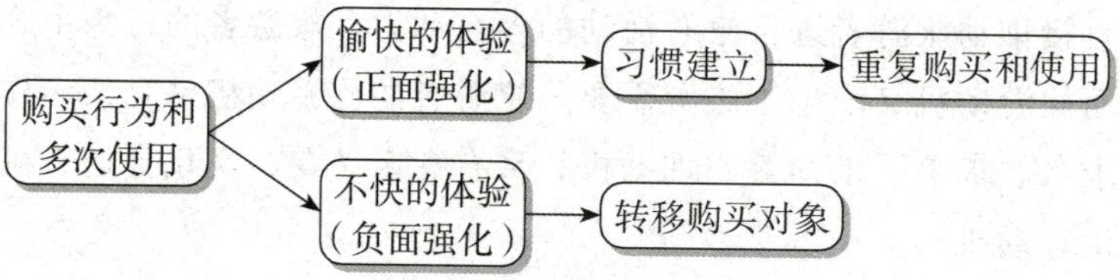

图1-4 消费习惯建立模式

习惯建立理论能够解释许多现实生活中的消费行为，尤其对那些习惯性消费行为能给出比较满意的解释。在日常生活中每个人都有许多这样的习惯性购买行为存在，如对牙膏、香皂、理发服务等人们都有其固定的消费偏好，而不会轻易选择新的消费对象。这样做可以使人最大限度地节省用于选择的精力投入，同时又避免了非必要的消费风险的发生。当然，习惯建立理论并不能解释所有的消费行为，后面我们要加以介绍的理论会对不同类型的消费行为或者对消费行为的不同侧面提出解释。

习惯建立理论能解释旅游者对旅游方式的偏好，由于某种特殊经历或个人个性因素，

① 资料来源 孙喜林. 旅游心理学［M］. 大连：东北财经大学出版社，2004.

旅游者通常会有自己的旅游偏好，而这种偏好能够给其带来愉快的体验。

2）信息加工理论

信息加工理论把人看作一个信息处理器，而人的消费行为就是一个信息处理过程，即信息的输入、编码、加工、储存、提取和使用的过程。面对各种大量的商品信息，旅游者要对信息进行选择性注意、选择性加工、选择性保持，最后做出购买决定和购买行为，如图1-5所示。这个过程可以用心理学原理解释为：商品信息引起了旅游者有意或无意的注意，接着大脑就开始对所获得的信息进行加工处理，这个过程包括知觉、记忆、思维和态度，购买决定就产生了。

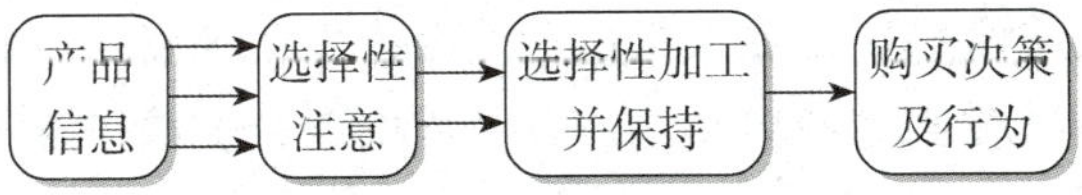

图1-5 购买决策信息加工模式

需要注意的是，信息加工理论的假设前提是"人是理性的"。而事实上人是理性和非理性的复合体，在产品经济时代，消费者体现为经济理性，而在服务经济与体验经济时代，消费者更多地体现为感性需求导向，所以在应用信息加工理论时应注意这个问题。可以这样说，信息加工理论揭示和解释了消费行为的某些侧面。而旅游者的随机性购买和冲动性购买，受教育程度较低和智力较低的消费者的购买行为，其信息加工过程不明显，也就谈不上什么真正的信息加工了。另外，前面介绍的习惯性购买行为也不存在明显的信息加工过程。而那些受过良好教育的旅游者，在面临高度介入的购买行为，同时又有大量的商品信息可资利用时，信息加工理论就能为此时的购买行为提供比较完美的解释。

3）风险规避理论

风险规避理论认为，所谓风险是指旅游者在购买商品或服务时，由于无法预测和控制购后的结果是否令自己满意而面临或体验到的不确定性。旅游者消费会面临各种各样的风险，而这种风险和当事人的心理承受力会影响到人的消费行为。该理论认为，旅游者的消费行为就是设法寻求减少和规避风险的途径。旅游者对可能存在和发生的风险的心理预期会影响到他的购买行为。旅游者对风险的感知程度对消费行为产生影响，至于现实中风险到底有多大、有还是无并不重要。风险的大小以旅游者的主观感受为指标。

（1）风险规避理论认为，旅游者进行消费时承受的风险主要有六种类型：

① 功能风险：指因为产品消费本身而带来的不能使用等功能性问题。功能风险涉及服务产品的质量和服务优劣问题，在一般情况下，当购买的产品和享受的服务不能像预期那样满意时，就存在着功能风险。例如，预订的机票落空了，或房间空调制冷失灵，或电话不通，想去看红叶却没有看到红叶大面积变红等。

② 安全风险：指旅游者所购买的产品或服务是否会危及人身安全或健康。比如，就餐的食品是否卫生、酒店的财物保管是否安全、旅游过程中人身安全是否有充分保障等。

③ 财务风险：指花费较多的金钱是否能买到较好的产品和享受优质的服务，因为旅游者担心由于做出错误的购买决策而损失金钱。比如，住这样的酒店是否该花这么多的钱，其硬件设施和软件服务是否物有所值；或者订了一张机票后，却发现第二天机票就开始大幅度打折降价。

④ 时间风险：指旅游者对能否在预定时间内完成旅游活动的担心。如果出现在计划时间内未完成旅游活动，或者全部活动完成了而时间却超出了这两种情况，不但会引起旅游者的不满，甚至会引发纠纷，给旅行社造成名誉上或者经济上的损失。

⑤ 社会风险：指购买某种产品或享受某种服务是否会降低旅游者的自身形象。比如，购买名牌商品或入住高星级酒店的客人很可能就因为该名牌商品或酒店具有较高的社会价值；相反，旅游者因为入住某家酒店后不被自己周围的社交圈子认可，感到有失身份，于是就出现了社会风险。

⑥ 心理风险：指对购买某种商品或服务能否增强个人的幸福感和自尊心的担心。如果旅游者购买的产品或服务与自我形象和期望不一致，就会引起心理不安，导致不满意和失望。比如，人们出去旅游的主要原因之一，是提高自我价值、放松自己，因此对入住饭店的客人来说，饭店提供的产品或服务能否最大限度地满足他们的心理需求，十分重要。

（2）风险规避理论认为，旅游者所感受到的风险水平受四种因素影响：

① 旅游者个体付出的成本大小。通常，对具体消费者而言，其付出的成本越大，相应感受到的风险就可能越大，在采取购买行为时就会越谨慎。这里所说的成本包括心理成本、生理成本、时间成本、机会成本、经济成本和社会成本等。

② 旅游者对风险的心理承受力。这是影响风险感知程度的主要因素。个体的心理素质差异和个体对购买结果的心理预期水平的差异是构成旅游者心理承受力的两大因素。面对旅途中可能发生的同样问题，有的游客淡然处之、无所谓；有的游客却忧心忡忡。

③ 服务产品的购买风险大于实物产品。其原因在于，实物产品在购买前可以有实物供消费者进行比较、判断，从而避免了一些风险的发生。服务产品的无形性和生产与消费的同步性，使得旅游者在购买前通常无法判断其功能和质量等，而这种判别和鉴定只能在消费行为发生之时进行，这样风险就可能已经发生。而且旅游者一旦遭遇风险，又很难拿出实证性证据用于申述，自身权利就难以得到保障，因此，服务产品的购买风险远远大于实物产品。

④ 购买风险与产品销售方信誉存在关系。在通常情况下，人们似乎更倾向于信赖实力雄厚的大企业，认为它们一般不会欺诈，而与小企业打交道则会感知到更多的风险。购买有固定销售场所的产品比购买无固定销售场所的产品感知到的风险要小。

风险规避理论认为，旅游者为了控制由购买决策所带来的风险，在做出决策时总是使用一些“风险规避策略”来尽力控制风险的发生，从而达到增加自己决策决心的目的。旅游者常用的控制风险的方法有六种：第一，尽可能多地收集产品的相关信息。第二，尽量购买自己熟悉的或使用效果好的产品，避免购买不熟悉的产品。第三，通过购买名牌产品来减少风险。第四，通过有信誉的销售渠道购买产品。第五，购买高价格的产品。人们信奉“一分价钱一分货”，价高则货优。第六，寻求安全保证。例如，企业提供的退货制度，权威机构的检测报告，保险公司的质量保险，或者免费试用等。

4）边际效用理论

边际效用理论对消费者的消费行为规律进行了深入的剖析，即消费者在钱的数量一定的条件下，努力寻求总效用和边际效用两者的最大化。边际效用理论的思想基础是英国功利主义哲学家杰里米·边沁的享乐主义哲学和传统的理性人假设。按照边际效用理论的解释，消费者本质上是一个最大限度地追求享乐和舒适的理性的“机器”，随时随地计算如何使自己的收益最大化。然而，边际效用理论对人的冲动性消费、习惯性消费、信念性消费（如出于爱国而发生的消费）等现象无法做出令人满意的解释。边际效用理论的最大价值是能够比较圆满地解释人的复杂消费行为。边际效用递减律有以下特点：

（1）边际效用的大小与人的需要强弱成正比。对一个商品的需要越强，其边际效用越大；反之，则边际效用越小。对某商品没有需要，则边际效用为零。

（2）边际效用的大小与商品的稀缺性成反比。

（3）边际效用递减律只在特定时间内有效。由于需要具有再生性、反复性，因而边际效用也具有时间性。连续地消费某一物品，从某一点以后边际效用开始递减。

【实例1-2】 游山玩水也无奈？

小王拿到导游证后跃跃欲试，急于找个机会实习，于是，通过老师的介绍和凭借自身不错的素质，小王顺利成为A旅行社的一名实习员工。目前，A旅行社的主推线路是昆明—大理—丽江（简称昆—大—丽）。经过多年的经营，A旅行社以自身的综合优势在本市的云南游市场上占有相当份额。昆—大—丽旅游线的确代表了云南旅游的精华，那绚丽多彩的民俗风情与绮丽的自然风景让第一次带团的小王兴奋不已，他不禁深深沉醉而感叹：彩云之南果然是如此美丽的一个地方！他第一次带团就能以饱满的精神状态投入到工作之中，并以此感染着每一个参团的旅游者。

然而，带过3次去“昆—大—丽”的旅游团后，小王当初的新鲜感开始消失，并渐渐感到了一丝厌倦。但是，A旅行社近期“昆—大—丽”旅游线却卖得十分火爆，社里的人手较紧张。小王去过几趟“昆—大—丽”，也算得上是熟手了，好钢自然用在刀刃上，于是业务经理通知小王：旅行社准备安排他在本月再带6个团去“昆—大—丽”旅游线！一想到这个月还要重复去“昆—大—丽”6趟，小王感到有苦说不出……

A旅行社的“昆—大—丽”旅游线依旧那么火爆，而小王却再也没有了第一次工作的激情。2个月后，开始厌倦并腻烦了“昆—大—丽”的小王只得无奈地跳槽去了另一家旅行社。

分析：

从小王第一次带团去“昆—大—丽”的热情饱满，到第三次后去“昆—大—丽”的新鲜感消失与厌倦，体现了边际效用递减规律。第一次边际效用最大，之后不断递减直至消失，以至于最后小王跳槽到另一家旅行社。

资料来源 作者根据相关资料整理.

显然，在实例1-2中，小王第一次去“昆—大—丽”所获得的效用最大，随着去“昆—大—丽”次数的增加，他所获得的效用不断递减，以致后来效用成为负值（厌倦并腻烦），最后忍无可忍只得离开。

在正常情况下边际效用永远是正值，虽然在理论上边际效用会出现负值，而实际上如果当一种旅游产品带给消费者的边际效用趋于零时，个体就会放弃对它的消费，而转向消费其他旅游产品。所以，旅游产品开发必须注意差异化，以使最终带给旅游者的消费效用最大化。

【相关链接1-2】　　关于旅游消费行为的其他观点

（1）旅游消费是一种象征性行为

该理论认为，旅游产品代表着一种社会符号，旅游者的消费行为就是用旅游产品来表达人的身份、地位、人与人的关系程度等。旅游产品要能使旅游者达到用于社会象征性的目的，必须具备三个特点：

•产品直观，可见度高，旅游者使用时容易显露，易于引起他人的注意；

•产品的变化程度大，有不同款式和功能，具有某种程度的新颖性；

•产品的个性化突出，不会与其他产品雷同。

（2）旅游消费是一种解决问题的行为

该理论认为，旅游消费行为本质上是一种解决问题的行为。人在生理上、心理上出现的各种缺乏状态，会使其感到内在的紧张不安，于是就要想办法去解决，其结果就是做出消费决定，并通过消费某类旅游产品或服务来满足自己的需要。

（3）旅游消费是一种选择决定的过程

该理论认为，旅游者的消费行为是一个在目的、步骤、策略中反复选择，最终做出决定的过程。选择的各个步骤可能会在同一个时间内进行，而旅游者采用不同策略所实现的最后选择可能不同。选择过程一般是：选择消费目标—选择一种消费策略—最后决定。

（4）旅游消费是一种不间断的学习过程

该理论认为，旅游者的消费行为产生于不断的学习过程中。个体通过学习获得经验，并改变原有的消费行为，使自己的消费行为比以前更成熟和完善，学习过程如图1-6所示。

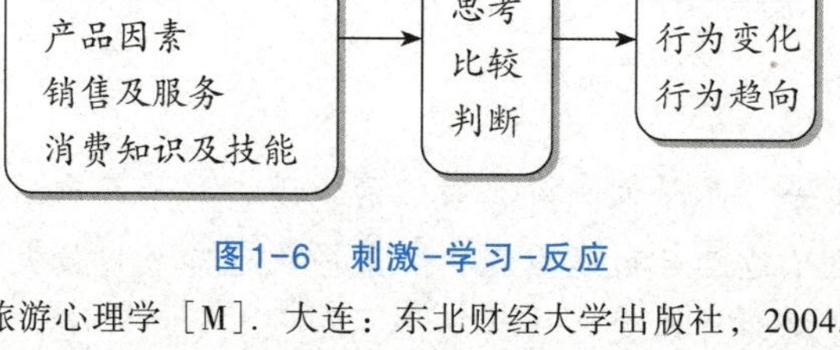

图1-6　刺激-学习-反应

资料来源　孙喜林．旅游心理学［M］．大连：东北财经大学出版社，2004.

1.3.2 消费者购买行为模式

旅游者行为理论的着眼点是从宏观、整体上解释旅游者为什么要购买旅游产品，而消费者购买行为模式则是从中观的角度探讨消费者实际的购买行为。消费者购买行为模式是指用于表述消费者购买行为过程中的全部或局部变量之间因果关系的图式的理论描述。下面介绍几种在西方消费者购买行为理论研究方面具有代表性的模式。

1）科特勒的刺激–反应模式

美国著名市场营销学家菲利普·科特勒（Philip Kotler）在其《市场营销管理》（亚洲版）中提出了一个简洁的消费者购买行为模式，他认为，消费者行为模式一般由三部分构成（如图1–7所示）。其基本假设为：购买者的购买决策行为来自其对外界刺激的积极心理反应，即：由于购买者的心理活动过程是在其内部完成的，既看不见又难为人知，因而被喻为“黑箱”。营销者的工作就是要了解在购买者的“黑箱”中，刺激是如何转化为行为反应的。“黑箱”分为两个部分：第一部分是购买者的特征，它影响购买者对于刺激的认识和反应；第二部分是购买者决策过程，它影响购买结果。

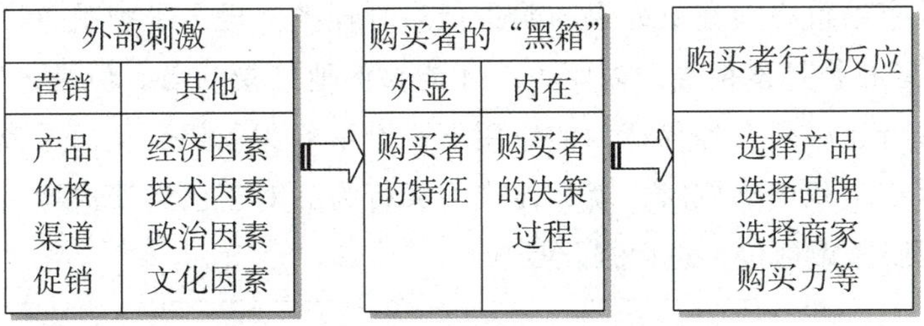

图1–7 科特勒的刺激–反应购买模式

根据图示，营销人员最感兴趣的是消费者对于公司安排的营销刺激会如何反应。能够真正掌握消费者对不同产品特色、价格、广告要求等反应的公司，将比其竞争对手拥有更大的竞争优势。因此，无论企业经营何种产品，都应尽力研究“黑箱”的究竟，并对其研究采取心理学的某些方法。

2）马歇尔的经济理性模式

英国经济学家马歇尔（Alfred Marshall）认为，消费者的购买决策基于理性判断和经济计算，即每个消费者都根据本人的需要偏好、产品的效用和相对价格，来决定其购买行为。马歇尔模式有几点假设：

（1）产品价格越低，销量越大；价格越高，则销量越少。

（2）替代产品降价时，被替代产品的购买者就减少；反之则被替代产品的购买者增加。

（3）某产品价格下跌，则互补产品购买者减少；反之，则互补产品购买者增加。

（4）边际效用递减，即消费者消费单位产品所增加的满足感递减，购买行为趋向减弱。

（5）消费者收入水平高，则需求总量增加，价格作用相对减弱，偏好的作用增强。

（6）购买额度越大，则购买行为就会越慎重；收入水平越低，则购买行为越慎重。

马歇尔模式是一种“基于金钱尺度”的经济学模式，它揭示了消费者购买行为的主要决策方式，即理性决策，但是，它只强调了经济因素，而忽视了影响消费的其他方面的因素（如图1-8所示）。

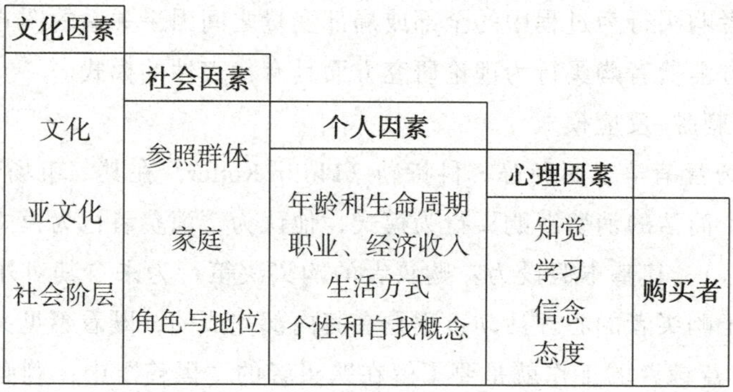

图1-8 购买者的特征因素细分

3）巴甫洛夫的刺激-反应模式

苏联心理学家巴甫洛夫在研究人的购买行为过程中，提出了刺激-反应的论点。如图1-9所示，消费者必须具备很强的内驱力，才能够使他接受刺激。但是，仅有内驱力是远远不够的，消费者还必须在外界诱因的作用下，产生购买欲望，从而形成完整的刺激环。当消费者对刺激产生积极响应时，就会促成购买行为。对于已经形成购买行为的客户群，企业应当把后期服务做到位，进而强化反应。

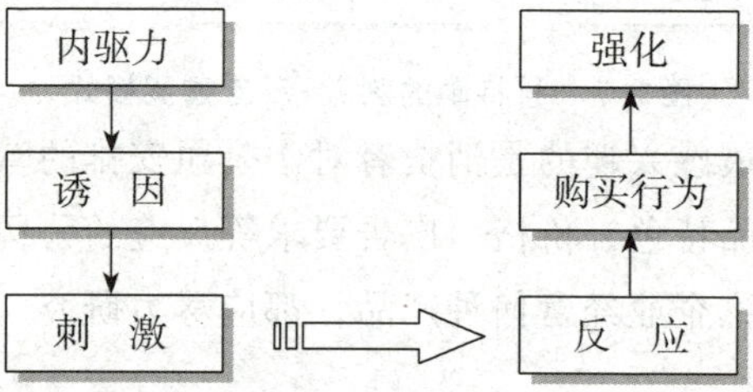

图1-9 巴甫洛夫的刺激-反应模式

巴甫洛夫模式强调了决定消费者购买行为的心理机制和心理过程。在营销过程中，厂家或商家应当设计出一个刺激环境，而这种刺激环境必须针对某种客户群。在具有诱发性的基础上，针对存在内驱力的消费者发出刺激，促进消费者的购买行为。巴甫洛夫模式告诉我们，研究消费者心理是非常关键的。该模式是一种揭示“需求驱动力”的传统心理学模式。

巴甫洛夫认为，人类的需求行为实质上是一种“条件反射”过程，所以该模型又称学习模式。根据巴甫洛夫的理论，购买行为则是一种“刺激-反应”（S-R）过程，这种“刺激-反应”间的关系可细分为内驱力、诱因、反应和强化四个步骤。

（1）内驱力是一种诱发购买行为的内部力量，如饥饿、恐惧、疲劳、危险、尊严等。

（2）诱因是能够满足或缓解内驱力的某种产品或劳务，如食品、服装、交通工具、各种服务等。

（3）反应是需求者对诱因的一种指向行为，即为了满足需求而寻求某种产品的行为。

（4）强化，加强诱因和反应之间的联系即为强化。如果诱因和反应之间的联系经常得到加强，也就是得到强化，就会变成习惯，导致消费者重复购买。

没有内驱力和诱因，就没有购买行为，也就谈不上强化。按照这种模式，广告是一种重要的诱因，重复广告对消费者的购买行为影响很大。巴甫洛夫的刺激–反应模式强调了决定消费者购买行为的心理机制和心理过程。

4）维布雷宁的社会心理模式

维布雷宁提出的是一种社会心理模式。他认为，人类是一种社会动物，其需求和购买行为通常受到社会文化和亚文化的影响，并遵从他所处的相关群体、社会阶层和家庭等特定的行为规范。上述社会因素往往直接形成或改变人们的价值观、审美观和生活方式，进而在很大程度上决定消费者的购买行为。

文化和亚文化对消费者消费行为的影响是总体的和方向性的，而相关群体的影响更加具体。相关群体分为三类：初级群体、次级群体和渴望群体。初级群体包括家庭、朋友、同事和邻居等，它的消费示范作用最强烈，消费攀比行为就发生在该群体内。次级群体是指与消费者有关的各种组织，如职业团体、学术组织等。渴望群体是指消费者渴望加入的组织或作为参照体的个人，如影视明星、体育明星、商界或政界名流。

维布雷宁的社会心理模式认为，相关群体从三个方面影响消费者购买行为：

（1）影响消费者对某种产品或品牌的态度，使之成为一定的消费观念。

（2）相关群体为消费者规定了相应的消费内容和消费方式。

（3）相关群体潜移默化的作用，可能导致消费者的仿效、攀比，因而出现商品流行现象。

5）霍华德–希思模式

霍华德–希思（Howard & Sheth）模式包括四个变量，即投入因素（刺激因素）、内在因素、外在因素和产出因素。在四个因素的综合作用下，消费者的购买行为发生变化。霍华德–希思模式如图1–10所示。

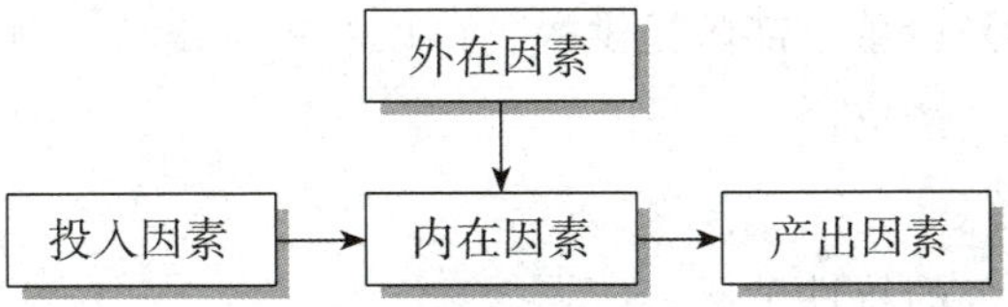

图1–10　霍华德–希思模式

投入因素是引起消费者产生购买行为的刺激因素，它包括三大刺激因子：产品刺激因子、符号刺激因子和社会刺激因子。产品刺激因子是指产品各要素，如产品质量、品种、价格、功能服务等。符号刺激因子是指媒体等传播的商业信息，如广告及各种宣传信息。社会刺激因子是指来自社会环境，诸如家庭、相关群体等因素的影响。

内在因素介于投入因素和产出因素之间，是该模式最基本的因素。它主要说明投入因素和外在因素如何通过内在机制作用于消费者，并最终引发消费行为。消费者内心接受投入因素的程度，受需求动机和信息反应敏感度的影响，而后者又决定于消费者购买欲望的强度和“学习”的效果。消费者往往对感兴趣的对象显示出“认知觉醒”，对无关的对象信息则表现出“认知防卫”。消费者的选择偏好受内心“决策仲裁规则”制约。“决策仲裁规则”指消费者根据动机强度、需求紧迫度、预期效果、消费重要性和过去的学习等，把各种消费对象排列顺序、按序消费的心理倾向。

外在因素包括相关群体、社会阶层、文化、亚文化、时间压力和产品的选择性等。

有了投入因素的刺激，通过内在、外在因素的交互影响，最后形成产出因素。

霍华德-希思模式揭示出一个简单的规律：一个企业在营销中投入的资源越多，所获得的反应就越好。该模式认为，在投入因素的刺激下，通过内在、外在因素的交互影响，最后形成预期的反应因素。反应因素可以不同的形式和内容体现出来，如注意、了解、态度、消费意图，从而形成最后形式——消费行为。

消费模式历来是许多学科研究的重要课题，这些分析都从不同角度给人以启发。马歇尔的经济理性模式是从消费者“精于计算”的假设出发，更多地从价格影响、需求偏好、选择自由度、个人收入等因素进行分析。巴甫洛夫的刺激-反应模式主要从“条件反射”的角度，分析了商业中的诱惑对人们消费的影响。维布雷宁的社会心理模式分析了社会文化、社会地位对人们消费方式的影响，人群影响有：初级人群，主要包括家庭、朋友、同事、邻居，其消费示范作用最大；次级人群，主要包括团体、教会、学术组织，影响次之；渴望群体，即“追星”现象。霍华德-希思模式分析了人们消费方式的投入因素、内在因素、外在因素、产出因素的相互关系。

1.3.3 旅游产品与旅游者的决策过程①

前面我们已经讨论了影响旅游者行为的动机和决定因素，在此我们将购买决策过程作为一个整体加以讨论。在讨论之前，我们先要了解一下旅游者所购买旅游产品的特点。旅游产品非常复杂，通常包含两个层次：

包价度假产品，它是由不同部门提供的单项产品的组合，如住宿、交通、旅游度假地和旅游吸引物等。

单项旅游产品，它是由单个部门提供的，可以被单独出售，例如飞机票，或者作为一日游中一部分的主题公园游览。

1）旅游产品或服务

（1）旅游产品或服务的特性

旅游产品提供的绝大部分是服务。服务产品与实物产品相比，具有以下特点：

① 无形性（intangibility）。这是指与有形的消费品或工业用品相比较，服务的特质及组成元素往往是无形无质的，让人不能触摸或不能凭肉眼看见其存在。这一特性使得服务不易于评价和验证。

② 不可分离性（inseparability）。服务具有生产和消费同时性的特点。从纯粹的角度

---

① 资料来源 斯沃布鲁克，霍纳. 旅游消费者行为学［M］. 俞慧君，等译. 北京：电子工业出版社，2004.

来看，服务是供给者和消费者面对面进行的。这一点会影响消费者的购买行为，也意味着消费者会根据他们的经历来改变他们的行为方式。

③ 异质性（heterogeneity）。对于旅游供给者来说，让他们在所有消费时间内提供同等水平的服务是非常困难的。消费者自身的心情和意愿也会影响他或她对服务的评价——可能每次的评价都不相同。这就意味着消费者在购买旅游产品时很难评价旅游经历的潜在质量，同时也意味着消费者仅仅依赖以往的经验来决定重复购买是危险的。也许过去的经历是令人愉悦的，但这次却截然相反。而且，他们会改变和持有不同的知觉和期望。同样，服务也会随时间而变化。

④ 不可贮存性（perishability）。这一特性要求服务企业必须解决由缺乏库存所引致的产品供求不平衡问题。

⑤ 所有权的不可转移性（absence of ownership）。消费者只有在购买服务的时候才可以参与活动或使用设施。在交易结束后，他们不拥有任何东西。服务通常会带给消费者满意的感受而不是实物产品的所有权。这就意味着在服务的购买当中，感情的因素意义重大。

市场营销学家曾将日常型产品与复杂型产品加以划分，因为它们具有不同的特点（Middleton，1994）。

① 日常型产品：一般是为了满足日常生活需要。大多是机器制成品或手工产品，通常价格比较低而且非常容易购买。

② 复杂型产品：一般来说是为了满足马斯洛需要层次理论中高层次的需要。通常是昂贵的耐用消费品。

在图1-11中，对这两种产品和服务的购买行为从不同的角度做了更深入的分析。

（2）旅游消费者行为的复杂性

服务产品的特点同样也适用于复杂的产品，并且这些特点对消费者的购买行为有着相当大的影响。从图1-11中我们也可以看出，旅游产品的购买过程要比消费者购买快速消费品（FMCG）复杂得多。这个过程包括更为复杂的决策、更长的决策时间以及更高的承诺。在旅游产品的购买当中，消费者行为具有高度的复杂性（如图1-12所示）。

①购买决策的高度参与性和对消费结果的高度预期。

当旅游者购买旅游产品和服务时，他们的消费行为会显示出决策的高度参与性和对消费的高度预期。这意味着在购买过程中旅游者的消费模式并不是常规化的，而且每一个购买阶段都显示出不同的方式。消费者可能在购买过程中表现出非常积极活跃的参与感，而在拿定主意之前却表现出“逛商店”的样子。这也就意味着决策过程会需要较长的时间。

同时，依照度假产品的类型不同、消费者购买的动机不同、购买时间的不同以及所处家庭生命周期的不同，消费者也会改变他们的行为模式。

②缺乏消费的安全感。

旅游产品和服务的无形性特点使得消费者在购买过程中具有较高的不安全感，他们在购买之前不可能尝试产品和服务。这也就意味着他们的购买行为会非常复杂，并且会涉及许多相关人员。例如消费者会在每年度假之前，从他们的朋友、家庭、旅游代理商和电视上的旅游频道获取信息。

日常型产品	**复杂型产品**
价值 / 价格比较低	价值 / 价格比较高
主要是必需品	并不重要
低度的问题解决	高度的问题解决
低度信息搜寻	高度信息搜寻
对消费者低度承诺	对消费者高度承诺
购买频率高	购买频率低
品牌忠诚度高	品牌忠诚度低
决策过程的速度快	决策过程的速度较慢
消耗（使用）速度快	消耗（使用）速度慢
期望有广泛的分销渠道	期望有有限的分销渠道

购买者行为谱系与产品谱系

日常型产品	**复杂型产品**
城市公共交通	度假产品
日常火车交通	饭店住宿产品
银行服务	航空产品
邮局服务	私人教育
可携带食品	汽车
洗衣粉	冰箱
香烟	地毯
品牌巧克力	家具

图1-11　商品或服务的消费者行为特点分布谱系

资料来源　斯沃布鲁克，霍纳. 旅游消费者行为学［M］. 俞慧君，等译. 北京：电子工业出版社，2004.

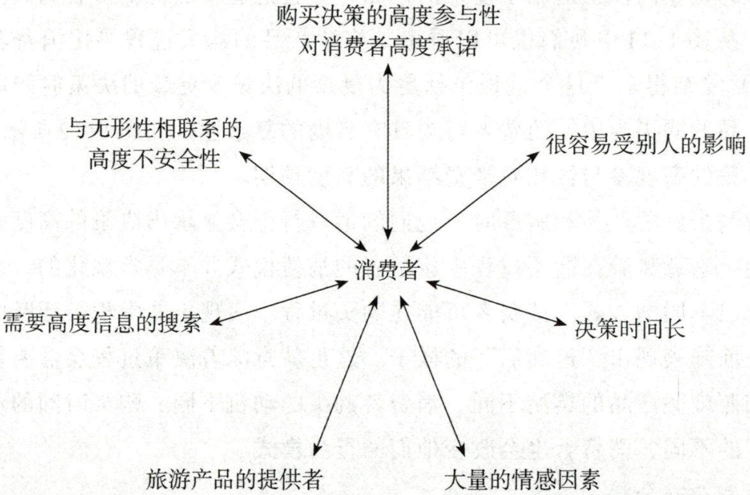

图1-12　从需求角度看旅游消费者行为的复杂因素

资料来源　斯沃布鲁克，霍纳. 旅游消费者行为学［M］. 俞慧君，等译. 北京：电子工业出版社，2004.

③牵涉大量的情感因素。

情感是个体对态度对象肯定或否定的评价以及由此引发的情绪情感，是态度在生理上的一种较复杂而又稳定的生理评价和体验。消费者在对产品认知的基础上，根据自身的需要和价值判断，形成了对产品的情感。在情感消费时代，消费者购买商品所看重的已不是商品数量的多少、质量好坏以及价格的高低，更多是一种情感上的满足与心理上的认同。例如，如果消费者本身是一名海域运动爱好者，在对海南的海水资源有了上述认知后，就可能形成对海南的喜爱的情感。

④容易受他人影响。

个人在旅游产品的购买过程中很容易受到别人的影响。例如，个人在选择旅游度假产品时很可能受到家庭其他成员、相关群体当中的其他成员的影响，这使得他们的行为非常复杂，也比较难研究。而那些影响了别人的人也会随着时间的变化而改变自己的看法。

⑤需要较长时间决策。

绝大多数消费者在购买旅游产品时总会提前花费较长的时间做出决策，这意味着消费者在购买决策过程中的想法与真正享用度假产品时的想法可能截然不同，也意味着旅游者会努力预测未来他们通过旅游能够得到什么，但同时这也意味着旅游者的个人决策本身具有即时性效果。显然，在寒冬时节，大家总是有一种要去阳光明媚的南方度假的想法和期望。

⑥高度投入的信息搜寻。

对于个人而言，旅游产品的选择总是包含大量的情感因素，这就意味着人们在做出最后的选择决策之前，要收集大量的信息。这包括决策前，向其他个人、群体、组织以及媒体咨询或请教。这样的信息搜寻过程也反映出这种行为模式非常复杂。

【相关链接1-3】　需求确认的影响因素

（1）缺乏。当潜在旅游者由于内外原因而产生旅游渴望时，这时需求就出现了。此时的潜在旅游者的决策通常是一种简单和惯例的行为，可能会选择一个熟悉的旅游代理商进行咨询或自己直接做出旅游决策来解决这个问题。

（2）不满意。当需求确认与潜在旅游者对所得到的结果不太满意时，他可能会扩大搜索范围，如查询广告、向熟悉的人请教，以此帮助他确认旅游消费决策。

（3）新需要。生活中的变化经常导致人们产生新的旅游需要，如发现新的旅游景点、新的旅游方式等。

（4）相关产品的购买。需求确认也可以由一种产品的购买激发起来。例如去海南旅游时对潜水产生了浓厚兴趣。

（5）新产品。市场上出现了新产品，并且这种新产品引起了潜在旅游者的注意时，也可能成为需求确认的诱因。营销商经常介绍新产品和服务，并且告诉消费者他们解决问题的类型。

（6）营销因素。引起实际与期望状态之间差距的另一个原因，是由营销商引致的问题确认。比如，营销商可以通过推出新的旅游线路、新的旅游目的地、新的旅游项目，给人一种似乎不去就落伍、就没有身份的感觉，从而推动人们确认需求。

当然，对于营销商刺激潜在旅游者产生需求确认的企图，人们并不总是买账的，在有些情况下，人们也许意识不到营销商正销售的产品到底有什么价值，独立性强的人可能还会产生逆反心理，选择自由行旅游的方式。

资料来源　陈楠，等. 旅游心理学［M］. 北京：北京理工大学出版社，2011.

2）旅游者的决策过程

旅游消费者购买决策是一个复杂的动态过程，具有复杂性和偶发性。这一点可以体现为旅游者在进行购买旅游产品决策时，需要考虑的各个方面。旅游者在实施既定的方案时，可能会出现难以避免的情况，使其无法严格执行之前的方案，而不得不做出动态的调整。动态调整的过程，可能又是一场小小的决策过程。

有大量的因素会影响旅游度假产品的购买决策，图1-13向我们展示了其中的一部分因素。很显然，这些因素与我们将在第3章中谈到的动机因素密切相关。

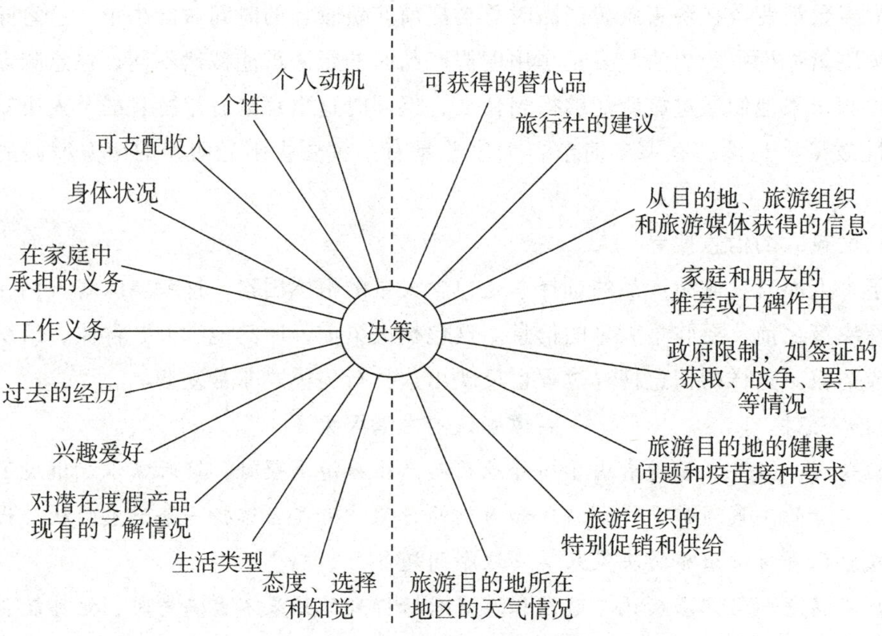

图1-13　影响旅游度假产品购买决策的内外部因素

资料来源　斯沃布鲁克，霍纳. 旅游消费者行为学［M］. 俞慧君，等译. 北京：电子工业出版社，2004.

图1-13展示的这些因素组合便是“影响旅游度假产品购买决策的内外部因素”（Gilbert，1991），而图1-14展示的是Gilbert提出的模型，这个模型解释了旅游者在制定决策时的整个框架。

同时，我们还应认识到，旅游者决策的复杂性还体现在，决定购买一个旅游度假产品并不是旅游者必须完成的最终决策。因为，一旦他们决定去旅游，就不得不做出一系列有关未来到达旅游目的地之后活动规划的决策。例如，他们必须决定怎样度过每一天，以及在哪儿吃饭等诸如此类的问题。每一个看似简单的决策实际上都是一个复杂决策过程的结果。

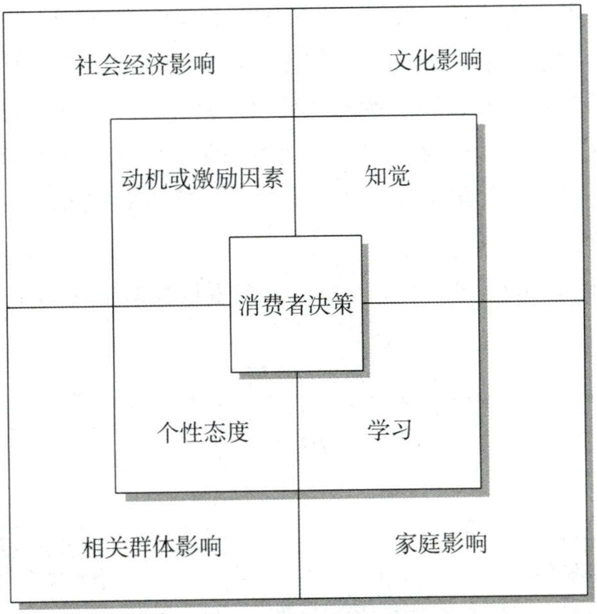

图1-14 消费者决策框架

资料来源 斯沃布鲁克，霍纳. 旅游消费者行为学［M］. 俞慧君，等译. 北京：电子工业出版社，2004.

3）旅游购买决策模型

1993年，Cooper等人对消费者行为理论的发展阶段进行了总结：

（1）20世纪30年代到20世纪40年代末期的早期经验主义阶段。这一阶段主要是依靠经验性的商务调查，业界也试图去了解分销广告和促销决策的效果。

（2）20世纪50年代的动机调查阶段。这一阶段主要强调作为知觉测试方法的深度访问法和焦点组法以及其他的投射技术。在这个阶段有很多活动旨在揭示深藏在消费者心底的实施行为的真正动机。

（3）自20世纪60年代以来的正式阶段。这一阶段产生了第一部消费者行为学课本（Engel、Kollat和Blackwell，1968）和之后的一些有影响的书籍（如Howard和Sheth，1969）。然而，早期对消费者行为的研究集中在制造业，随后才是一般意义上的服务业。直到20世纪70年代学术界才提出了旅游者购买决策模型。这些购买决策模型的提出是与诸如Cohen和Plog撰写的有关旅游者分类主题著作分不开的，这在那一时期是非常重要的。而由Wahab、Crompton和Rothfield提出的旅游消费者行为模型是最早描述旅游者购买决策过程的模型之一（如图1-15所示）。

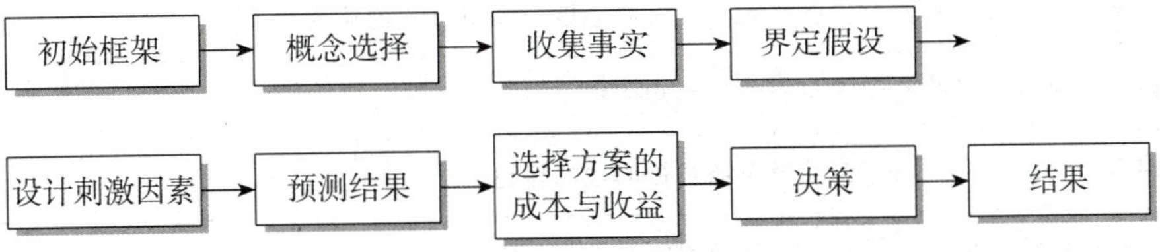

图1-15 旅游消费者行为模型

资料来源 斯沃布鲁克，霍纳. 旅游消费者行为学［M］. 俞慧君，等译. 北京：电子工业出版社，2004.

这个模型将旅游者的购买行为看作一个经过有意识的计划和理性思考的活动。它排除了由于一时兴起或一时冲动而进行的购买行为。然而，在20世纪90年代，旅游经销商通过提供高折扣的旅游度假产品，即所谓的“最后一分钟购买”，来确保包租航班的满员和饭店客房的高出租率。这些都被事实证明是非常成功的。在这个市场中，尽管价格非常低，人们也不会担心旅游目的地景区或住宿的问题。这与Wahab、Crompton和Rothfield所提出的模型并不一致。

图1-16展示了Schmöll在1977年提出的旅游决策过程模型（Cooper等，1993）。

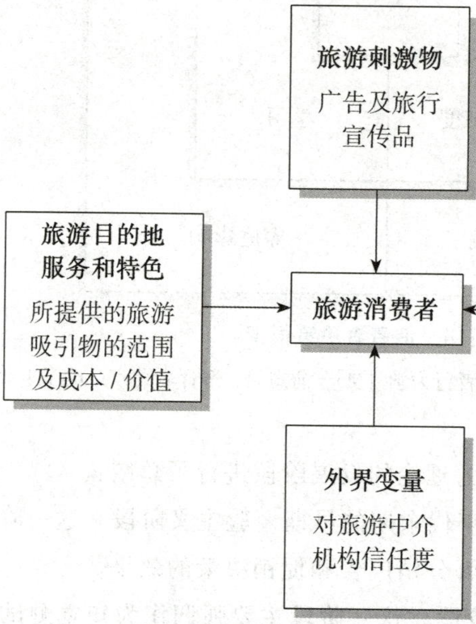

图1-16 Schmöll的旅行决策过程模型

资料来源 斯沃布鲁克，霍纳. 旅游消费者行为学［M］. 俞慧君，等译. 北京：电子工业出版社，2004.

Schmöll模型提出，购买决策是受到四个领域相互影响的结果，这些影响既包括外界因素也包括内在因素。同时他还强调了旅游者自身的知觉对最终的购买决策起到重要的作用。

另一个被引用的模型是由Mathieson和Wall提出的包括四类因素的旅游购买决策框架（见表1-5）。

表1-5 旅游购买决策框架

•旅游者概况——年龄、受教育程度、收入、旅游态度、动机、先前旅游经历
•旅游意识——对旅游目的地设施与服务的感知印象
•旅游目的地的资源及特点——旅游吸引物及目的地的特色
•旅游特点——旅游距离、停留时间及参观游览地区的可预见风险

这个模型主要借助地理学分析的视野，并不是完全站在消费者行为研究者的角度。其

似乎将决策过程看作一个直线过程，在决策制定时好像因素之间没有任何分别，不存在谁比谁重要的问题。

1987年，Moutinho提出了一个“度假旅游者行为模型”，该模型与先前的模型都有所不同，表现在两个方面：第一，模型提出，在购买决策过程中有三个截然不同的阶段，它们是购买决策前和购买决策阶段、购买后评价阶段、未来购买决策制定阶段。同时，该模型认为最后一个阶段结束后会返回到第一阶段，从而形成一个循环。第二，模型明确提出购买决策是动机、认知和学习这三个因素共同作用的结果。

【相关链接1-4】 消费者选择信息的过程

面对同样的情境，不同的消费者会有不同的理解，这是因为人格、经验、需要等的不同影响了他们对情境的知觉，进而影响了他们对信息的选择。通常情况下，消费者对信息选择的过程一般经过以下三个步骤：

（1）选择性注意。人在日常生活中会接触大量的刺激，但他不可能注意到所有的刺激，其中大部分会被过滤掉。研究发现，影响消费者知觉选择的因素主要有以下三个方面：首先，消费者可能比较注意与当前需要有关的刺激，如他们有出游的计划，则当前更多注意旅游广告，而对其他广告不太注意。其次，消费者可能比较注意他们所期盼的刺激，如他们可能更关注旅行社提供的旅游行程安排。最后，消费者可能比较注意超出正常刺激范围的刺激，如他们可能会更关注折扣超出预期的旅游广告。

（2）选择性曲解。即使是旅游者注意到的刺激，也并不一定会产生预期的作用。每个人总是按自己的思维模式来接受信息。选择性曲解是指人们趋向于将所获得的信息与自己的意愿结合起来。在很多情况下，人们习惯按照先入为主的想法来解释信息。

（3）选择性记忆。人们往往会忘记大多数接触过的信息，而倾向于记住那些符合自己的态度与信念的信息。由于选择性记忆，消费者可能只记住了旅游地的优点，而忘记了旅游地的缺点。

资料来源 作者根据相关资料整理.

4）旅游购买决策模型的关键

到目前为止，绝大多数关于旅游消费决策的模型都有一些类似的不足，这不仅会削弱它们在解释旅游购买决策是一个复杂过程时的力度和价值，同时还会使旅游营销人员在使用这些模型制定营销战略时遇到困难。这些不足之处主要有：

（1）模型缺乏实证调查，并且几乎没有什么证据来表明决策到底是怎样做出的。

（2）大部分知名的模型都有几十年之久了，这对于一个消费者行为被认为是时常演进和变化的行业来说是最大的问题。因此绝大多数主要的模型都没有预测到旅游消费行为的如下变化：①综合度假产品数量的增长；②旅游业直接营销的增长；③旅游产品“最后一分钟”冲动型购买日益流行；④旅游者利用网络和多媒体系统在家里直接订购旅游产品的情况增多。

（3）目前的绝大多数模型都来自北美、澳大利亚和北欧国家的学者，因此，很少能够反映出目前亚洲（如中国）市场上消费者行为的本质特点。

还有一个突出的问题就是以上模型都将旅游者看作同质群体，显然事实上并非如此，因为每一个旅游者都各不相同，而且根据不同的、可能会影响他们自身购买决策过程的因素来进行市场细分，他们可能会分属不同的细分市场。举例来说：旅游者是单独旅行还是作为家庭成员或一个团队或集体中的一员来进行旅游？作为旅游者他们过去的旅游经验如何？旅游者的个性如何？有些旅游者在购买旅游度假产品时会一时冲动，选择在最后一分钟做出购买的决策，而另有一些旅游者喜欢花费数月的时间来精心策划他们的旅游度假产品。

另外，还有许多模型没有认识到动机和影响因素对旅游者购买行为的影响。排除其他因素，有许多动机和影响因素非常重要以至于可以完全决定整个购买决策，如一些具有多样性的令人着迷的嗜好，如漂流或攀岩运动。

绝大多数模型在分析购买决策过程中都假定人们具有高度的理性，但是实际上这种理性并不总是起主导作用。理性购买决策在旅游购买决策过程中很有限，因为对于绝大多数旅游者来说，辅助决策的信息并不充分。许多消费者事实上在做购买决策时常常受到自己个人的非理性观点和偏见的影响。另外，绝大多数模型不考虑被购买旅游产品的特点与性质，而认为购买行为和购买决策过程是一成不变的。

1.3.4 旅游购买决策和旅游营销

旅游营销专家已经越来越意识到了解消费者的购买决策过程非常必要，目前旅游企业对消费者行为的探索工作已经开始。因此，如果旅游心理学所提出的模型和研究结论能够被旅游营销从业人员实际采用的话，那将是非常具有实践意义的，因为这将会帮助营销从业人员有效地设计出营销计划。这些营销计划包括：

（1）旅游企业应该在何时去影响消费者。这就是应该将营销活动集中在绝大多数消费者决定购买某项产品的时候。

（2）应该选择何种广告媒体才能有效。这需要全面细致地了解目前绝大多数消费者是通过何种媒体来获得有关旅游产品的信息的。

（3）旅游这种特殊产品应该选择哪种合适的分销渠道或营销中介来进行推广和销售。

那些准备采用这些心理模型，并将其用于指导旅游市场营销实践活动的从业人员还必须了解这些模型与市场细分技术是否相关。因为，目前的市场细分技术也是依照不同旅游者的特点来解释其购买决策的。具体来讲，市场细分就是将消费人群划分成不同亚群体（或者说细分市场），属于同一个细分市场的消费者具有相同的购买和需求特点。在一个细分市场中的每一个人在做购买决策时都主要受到一系列因素的影响。根据经典的市场营销理论，这些影响因素可以被分为四类，内容分别如下：

① 人口统计因素。例如，年龄、性别、种族、所处家庭的生命周期。

② 地理因素。例如，旅游者居住的地方。

③ 心理因素。例如，旅游者的个性和生活方式。

④ 行为因素。例如，旅游者跟产品的关系。

传统的旅游市场营销非常依赖市场细分，而以上这四个方面，在旅游购买决策过程中起到了非常重要的作用。也许，心理分析并不能帮助我们去完全识别或预测每一个旅游者的行为，但是从影响旅游消费者的内外部因素入手，建立对旅游者消费行为的认识框架，将为我们全面了解旅游者的行为以及有效地实施旅游市场营销指明方向。

本章小结

本章我们分析了旅游者的消费行为与旅游度假产品的购买决策过程，以及描述旅游消费过程的研究模型。同时本章还建立了一个解释旅游消费行为的外部环境因素与内部心理因素的分析框架，通过这个分析框架，我们将逐步揭示出旅游消费行为的心理背景的全貌，并将为制定有效的旅游市场营销策略提供启示。

关键概念

消费者　消费者价值　游客　旅游者　旅游消费者　旅游消费　消费决策

基本训练

□ 案例分析题

王先生家的第一次出国旅行

王先生：35岁，某船运公司部门经理，月薪10 000元，从小在北方长大。

王太太：32岁，某中学历史老师，月薪5 800元，在重庆长大。

儿子：8岁，上小学二年级。

爷爷：61岁，已退休，爱好书画。

一个周末的夜晚，王先生一家在客厅里看电视，电视画面为迪士尼乐园儿童游乐的场景。顿时，儿子大叫了起来："妈妈，我要去那儿玩。"妈妈回答他说："儿子，那是在日本，一个很远很远的地方，怎么去玩呢？"儿子来劲了，大声叫道："不行，不行，我要去日本，我要去那儿玩。"

"行，放假了爸爸带你去玩。"爸爸敷衍道。

妻子对丈夫说："你不是每年有一次带薪假期吗？咱家房子也买了，爸爸有退休工资，日子还算稳定。你看人家老李家，每年都出去玩一次，现在我们是不是也该出去看看，同时让咱儿子也长长见识。"

接下来，王先生上网查了一些资料，他喜欢自然风光而妻子喜欢看人文景点。另外爷爷在越南待过一段时间，对那边的情况比较熟悉，所以他就想全家一起出国旅游。而妻子则提出了自己的顾虑：一是对国外的情况不熟悉，不知道能否适应那里的环境；二是目前中国已开通了多条出境旅游线路，包括欧洲、日本、韩国、澳大利亚、新马泰等，如果要出国的话，到底该选择哪一条旅游线路呢？

王先生表示他到旅行社去了解一下情况。旅行社的李小姐首先从总体上给他介绍了一些情况：新马泰这条旅游线路比较成熟，价格便宜，而且文化背景和中国有相似之处；欧洲旅游线路这两年才得到开发，是把多个国家捆绑在一起，因此价格高，出游时间长。另外，还开通了到韩国、日本、澳大利亚和马尔代夫等地的旅游线路。

王先生思索了一会儿，决定把欧洲游和新马泰游作为重点考虑和选择的对象。

回到家后，王先生把在旅行社了解的情况和自己的想法跟妻子说了一下。妻子看了丈夫拿回来的资料，她特别留意了价格、游览景点和住宿条件。“我想我们去新马泰吧，欧洲游的价格太高了，每人10 000元呢。”。尽管在妻子的心目中，欧洲对她的吸引力更大，但是，她还是做出了这样的决定。丈夫接着说：“我有个同学去新马泰玩过，还比较满意，可以领略到美丽的东南亚风情。”

妻子打断了丈夫的话，说：“我听我的同事说，到新马泰旅游如果报价格低的团购物特别多，让人特别扫兴，你再到旅行社去问一下，如果是那样，我们就报标准高一些的团。”

最后，王先生报了一个价格稍高的团。但是爷爷没有去，爷爷说他身体不好，出去怕身体吃不消。

在暑假期间，他们一家三口度过了一段愉快的旅行时光。

资料来源 作者根据相关资料整理.

讨论题：

1.请分析哪些因素影响了王先生一家对旅游产品的选择和购买。

2.请分析王先生一家对旅游产品的购买决策过程。

□ 思考题

1.为什么说旅游购买决策是一个复杂的活动？请列举内外部影响因素。

2.简述有关旅游者购买行为的主要理论。

3.简述维布雷宁模型对分析旅游消费行为的启发意义。

4.请评价Wahab和Schmöll模型的优缺点。

5.本章对目前旅游企业的市场营销有何启示？

6.旅游消费者行为趋势主要有哪些表现？这对我们开发旅游产品有何启示？

第2章

知觉、学习与旅游消费行为

学习目标

通过本章的学习，掌握知觉、心理定式等心理学重要概念，了解知觉的选择性、知觉的组织性、首因效应、晕轮效应、经验效应与刻板印象对旅游者知觉行为的影响，了解旅游者对各种旅游条件的认知。知道如何合理、恰当地利用知觉的规律吸引顾客，在旅游经营过程中如何把握游客心理，有针对性地开展经营。通过掌握旅游者知觉对旅游行为的影响特征，能灵活运用各种规律提升旅游者对旅游目的地的感知形象，指导旅游目的地的旅游发展。

思维导图

2.1 知觉与旅游消费行为

2.1.1 知觉的基本规律

知觉是客观事物直接作用于人的感觉器官，人脑中产生对这些事物各部分和属性的整体反映。知觉是主体对客体的感知过程，并受到知觉对象特点及知觉者的先行经验的影响，这个过程是个体接受、选择、组织和解释刺激，形成一种有意义的与外部世界相一致的心理画面的过程。例如，当我们抵达云南时，看到如画的美景，听到悦耳的葫芦丝声，感受到多姿多彩的民族风情，在我们的头脑中就产生了云南四季如春、民俗风情绚丽多彩的整体形象。

心理学研究认为，知觉过程是复杂过程，它要经过生理和心理的两个过程。当一个人在感知某一事物时，首先要通过感官（如眼、耳等）感知对象（生理历程），然后在头脑中形成一种印象（感觉）。这种印象又与感知者已有的认识体验构成经验表象、行为感情、是否愉快等各种体验，紧接着这种先行经验的观念又向对象方向转移结果，形成一个有意义的心理画面，即知觉。

1）知觉的选择性

在辽阔的澳大利亚平原上，人们去看魔鬼岩——艾尔斯岩；在沙漠中，人们容易看到绿洲；在无边的大海上，人们的视觉很容易被船只、海鸟和白云所吸引。人们按照某种需要、目的，主动地、有意识地选择少数事物作为知觉对象，或无意识地被某种事物所吸引，以它作为知觉对象，对这些事物产生鲜明清晰的知觉印象，而周围的事物则成为知觉的背景，其知觉印象比较模糊，这就是知觉的选择性。被选择的对象可以是事物的整体，也可以是事物的某一部分。不同类型的旅游者，其旅游需求和目的不同，在旅游过程中选择的知觉对象也不同。历史考古型的旅游者，可能把古代的残砖片瓦看得比一座现代化的游乐场还重要；而商务型的旅游者，则会认为交通、通信便捷的饭店的价值高于名山大川。假如这些人同游一个旅游景区，那就会分别形成关于这一旅游景区的知觉印象。

知觉的选择性从某种意义上说，是一种感知防御形式。通过主动的知觉选择，可以排除那些非本质的、无关的或从个人角度、文化角度出发难以接受的事物。在旅游活动中，旅游者通常会降低自己的知觉选择性，尽可能多地把各种事物纳入知觉范围，扩大知觉对象，体验日常生活中没有或无法体验到的多姿多彩的人生乐趣。但是，由于感官功能和停留时间的限制，即使最大限度地降低知觉选择性，刺激的无限性和知觉选择性的矛盾也依然存在。近年来开始流行的单项旅游，很多就考虑到了旅游者的知觉选择。从业者有选择地向旅游者推荐一些特殊的知觉对象，可以大大减少旅游者知觉选择过程中的时间和工作量，从而既降低了旅游者的身心疲劳程度，又使他们能更清晰、深刻地感知某些对象，获得比其他旅游方式深刻、丰富得多的旅游经历。

2）知觉的组织性

知觉的组织性是指人们对旅游环境中的刺激进行选择时，并非杂乱无系统的，而是倾向于把它们组合成一个整体或一个有意义的东西。常见的有关知觉组织性的原则有三条：

（1）接近原则

接近原则是指在感知各种刺激物时，彼此相互接近的刺激物比彼此相隔较远的刺激物更容易组合在一起，构成知觉对象。这种接近可以是空间上的，也可以是时间上的。在实际的旅游活动中，人们倾向于将地理位置接近的旅游点，如杭州、上海、苏州、无锡、南京等视为同一个浏览区，将天津与北京、桂林与阳朔视作一个整体。

（2）相似原则

相似原则是指人们在感知各种刺激物时，容易将具有相似自然属性的事物组合在一起，即将相似的物体集成系列，从而产生一个统一的整体。图 2-1 容易被知觉为四组。同样在旅游活动中，许多旅游者倾向于把江西庐山、安徽黄山、浙江天目山视为同一类型的旅游地，尽管这三个地方各有其独特之处，但人们还是认为它们同是山岳避暑胜地。

•	○	▲	◇	华山	泰山	黄山
•	○	▲	◇	西湖	太湖	巢湖
•	○	▲	◇	黄河	长江	黑龙江
•	○	▲	◇	少林寺	灵隐寺	白马寺

图2-1 知觉的相似原则

（3）封闭原则

封闭原则是指若干刺激共同包围一个空间，有形成同一知觉形态的倾向，如图2-2所示。人有闭合的需要，当知觉刺激中的特征并不十分清楚地显示彼此之间的关系时，人们都会自觉不自觉地根据以往的经验主观地增添或减少缺失的部分，使它成为一个完整的图景表现出来。例如“上有天堂，下有苏杭”这句话已被人们所熟悉，只要说出上半句，人们自然会联想到下半句。对旅游饭店和旅行社而言，如果它们的关键形象宣传口号被人们所熟悉，只要提到上半句，旅游者就很自然地想到下半句，这无疑十分有利于旅游企业开展营销工作。

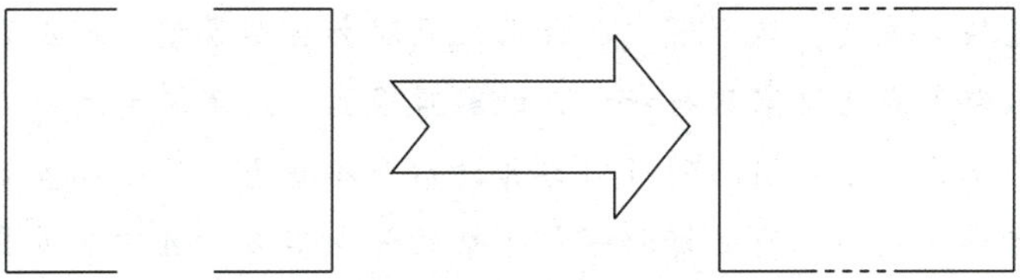

图2-2 知觉的封闭原则

【相关链接2-1】 感觉与知觉的关系

感觉和知觉的共同点：只有当客观刺激物直接作用于人的感觉器官，引起感觉器官的活动时，才能在头脑中产生感觉和知觉。因此，感觉和知觉是人脑对客观事物直接的反映形式。一旦客观事物从我们的感知范围中消失，感觉和知觉也就停止了。

感觉和知觉的区别：

（1）感觉是对事物个别属性的反映；知觉是对事物整体的反映，综合了一个事物的各种不同属性、各个不同部分及其相互间的关系。例如，轮廓线、形状、颜色、光泽、软硬度、甜度等是感觉，把它们综合为一个整体来感知，得到的可能是一个苹果的知觉；音调、响度、音色、声音持续的时间等是感觉，把它们综合为一个整体来感知，得到的是一个和声、一段乐段的知觉。简单地讲，红色是感觉，红旗就是知觉。

（2）产生一种感觉，往往只需个别感觉器官的活动；而产生一种知觉，需要多个感觉器官联合活动。

（3）知觉是比感觉更高级的心理过程。知觉以感觉为基础，但它并不是感觉成分的简单相加，它能按照内在联系，并参考以往的经验把感觉成分有机地组合起来，构成一个具有丰富内涵的具体事物。例如，对于感觉来说，正方形只是四条直线，而关于正方形的知觉，就包括了四条边线长度相等、首尾相连、每相邻两边夹角均为90度、对角线互相平分且相等等。我们能够理解正方形是平行四边形，同时也是矩形。

资料来源 作者根据相关资料整理.

3）知觉的解释性

所谓知觉的解释性，即指人们根据自身的知识与经验对感知的事物进行加工分析，利用概念的形式把它们标识出来。人们对刺激的解释完全是一个个体过程。它是建立在个体先前经验、知觉的动机和兴趣的基础上的。刺激常常是模棱两可的，有时可能处在变化之中，往往使人难以认清它的真面目。理解性使人的知觉过程更加迅速，节约感知的时间和工作量，同时知觉印象准确完整。在这种情况下，个人的经验以及与别人的交往常常会提供解释刺激的范围或备选方案。个人还将以有助于实现自己的需要、愿望、兴趣、意图等方式来解释刺激。

知觉的解释性在旅游者旅游中有着十分重要的意义。它会使旅游富于乐趣，收获更广、更多。自然的山水原本是没有意义的，但经过旅游产业的加工就变得有旅游意义了。如恩施利川的“腾龙洞”，对有些特殊的钟乳石进行神话式、拟人式、拟物式的理解就使游客游兴大发。越是经常旅游，就越能增强知觉的理解性。

【实例 2-1】 新旅游线路遭遇市场尴尬

某旅行社经过精心策划，新开辟了一条人文景观和自然景观合理搭配的旅游线路。这条旅游线路上的旅游景点离这家旅行社所在的城市很远。组团旅游结束后，旅行社对旅游者作了调查，以验证这条旅游线路的吸引力并评估市场潜力。然而调查结果让旅行社大失所望，每位旅游者感兴趣的、有美好和深刻印象的景点不多，且彼此差异很大。

分析：

旅行社精心筛选出的一条远距离旅游线路，第一次组团旅游效果不好，没能给旅游者留下良好的知觉印象。首先，距离远是要付出更多代价的，包括时间、金钱、身体、感情等方面。此次旅游的大多数旅游者，对这些景点既感到陌生，又感到神秘。旅游者将对美的需求与自己美好的愿望和期待共同投射到这些景点上，使这些景点对他们产生了特殊的吸引力，促使他们做出旅游决策，产生旅游行为。在实际旅游中，他们发现大多数自然景观、人文景观与自己的想象、愿望和期待还是有一定距离的，所以知觉印象差。其次，每位旅游者都有自己特殊的需要和动机，在知觉共同的旅游景观时，只有那些符合他需要的景观，才能给他留下深刻、美好的知觉印象。

资料来源 作者根据相关资料整理.

2.1.2 知觉的心理定式

心理定式指心理上的“定向趋势”，它是由一定心理活动所形成的准备状态。心理定式是导致知觉歪曲的影响因素。实践表明，能对旅游行为产生影响的心理定式因素主要有以下几种类型：

1）首因效应

当一个人第一次进入一个新的旅游地、第一次和当地人接触、第一次品尝地方风味、第一次游览某一名胜时，会留下深刻印象，形成一种心理定式，以后难以改变，这种现象称首因效应或第一印象。首因效应先入为主，实际上已戴上“有色眼镜”，在今后的一切活动中，人们常会不自觉地将当前的印象与第一印象相联系。如果第一印象良好，即使以后有不良印象也不觉得反感；如果第一印象不好，以后较难有良好的印象，即使有也会打折。

第一印象是有其特点的。当人们游览某一景点得到了一个良好的印象，他们会对该地区所有的景点产生良好的印象。当人们在某个景点受到某个服务员的热情服务时，他们得到的印象不仅包括这个服务员，还包括这个景点所有的服务人员。正是由于第一印象的这种层次性、广泛性和推延性特点，所以难免以偏概全，妨碍人们准确地感知事物。当我们认清首因效应这一特点之后，作为旅游业工作者在第一次与旅游者接触时，应努力树立自己的良好形象，千万不能以某种不足影响旅游者对旅游产品和服务的知觉。

【实例2-2】 塑造忠诚顾客

首次入住富临大酒店1238房的珠海某公司总经理高先生来到总台退房，细心的总台服务员注意到今天是高先生的生日，于是她急忙从办公室拿出一个中国结，双手送到高先生面前，微笑着说道："高先生，祝您生日快乐，吉祥如意！"高先生愣了一下，一拍脑袋笑道："哎呀，今天是我的生日，我自己都忘了，难得你这么细心，谢谢！谢谢！"接过中国结，他高兴得合不拢嘴，"富临的服务就是好，下回还来你们这儿住。"高先生高高兴兴地走了。不久，高先生的名字又出现在酒店的顾客名单中。因为有了第一次愉快的入住经历，后来高先生主动与酒店销售部联系，提出将富临大酒店定为其公司员工到这座城市出差的定点酒店。

分析：

一家知名酒店的《企业文化手册》中写着这样一段话："一个酒店做得是否成功，最醒目的标志是你拥有多少忠诚顾客。衡量你的服务是否成功的标准，是看你让多少顾客成为回头客。"一个小小的中国结演变为酒店与客人之间解不开的友谊情结。正是高先生第一次入住酒店的愉悦经历，使得高先生对酒店的服务十分满意，并使高先生及其公司员工成为酒店的忠诚客人。

资料来源 作者根据相关资料整理.

2）晕轮效应

晕轮效应指的是从对象的某种特征推及对象的整体特征，从而产生美化或丑化对象的印象。晕轮效应意指它像月晕一样，会在真实的现象面前产生一种假象：当人们隔着云雾看月亮时，由于光线的折射，人们会看到在月亮的外面有一个实际上并不存在的光环。

如果说首因效应是从时间上说的，由于前面的印象深刻，后面的印象就成为前面印象的补充，那么，晕轮效应则是从内容上说的，由于对对象的部分特征印象深刻，这部分印象泛化为全部印象。因此从本质上说，这两种效应都带有强烈的主观色彩，常常是一叶障目，只见树木不见森林。所以，晕轮效应的主要特点是以点带面、以偏概全。

比如，客人第一次到某饭店就餐时，碰到了一个态度傲慢的服务员，他就会想当然地认为饭店整体服务不好。再比如，有的外国游客第一次到中国旅游，碰巧遇上了交通事故，他就会认为在中国旅游很不安全。因此，从旅游业角度讲，为了使旅游者对旅游业产生一个好印象，在提供旅游服务时要避免由于晕轮效应使旅游者把某些劣质产品和低劣服务扩大到企业的整个产品和服务中去。当然，对旅游业来说，一定要提供优质产品和优质服务，使人们同样通过晕轮效应把企业的全部产品和服务视为优质的。但要注意，绝不能利用旅游者的晕轮效应来蒙骗和坑害旅游者。

【实例2-3】 酒店美容中心的盗窃案

周末，某酒店大堂客人熙熙攘攘，相当热闹。傍晚7点左右，一男一女两位顾客手拉着手一起走进美容中心要求做美容。因为客人很多，只有一间空房，就只能给女的先做，男的在房内陪着女子说话。看他们的亲热程度，服务人员以为他们是一对夫妻或者情侣，因此也就没有请男子到外面去等候。过了一会儿，那男子走出房间，从美容中心的后门出去上了趟洗手间，他回来后好像不记得刚才在哪个房间了，连续推开几间房的房门向里面张望，被在场的服务员礼貌制止。该男子进入与其同来的那个女子所在的房间，继续他们的谈话。这时那个女子正在做面部按摩，她闭着双眼与男子搭腔，那个舒服劲儿使她有一种昏昏欲睡的感觉。又过了一会儿，男子把该女子的手袋拿起来，从容地走出了美容中心的小房间，径直出了美容中心的后门。此时服务员正忙着做按摩，也没刻意去查问他为什么又出去，为什么拿该女子的手袋，反正他们是熟人，甚至还可能是夫妻或者情侣呢。当女子做完面部美容从床上起来后，才发现自己的手袋不见了，服务员说手袋被与她同来的男人拿走了，她大惊失色，立即叫服务员向保安部报案。原来她与他只是当天下午在沿江路的一家酒吧认识的。

分析：

心理定式指心理上的“定向趋势”，它是由一定心理活动所形成的准备状态。心理定式是导致知觉歪曲的影响因素。实践表明，能对行为产生影响的心理定式因素主要有以下几种：首因效应、晕轮效应、刻板印象等。刻板印象对人来说是一种知人、识事、辨物的手段，有助于人们决策。然而不正确的、被歪曲的刻板印象往往导致错误的判断。在本实例中，人们认为能够进入高档酒店做美容的人都应该是比较有身份的尊贵顾客，加上这一对男女顾客又是手拉手结伴而来的，服务人员会以为他们是一对夫妻或者情侣，产生了某种心理定式，因而对他没有任何防范心理，盗贼就是利用了服务人员的刻板印象，轻而易举地偷走了正在做美容的女顾客的手袋。

资料来源 作者根据相关资料整理.

3）刻板印象

人们通过自己的经验形成对某类人或某类事的较为固定的看法叫刻板印象。这种印象不是一种个体现象，它反映的是群体的“共识”。比如，一般人认为，日本人争强好胜，有自制力，注重礼仪，讲究礼貌；英国人冷静，寡言少语，有绅士风度；法国人爽朗，热情，喜欢与人交谈，比较乐观。刻板印象一方面有助于人们对众多的人的特征作概括了解，因为每一类人都会有一些共同特征，运用这些共同特征去观察每一类人中的个别人，有时确实是知觉的一条有效途径；但是，另一方面，刻板印象具有明显的局限性，能使人的知觉产生偏差。我们应该认识到，每类人中的每个人的具体情况不尽相同，而且每类人的情况也会随着社会条件的变化而变化。因此，在旅游工作中，知觉来自不同国家和地区的游客时，除了了解他们的共同特征之外，还应当注意不受刻板印象的影响，进行具体的观察和了解，并且注意纠正错误的、过时的观念。刻板印象对旅游者来说应是一种知人、识事、辨物的手段，有助于他在旅游活动中的决策。对旅游业来说，它可以为我们知觉某一国家、地区的旅游者提供基本信息，有助于确定向旅游者提供何种类型的产品和服务。

【实例2-4】　“红色旅游”也可以如此精彩！

延安市旅游局（现为延安市文化和旅游局）提出让红色旅游活起来，革命纪念馆的“说、唱、跳”讲解模式被赋予了全新的内容。枣园旧址的黄土风情表演、石窑宾馆的黄土风情演出、红色旧址前的纺线体验、宝塔山上的宣誓教育、纪念地的老红军讲故事和少先队员讲解活动、农家乐中的系列体验参与互动活动相继走近游客，还推出了一台具有国内一流水准的大型音乐舞蹈《走进延安》和大型模拟实战表演《梦回延安保卫战》。

分析：

长期以来，红色旅游在人们心中的印象就是故居、纪念地的静态参观与被动的听讲。因此，与其说是旅游，倒更像是强迫式的听课。为了改变这一刻板的旅游印象，延安市旅游局的做法就是让游客从被动观光到主动参与、体验创新模式。

资料来源　作者根据相关资料整理.

【实例2-5】　高速服务区变身网红文旅综合体

曾几何时，我们对高速服务区的要求是：希望卫生间提供厕纸；希望有热水供应；希望店铺物价别比市区内的贵太多。而现在，有些高速服务区将自己打造为融合商旅文功能的休闲“驿站”，刷新了人们对服务区的认识。

沪宁高速上的阳澄湖服务区，集园林式建筑、商场花园于一体，一经运行便刷爆了抖音等各大平台，火遍了全国，被称为中国最美的高速服务区，吸睛程度十颗星。阳澄湖服务区主体大楼改造紧扣苏州园林风格，外立面整体采取了吴冠中大师水乡水墨画的抽象线条，提取并重新使之具象化。服务区在商业街区后面设计了三个园林，布局借鉴了留园、拙政园、狮子林等苏州经典园林景观，建有涵碧、荷风、木樨、修竹四座迷你园林，尽显苏州园林韵味。进入室内，亭台轩榭水声潺潺，蓝天白云吊顶，中间一条宽8米、长140米的景观河道将整个空间分成两部分。不但服务区室内的装修精巧，连同室外都是花了心思的，很多配置都打破了游客对服务区的固有印象。从一侧的小门进入，后方还设置了一个后花园。除此之外，每天下午2点的昆曲表演——柔美婉转的唱段，摇曳婀娜的身段，一曲经典的《山桃红》，引得路人纷纷停下脚步，成为服务区向往来游客展示传统文化的窗口。

通过外部大型水景的营造、白墙黛瓦的人字坡天际线，以及宅前屋后的乔灌木，整体构成了中国水乡的“梦境”，最终达到“不入苏州城，尽览姑苏景”的目的。

分析：

提及高速服务区，人们对其的印象便仅是一个集吃饭、上洗手间、加油等休整活动于一体的临时歇脚的地方。阳澄湖服务区彻底改变了大家对服务区的刻板印象，服务区不再仅仅是行车途中的驿站，还可以成为令人流连忘返的魅力目的地。

资料来源 作者根据相关资料整理.

2.1.3 旅游条件的知觉

对旅游来说，旅游活动的时间、旅游地之间的距离、旅游交通工具、旅游目的地等都是实现旅游活动的重要条件。旅游者对旅游条件的知觉印象对具体的旅游决策、旅游行为、旅游收获的评价等都有显著的影响。

1）对旅游时间的知觉

一定的闲暇时间是旅游活动顺利进行的基本保证。旅游行为发生在特定的情景之中，它与旅游动机密切相关。旅游者对旅游活动时间知觉的要求常因动机不同而有所不同。旅游活动对时间知觉总的要求是：旅途要快，游览要慢，一切活动要准时。

（1）旅途要快

旅途要快，即要用较短的时间完成从甲地到乙地的行程。在竞争激烈的社会里，时间就是金钱。在有限的闲暇时间内，人们要完成计划中所有的地点、项目和内容，就要设法缩短无意义的时间和空间距离，否则就会浪费金钱。因此，人们在旅游时喜欢乘飞机而不愿意坐火车，愿意乘快车而不愿意坐慢车，愿意乘直达目的地的交通工具而不愿意中途多次停留。

（2）游览要慢

游览要慢，即活动时间要充足，能从容地观赏，能有时间慢慢地体味。如果我们把旅途作为旅游的一种手段，那么，游览观赏则是旅游要达到的目的。为此，游览内容越丰富，就越使人不惜时间去观赏，就越要从其他方面挤时间。

（3）一切活动要准时

要求活动准时，一方面有计划的原因，另一方面则是时间的压力。按常规理解，既然是闲暇时间，似乎就不存在压力。其实并非如此，在现代社会里，人们已养成守时习惯，闲暇会引起人们内心的种种不安。因此，活动不准时，会使人感到浪费了时间。所以，在闲暇活动中，常看到人们尽快从一地赶到另一地。

【实例2-6】 从“赶鸭团”到“慢游团”

旅游行程设计趋“慢”成为越来越普遍的现象。据业内人士粗略计算：和几年前占据市场主流的线路相比，现在海南、云南等热门旅游线路行程中景点停留时间普遍增加了。比如，在各旅行社销售的“海南双飞5日游”旧版行程中，重点景区停留时间分别是：西岛1个多小时、亚龙湾1个小时，全程含购物点8~10个，每个点不少于45分钟。经过重新设计的“慢慢行”版“海南贵族之旅纯玩团”行程是：不含购物点，根据游客意见，“游览价值不高”的景点被省去，重点景点停留时间分别调整为：西岛3~4个小时、亚龙湾2~3个小时，景点停留时间是以前的几倍，并且早上集合时间比以往延后了一两个小时。

分析：

旅游行程由“快”向“慢”的变化充分反映了旅游者对时间的认知决定了其消费行

为。在旅游消费的初期，走马观花式的旅游可以满足绝大多数旅游者的需求，但随着旅游经验的增多，旅游者的需求也不断提升。因此顺应游客对旅游条件的认知，设计符合其需要的旅游产品是旅游企业生存所必须具备的条件。

资料来源 作者根据相关资料整理.

总之，旅游产品的每一个方面都与旅游者的时间知觉有关。如果旅游者把旅途和目的地并重而看，他会悠闲自得地朝着目的地前进。如果他想尽量多走、多看一些地方，就会平分时间，采取走马观花式的旅游。如果他以度假为目的，他将尽快赶到一个度假地，把更多的时间消耗在那里。如果他以探险为目的，他会把时间重点放在行程本身。

2）对旅游距离的知觉

旅游距离指的就是游客居住地与目的地之间的距离，包括空间距离与时间距离。一般来讲，对距离的知觉直接影响到旅游者的动机、态度决策以及旅游行为，其影响具体表现为距离对旅游行为的阻止作用和激励作用。

（1）对旅游行为的阻止作用

旅游是需要付出代价的消费行为，距离越远，要付出的金钱、时间、体力甚至情感等代价就越大。阻止作用就是“距离摩擦力”，其会随着距离的增加而增大，抑制人们的旅游动机，阻止旅游行为的发生。旅游距离知觉的阻止作用主要体现在以下几个方面：

① 经济方面：距离越远的旅行无疑花费越多，所以一个国家出境旅游状况是一国富裕程度的象征。

② 时间方面：对于抱着“时间就是金钱”观念的现代人来说，远距离，特别是偏僻的、交通时间长的地方就容易产生阻止作用。

③ 身体适应方面：旅游需要耗费体力，旅游时的体力消耗比平时上班要多得多，而且要适应时差、饮食、水土、气候等多方面因素的变化。

④ 生活方便程度：远距离旅行需要携带的物品可能很多，如更换的衣物等，另外，语言和风俗的不同也可能成为不便因素。

⑤ 安全方面：比如，生活在北京的人去长城游玩与去内蒙古或西藏旅游的安全感是不同的。

只有旅游者意识到能够从旅游行为中获得的收益大于所要付出的代价，他们才会做出有关旅游的决策。距离对旅游的这种阻止作用从某种意义上解释了国际旅游者少于国内旅游者、远距离旅游者少于近距离旅游者的问题。在我国国际客源市场中，日本游客的比例高于同属经济发达国家的美国和西欧各国，距离是不可忽视的因素。在国内旅游中，上海人休假去苏杭的比去桂林、西安的多，就是距离起到了重要的作用。

【实例2-7】 便利交通给旅游“瘦身”

自2022年6月20日起，全国铁路大调图。京广高铁北京至武汉段常态化按时速350千米高标运营，多个城市间旅行时间进一步压缩，北京西至石家庄、郑州东、武汉最快旅行时间将分别压缩至1小时01分、2小时11分、3小时48分。

郑渝高铁全线开通运营，北京西至重庆北最快6小时46分可达，较调图前压缩4小时24分，郑州东、汉口至重庆北分别最快4小时23分、4小时57分可达，形成了我国西南地区外出的又一快速客运通道，并结束了重庆市巫山县、奉节县、云阳县不通高铁的历史，为沿线人们的出行提供便利。郑渝高铁全长1 068千米，跨越了河南、湖北、重庆三省市，串联起嵩山少林寺、襄阳古隆中、神农架原始森林、奉节白帝城、巫山大小三峡等众多著名旅游景点，对推动三峡库区旅游发展、促进沿线旅游资源开发和产业发展、助力区域经济增长具有重要意义。

分析：

交通便利对旅游业的直接影响就是经济成本降低，同时旅途时间缩短也符合旅游者对旅游时间的认知。也正因为如此，一条道路的建设或者航班、列车的开通往往成为当地旅游业发展的重要契机。

资料来源　作者根据相关资料整理.

（2）对旅游行为的激励作用

旅游距离对旅游行为的作用另一方面是激励作用，因为遥远距离的旅游目的地，会产生一种特殊的吸引力，会使人对对象物产生神秘感。从心理学的角度看，人们在感知对象时，拉开的距离增加了信息的不确定性，给人以更广阔的想象空间，因而产生一种距离美。正是由于这种吸引力、神秘感、距离美，有的人舍近求远，宁愿到陌生、遥远的地方去旅游。20世纪80年代中国改革开放之初，外国游客蜂拥而至，就是受到古老遥远的东方文化的吸引，远涉重洋而来。

总之，距离知觉对人的旅游行为既有阻止作用也有激励作用，哪种作用更大，则因人而异。作为旅游从业人员，为了吸引旅游者，不断扩大旅游市场占有率，首先，应该把旅游区开发、建设好，为市场提供高质量的旅游产品，创造良好的旅游形象；其次，应运用现代营销理念，充分利用各种营销手段，积极开展旅游宣传，给潜在旅游者留下深刻的印象，引导他们进行决策。

3）对旅游交通的知觉

旅游交通作为旅游业三大支柱之一，在现代旅游业的发展中起着重要作用。现代旅游交通主要指飞机、旅游车、火车、游船等。在旅游活动中，人们选择什么样的交通工具，同样受到知觉的影响（见表2-1）。

表2-1　主要交通工具知觉要求比较

交通工具的选择	知觉要求
飞机	快捷、安全、舒适、直达
旅游车	舒适、安全、宽敞、便捷
火车	安全、快捷、直达、便于游览
游船	舒适、娱乐性强

（1）对飞机的知觉

在经济条件许可的情况下，飞机是旅游者首选的交通工具，尤其是远距离的国内旅游和国际旅游。旅游者对飞机的知觉印象受到下列因素的影响：

① 起飞时间。现代人重视时间的价值，飞机起飞和到达的时间应符合自己的需要，以便充分利用时间，顺利完成旅游计划，获得预期的旅游享受。

② 中途着陆次数。旅游者对直达航班的印象最好，而对着陆次数多的航班印象就差一些。中途着陆可能延误飞行时间、耽误行程。此外，飞机事故发生频率最高的时段就是起飞和降落，中途着陆会增加旅途的危险性。

③ 机上服务的好坏。一般来说，人们倾向于选择那些乘务员友好、热诚、优雅的航班。

④ 飞机机型新旧、驾驶员的技术水平，以及机上休息娱乐条件等都会影响旅游者对航班的选择。

从上述四个因素可以看出，时间的价值对一个航空旅游者来说是非常重要的。事实上，这比飞机机型和娱乐条件更为重要。航空旅游者希望在最合适的时刻起飞，并按时到达目的地，他们更喜欢直达班机。另外，机上乘务员的态度也相当重要。相互竞争的航空公司在航班时间、旅游目的地、价格条件差别不大的情况下，服务质量就显得很重要了。航空旅游者非常重视热情、礼貌、友好的服务，因此，航空公司应竭力为乘客提供最好的服务。

（2）对旅游车的知觉

人们外出旅游，在很大程度上是为了获得更多的知识和享受，因此旅游者十分重视对旅游车的选择。旅游者对旅游车的知觉印象受下列因素的影响：车窗的宽敞程度；有无空调；座椅是否舒适；路面状况及车上减震系统能否消除颠簸之苦；导游工作和视听设备等。此外，车上是否拥挤和能否按时发车、到达，也会影响旅游者的知觉印象。

（3）对火车的知觉

火车是国内旅游中重要的交通工具。旅游者对火车的知觉印象取决于三个因素：

① 运行速度。运行速度快、安全、直达的列车最受欢迎，沿途不停站或停站次数越少越好。

② 发车时间。旅游者希望发车时间符合自己的愿望，不打乱自己的旅游计划。一般旅游者希望朝发午至、午发暮归，有利于最大限度地利用时间进行观光游览及购物娱乐等活动。

③ 舒适程度。旅游者希望车型新、设施齐全、车体外表美观、车内装饰高雅、卫生条件好、乘务员素质高。此外，行车时间要有利于休息、娱乐和社交。

（4）对游船的知觉

游船是专用于海上游和江河游的工具，是“浮动的休养地”或“浮动的大旅馆”，并非一般意义上的交通工具。一般而言，旅游者对游船的知觉印象取决于游船的舒适程度、安全性、娱乐性，游船所能到达港口城市的多少以及港口城市游览景点的多少，游船的客舱、餐室、游艺厅设施是否有特色，娱乐活动是否丰富，游伴是否有趣，膳食和饮料是否适宜，购买是否方便等方面。

应当指出的是，知觉印象并不是固定不变的，它随着时间而变化。在某些情况下，它能在很短的时间内发生变化。

【相关链接2-2】　各种交通方式的优势和劣势

一般而言，旅游交通产业是依据运输活动的地理特征进行内部分工的，即公路、铁路承担陆路运输，航空承担空中运输，水路承担水上运输，特种交通方式承担特殊地理环境的运输。然而，在多种交通方式并存的现实生活中，旅游者往往不是根据运输活动的地理特征来选择交通方式的，而是依据交通方式的运输速度、距离、价格、舒适性、游览性、灵活性等综合优势来选择。各种旅游交通方式都拥有各自的运输优势和劣势，能够满足不同运输需求旅游者的特定需要，并据此在不同的运输细分市场上占据着主导地位。因此，综合评价各种交通方式的优势与劣势，并据此进行产业内部分工，有利于优化旅游交通产业结构，强化各种交通方式的优势功能，提高整个产业的市场适应力和竞争力。

资料来源　作者根据相关资料整理.

4）对旅游目的地的知觉

对旅游目的地的知觉是指人们在前往某一旅游目的地之前对该目的地的知觉。一般情况下，人们对旅游目的地的知觉不是以亲眼所见实物为依据，而是以种种信息媒介所提供的信息为依据，并从自己的旅游需要出发，对旅游区做出综合的识别、理解和评价，最终形成自己的旅游区知觉印象。

一般情况下，旅游者对旅游区的知觉印象取决于以下方面：

(1) 旅游者原有的经历和价值观念。

(2) 旅游区具备独特性、观赏性，相应的项目重视参与性。

(3) 旅游设施安全、方便、舒适，旅游服务礼貌、周到、诚实、公平。

从旅游业角度而言，为了使自己所经营的旅游目的地能在人们的心目中形成良好的知觉形象，需要通过广泛的调查研究，了解所经营的旅游目的地在人们心目中的形象。在调查中，应同时了解与该目的地相竞争的其他同类旅游目的地在人们心目中的形象，了解人们是按照什么样的决策标准在不同的旅游目的地的对比中进行评价的。在此基础上，依据心理学所揭示的知觉规律，有针对性地开展主题鲜明、形式多样的宣传和公关工作，使人们对自己所经营的旅游目的地的知觉变得完全符合或更加接近于人们为自己制定的旅游决策标准。

【相关链接2-3】　顾客对服务质量的感知

根据Parasuraman、Zeithaml、Berry三位美国学者（PZB）1988年及20世纪90年代初的研究，顾客感知服务质量一般包括以下5个层面：

➤可靠性（reliability），是指服务机构在服务过程中能履行自己明示或暗示的一切承诺。核心服务的可靠性是顾客用以感知服务质量最重要的层面。例如，与客舱服务相比，准时起降更是一种核心服务，因此，如果飞机不能准时起降，那么客舱服务得再好也很难使乘客在总体上感知好的服务质量。

➢反应性（responsiveness），是指服务机构能迅速应对顾客提出的要求、询问，及时灵活地处理顾客的问题，这体现着服务质量。

➢保证性（assurance），是指服务机构具有提供服务的能力和信用，这一点对顾客认为风险或不确定性较大的服务行业尤其重要，这些服务行业有银行、保险、中介、医疗和律师事务等，服务机构的水平、信用和信誉是顾客最需要感知的内容。

➢关怀性（empathy），是指服务机构能时时为顾客着想，理解顾客的处境和困难，给予顾客个性化的关注。这使每一个顾客感到自己是唯一的和特殊的，感到服务机构对他的理解和重视，从而拉近双方之间的关系。

➢有形性（tangibility），是指服务机构能通过服务现场的环境、设施、工具、人员、信息展示等向顾客展示服务的质量。有形性能加深和帮助顾客对服务机构其他4个层面的质量感知，降低顾客感觉中的购买风险。

资料来源 梁彦明. 服务营销管理［M］. 广州：暨南大学出版社，2004：95-96.

2.2 学习与旅游消费行为

2.2.1 学习的概念

心理学家认为，所有人类行为都包括某种形式的学习。个体旅游者的行为随着时间的变化逐渐发生变化，而这些变化主要是受到学习过程的影响。当我们研究个体的旅游行为时，不能不对影响旅游行为的许多关键心理因素（知觉、人格、动机和态度）有深刻作用的一个心理过程——学习进行研究。

心理学家研究认为，学习由三个基本环节构成（如图2-3所示），即定向环节S（study，也叫“感受环节”、“内导系统”或“输入系统”）、行动环节O（operation，也叫“运动环节”、“执行环节”、“输出系统”或“效应过程”）、反馈环节R（repeat，也叫“返回联系”或“回归式内导系统”）。

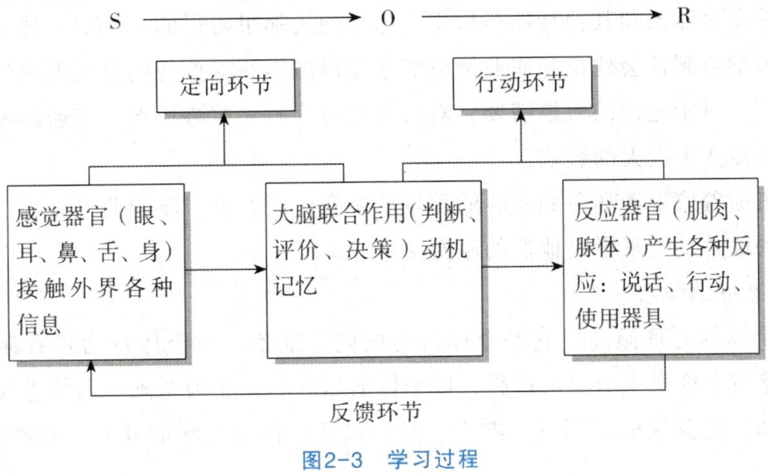

图2-3 学习过程

1）定向环节

该环节是主体的感觉器官及其中枢对来自环境的刺激做出反应活动。该活动的目的在于揭示刺激本身的特性及意义作用，以达到认识新环境、建立调节行为的“定向映象”，解决行为的定向问题。定向环节在刺激和行为之间起着中介作用，它是一个中介性环节，在学习过程中占据主导地位。

2）行动环节

这是接着定向环节的动作而来的，是在定向映象支配下发生的。该环节的目的在于把新环境的定向付诸实现，对动作的对象施加作用。

3）反馈环节

该环节对行动环节动作结果起回归式内导作用。它在行动结构中起着检验、核对和调节的重要作用。

旅游者是消费者和问题的解决者，一个人如何解决各种旅游问题——去往何处，何时出发，怎样到达目的地，停留多久及在何处停留等，各种经济、心理、社会和文化方面的原因必然会迫使旅游者改变他的行为以适应变化。只有适应才能使旅游者达到他所期望达到的目标，在这个过程中学习起着极其重要的作用。

2.2.2 学习的内容

在整个旅游过程中，有若干问题需要个体旅游者系统评价各种可供选择的行动方式。学习是一种包罗万象的活动，只要把新的情报运用到解决问题的情境中，就要涉及学习。学习涉及一系列个人原则和策略的形成，这些原则和策略有助于一个人学习怎样选择旅游产品和服务，也学习怎样消费它们。

在旅游消费活动中，人们究竟要学习些什么才能解决实际的旅游问题和满足实际的旅游需要呢？

1）旅游动机的学习

动机是推动人们旅游的重要原因。心理学家研究认为，除了探索驱动力外，影响人们旅游的许多动机如地位、焦虑、恐惧、交往需要、成就、独立、自信和自尊等多是后天从家庭成员、朋友、熟人和其他帮助传输文化思想的人那里习得的。例如，地位本不是先天就有的，当他学习到社会地位和职业地位能给他以威望并支撑他的自我形象时，他才有习得地位的动机。对于地位的习得需要，对其旅游行为——旅游地点、交通运输工具和住宿条件的选择都能产生巨大的影响。

旅游动机随着旅游者学习和经验的积累不断变化而获得，旅游业可以通过鼓励旅游者不断学习新的旅游动机来影响他们的旅游决策。

2）旅游态度的学习

态度是个体的心理倾向，它是个体行为的内在准备，对个体行为具有强烈的促动作用。个体的旅游态度产生于学习过程，以个体的信念和意见为基础。而信念和意见参照于个体所属群体，受到家庭、朋友、熟人、师长以及个体所生活的社会、新闻媒介的影响。

旅游态度的习得，对个体的旅游行为具有促进作用。旅游态度的学习有多种途径，主要包括以下五个方面：

（1）通过社会角色学习

态度可以通过人们所担当的角色习得。每个人在生活的不同阶段中都扮演着不同角色：母亲、妻子、儿媳、公司职员、教师、战友或邻居等。每个角色都是习得的，一个合格角色的扮演要求个人采取适合某种角色的态度。一般情况下，一个人在选择一组具体的态度方面有着某些灵活性，但完全拒绝一组适合某一角色的态度，就等于拒绝担当这个角色。例如，一个旅游者的态度可以在会消费、能享受、爱生活或求知识等方面进行选择。如果他选择的是慈爱、随和、关怀这组态度，那他将不是旅游者。

（2）通过接受教育学习

人们的社会实践表明，大多数深深铭刻在人们心中的态度是通过接受教育获得的。在旅游这个问题上，的确有不少人本来可能不打算进行旅游，一旦旅游被看成对受教育很有价值时，旅游就成为比较容易接受的事了。事实上，在近代旅游发展史上，为接受教育而作环球旅行在欧洲曾经非常流行。

（3）通过提高知觉能力学习

态度的习得也受到知觉的极大影响。知觉是态度形成的基础，如果没有对事物的理解与评价，则态度的形成便没有依据。在旅游消费活动中，人们的态度就是通过知觉对环境和条件进行类化和标定确立的。

（4）通过了解社会文化发展学习

态度的习得与广泛的社会文化和社会变革有关。随着社会的发展和变化，人们的思想、观念发生了很大变化。“父母在，不远游”的思想观念早已被历史所否定，在大多数人的心目中旅游再也不是少数人的事情了。这正是在旅游这种社会文化现象影响下人们对旅游态度习得的结果。

（5）通过社会实践学习

态度也可以通过自身的经历、购买和使用旅游产品或服务而习得。自身的经历、购买和使用旅游产品是在一定态度支配之下的社会实践活动，这种实践活动不仅对支配他的态度进行验证，好的社会实践还能对支配他的态度起强化作用。一个对旅游持否定态度的人，原本是不会参加旅游活动的，若他在一个偶然机会或在朋友的劝说之下，购买、使用了某一旅游产品或服务并获得了一次愉快的经历，他便会改变原来的态度，变得肯定和热爱旅游。他的这种态度的改变就是实践的结果。

3）旅游消费的学习

旅游消费的学习，是指学会区别相互竞争的旅游产品和服务的优劣，学会在旅游购买决策中预见所包含的风险和未知因素。随着社会的发展，旅游产品和服务在不断地发展变化，人的需要也在不断地发展变化。为适应变化，人们需要不断学习。

从经验中学习是我们学习旅游消费的一个捷径。在解决旅游问题的众多经验中，对付风险和不可知因素是学习旅游消费的一条非常重要的经验。实践证明，任何旅游决策都包含风险和不可知因素。由于风险和不可知因素常常是在旅游购买目标不明确、购买酬偿不清楚、购买者缺乏经验、选择的旅游产品有积极和消极两种后果，以及受群体和旅游产品推销员影响的情况下产生的，因此避免风险和不可知因素需要注意以下三点：

（1）降低对旅游产品或服务的期望

在购买旅游产品或服务时，人们总是把产品或服务理想化。但经验也证明，如果过于理想化，往往会因不能如愿而使人产生失望之感。由此，降低对旅游产品或服务的期望，虽不是万全之策，但确实能减少或避免一些风险。

（2）购买名牌旅游产品或享受优质服务

旅游产品或服务的质量在许多方面是难以捉摸和估价的，它不像有些产品那样可以受严格的质量标准的检验，因此，一般来讲，购买有信誉的名牌旅游产品或服务是可以减少知觉风险的一种策略。

（3）获取更多的信息

通常来说，旅游消费者的信息越多、越可靠，他在购买旅游产品和服务时感觉到的风险就越少。经验告诉我们，如果人们感觉到有很大的功能风险，即旅游产品或服务不能像他们所想象的那样理想时，他们将寻找性能方面的信息，通过旅游业的销售部门所提供的宣传资料获取与性能有关的事实信息来防范风险。如果人们觉察出有大量的心理风险，即旅游产品或服务不能够增强个人的幸福感、自豪感、自尊心或不能改进别人对自己的看法等时，他们将更多地依赖人际关系所收集来的信息来减除风险。

4）减除购买后疑虑的学习

当人们做出购买旅游产品或服务的决定之后，仍然会在心中存有无数的疑虑，这种状态被心理学家称为购买后的失调。购买后的失调一般多发生在旅游产品或服务被消费之前或消费之后，其原因在于消费者在决策时，由于呈现在消费者面前的各种可供选择的信息太多，虽然经过努力筛选，但由于消费者的经验、价值观和知觉水平所限，以及被选择对象又是处在动态之中，因此很难做出理想的决定。即使在决定之后、消费之前，又可能发现更为理想的购买对象，再加上朋友、熟人的评价，突发事件的发生，产生疑虑或后悔也是难免的。因此，减除疑虑十分重要，常见的减除疑虑的办法有两种：

（1）有选择地接触新信息

有选择地接触新信息，即寻找有可能支持购买者的决定的信息，这有利于增强购买决定，减少疑虑。与此同时，旅游消费行为的决策者还应避开他所放弃的其他选择的有利信息，以使自己在心中坚信自己所做的决定是正确的。

（2）坚信自己的选择

坚信自己的选择所导致的结果与改作其他选择所得到的结果基本上大同小异。这种做法，一是可以为自己的决定辩护；二是可以有效地维护自己的心理平衡。这也是减少购买后疑虑的有效措施之一。

从旅游业角度看，积极地帮助旅游决策者减除购买后所产生的疑虑能增加顾客继续光顾的机会。实际上，旅游业帮助顾客减除购买后疑虑的办法很多，如与旅游消费者直接沟通，为游客创造直接对话的机会，热情欢迎游客咨询，诚恳回答游客的问题等。所有这些都能稳定游客的情绪、坚定游客的信心、促进游客按预定计划继续行动。

思政园地

深化甲骨文研究　探索人类早期文明史

在历史长河中，中华民族形成了源远流长、博大精深的中华优秀传统文化，这是中华民族生生不息、长盛不衰的文化基因。习近平总书记在主持十九届中央政治局第二十三次集体学习时强调："做好出土文物和遗址的研究阐释工作，把我国文明起源和发展以及对人类的重大贡献更加清晰、更加全面地呈现出来。"这为推动甲骨文研究更上一层楼提供了重要遵循。

甲骨文是中华优秀传统文化的根脉。2017年，我国申报的甲骨文成功入选《世界记忆名录》，凸显了甲骨文在人类文明发展史上的重要地位。2019年，习近平总书记致信祝贺甲骨文发现和研究120周年时强调："殷墟甲骨文的重大发现在中华文明乃至人类文明发展史上具有划时代的意义。甲骨文是迄今为止中国发现的年代最早的成熟文字系统，是汉字的源头和中华优秀传统文化的根脉，值得倍加珍视、更好传承发展。"研究甲骨文，不仅有助于深入认识今天的国家通用语言文字，而且有助于推动人类早期文明史探索。

资料来源　朱凤瀚．深化甲骨文研究 探索人类早期文明史［N］．人民日报，2021-08-02（09）．

2.2.3 学习的途径

心理学认为，经验是行为变化的主要依据，信息是经验形成的重要条件。因此，经验和信息是学习旅游行为的重要源泉。那么，解决怎样学习旅游行为的问题，其途径就是获取经验和取得信息两个重要方面。

1）经验是学习旅游行为的源泉

学习最本质的东西是概括化。所谓概括化，就是将客观事物的共同特征或本质特征在头脑中概括形成规律性的认识（经验），并将此概括应用推广到其他事物中去。在旅游消费中，消费者在经历了某一消费之后，可能推断出在同一地区或同一旅行社、饭店，不管接受何种服务都会得到相同的享受。

概括化可能引出积极结论，但也可能引出消极结论。不管是积极的还是消极的结论，都会影响消费者的后续行为。如前所述，如果旅游消费者概括出的是积极结论，他将继续享用该地区、该饭店、该旅行社的服务；如果他概括出的结论是消极的，他不仅这次不满意，而且以后也不可能再使用该服务了。

概括化对旅游推销具有重要价值。在旅游产品和服务推销过程中，一方面设法使旅游消费者对所推销的系列旅游产品和服务中的某一种产品或服务产生好的印象，使旅游消费者通过概括化把经验推广到这个系列产品或服务的其他产品或服务中去，从而扩大销售量；另一方面设法使一些不合格的产品或服务与其他系列产品或服务区分开来，以免使旅游消费者的概括化把使用这一不合格的产品或服务的经验推广到其他系列产品或服务中去，从而破坏其他旅游产品或服务的声誉。

【实例2-8】 旅游专家

多年前，某大型国企工会想组织企业的劳动标兵外出旅游，可工会干部中几乎没有人外出旅游过，对旅游线路和景点缺乏了解，他们感到不知所措。后来，大家请教本市摄影协会的丁先生。丁先生是有名的旅游爱好者和著名的风景摄影师，对全国著名的旅游景点较为熟悉，有着丰富的旅游经验。丁先生从多方面进行考虑，提供了3条可供选择的旅游线路。最后，工会选择了其中的浙江—南京—上海15日旅游线路。那次活动取得了令人满意的效果。过了2年，工会又准备组织员工外出旅游，又想到了请教丁先生。这一次，丁先生建议游九寨沟。九寨沟的美景和沿途的风光令人赞不绝口。回来之后，大家一致称赞丁先生的旅游线路选得好。此后，向丁先生请教成为企业工会干部组织旅游的一个好办法，他们还赋予丁先生一个“旅游专家”的称号。

分析：

这是一个典型的从他人身上学习间接经验的例子。人不可能事必躬亲，为了避免走弯路，人们逐渐学会了向别人学习经验。这符合认知理论对学习现象的解释，也符合人类学习的实际面貌。

资料来源 作者根据相关资料整理.

2）信息是学习旅游行为的重要来源

信息是学习的重要来源，当一个人接触和处理信息时就出现了学习过程。人们解决旅游问题所需要的信息主要来自两个渠道：一是旅游商业环境，包括广告、推销等；二是个人社交环境，包括家庭、朋友、熟人和其他人。

（1）旅游商业环境

旅游商业环境是由旅游业向旅游者发出的各种信息所构成的，主要包括传媒的宣传、旅游广告人员推销和营业促销等。这些促销组合发出大量的旅游信息以推销旅游产品，大量的经常出现的旅游信息对旅游者产生深刻的影响，达到“AIDA”效果，即引起旅游者注意（attention）、产生兴趣（interest）、激起欲望（desire）、付诸行动（action）。旅游者正是从商业环境所提供的信息中对旅游产品产生兴趣，强化其已有的动机，改变态度做出购买决策的。对缺乏旅游经验的旅游者来说，详尽的信息可以使其减少疑虑，产生购买的冲动，并付诸行动。

旅游商业环境向人们提供有关的旅游信息时，应注意信息本身的表现形式，要给人鲜明的、富有特色的信息，同时还应注意不要过分强调信息的正面性；否则，它将对人们，特别是有经验的人们的知觉产生负面影响。比如，在宣传广告和小册子中过分强调乘飞机有效的安全措施，恰好提醒人们乘飞机也许是危险的；过分强调某一饭店如何有统一标准，则会暗示人们该饭店的住宿条件和服务可能是千篇一律而无特色的；过分强调某一旅游线路是热线，则可能会提醒人们此条线路旅游将拥挤不堪。

（2）个人社交环境

个人社交环境是由旅游者的亲友、同事及其他与之有交往的人所构成的环境，是旅游者获得信息的主要来源。心理学家研究认为，人们获取的信息69%来源于个人社交环境。

来源于个人社交环境的信息在效果上与从商业环境中所获得的信息有明显的不同。人们普遍认为，朋友、熟人在传递信息时常常是毫无保留的，并且会详加说明，比从商业环境中获得的信息更可靠、更重要、更少偏见。另外，个人社交环境还允许人们相互沟通思想、提出问题和获得具有评价性的信息，从而减少知觉风险。

来自个人社交环境的信息对旅游者的动机具有明显的影响。例如，以接受教育为旅游目的，到外地观光、参加户外活动或参加文化活动等方式中哪一个比较重要，这往往受到一个人的亲戚、朋友、同学、师长及其所在的群体的巨大影响。

既然信息是人们学习旅游行为的重要来源，人们自然就需要并努力寻求信息。通常情况下，缺乏旅游经验的人、在知觉中认为旅游决策存在极大风险的人，以及想要做出最佳决策的人是最需要信息并努力寻找信息的。

在旅游市场上和旅游活动中，常有三种人在寻求信息时存在较大的差异：

第一种人是面对所有选择，他认为哪一种选择都不错。在做决策时，常常是不假思索即做出决定。在实际旅游活动中，只要活动与正常的工作和生活有所不同，即使旅游归来不带回任何“战利品”也毫无愧色。这种人在心理学中被称为“知足者”。知足者可能是对旅游要求不高，或是自己已有足够的信息来解决旅游问题，他们对寻求信息一般不主动。对旅游业来说，只要能够为他们提供一定的旅游信息和标准的服务就能满足他们的要求。

第二种人面对所有可提供的选择都不满意，而非要做出自认为最好的选择。这种人在心理学上被称为“择优者”或“精益求精者”。一般来说，此类人对旅游看得比较重，他们要从所花费的时间和金钱上获得最大的价值和满足。面对旅游的每一个问题，他们都是审慎的、高标准的，都是在认真评价之下做出决定。因此，此类人对旅游信息的获得是积极主动的。旅游业销售和服务人员面对此类人应热情、主动地接待，同时应小心、谨慎地提供有关旅游信息，以满足他们的需要。

第三种人是介于前两种人之间的，这种人在旅游市场上占大多数，属于中间型的人。中间型的人寻找信息时，有时可能倾向于前一种，有时可能倾向于后一种。旅游销售人员应视具体情况灵活机动对待。

总之，知觉是人们理解世界的过程，旅游消费者的知觉主要受刺激因素和个人因素的影响。在实际的旅游活动中，人们对时间、距离、交通、旅游目的地的知觉会对人们的旅游决策行为产生重要影响。学习是影响旅游行为许多关键心理因素的一个心理过程。旅游者要解决各种旅游问题，就要学习旅游态度、动机、消费和减除疑虑。经验和信息是旅游行为学习的源泉。

本章小结

本章分两节讲述了知觉、学习与旅游消费行为的内在逻辑关系，主要包括旅游知觉的基本规律、知觉的心理定式、旅游者对旅游条件的认知三部分内容。介绍了知觉的概念、知觉的三个基本规律，即知觉的选择性、知觉的组织性、知觉的解释性。介绍了几种常见的知觉心理定式，即首因效应、晕轮效应、刻板印象。分析了对旅游决策过程发挥重要影响的条件认知，包括对旅游时间的知觉、对旅游空间距离的知觉、对旅游交通的知觉、对旅游目的地的知觉。此外，本章分析了旅游动机的学习、旅游态度的学习、旅游消费的学习和减除购买后疑虑的学习，及其在旅游市场营销中的应用。

关键概念

知觉　首因效应　晕轮效应　刻板印象　学习

基本训练

□ 案例分析题

旅游目的地游客的安全感

“心安即是家”，安全感是游客在旅游目的地的最基本需求，是选择旅游目的地的重要决定因素，也是旅游目的地安全状况的“晴雨表”。游客在旅游目的地逗留，参与旅游目的地的各种活动，接触当地的人、物、风情，游后对旅游目的地的安全状况产生综合认知和整体评价，形成了安全感。

然而，新时期、新形势下，由于国内外各种复杂因素，旅游安全的不确定性愈发凸显，旅游目的地各种安全事故频发。近年来，国内外相继发生的2017年“1·28”马来西亚船只失联事件，2018年“7·8”泰国普吉岛游船倾覆事件，2020年新冠肺炎疫情暴发事件，2022年“1·25”汤加火山喷发事件等，给游客人身、财物安全造成了损失，使游客安全感受到影响。那么，哪些因素会影响游客对旅游目的地的安全感知呢？旅游目的地游客安全感是如何形成的呢？

资料来源　邹永广，郑向敏．旅游目的地游客安全感的影响因素实证研究［J］．旅游学刊，2012（1）．有改动．

讨论题：

1.依据上文有关旅游消费者对旅游条件（尤其是旅游风险）的感知的介绍，分析游客对旅游目的地的安全感是如何形成的。

2.当消费者在旅游过程中出现缺乏安全感时，如何完善旅游服务，提升消费者的满意度？

□ 思考题

1.何为晕轮效应？晕轮效应对旅游经营者有何启示？

2.如何理解旅游空间距离对人们的旅游行为既有阻止作用，又有激励作用？

3.在一些外国人心目中，到中国旅游只是“白天看庙，晚上睡觉”。假如你是中国旅行社海外销售部的销售人员，你将如何做以改变其对中国的知觉？

4.旅游业如何影响旅游者的个人社交环境？

第3章

需要、动机与旅游消费行为

学习目标

通过本章的学习，了解旅游需要和动机的相关理论及其与产生旅游消费行为的关系。运用需要、动机理论分析旅游者的消费心理和行为，了解他们的出游动机。洞察旅游者真实多样的、个性化的需要，把握满足旅游者需要的有效途径并在营销上加以运用。

思维导图

人们为什么要旅游，是什么原因使得人们兴致勃勃地一次又一次地选择出游？这涉及旅游心理学首先要回答的一个重要的基本问题——旅游消费行为的动因。旅游消费行为的动因是一个令人费解、充满奥秘的复杂系统。在这个系统中，旅游者的需要是产生旅游消费行为最主要的内在依据，是旅游消费行为的原动力和出发点。要了解旅游者的消费心理和行为，就必须首先了解旅游者的需要。旅游动机产生于旅游需要与旅游目标相遇之时，是旅游消费行为的动力源泉，而旅游消费动机又受到具体消费环境的影响。

3.1 旅游需要的多样化

3.1.1 旅游需要的含义及特点

1）旅游需要的含义

所谓需要，是有机体内部的不平衡状态，表现为有机体对内外环境条件的欲求。它指个体因感到缺失某种东西有不足之感，又期望得到这种东西而有追求之感，是两种状态对照而形成的一种心理现象。这种对照会破坏人们生理和心理的平衡，为了恢复平衡，人们就会产生某种需要来进行调节。生理平衡的破坏，是由于生命体内部刺激引起的失调，如口渴时就会产生喝水的需要，疲惫时就会产生休息的需要。心理平衡的破坏，是源于生命体外部刺激引起的失调，如压抑时会产生发泄的需要，寂寞时会产生交流的需要。因此，需要就有了生理需要和社会需要之分，同时也有了物质需要和精神需要之分。

人的需要是随着人类社会历史的演进而发展的。在早期社会，人们的需要比较简单，从事的各项活动也大多是为了满足生理需要和安全需要，如饮食、睡眠、防寒取暖、避暑降温、躲避侵害、繁衍后代等，这些生存性的需要基本属于物质层面的需要。随着生产力的发展，人们物质文化生活水平不断提高，人的需要就变得复杂多样了。除了物质需要之外，又产生了多种多样的精神需要，如对情感、社交、知识、艺术、宗教、道德、荣誉等的需要，这些可称为发展性的需要。

人的物质需要和精神需要是密切相关的。精神需要以物质需要为基础，对物质的追求中有时也包含一定的精神追求，比如对住房要求格调高雅，对衣物要求漂亮入时，对食品要求精美新鲜。同时，精神需要也离不开物质需要，比如对美的追求，通常都会落实在具体的美的事物上。

旅游需要是人类社会发展到一定阶段的产物，是指人们在特定的社会环境和特定的经济条件下为满足某种目的而进行游历、旅行的愿望和要求。也就是说，旅游需要是个体的一种主观上的愿望和要求，这种主观状态是人们对客观条件（包括个体内在的生理条件和外部的社会条件）需求的反映，要受到社会经济条件的限制。例如，某个人想去庐山旅游，这个需要是他个人的一种主观愿望，但这个愿望并不是凭空产生的，可能是夏季的持续高温促使他想找一个凉爽之地消暑避热，暑假的闲暇时间和经济条件更进一步促使他产生这一需要。内在生理条件和外在社会经济条件对人共同刺激，最终产生了旅游需要。

实际上，在旅游业和为旅游本身而进行的旅行出现之前，外出旅行只是为了满足生理的需要：游牧民族为了寻找食物和水源而迁徙，平民为了躲避天灾或暴政而逃难。只是在人们能够把个人自由支配的收入花在衣、食、住以外的方面，以及交通运输技术的发展使得大批的人能在短时间内进行远距离的旅游之后，旅游业才开始显现出今天这样的形式和蓬勃的发展势头。以美国为例，直到第二次世界大战后，当美国被称作“富裕社会”之后，才有了大批的人为了旅游本身而外出旅行。于是，成千上万的美国人开始到遥远的异地去旅游，到他们父母和前辈可能从未听说过的地方去旅游。所有这些旅游都已经不是为了满足生理需要，而是为了满足更深层次的心理动机和需要。

2）旅游需要的特点

旅游需要是一种高层次的需要，是物质需要和精神需要的集合体。其特点主要表现为以下几个方面：

（1）多样性

旅游需要的多样性主要包括两层含义：

一是旅游者通过旅游旨在满足个人的总体需要，或者说其达到的最终目的具有多样性。旅游者林林总总、千差万别，基于职业、年龄、性别、个性、经验、环境等诸多因素等方面的差异，他们的旅游需要也是多种多样的。比如探亲访友、商务会议、康体保健、休闲度假、游历修学、探险考察、宗教朝拜等，都可以成为综合性旅游需要的目的指向。

二是旅游者在旅游过程中的具体需要具有多样性。旅游者基于各种目的而外出旅游，在旅游过程中表现出的需要是多方面的、复杂的，大致可以分为自然性需要、社会性需要、精神性需要三个方面。

①旅游者的自然性需要。旅游者的自然性需要表现在生理需要和安全需要两方面。生理需要是指维持人体正常生命机能的各种需要，比如对饮食、衣物、住宿、休息、运动、阳光、空气、水等的需要。有时虽不一定是为满足生理需要而外出，但生理需要却是整个旅游活动中异常重要的一环。

到异地旅游的客人，一般都希望品尝当地的风味美食，但他们也需要供应及时、充足，取用方便、卫生，符合自己饮食习惯和口味特点的日常食品。

旅游者对衣物的需要有较大差异。有的客人喜欢自己带足衣物；有的则只带一些简单用品，更愿意在当地随买随用。

为了保持自己充沛的体力和精力，旅游者希望住宿设施能保证清洁、安静、舒适。他们希望所到之处空气清新、阳光明媚、气候宜人。许多旅游者专门到原始森林中去呼吸新鲜空气；到海滨进行日光浴、海水浴；到凉爽的地方避暑，到温暖的地方避寒。他们还希望旅游过程中能参加健康有趣的运动和娱乐活动。

旅游者的安全需要主要表现在对生命健康、财产安全和心理安全感的需要上。他们希望整个旅游行程平安顺利，不出意外、不生病、无财产损失。他们希望所到之处政局稳定、治安良好。实际上，许多游客还专门为了保健而外出旅游。

【实例3-1】　　打个哈欠也叫人心惊胆战

在N市，当赵先生所带的旅游团结束游览乘旅游车回城的时候，来自M国的华裔刘小姐突然走到车的前部，一把拉住方向盘，说是看上了司机，要和司机谈朋友。当时旅游车正下坡，方向盘一歪，旅游车径直向路边的大树撞去。幸亏司机眼疾手快，在撞上大树之前拉起了手闸，才避免了一场车毁人亡的事故。

原来刘小姐患有精神疾病，刚出院，她的家人为了让她散散心，就隐瞒了她的病情，带她一起加入了旅游团。出了“拉方向盘”事件后，赵先生和领队商量让刘小姐的母亲陪同刘小姐立即从N市出境。刘小姐走了，但是全团游客依然心事重重，一想到撞树的那一幕就心里发慌。每天，一见到刘小姐的妹妹上车，就仔细地打量她，看她今天是否也行为异常。

赵先生问游客杜先生：“刘小姐已经出境了，怎么对刘小妹还不放心？”

杜先生说：“你知不知道，精神疾病可以遗传的呀！她姐姐发病，你敢保证她就不会发病？万一刘小妹也来拉方向盘，而司机又反应不过来，那我们不就出大麻烦了吗！”

为了让杜先生放心，赵先生解释说：“精神疾病不一定都能遗传。再说，她姐姐也可能只是旅途性精神障碍。”杜先生忙问：“什么是旅途性精神障碍？”赵先生解释道：“就是由于旅途劳累造成人的精神紧张，引起的一种心理障碍。”这一说不要紧，很快全团游客都知道了有一种心理障碍叫“旅途性精神障碍”。每当哪一个游客表现出精神疲乏时，全团游客都会立刻因此而紧张起来，生怕他会突然伸手做出什么危险事来。甚至赵先生在车上打了一个哈欠，把手举得高了一点，这都让有些游客感到心惊胆战。

分析：

本实例讨论的是旅游团内旅游者的安全需要的特点。安全需要可以理解为不受伤害的需要。伤害分为肉体伤害和精神伤害，而精神伤害又分为他人造成的精神伤害和自我精神伤害。在本实例中，刘小姐“拉方向盘”事件使一车的人受到惊吓，无疑是一种他人精神伤害。但在她出境以后，全旅游团的人依然心事重重，这就是自我精神伤害了。

自我精神伤害是指对某些事件可能伤害自己的一种想象，或以前有过这样的经历，留下了痛苦的印象。自我精神伤害常常与记忆和想象这两种心理因素有关。记忆和想象可能使人们的担忧大大增强，而在精神高度紧张的情况下，人们对事物的认知会发生偏差。在本实例中，赵先生的失误在于，当团里的旅游者已经由于认知偏差（认为刘小妹也会像她姐姐一样）而形成自我精神伤害时，还在与杜先生的谈话中提到“旅途性精神障碍”，这扩大了旅游者对精神疾病的联想，进一步加重了自我精神伤害。

要避免类似事件的发生，旅行社和导游员一定要准备好突发事件处理预案，以便能迅速有效地解决紧急事件。

资料来源 作者根据相关资料整理.

②旅游者的社会性需要。旅游者的社会性需要主要表现在对交往和尊重这两方面的要求上。人们总是希望能与自己的亲朋好友一同外出，共享旅游的乐趣，在游玩的过程中加深了解、增进感情。同时，人们也希望能在旅游中结识新朋友，并与他们加强交流，增长知识，并感受不同的文化。很多背包旅游者特别看重这一点。

旅游者对尊重的需要表现在整个旅游过程中，他们都希望所到之处能受到热情友好的欢迎和接待，自己的人格、自己的生活方式和风俗习惯能够得到尊重。

③旅游者的精神性需要。旅游者的精神性需要主要表现在对新鲜事物的好奇、对异地文化的领略、对审美和艺术的感受、对宗教精神的追求等方面。随着经济的发展、旅游供应链的不断完善，旅游者不再盲目地追求奢侈的休闲消费方式和理念，而是在文化和旅游消费体验过程中，不断探寻融入其中的中华优秀传统文化的印记和内涵，追求高层次的旅游精神需求。党的二十大报告也明确指出要加强文旅融合，用文化注入旅游的魂，让文化融入旅游的过程，丰富旅游发展的文化内涵。

旅游者到异地游览，会接触到许多他们日常生活中体验不到的新鲜事物。他们对这一切都充满了好奇心，很多旅游者正是抱着猎奇或考察异地文化的目的而外出旅游的。中华民族历史悠久、文化灿烂、幅员辽阔、地大物博，雄奇秀美的自然风光、光芒璀璨的人文景点、博大精深的宗教文化、独具特色的民族风俗、巧夺天工的旅游商品，无一不吸引着海内外无数的游客来到我们这个东方国度旅游。

【相关链接3-1】 **特殊旅游需要**

特殊旅游需要是指不同旅游者在不同旅游过程中各自的特殊需要。如果说旅游者的一般需要是旅游需要的共性，旅游者的特殊需要便是旅游需要的人格。

不同层次的旅游者在旅游态度、价值观念、购买行为、审美情趣等旅游需要方面都存在较大的心理差距。有的旅游者需要舒适优越的旅游条件和一流的旅游服务；而有的旅游者以经济实惠为主导，重内容而不重形式。

不同性别旅游者的旅游需要也有很大差异。一般来说，男性旅游者喜欢新奇和富有刺激的旅游设施及旅游景点，讲究时髦，追求浪漫；而女性旅游者大都着眼于旅游的安全和舒适，具有明显的求美和从众心理，对于旅游交通、旅游设施和旅游服务既讲究又挑剔。

不同年龄的旅游者的旅游需要也不同。儿童的旅游需要易变动、易感染、易爆发；青年旅游者的旅游需要，表现为求新、求奇、求美、求名的倾向，追求自我成熟和人格；中年旅游者则希望在稳妥有序中进行；老年旅游者普遍具有怀旧的心理特征，害怕孤独，追求健康。

此外，不同教育程度、不同人格特征、不同民族的旅游者的旅游需要也各不相同。

资料来源 作者根据相关资料整理.

（2）层次性

美国著名人本主义心理学家马斯洛在其1943年所著的《人类激励理论》一书中提出“需要层次理论”。他将需要的内容划分为五个层次：生理需要、安全需要、社交需要、尊重需要和自我实现需要。他认为，人们的生理需要就是饮食、睡眠等，生理需要是人类最原始、最基本的需要。安全需要包括对安全感、稳定性、秩序、受保护、自由以及避免恐惧和焦虑等的需要。社交需要又叫归属和爱的需要，包括对交往、爱与情感、为一定群体所接纳等的需要。尊重需要则表现为有自尊、有威信、取得成就、受人欣赏等的需要。自我实现是人的最高需要，它是使自己的才能得到充分发挥、潜能得到最大限度显现、实现信仰和理想、成为自己愿意成为的人的需要。

马斯洛认为，上述五种需要是按顺序逐级递升的。一般说来，只有当下一级需要得到满足或大部分满足之后，上一级的需要才会出现。但是，个体之间的差异很大，即使同一个人也会因不同情况而变化，有时即使较低层次的需要未被满足，较高层次的需要仍会存在。对一般人来说，其基本需要未被充分满足，必然会影响高层次需要的实现。当然，这一点并非绝对，比如有些登山或探险旅游者，明知道存在生命危险，还是热衷于此，乐此不疲。

马斯洛的五个需要层次之间的相互依赖与相互重叠的发展关系，如图3-1所示。

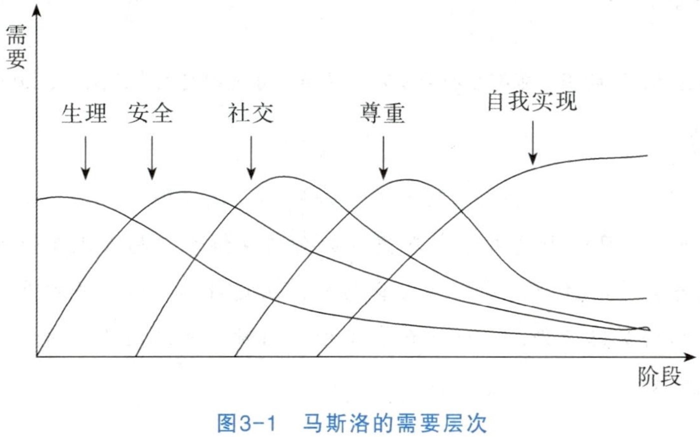

图3-1 马斯洛的需要层次

旅游者的需要也表现出明显的层次性。旅游者为缓解压力、寻求放松，为扩大交际，为提高声望、获得尊敬，为好奇和求知、追求美好事物，为施展才华、显示自己的价值而外出旅游，正是他们不同层次需要的表现。不同的旅游者由于经济、文化基础不同，主导需要也有层次差别。有的旅游者看重生理享受，有的看重安全，有的看重友谊和人际关系，有的看重文化，有的看重自然美，有的看重名誉和面子，有的则通过旅游实现自己的人生价值。

（3）发展性

人的需要是不断发展的，一种需要被满足了，另一种需要就会出现；低层次的需要得到一定程度的满足后，高层次的需要就会产生。旅游者的需要也是不断发展的。从正在升级的旅游需求趋势看，当下旅游者已不满足于传统的静态观光模式，游客在旅游和休闲度假中，寻找的是深度体验民族的精神与审美，是有文化共鸣的心灵感应。这其中，游客旅游体验的内核是文化，游客的需求发展趋势已说明旅游与文化密不可分。党的二十大报告中提出的加强文旅深度融合、以旅彰文，把旅游业融入文化产业正是旅游者需求不断发展的体现。

【相关链接 3-2】 需要层次论新解

马斯洛后来对他之前所提出的五个层次的需要做出了补充，即认为人们还有认识和理解的需要，另外还有审美的需要。马斯洛认为这两类需要与前面的五个层次的需要并不处于同一层次发展系统之中，而是表现出一种既相互重叠又相互区别的关系。

认识和理解的需要是人人都有的一种基本需要，即人们对于各种事物的好奇、学习，探究事物的哲理，对事物进行实验和尝试的欲望。马斯洛从人们对安全需要的前提出发，推论出人们进行各种学习和探究，其最终目的也包括获得生活和生存的安全感和取得安全感的方法；洞悉事物的奥秘、满足认识事物的需要是一件令人欢快和幸福的事情；学习和探究事物的奥秘也是智者自我实现价值的一种方式；好奇还是儿童的一种天性，儿童从他好奇的事物中得到最大的快乐。

审美的需要也是人们的一种基本需要，比如希望行动完美，对于事物的对称性、秩序性、闭合性等美的形式的欣赏，对于美的结构和规律性的需要等，都是审美需要的表现形式。

资料来源 孙喜林，荣晓华. 旅游心理学［M］. 大连：东北财经大学出版社，2002.

思政园地

从大食物观出发更好满足人民需要

2022年3月6日，习近平总书记在看望参加全国政协十三届五次会议的农业界、社会福利和社会保障界委员时提出，要树立大食物观，从更好满足人民美好生活需要出发，掌握人民群众食物结构变化趋势，在确保粮食供给的同时，保障肉类、蔬菜、水果、水产品等各类食物有效供给。

民以食为天。从粮食安全观到大食物观的转变，是我国居民消费结构升级的大趋势使然。粮食安全是“国之大者”。一直以来，我国高度重视粮食安全，经过艰苦努力，实现了从当年4亿人吃不饱到今天14亿多人吃得好的历史性转变。随着生活水平的提升，我国居民消费需求正在从“吃得饱”向“吃得好”“吃得营养”“吃得健康”转型，科学合理的膳食结构逐步深入人心，饮食更加多样化，食物消费结构呈现口粮需求下降而食用油、肉蛋奶以及蔬菜、水果等非主粮食物消费快速增长的趋势。在这种新的消费趋势之下，传统的粮食安全概念已经不能满足当前食物消费需求升级的需要，需要树立大食物观，构建食物安全保障体系，既要保障“米袋子”安全，也要保障“油瓶子”“菜篮子”“肉盘子”“奶罐子”安全。

资料来源 刘慧. 从大食物观出发更好满足人民需要［N］. 经济日报，2022-03-08（06）.

3.1.2 旅游者的“三求”心理①

尽管人们对旅游的理解各不相同，但是有一点是公认的，那就是旅游是一种“特殊的生活方式”，是一种“不同于人们日常生活的生活方式”。具体而言，旅游是人们为了寻求补偿或者寻求解脱，到别处去过一种“日常生活之外的生活”。因此，研究人们为什么要旅游这一问题要从研究人们的日常生活开始，只有知道了人们在日常生活中“缺少了什么”，才能知道人们在旅游中“想要得到什么”。

1）旅游者的求补偿心理

一般认为，在现代人的日常生活中，人们日复一日地过着同样的生活，难免会感觉单调乏味，缺少新鲜感；激烈的竞争和高科技的迅猛发展使得空间距离感大为缩小，但是与此同时心理距离却并未因此而缩小，反而加大了，人们普遍感到缺乏亲切感；另外，在日常生活中，并不是每个人都能出类拔萃，都有足够的机会表现自我，甚至有人会感觉“自己已不成其为自己”，这使得人们没有充分的自豪感。生活中新鲜感、亲切感、自豪感的缺失，自然而然就加剧了人们的精神紧张，加重了人们的疲惫感。

所以，求补偿心理实际上是指旅游者希望通过旅游来寻求补偿，使自己在日常生活中所缺乏的那些满足感——新鲜感、亲切感、自豪感得到补偿。

追求新鲜感是由人的本性决定的，人的本性就是要不断地寻找和开辟更加广阔的天地。著名心理学家弗洛姆指出，“一个人生理上和生物学上的需求得到了满足，但是他仍然不满意，他内心仍然不安宁”，因为他缺少了“一种能够使他变得主动的勃勃生机”。而旅游正是这种可以为人们提供勃勃生机的、让人们主动扩展和更新自己、探寻新鲜感的生活方式。

亲切感的最重要的来源是人与人之间的真诚相爱，这种爱是广义上的“爱”，是以人与人之间的互相关心、互相理解和互相尊重为基础的。但在现代社会中，以市场准则为中心的价值判断标准很多时候与“爱”是互不相容的。激烈的市场竞争使人与人之间的关系变得冷漠无情，人们为了在竞争中获胜而彼此倾轧，因而克制和压抑了对

① 资料来源 吴正平. 旅游心理学［M］. 北京：旅游教育出版社，2003.

真诚的爱的渴求。但是，这种埋藏于人们内心深处的广义的爱的需要是不可磨灭的，一有机会人们就要想方设法地去寻求补偿，人们热衷于外出旅游就是基于这种寻求补偿的动机。

现代科学技术的迅猛发展，使人们的生活日益方便。然而，在高科技社会中，人们更多地与冰冷的、刚性的机器设备打交道，而与活生生的、柔性的人打交道的机会相对减少。人们只需要坐在电视机或者电脑前，就可以环游世界。但这终究不能取代现实的旅游活动，因为它可以使人们通过人性化的接触来获得亲切感，这一点是任何媒体所不具备的。

人的自豪感来源于他人的肯定或更高的自我评价，而在日常生活中，人们普遍要受到各种限制，提高自我评价的欲望在很多人的生活中难以得到满足，因为在日常生活中人们不能充分地成为真正的自我、突出自己和表现自己。但在旅游时，人们可以摆脱某些常规的束缚，自由自在地过一段日子，充分地成为自己、展示自己，获得自豪感的补偿。

旅游还为人们的充实提高创造了条件。中国自古以来就有“读万卷书，行万里路”促使人成长的古训，旅游使人们走出狭小的空间，“仰观宇宙之大，俯察品类之繁”，达到一种超凡脱俗的境界。这也是一种自豪感的补偿。

【实例 3-2】 组长的力量

A公司组织员工出游，小陈是旅游团的导游。他事先了解到此批员工均属公司普通员工。在前往目的地的旅游车上，小陈根据现场观察到的情况，把整个旅游团分成四个组，分别指定了在车上表现活跃又配合工作的四个人担任小组长，既满足他们的表现欲，又能配合自己的工作。在旅游过程中，四个组长表现积极，尤其是在人员集合时，他们主动清点本小组人员，联系敦促未到者；在组织篝火晚会和车上对歌活动时，积极响应导游的号召并鼓励本组成员，节省了小陈很多时间和精力。最终，整个旅游行程圆满完成。

分析：

导游小陈在了解到本旅游团成员均为普通员工，不存在正式组织中的“领导”这一情况后，指定小组长，满足了部分普通员工在现实中没有成为领导、渴望表现领导才干的求补偿心理，从而使得旅游行程得以圆满完成。

资料来源 作者根据相关资料整理.

2）旅游者的求解脱心理

现代生活崇尚高效率与快节奏，这固然有利于推动社会经济的发展，但由此而导致的繁忙日常事务和复杂的人际关系却一直困扰着都市生活中的人们，使人们产生了高度的精神紧张，体力和脑力的使用严重失衡。

所以，求解脱心理是指旅游者要借助旅游，从日常生活的精神紧张中解脱出来。现代文明越发展，人与自然之间和人与人之间的距离变得越遥远。弗洛姆认为：“人类最深切的需要就是克服分离，找回和谐。”随着市场竞争的日益激烈和生活节奏的日益加快，以及人们对生活质量要求的日益提高，为了寻求解脱而选择外出旅游的人会越来越多，旅游消费将从“奢侈品”逐渐变成人们不可缺少的“生活必需品”。

3）旅游者的求平衡心理

旅游者求平衡心理表现在以下三个方面：

（1）单一性和复杂性之间的平衡

人的需要既有复杂性，也有单一性。持单一性需要的观点认为，人们在生活中总是寻求平衡、和谐、相同、可预见性和没有冲突，任何非单一性都会产生心理紧张。按照单一性理论，旅游者在旅游过程中会尽量寻找标准化的旅游设施和服务。比如，会选择一些著名的旅游点去旅游，还会选择那些知名度高并能提供标准化服务的宾馆、饭店。

主张复杂性需要的观点认为，需要产生的实质是人们追求新奇、出乎意料、变化和不可预见性等。人们之所以追求复杂性需要，是因为这些复杂性的东西本身就能给人带来满足感。追求复杂性需要的旅游者，总是希望得到与他在家所习惯的和他在以前旅游中所经历的不同的东西，所以人们一般选择到从未去过的地方旅游，以满足复杂性需要。它要求旅游业的景观设计和服务形式不拘一格，不断推陈出新，这样才能吸引旅游者。

对一般人来说，单一性过多固然会使人产生厌倦，复杂性太多也同样会使人过分紧张乃至恐惧，理想的方式是在单一性和复杂性两者之间找到平衡点。所以，解决的办法是缺少哪一种需要就弥补哪一种，以此来达到人们心理的平衡，旅游者的求平衡心理如图3-2所示。

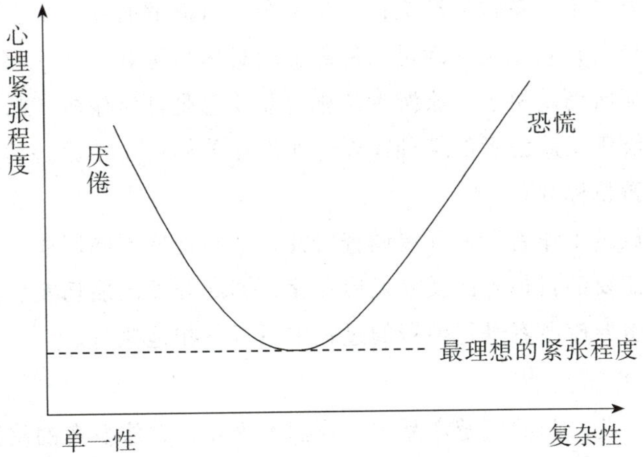

图3-2 旅游者的求平衡心理

旅游者的求平衡心理正是指旅游者要在变化与稳定、复杂与简单、新奇与熟悉、紧张与轻松等矛盾心理中寻求一种平衡。对绝大多数人来说，日常生活中单一性太强，熟悉的东西太多，新奇的东西太少，因此需要到旅游活动中去接触大量的新鲜事物，以此来寻求平衡。而有些人的工作则充满了复杂性，比如一些公司、组织和政府部门的领导人，他们每天的工作是完全不同的，每天都会遇到新的问题。对这些人来说，他们去旅游往往是为了过一段单纯、稳定的生活，他们会让人事先安排好一切，无须自己额外考虑，只需简单地参与即可。

（2）体力活动与脑力活动之间的平衡

一些日常生活和工作相当耗费脑力而平时又缺少运动的旅游者往往喜欢一些参与性的、运动型的项目，而从事体力工作的旅游者则不然。

（3）旅游者在整个旅游过程中要保持必要的平衡

新奇的东西固然吸引人，但是并非越多越好，也不是越新奇越好，超过一定的程度，吸引可能就变成排斥；运动型项目可能会受很多人喜欢，但是安排过量则会严重消耗体力，影响旅游者的行程。因此，旅游经营者可以把一般的大众旅游产品设计为包含着变化与稳定、复杂与简单、新奇与熟悉、紧张与轻松、体力与脑力等对立面的“矛盾组合”，这样才能对旅游者具有强烈的吸引力。

3.2 旅游动机的驱动性

所谓动机，是指引起和维持个体的活动，并维持这种活动的一种内在心理动力。旅游动机推动人们进行旅游活动，它是支配旅游者购买旅游产品和服务的内在动力，它对人们的旅游行为具有明显的预示作用。

3.2.1 旅游动机的目标导向

动机总是因具体的需要而存在并针对具体目标而产生的。当一个人肚子饿了的时候，存在充饥的需要，就产生了觅食的动机；而当一个人口渴的时候，他会去找水。可见，动机具有明显的目标导向，它总是和满足某种需要的具体目标联系在一起的。离开了具体事物、具体目标，就无所谓动机了。旅游者的旅游需要总是针对旅游产品和服务的，即这些旅游产品和服务能够满足旅游者的某种需要，所以让他们产生了旅游动机。强烈的旅游动机总是与明确的旅游目标并存。

目标导向要求旅游工作者深入开展调查研究，精确把握不同职业、年龄、性别、经济背景的旅游者内心需要的目标导向及其发展变化，据此开发出能切实满足他们需要的各项产品和服务，并在引导旅游者进行消费的过程中不折不扣地执行。

3.2.2 旅游动机的多元性

从现代旅游业五花八门的旅游产品中，我们不难发现，旅游者的旅游动机也是多种多样的，不同的旅游者基于各自不同的动机出游，每一次旅游活动都能让他们得到不同的生理和心理体验。而且，受到客观环境的影响，同一个旅游者多次出游的动机也不一样，具有很强的动态性。同时，很多旅游活动并非只涉及某一动机，常常是多种动机兼而有之。旅游动机呈现出明显的多元性。旅游动机来源于人的基本需要，基本需要的多样性决定了旅游动机的多元性。由于研究的角度及划分标准不同，对旅游动机的分类也多种多样（如图3-3所示）。

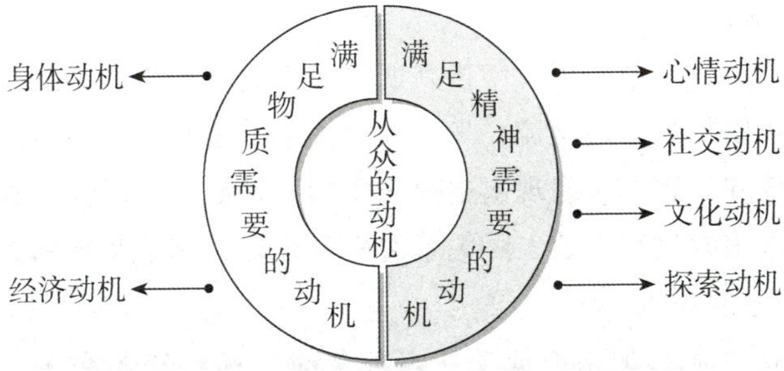

图3-3 旅游动机的分类及其相互关系

日本学者田中喜一将旅游动机归为四类：心情的动机（思乡之心、社交之心、信仰之心），精神的动机（知识需要、见闻需要、欢乐需要），身体的动机（治疗需要、保养需要）和经济的动机（购物目的、商业目的）。

美国学者罗伯特·麦金托什和沙西肯特·格普特在他们合著的《旅游的原理、机制和哲学》一书中，也将旅游动机分为四类：身体健康的动机、文化动机、交际动机和地位与声望的动机。

我们可以把常见的旅游动机归纳为以下几类：

1）休闲、健康的旅游动机

休闲、健康的旅游动机表现为在紧张、平淡的日常工作、生活之余，为了休闲放松、康体娱乐而进行观光休闲、度假疗养等旅游活动。如轻松愉快的参观游览、不太激烈的体育健身活动、各种休养治疗活动以及令人开怀的文化娱乐活动等。通过休闲、休养来恢复和增进健康；通过游玩、娱乐暂时忘却烦恼，以保持心理平衡。各种自然风光、历史古迹、公园、海滨、温泉疗养区以及有较好艺术活动传统的地区，常常是具有休闲、健康动机的旅游者选择的对象。

2）探索、冒险的旅游动机

好奇和探索是人类基本的心理性内在驱力，好奇心和探索的欲望是天生的。旅游活动具有新异性、知识性，甚至有一定程度的探险性，能够部分满足人们的这种需要。不同旅游者这一动机的强弱程度有明显的差别，有的在保障安全的情况下只求新鲜刺激，有的则为满足探索欲甘冒生命危险，如当今的珠穆朗玛峰登山探险旅游。

3）精神审美的旅游动机

审美对人来说是一个从感官体验到精神共鸣甚至灵魂升华的过程。审美动机是指旅游者为满足自己的审美需要而外出旅游，这是一种高层次的精神方面的需求。当然，有的旅游者纯粹为了审美而游历，如我国古代的徐霞客、李白等人的士人漫游；有的人则只是其中夹杂审美动机，如当代一般的观光旅游者。

具有这种动机的旅游者，其旅游活动多指向奇异美丽的自然界的事物、现象，指向那些使人们能够接触旅游地居民的活动，以及参观博物馆、展览馆、名胜古迹，参加各种专题旅游活动等。

4）社会交往的旅游动机

人们为了探亲访友、寻根问祖、结识新朋友等而进行的旅游，就是社会交往动机的体现。社会交往的动机以加强沟通交流，发展人际关系、公共关系为目的，常常表现出对熟悉的东西的一种厌倦和反感，也表现出逃避现实的一种欲望。因此，具有社会交往动机的旅游者的特点是要求旅游过程中的人际关系友好、亲切、热情和得到关心。

5）宗教信仰的旅游动机

人们为了宗教信仰而参加宗教活动、宗教考察、观礼等旅游外出活动。宗教信仰的动机主要是满足自己的精神需要，寻求精神上的慰藉和寄托。纯粹的宗教旅游又分为两种情况：一种是朝圣，如玄奘西天取经；一种是传教，如鉴真东渡。在现代社会中，除以上两种情况外，其他夹杂宗教信仰动机的旅游活动也很多，如“白天看庙，晚上睡觉”。

6）商务、公务的旅游动机

商务、公务的旅游动机是指人们为了各种商务、公务活动外出旅游。例如，有些人为了购买商品专程或绕道到某地旅游。另外，参加学术考察、交流，到异地洽谈业务、出差、经商等，都属于商务的动机。此外，各种专业团、政府代表团以及交易会、洽谈会等所参与的旅游活动也都属于此类动机。

7）家庭责任的旅游动机

对于很多成年人来说，长年累月地忙于工作会使他们疏忽对家人以及亲朋好友的关心照顾，外出旅游对他们来说更多的是尽一份责任和义务，是为了让父母、配偶、儿女和其他亲人、好友得到放松、快乐。例如，每到暑期，以家庭为单位的旅游团队大量增加，正是以上原因使然。

事实上，很多旅游者并非出于某一单纯动机出游，而是有两种或多种混合动机。按照这些原因在人们行为中的作用大小，可分为主导动机和辅助动机。比如来我国大陆旅游，外国旅游者的主导动机是文化方面的动机（了解神秘的东方文化）；华侨、港澳台同胞的主导动机是交际方面的动机（探亲访友和寻根）。境内旅游者的长线旅游，主要是出于文化方面的动机（风俗民情体验）；短线旅游主要是出于健康动机（休闲度假）；商务人员、公务员等的旅游，主要出于业务方面的动机等。

国外学者对旅游动机的研究较早，1935年，德国的格里克斯曼（R.Glucksmann）就在其《一般旅游论》中将旅游行为的动机分为心理的、精神的、身体的和经济的四大类。之后，很多学者进行过相关方面的研究，如美国学者约翰·托马斯（John A.Thomas）1964年提出的18种旅游动机就较有代表性（见表3-1）。

表3-1　约翰·托马斯列举的旅游动机

教育和文化方面的动机	（1）观察别的国家和地区的人民是怎样生活、工作和娱乐的
	（2）游览特别的风景名胜
	（3）更多地了解新鲜事物
	（4）参加一些特殊活动
疗养和娱乐方面的动机	（5）摆脱每天的例行公事
	（6）过一下轻松愉快的生活
	（7）体验某种浪漫生活
种族上的动机	（8）访问自己的祖籍、出生地
	（9）到家属或朋友曾经去过的地方
其　他	（10）气候（例如为了避寒）
	（11）健康（需要阳光、干燥的气候等）
	（12）体育活动（去游泳、滑冰、钓鱼或航海）
	（13）经济方面（低廉的费用开支）
	（14）冒险活动（到新地方去，接触新朋友，获得新经历）
	（15）取得一种胜人一筹的本事
	（16）适应性（不落人后）
	（17）考察历史（古代庙宇遗迹，现代历史）
	（18）了解世界的愿望

资料来源　托马斯. 是什么促使人们旅游［J］. 美国旅行代理人协会旅游新闻，1964（8）：64-65.

【实例3-3】　旅游境界九重天

网络上有人将旅游的境界分为以下九重：

第一重：奔有名的景点、大城市，如中国长城的八达岭一段，或巴黎凡尔赛宫。

第二重：奔略微偏僻一些但又交通便利的小地方，如周庄。

第三重：奔自然风景、山山水水，如武夷山。

第四重：奔边远地区，如中国的西藏、新疆，以及中东、埃及。

第五重：徒步穿越，或骑自行车长途穿越，距离超过1 000千米。

第六重：洲际环游，如穿越非洲、南北美洲、中亚，或跨越大洋洲。

第七重：2 000万美元上太空。

第八重：文化底蕴深厚，融入当地生活，如对巴黎的酒吧了如指掌，或者能对敦煌壁画激扬文字。此类“驴”博学多识，乃“驴中之骡”也。

第九重：坐家中，执《鹿鼎记》，阅之甚欢，乃忘所在。

分析：

虽然旅游动机因人而异，但整体而言，在一定的时期和发展阶段，这些动机具有一定的共性。“旅游境界九重天”的概念就是以发展的眼光看待大众性的旅游动机。这种旅游需求的变化必然影响旅游业的发展趋势。

资料来源 佚名. 旅游境界九重天［EB/OL］.［2012-03-08］. http: //www.mapren.com.

3.2.3 旅游动机的路径依赖

在西方经济学中，路径依赖是指某个过程受到初次行为或者偶然事件的影响，其后的发展路径也沿此演进，很难为其他潜在的甚至更优的体系所取代。对旅游者来说，其旅游消费动机及行为也不可避免地表现出这一特点，对于某种方式产生一定的习惯性依赖。

首先，人的需要具有多样性，但是，满足这些动机的方式同样具有多样性。当旅游者首次（可能出于偶然）通过旅游这种方式来满足他的需要并且感觉效果不错之后，每次当这种需要强烈存在的时候，他就会产生旅游的动机。比如长期紧张的工作之余，人们都希望得到休息放松，在时间和经济条件差别不大的情况下，有的人会选择补充睡眠，有的人会选择邀上好友唱卡拉OK，还有的人会选择外出旅游。

其次，不同的旅游者对于同样的旅游需要所选择的旅游方式也不尽相同。很多旅游者长期以来已经形成了一种相对固定的旅游消费习惯，在旅游活动中会体现出很多细小的动机。比如有的人习惯住设施标准的现代酒店，有的人习惯住有地方特色的街头旅馆；有的人习惯走常规路线，有的人则习惯另辟蹊径。

当然，旅游动机的路径依赖是相对的，前提是旅游者的内部和外部消费环境基本保持不变。当这些情况发生较大变化的时候，这种依赖就可能改变。比如，因政策原因导致全社会旅游趋向大为转变，或者年龄、个人经济条件的变化，会导致消费习惯的调整。

3.3 影响旅游动机的个人因素

人的需要结构的形成是多种因素综合作用的结果。由于外因总是通过内因才能起作用，因此个人方面的因素在促使需要结构形成中起着非常重要的作用。人们不同动机的形成从根本上说是个人方面因素的影响结果。

在影响旅游动机的个人方面因素中，一个人的个性心理因素起着首要的作用。美国学者斯坦利·C.普洛格通过对数千美国人的个性心理因素的研究，建立了一种类似连续统一区间的心理图谱。该图谱用“自我中心型”（或译为“安乐小康型”）和“多中心型”（或译为“追新猎奇型”）来表示人格类型，这两个类型分别位于连续统一的两个极端，呈正态分布，如图3-4所示。

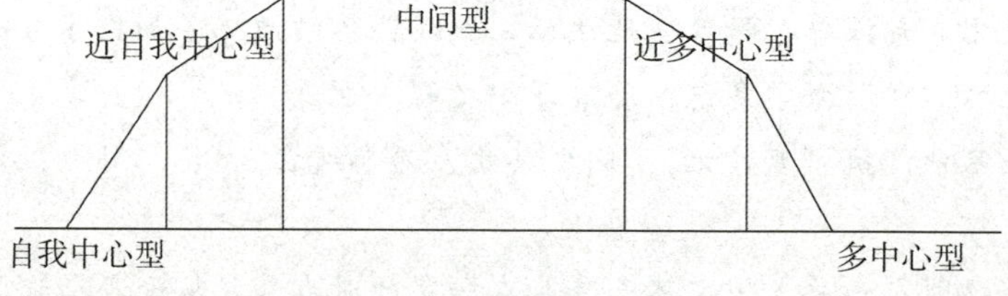

图3-4 人格类型分布图谱

资料来源 INTOSH，GOELDNER.Tourism［M］. Chio：Grid Publishing Inc.，1984：178.

普洛格认为，人格类型属于自我中心型的人，特点是思想谨小慎微，多忧多虑，不爱冒险；行为上表现为喜安逸，好轻松，活动量小，喜欢熟悉的气氛和活动。与自我中心型相反，另一个极端类型是多中心型。属于这一人格类型的人，特点是思想开放，兴趣广泛多变；行为上表现为喜新奇，好冒险，活动量大，不愿随大流，喜欢与不同文化背景的人相处。除了这两个极端类型之外，中间型属于特点不明显的混合型。近自我中心型和近多中心型则分别属于两个极端类型与中间型之间略倾向于各极端特点的过渡类型。

普洛格还进一步阐述了自我中心型和多中心型在旅游行为上的差异（见表3-2）。

表3-2 自我中心型与多中心型行为的比较

自我中心型	多中心型
喜欢熟悉的旅游目的地	喜欢人迹罕至的旅游目的地
喜欢约定俗成的旅游活动	喜欢新鲜体验和享受新的喜悦
喜欢阳光明媚的娱乐场所	喜欢新奇的、不寻常的娱乐场所
活动量小	活动量大
喜欢乘车前往旅游地	喜欢乘飞机前往旅游地
喜欢设备齐全、家庭式的饭店，专门的旅游商店	选择一般的饭店，不一定是现代化的大饭店或专门的旅游商店
喜欢熟悉的气氛和娱乐项目，异国情调要少	喜欢与不同文化背景的人交流

除了个人心理类型之外，影响旅游动机的个人方面因素还包括性别、年龄、职业和文化修养等。从性别来看，男子和女子由于性别的差异，以及在家庭和社会两方面所处的地位和作用不同，在旅游动机上有很大的差别。从年龄来看，不同年龄的人所处的生活环境不同，所扮演的生活角色不同，因而在心理和行为层面上有很多区别。此外，某些客观外界因素，如社会历史条件、微社会环境因素（个人周围人际环境）、经济状况、闲暇时间、家庭结构等，对旅游动机的形成也有一定影响。

3.4 消费环境与动机的互动

对旅游业来说，消费环境包括两个方面的内容：一是指旅游者所在地的消费环境，这一方面侧重于旅游者的经济条件、时间因素及其他相关社会因素；二是指旅游目的地的消费环境，这一方面则侧重于旅游目的地的硬件及软件因素，如目的地的可进入性，接待设施的规模、档次、服务水平，旅游商品的丰富、独特程度，当地人对待旅游活动的态度、行为等。

消费环境，尤其是旅游者所在地的消费环境直接决定了人们的旅游动机的产生及种类，消费环境中某个因素的变化也会对旅游者的旅游动机产生强化或者弱化作用；而全社会的旅游动机及由此导致的旅游活动的习惯、特点、趋向等，则会反过来影响旅游消费环境的变化。

3.4.1 经济因素

这是产生旅游动机的第一要件。根据世界旅游业发展的一般规律，在人均GDP达到1 000美元以后，人们对旅游的需求就会增加，旅游便开始向大众化、普遍化迅猛发展。经济条件的好坏往往能直接决定旅游者是否有出游动机以及存在何种出游动机。经济条件的改善会逐步强化人们的旅游动机，并丰富旅游动机的类型。比如经济条件尚可时，出游动机多限于观光、休闲；而经济条件较好时，则旅游动机更加广泛，度假、保健、探险等层出不穷。

经济因素能告诉我们哪些人有能力去旅游，以及哪些人有可能去旅游，但并不能说明一个人有了足够的钱必然会去旅游。旅游动机还涉及其他的因素，比如社会文化环境和消费习惯。如日本在1991年的人均国民收入有20 185美元，出国旅游是完全可能的，然而，出境旅游者只占日本总人口的8.6%。

3.4.2 时间因素

时间对旅游消费行为的影响往往大于金钱，其缘由是每个人所支配的时间是固定不变的，而旅游行为是发生在一定的闲暇时间内的。闲暇时间是社会给予人的一种补偿，是保持身心平衡的因素。人的意志自由安排的时间不是工作之外的全部时间，只是其中的一部分。一个人闲暇时间的多少是因人、因家庭、因经济条件而异的。旅游是在一定的时间和空间内进行的，没有时间旅游就不可能发生，但有了时间人们未必去旅游。

时间对旅游的影响，不仅指没有时间人们不可能去旅游，还包括时间的压力对人的旅游消费行为的影响。在一个经济发达的社会里，时间是一种很珍贵的资源。人们深受埋头苦干、勤奋工作的道德观念的影响，不愿意将时间花费在无用的、不出成果的事情上。在“空闲”时间里，他们像平时一样，也要有所收获。他们外出旅游时，也要像往常那样充分利用每一秒钟。在旅游活动中，许多旅游者选择飞机作为交通工具，乘坐汽车观赏沿途风光，匆匆从一地赶到另一地度假、游览，都是为了节约时间，要在有限的时间之内把计划中的一切活动全部有效地办完。所以，时间压力也影响着许多人对旅游活动的众多选择。

3.4.3 所在地的其他社会条件

旅游作为现代人的一种生活方式，不可能脱离社会背景而单独存在。社会条件主要指一个国家或地区的经济状况、文化因素以及社会风气等。

1）旅游业的整体发展水平

一个国家的旅游业发达程度同这个国家或地区的经济水平成正比。只有当整个国家或地区的经济发达时，才有足够的实力改善和建设旅游设施、开发旅游资源、促进交通运输业的发展，从而提高旅游综合吸引力和接待能力，激发人们的旅游兴趣和愿望。党的二十大报告对文化和旅游工作做出重要部署，明确把“坚持以文塑旅、以旅彰文，推进文化和旅游深度融合发展”作为繁荣发展文化事业和文化产业的重要要求。这既是对新时代我国旅游业发展路径、发展经验的高度总结，也是我国旅游业迈入高质量发展阶段的体现。

2）团体、家庭和社会风气

团体或社会压力也能影响人们的旅游动机。比如单位组织的旅游活动，或是奖励旅游行为等，对个体参加旅游活动都有一定的吸引力，使人们不自觉地产生旅游的愿望，并进而产生旅游行为。

家庭是一个人最基本、最重要的所属群体，它对人们的旅游消费行为产生直接和长远的影响。这些影响主要表现为家庭的结构及周期，例如新婚夫妇与有小孩家庭在出游动机上存在显著差异。

社会风气也能影响人们的旅游动机。同事、朋友、邻居的旅游行为及旅游经历往往能够相互感染，或者形成相互攀比心理，使人们产生同样外出旅游的冲动，形成一种效仿旅游行为。

3.4.4 旅游地的设施状况及服务水准

当旅游者对目的地选择没有明显偏好的时候，目的地的设施状况和服务水准在旅游者心目中就显得格外重要。目的地的道路交通设施、住宿餐饮设施、服务水平等都在很大程度上影响旅游者旅游动机的产生，尤其是那些对接待标准要求较高的旅游者，这一点往往是决定性的，遥远的旅途、颠簸的道路和破败的宾馆很容易打消他们的旅游动机。另外，随着新冠病毒感染疫情防控工作的常态化，旅游地的疫情安全防控政策、景区开放等情况也成为影响人们旅游动机的重要因素。

3.4.5 旅游地的社会容量

社会容量也称心理容量或行为容量，指旅游地居民对旅游者数量和行为最大的容忍上限。旅游者与当地居民常在种族、文化、经济、宗教、生活习俗等方面存在差异，旅游者的出现会对居民造成一种心理影响，这种影响又直接表现在当地人对待旅游者的态度上。如果当地人热情、友好、好客，无疑会强化旅游者的动机；反之，若当地人冷漠甚至敌对，则旅游者的动机会大打折扣。这一点要求旅游地在发展规划中，必须充分考虑当地居民的社会容量问题。

本章小结

本章主要介绍了马斯洛的需要层次理论，并分析了旅游需要心理和旅游动机的类型，重点探讨了旅游者需要、旅游动机和旅游消费三者之间的关系。旅游者因为不满足感（紧张感）而产生旅游需要，在需要得到辨认后激发具有一定强度和明显方向性的旅游动机，直接驱动旅游者在一定的消费环境中产生旅游消费行为，实现旅游目标。在旅游过程中，旅游者又受到旅游目的地环境的刺激，进而影响旅游消费环境并产生新的旅游动机。

关键概念

需要　动机　路径依赖　旅游地社会容量

基本训练

□ 案例分析题

背包旅行

背包旅行，英文为“backpacking”，主要指背着盖过头的大背包作为行李而开展的长途跋涉的旅行。这一类旅行者也因此被称为背包客（backpackers），在国内常常被冠以

"驴友"的称谓。在中国社会转型的大背景下，背包旅行实际上可以泛指具备上述特征的诸多旅行形式。

背包旅游最早起源于西方的一些发达国家，它有别于传统的大众旅游，属于自助旅游的一种。在20世纪90年代后期，中国出现了大批户外旅游组织和驴友协会，这些组织和协会虽然在开展形式和经营方式上大不相同，但是所推崇的旅游活动却与背包旅游有着十分相似之处。这些性质相似的俱乐部组织的出游活动就被视为中国的背包旅游。此后，大大小小的背包游俱乐部不断成立，这标志着背包旅游开始在中国兴起，同时也标志着一个"新旅游时代"的到来。

通过对相关文献的整理发现，背包客进行背包旅游的主要动机包括以下几个方面：(1) 社会身份的构建。通过长期背包旅行的方式，暂时逃避工作和社会责任，追求个人独立、自我认知、自我过渡和成长，并以此来获得个体社会身份的认同。(2) 社会交往与情感交流。一些学者认为，除了构建社会身份外，与人交流或结识新朋友的欲望也是其出游的重要原因之一。(3) 寻找刺激和自我挑战。Avrahami（2001）将背包旅游者划分为"探寻者"和"冒险者"两大类，其中"冒险者"就是为了追求短暂的刺激感和巅峰感。(4) 探索、体验异域文化。Spreitzhofer等（2006）在其研究中指出，体验原始异域风情，挖掘当地文化的精髓才是背包旅游者出行的主要目的。(5) 其他动机则包括休闲娱乐、生态环保意识等。陈钢华、保继刚和黄松山（Chen，Bao，& Huang，2014）的一项研究表明，中国背包客的出行动机可以划分为以下四个：社会互动（social interaction）、自我实现（self-actualization）、目的地体验（destination experience）和逃离与放松（escape and relaxation）。

背包旅游作为一种另类旅游形式，从旅游动机来讲，具有不同的类型。1979年Cohen按照旅游经历模式，以旅游动机和旅游者对日常生活的态度为出发点，将背包旅游分为六种类型：休闲型、逃离型、经验型、试验型、存在型和人本主义背包旅游。

资料来源　作者根据相关资料整理.

讨论题：

1. 中国背包客的出行动机，体现了旅游消费者的动机的哪些特点？

2. 如何运用旅游消费者动机特点及经典理论知识来识别和讨论这些动机？

□ 思考题

1. 阐述马斯洛的需要层次论。如何用马斯洛的需要层次论解释旅游需要？

2. 旅游活动中旅游者的"三求"心理在他们的具体行为上如何体现？

3. 旅游目的地的社会容量如何影响旅游者的旅游动机？

4. 描述两种类型的动机冲突，并针对每种情况从旅游市场中举出一个例子。

第4章

个性、态度与旅游消费行为

学习目标

通过本章的学习，了解人格的基本理论，掌握人格的特征、类型、结构，以及态度的相关概念，并理解个性、态度与旅游消费行为的关系。能从旅游者和旅游从业人员两个方面了解人格、态度理论的应用，掌握作为旅游从业人员应该如何分析服务对象，以及如何处理相关事宜。

思维导图

4.1 人格特征与旅游消费行为

4.1.1 人格概述

1）人格特质的概念

人格是各种心理特征的总和，也是各种心理特征的一个相对稳定的组织结构，具体包括人的需要、动机、态度、兴趣、理想、信念、气质、潜能和使其具有区别于他人的、独特的心理品质。而在构成人格的动力体系中，能引发和主动引导人们的行为并使个人面对各种不同种类的刺激都能做出相同反应的一种要素就是人格特质。

2）人格的形成与发展

人格在众多心理学著作中也被称为个性，其形成和发展主要受以下四个重要因素的影响：

（1）先天遗传因素。这是人格形成和发展的基础，如气质的形成，包括兴奋性强弱、主动或被动、反应速度快慢、活动水平高低、反应强度等。根据对刚出生的婴儿的观察发现，有的婴儿哭声洪亮，好动，是兴奋型；有的婴儿哭声细微，安静，是抑制型。这种神经类型带有遗传特点。

（2）后天环境因素。它对实现遗传的潜能起保证作用。其中包括家庭影响、童年的经验、社会文化环境的影响、学校影响和自然物理因素。一个人的人格形成和发展的最重要时期是青少年时期，有2/3的生活时间是在家庭里度过的，因此其父母及家庭成员对他的影响就显得尤为突出。家庭环境影响主要是指父母的个性、家庭教育方式与家庭心理气氛对子女人格的影响。

（3）成熟度。成熟度与人格发展的阶段相对应。同一个人在不同的生理和心理年龄阶段，人格发展会有不同的主题。成熟度规定了人格发展的一些规律性的东西。

（4）学习行为。在个人成长过程中，随着个体独立性的增强，在自我意识的支配下，人可以主动地选择和获取来自环境的信息，并由此带来自身行为的变化。学习行为的自发性和主动性以及对人格形成的影响，使它成为影响人格发展的独立变量。

3）人格特征

（1）气质

气质是一个人表现在心理活动动力方面的特征，是人的典型的、稳定的心理特点，无好坏之分，如脾气、禀性等。气质是一个人天生的心理活动特征，后天比较难以改变。

在巴甫洛夫的高级神经活动中，基本过程是兴奋和抑制，它们又有强度、平衡性、灵活性三个基本特性，根据这三个基本特性的不同结合形成四种基本的气质类型（见表4-1），这四种气质类型表现在人的行为上是各不相同的。

了解气质的特点，对旅游业具有一定意义。作为从业人员，正确认识自己的气质，可以有意识地进行调节和控制，以扬长避短，适应旅游工作的需要；了解旅游者的气质类型，可以提供适当的服务，满足其不同的要求。

表4-1 根据神经类型所划分的气质类型及其表现

神经类型	气质类型	特点
强—不平衡（兴奋型）	胆汁质	直率、热情，精力旺盛，脾气急躁，情绪兴奋性高，容易冲动，反应迅速，心境变换剧烈，具有外倾性
强—平衡—灵活（活泼型）	多血质	活泼、好动、敏感，反应迅速，喜欢与人交往，注意力容易转移，兴趣和情绪容易变换，具有外倾性
强—平衡—不灵活（安静型）	黏液质	安静、稳重，反应缓慢，沉默寡言，情绪不易外露，注意力稳定并难以转移，善于忍耐，具有内倾性
弱（抑制型）	抑郁质	情绪体验深刻，孤僻，行动迟缓而且不强烈，具有很高的感受性，善于发现细节，具有内倾性

【相关链接4-1】 气质类型与服务接待方式

1.多血质旅游者的表现及接待方式

多血质类型的旅游者活泼大方，面部表情丰富，爱说爱笑，爱热闹，喜欢参加新颖、热烈、花样多的活动，不喜寂寞和孤独。富有同情心，热情，喜交际，常主动与服务人员攀谈，拉家常，建立友谊。对各种新闻都感兴趣，容易谅解别人。接待这类旅游者应做好以下三点：第一，要诚恳对待他们的热情，不要冷落他们；第二，多介绍、安排新颖有趣、富有刺激性的活动；第三，服务速度要快，多变花样，避免呆板啰嗦。

2.胆汁质旅游者的表现及接待方式

胆汁质类型的旅游者急躁，在候车、办手续、进餐、结账时，时间稍长就不耐烦，显得心急火燎。他们对人热情，容易兴奋激动，说话大声，爱打手势，而且直率不顾场合。走路、做事手脚较重，大大咧咧，爱显示自己的长处，乐于助人，有冒险精神，喜欢富有刺激性的活动。不善于克制自己，有了问题会大声吵闹，遇到麻烦易发火动怒，一旦激怒就难以平静。常丢三落四。接待这类旅游者应做好以下三点：第一，避免与他们发生争执、冲突，出现矛盾应主动回避、忍让，不要激怒他们；第二，服务速度要快，开房、送餐、结账等要高效率，不要拖拉；第三，主动提醒他们别忘了东西。

3.黏液质旅游者的表现及接待方式

黏液质类型的旅游者不容易受感动，面部表情不丰富，常给人一种捉摸不透、难以接近的感觉。表面温和而稳重，不苟言笑，说话做事慢腾腾。喜欢清静，恋旧，不喜欢经常变花样。喜欢参加节奏轻松的活动，喜欢故地重游，买东西认牌子，保守，对新的活动项目、新情况接受较慢。有事与他们商量，他们会考虑很久，显得很谨慎。接待这类旅游者应做好以下三点：第一，安排住房要僻静，不要过多打扰；第二，有事通知，须直截了当，但语速要慢，不要滔滔不绝；第三，凡事不要过多催促，允许他们考虑；第四，活动项目不要安排得太紧凑，内容不要太繁杂。

4.抑郁质旅游者的表现及接待方式

抑郁质类型的旅游者喜欢独处，不喜欢在大庭广众之下大声言笑，在公众场合总是在不显眼的地方默默地待着，不愿成为大家注意的目标，腼腆而羞怯。不爱凑热闹，不爱参加过于热烈和有竞争性的活动。说话做事都很斯文，步履轻缓，显得很柔弱。不爱主动与人交谈，有什么想法和意见也不愿说出来。自尊心特别强，爱因小事而怄气，为人处世疑心较重。接待这类旅游者应做好以下几点：第一，不与他们开玩笑，不在他们面前说无关的事，以免引起误会；第二，说话态度温和诚恳，切勿命令指责；第三，有事应与他们商量，要把话说清楚，说话慢一点，以免引起他们的猜忌和不安；第四，安排住房应清静而不冷清，随时关照但不打扰他们。

资料来源 作者根据相关资料整理.

（2）能力

能力是直接影响活动效率、使活动顺利完成所必需的人格特征。能力分为一般能力和特殊能力。前者包括记忆能力、观察能力、想象能力、思维能力等，是从事任何活动都必须具备的能力；后者包括运算能力、鉴别能力、组织能力等，是从事某种专业或特殊领域的活动时，所表现出来的能力。由于人的能力既有先天的，又有后天在生活、工作等实践中积累和发展起来的，所以，坚持“功夫不负有心人”，一样可以拥有较高的能力。

对旅游工作人员来说，特别需要具有观察能力、记忆能力、调节情绪的能力以及特殊的岗位技能，所以在人员的选拔和培训中都应该提出具有针对性的能力要求。

【实例 4-1】 化解危机

一天上午，酒店来了一对男女青年，他们在办理入住时的过分亲热引起了接待员的注意。谁知从下午起，女青年就没有再出门。其间她的男朋友外出回来被锁在门外，多次打电话给她，她也不接听。之后，工作人员发现女青年坐在窗台上，两腿荡在窗台外，又喊又叫。大堂副理马上通知客房部、保安部、接待人员立即到位，一起商量对策。

10分钟后，120救护车赶到现场，110也迅速组织人员控制场面，公安、消防、医院纷纷派人前来救援，消防队员还搭起了气垫床以防不测。

最后，经过酒店前厅与客房主管的耐心劝说，女青年放弃了轻生的念头。据了解，她入住酒店后，打听到了以前的男友的消息，得知其已经结婚，一时想不开产生了以上的行为。

分析：

本例中的女青年属于典型的胆汁质性格，争强好胜，因为男女感情而不顾一切、无缘无故地乱发脾气，比较情绪化。该酒店的服务人员在这一事件发生前一直跟进服务，所以当事件发生时，员工有思想准备，而且各部门配合得也比较默契。女青年欲轻生事件出人意料地发生了，酒店员工遇事并没有惊慌，而是从分析顾客当时的心态入手，好言解劝，使其心情平静下来。当事态的变化超出酒店的能力范围时，酒店又借助社会力量，公安、消防、医院都立即出动，对事态的发展起到了很好的控制作用。

资料来源　作者根据相关资料整理.

（3）性格

性格是一个人对现实的稳定的态度，以及与这种态度相应的、习惯化了的行为方式中表现出来的人格特征。相比以上所提到的气质和能力，性格相对比较稳定，因而也最能体现人格的特征。人的性格主要是通过后天的实践形成的，是现实社会关系在头脑中的反映。不同于气质的是，性格本身有好坏之别。如大公无私、见义勇为、与人为善是好的性格，损人利己、冷酷残忍等是坏的性格。因此，养成好的性格，对己、对人、对工作、对社会都十分重要。

旅游者的气质、能力、性格等人格特征，构成其旅游行为的重要心理基础。加拿大政府曾分析过人格特征与旅游方式之间的关联性，结果发现休假喜欢四处旅游的人和不太喜欢出远门的人之间，存在着相当大的人格差异。前者生性好奇，也较有自信，社交能力也高一些；相对而言，后者便显得比较拘谨、被动、严肃。

4.1.2 人格类型与旅游消费行为

人格类型是根据不同个性特征和行为特征对人进行的分类。在心理学研究范畴，人格类型的划分因标准不同而多种多样。

1）心理学研究中的人格类型划分

（1）外倾型与内倾型

最早在心理学领域规范化地使用外倾型和内倾型这组概念的是心理学家荣格（见表4-2）。

表4-2 荣格的外倾型和内倾型人格的心理特点

人格类型	心理特点
外倾型（extrovert）	心理活动倾向于外部，活泼、开朗，容易流露自己的感情；待人接物决断快，看问题比较轻率，独立性强；缺乏自我分析和自我批评；不拘泥于一般小事，喜欢同他人交际
内倾型（introvert）	心理活动倾向于内部，感情比较深沉，待人接物比较小心谨慎；经常反复思考；常因过分担心而缺乏决断力，但对事情锲而不舍；能够自我分析和自我批评，不爱交际

之后，艾森克又在此基础上对人格类型进行了进一步划分，包括稳定外倾型、稳定内倾型、不稳定外倾型和不稳定内倾型（如图4-1所示）。

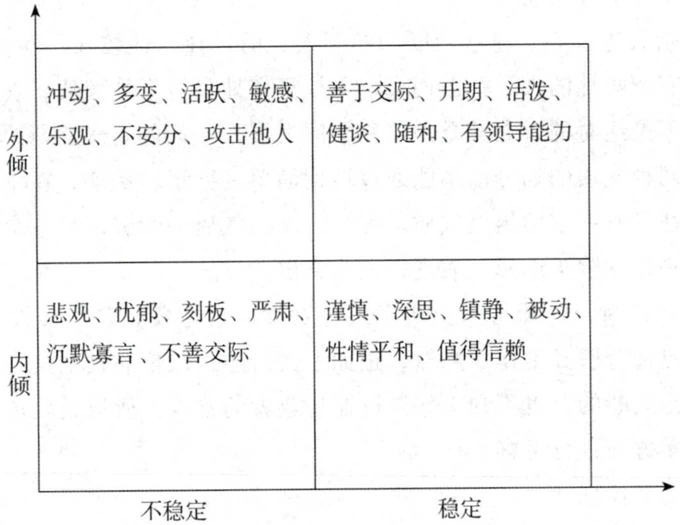

图4-1 艾森克人格类型划分图

同时，他发现外倾和内倾两种机制是一个连续体的两个极端，内倾型和外倾型各占一段。个体行为特征在此两端间的分布接近于正态分布（如图4-2所示）。

显然，艾森克的这种划分说明了个体外倾和内倾的程度，比绝对的两个类型的划分更准确。

从旅游工作的特点来看，在选择不同工作岗位员工时应有所区分。例如，导游、餐厅服务员、从事公关或营销以及大堂工作等需要与旅游者直接接触的工作人员，应该具有外倾性格特点；而客房服务员、物品保管员、收银员等就应该选择那些有内倾性格的人。

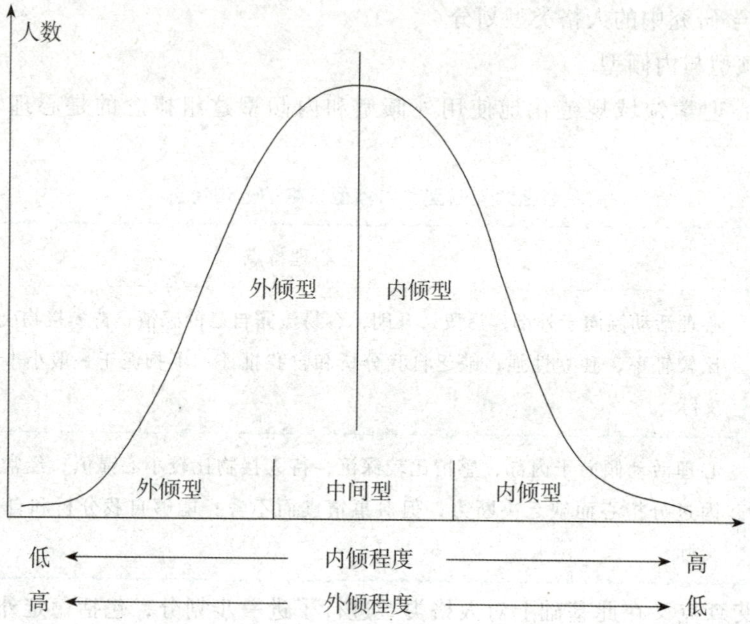

图4-2 艾森克外倾-内倾分布

（2）男性气质与女性气质

男性气质是指有进取心、喜欢专断和控制人，而且独立性较强；女性气质是指温和、能容忍、细腻、有依赖性的人。一般而言，男性更多地具有男性气质，女性更多地具有女性气质。但这并不是绝对的，尤其是随着社会的发展，人们的观念逐渐改变，特别是性别观念逐渐淡化，两种气质的划分已不能通过性别简单区分了。例如，在学历相对较高的群体中，女性也往往具有一定的男性气质。另外，女性气质的细腻从另一个角度来看也表现为比较挑剔，特别是在购买选择上表现得尤为突出。

依据酒店工作的特点，服务人员更多选择女性。这主要是基于女性有更多的女性气质，而这种特点更适合服务工作。当然，正如上文所述，仅依靠性别这一生物特性来判断人格类型，显然是武断的，也不利于旅游行业从业者的选拔，所以就要求旅游业的人力资源管理者注意从多方面进行考察。

（3）内控型与外控型

内控型的人坚定地认为自己是命运的主宰，只有自己才能控制自己的命运。这种人独立性强，不容易受外界影响而改变自己的行为，也从不怨天尤人。外控型的人则相反，他们认为一切事情都是命运主宰的，自己处于被动地位，因此，无论成功还是失败，他们总认为是外力作用的结果。

相比较而言，内控型的人更容易成为优秀的旅游工作者。他们在工作中有自信心，有主动性，使客我交往能顺利进行；在遇到问题时，能从自身找原因，不相互推诿、抱怨，不指责客人。这都使其更可能出色地完成工作。

（4）自卑型与自尊型

所谓自卑，就是认为自己软弱、无能，对自己的评价较低；自尊则是自我肯定，自我感觉良好。适当的自卑能使人产生追求卓越的力量，过分的自卑能压垮一个人，使其一事无成。同样，恰当的自尊也是必要的，它是维护个人心理的统一性和保持心理健康的重要前提。但一个人优越感过强、自视太高就可能变成一个专横跋扈、自吹自擂、傲慢无礼、爱贬低别人的人。

同样道理，旅游服务工作者应该有一定的自尊，因为合理的自尊是维持与他人正常、和谐交往的前提，也是做好服务工作的心理条件。而太强的自尊易使人很难“低下头来”为客人服务，难以履行自己的角色职责。同时，过度的自卑会使人过于敏感、脆弱、攻击性强，容易与客人发生冲突。所以，拥有适度的自卑和自尊对旅游服务工作者来说十分重要。

2）旅游者的人格类型划分

多年以来，旅游心理学家也对旅游者的人格类型进行了多种分类，现以普拉格-皮尔斯的旅游者人格类型为例加以说明。

（1）精确型旅游者

精确型旅游者是指做事喜欢有计划、一切都要在掌握之中的一类旅游者。他们不喜欢去不熟悉、没把握的地方旅行，行程一定要事先全部安排好才出门，而且不喜欢有太多消耗大量体力的活动。传统旅游观光目的地以外的地方，他们很少有兴趣一探。对他们来说，有人代为安排好一切食宿交通或旅游路线，让他们不受打扰、没有压力地轻松享受是再好不过的事。

（2）随兴型旅游者

随兴型旅游者恰恰相反，越是不可预期的随机随兴旅游，他们越是感兴趣。高度的弹性、旺盛的精力和与生俱来的好奇心引领他们不断探索新领域。他们宁可选择简陋的住宿环境，也不愿放弃与当地文化、居民接触的机会。那些另类或充满异国情调的地方，在他们眼里是富含学习、成长与刺激机会的旅游上选之地。他们对纪念品商店缺乏兴趣，对一探当地民情风俗或与当地人打交道则显得兴趣盎然。

这两种类型旅游者的具体表现见表4-3。

表4-3 精确型与随兴型旅游者的表现

类型	主要性格	偏爱的旅游点	旅游交通工具	理想的目标	学习的途径
精确型	沉稳、被动、深思熟虑	迪士尼世界、拉斯维加斯、故宫	汽车、游览车、邮轮、飞机	松弛身心、适度刺激、纪念品	博物馆、导游、旅游指南
随兴型	喜好交际、好奇、富有冒险精神	野外生存、南极、非洲大草原	自行车、步行	激发活力、剧烈的刺激、成长	接触当地家庭、与人交谈、随机随兴

除了这种旅游者人格类型外，还有根据行为倾向来划分的神经质旅游者、依赖性旅游者、使人难堪的旅游者和正常的旅游者；根据性格倾向来划分的心理中心的旅游者和他人中心的旅游者；根据生活方式来划分的清静安宁型生活方式的旅游者、追新猎奇型生活方式的旅游者和活跃交际型生活方式的旅游者。其中，最后一种类型的划分我们会在之后详

细介绍。

4.1.3 自我意识与旅游消费行为

自我意识是个体对自己的认识和态度，也就是个体对自己身心的评价所形成的“自我形象”。它包括对自己生理状况、心理状况、人际关系等的认识。自我意识包括两个方面：主我和客我。主我是自己活动的觉察者，客我是被觉察的自己的身心活动。自我不能脱离自己和他人而独立存在。

1）自我形象与旅游行为

自我形象是自己认识自己的一切。旅游行为可以用非常直接的方式促进旅游者自我形象的建立和改善。

任何一个旅游者，都希望通过旅游建立自信、成功、文明、开放、知识广博、值得信赖、善于交际等积极的自我形象。心理学研究认为，人们不管在什么情况下，都会不惜任何代价来维护和保护自我形象，并且一有机会就要设法抬高自我形象。

旅游产品是最富有象征意义的产品，它反映一个人事业上的成就、为人处世的经验、社会地位等。所以，自我形象意识强的人，常常通过外出旅游来抬高和改善自己的形象。

2）自我控制与旅游行为

自我控制是自己对自己行为与心理的控制，是主我对客我的制约。为了掩盖自己的真实情况而进行自我控制，称为自我表演。

自我控制的作用有两个方面：一是发动行为；二是制止行为。

3）自我意识的矛盾与旅游行为

自我意识的矛盾是指主我构想的理想自我与客我代表的现实自我之间的矛盾。现实永远落后于理想，所以人要不断追求。

自我意识的矛盾是旅游行为的动力之一。个体为了排除消极的自我体验，改善自我形象，都可能去旅游。

4.1.4 生活方式与旅游消费行为

生活方式即一个人的个性特征，主要是指兴趣、爱好、看法和价值观念等。个人的生活方式反映个人的人格品质。一个人的生活方式与其旅游行为有密切的关系。清静安宁型的人一般不喜欢外出旅游，即使旅游，也是去那些幽静的度假区，或从事一些比较休闲的活动。喜欢交际的人往往兴趣广泛，对旅游也很感兴趣，他们通常喜欢那些参与性较强的活动。对历史感兴趣的人对文化旅游有浓厚的兴趣。使用信用卡的人旅游消费往往较高，追求豪华的住宿设施。

根据不同旅游者的人格特征及在旅游中的表现，可以把不同生活方式的旅游者区分为几种不同的类型：

1）清静安宁型生活方式的旅游者

以清静安宁为生活方式的旅游者中，老年人居多。他们大都具有较高的文化水平和修养，有相对稳定的职业和较为丰厚的经济收入，有较高的社会地位和美满幸福的家庭。他们富有见解、注重实际、珍惜自己的健康和生命，凡事小心谨慎、脚踏实地，唯恐生活中的不测打破他们平稳安宁的现状。他们家庭观念深厚，把孩子视为生活中最重要的组成部分。他们喜欢环境优美、幽雅宁静的自然山水、田园春色、湖泊海滨，不喜欢喧闹的城市、拥挤的人流。他们喜欢参与垂钓、野营、度假、日光浴、海水浴等轻松而愉快的活动，不喜欢竞技、滑雪、跑马等剧烈运动。

对以清静安宁为生活方式的旅游者进行宣传和策划的重心是：强调身心健康，突出清洁和宁静，体现自然和放松，紧扣孩子和家庭。

2）追新猎奇型生活方式的旅游者

这种旅游者以年轻人为多。他们视野开阔、精力充沛、思路清晰、富有创见、追求时髦，有知识、有思想，理想主义色彩浓郁，喜欢冒险和刺激，对新奇的事物特别感兴趣。他们喜欢远距离旅游，去人迹罕至或者没有完全开发的原始森林或刚开发的旅游景点。在旅游活动的内容上，他们喜欢探险、登山、竞技等富有刺激性的活动，喜欢单独出游或者少数几个人结伴而游。他们旅游的准则是：追求新鲜和神秘的经历与体验。

对以追新猎奇为生活方式的旅游者进行宣传和策划的重心是：强调经历和体验，突出新奇和刺激，紧扣理想和时髦。

3）活跃交际型生活方式的旅游者

这一类型的旅游者以政治家、社会活动家、商人、艺术工作者居多。他们喜欢结识新朋友，善于交际，对各种应酬乐此不疲。他们关心政治，积极参加各种社会活动，把旅游作为加强交往、联络感情、增进友谊、扩大影响、提高地位、促进事业成功的手段。他们喜欢参加聚会，并高谈阔论，希冀别人把他们当作最活跃的中心人物。这种类型的旅游者性格外向、充满自信、永不满足、不知疲倦、富有理想、容易接受新鲜事物。

对以活跃交际为生活方式的旅游者进行宣传和策划的重心是：强调交际和应酬，突出地位和名誉，体现自信和理想，紧扣活跃和成就。

【实例4-2】散落在西弗吉尼亚的一颗明珠——巴布科克州立公园度假旅游记

巴布科克州立公园是我们去年在西弗吉尼亚旅游时发现的一处度假胜地。今年，我们早早就预订了公园中的森林小屋。

五月的最后一个周末，吃过中饭，我们就兴致勃勃地开车赶到了这个公园，来到森林小屋，这个小屋是用木头建起来的，古色古香，据说已有一百多年的历史。屋内有烧柴火的壁炉，有厨房、洗澡间等。卸了行李，不一会儿，夫人们就做好了晚餐。

吃完饭，天色还不算太晚，我匆匆拿了钓具，直接奔公园的Boley湖。湖不算大，但清澈见底。在这青山环抱的湖中钓鱼，的确是很惬意的。除了钓鱼，这里还有船（脚踏船、划艇、独木舟）出租，沿湖有徒步旅行的道路。湖边钓鱼的人不多，问了几位钓鱼的人，都说今天的鱼不活跃，不怎么咬钩。钓了一会儿，只钓了一条，之后再没鱼咬钩。天色已晚，只好收拾渔具，返回林中小屋了。回去后洗了个澡，和朋友们玩了会儿扑克，就上床休息了。

也许是这里的空气格外清新，加上溪流声的催眠作用，大家很快进入梦乡，一觉醒来已是9点多了。于是我们悄悄地走出小屋，屋外的空气更加清新，我深深地吸口气，就踏上了这林中铺满青苔的弯弯小径。在这林中没有耀眼的阳光，只有小鸟的叫声和溪水碰击岩石发出的水声，一切都显得那么自然。

我们的小屋就在溪边不远，走了十多步，就来到一个吊桥边，桥下是奔腾的溪流。走过小桥，看到一个遗弃不用的水井，仍有清泉流出。我们沿着小路走去，顺着主路，便来到了公园的主要景点——磨坊小屋。看过这磨坊和这溪流的一些风景如画的照片，受了感染，欲罢不能，也拍了几张照片。

返回我们的小屋，就看到炊烟袅袅，打开房门顿时感到温馨。原来，夫人们已烧起了壁炉，做好了可口的饭菜。柴火的燃烧驱除了室内的潮湿，空气变得干燥而带着木头的淡淡的清香。真是享受啊！

假日在休闲钓鱼和徒步中度过，当你踏在布满青苔的小径，听着蛙鸣鸟叫，走过那摇荡的小桥，再穿过那奔腾不息的溪流，深深地呼吸一口湿润饱含负离子的空气，仿佛置身于世外桃源之中。三天的时间匆匆而过，第四天一早我们吃过早餐就收拾行李，退了小屋，相互道别，依依不舍地踏上了回家的路。

分析：

本例中作者属于典型的以清静安宁为生活方式的旅游者，追求休闲养生、体验自然和身心放松。所游景点环境优美、幽雅宁静，有山有湖，有美景，有溪流，还有茂密的森林，可钓鱼、划船，还可徒步。

资料来源　作者根据相关资料整理.

4.2　人格结构与旅游消费决策

4.2.1　人格结构

1）弗洛伊德的精神分析理论

弗洛伊德的精神分析理论包括人格结构和人格发展两大主题。

（1）人格结构

弗洛伊德将人格结构划分为本我、自我和超我，三者交互作用构成人格整体。

①本我（潜意识最深层，ID）是遗传下来的最原始部分，其中包含推动个人行为的原始动力——力比多。

外在的或内在的刺激都可能促使力比多增加，从而增加个人的紧张和不安。为了减低紧张感，本我要求立即满足需求以发泄原始冲动，所以本我根据快乐原则来运动，行为则受一种使快乐最大化和逃避痛苦的愿望支配。本我是自私和无逻辑的，它将一个人的精神活动引向快乐的行为，而不考虑任何后果。

②自我（EGO）是个体在与环境的接触中由本我发展而来的人格部分。在本我阶段，个体的原始冲动要获得满足，就必须与周围的现实世界相接触，从而形成自我适应现实环

境的作用。例如，因为饥饿而使本我有原始的求食冲动，但是哪里有食物以及如何取得食物等现实问题，必须靠自我与现实接触，通过介于本我与超我之间的一个体系才能解决。因此，人格的自我部分是受“现实原则”支配的。

自我的主要功能有以下几方面：一是获得基本需要的满足，以维持个体的生存；二是调节本我的原始需要，以符合现实环境的条件；三是管制不为超我所接受的冲动；四是调节并解决本我与超我之间的冲突。由此可见，自我是人格结构的主要部分。

③超我（SUPEREGO）是同本我相对的。这个体系实质上是一个人的意识，它使社会规则成为自我的一部分（尤其是来自父母的影响），并且阻止本我去寻找自我满足。

超我是人格结构中居于管制地位的最高部分，是个人在社会化过程中将社会规范、道德标准、价值判断等内化之后形成的结果。平常所说的良心、良知、理性等，都是指的超我。

本我寻求快乐，自我考虑现实环境的限制，超我则明察是非善恶。所以，超我是本我与自我的监督者，它的主要功能有：管制社会所不接受的原始冲动；诱导自我，使其能以合乎社会规范的目标代替较低的现实目标；使个人向理想努力，达成完美的人格。

本我、自我、超我三者是完全独立的，彼此作用而构成人格整体。一个正常的人，其人格中的三部分经常是彼此平衡而和谐的。本我的冲动应该有机会在合乎现实的条件下，并在社会规范许可的范围内，获得适当的满足。

（2）人格发展

弗洛伊德的精神分析理论关于人格发展有两个前提：第一，强调发展，认为成人的性格是由婴幼儿时期的各种经验塑造而成的；第二，性力是一生下来就有的，并随着个体心理的发展而发展。

弗洛伊德按照力比多投放的主要部位不同，将儿童的人格发展分为五个时期（见表4-4）。

表4-4 人格发展的基本描述

名称	时间	基本描述
口唇期	婴儿出生后第一年	口唇刺激（吸吮、吃手指、咬东西等）是愉快的来源
肛门期	儿童从1岁到3岁	幼儿由于排泄粪便、解除内急压力所得到的快感经验，而对肛门的活动产生满足
性器期	儿童四五岁左右	开始产生恋母（男孩）或恋父（女孩）情结，与此同时，他们惧怕双亲中与自己同性的那个
潜伏期	儿童6岁开始	其兴趣不再限于自己的身体，而是注意周围环境中的事物
青春期	12岁以后	开始对异性产生兴趣，喜欢参加两性组成的活动，而且在心理上逐渐发展形成与性别关联的职业计划、婚姻理想等

其中，值得一提的是，如果儿童人格发展的某个阶段未能顺利发展，就会影响以后的发展并产生滞留现象。例如，若滞留现象出现在口唇期，长大后可能保留下一种“口唇性

格”。按照弗洛伊德的说法，具有口唇性格的人，在人格上常偏向悲观、依赖、退缩、猜忌、苛求甚至对人仇视等。如果在肛门期对儿童卫生训练过分严格，儿童在情绪上受到威胁恐吓，可能导致其将来性格冷酷无情、顽固、吝啬、暴躁，甚至生活秩序紊乱。按照弗洛伊德的解释，这种现象是由于肛门期不能顺利发展所产生的滞留作用影响而形成的，因此，弗洛伊德称之为“肛门性格”。

2）埃里克·伯恩新人格理论

加拿大临床心理医生埃里克·伯恩（Eric Berne）在其专著《人们玩的游戏》一书中，提出了一种新的人格结构理论。该理论把人格分成三个部分，或者说人格是由三种自我状态构成的，它们分别是父母自我状态、成人自我状态和儿童自我状态。

这三种自我状态大致与弗洛伊德的超我、自我和本我相对应，并以英文中父母（parent）、成人（adult）及儿童（child）的第一个字母P、A、C命名。每一种自我状态都是思想、情感和行为的独立来源，在任何特定的情况下，个性或自我状态的任何一个组成部分，都对一个人的行为起指导作用。

（1）儿童自我状态

个体首先形成的自我状态就是儿童自我状态。儿童自我状态由自然产生的情感、思想和行为所构成，也包括个体用以适应情绪所需要的知识。一个人按他的儿童自我状态行动时，他或者想怎么干就怎么干，这叫作自然儿童自我状态；或者按他小时候所受的训练来行动，这称为顺应儿童自我状态。

儿童自我状态是一个人经受挫折、不适应、快乐以及缺乏能力而形成的个性部分。此外，它也是好奇心、创造力、想象力、自发性、冲动性及生来对新发现表示向往的源泉。处于儿童自我状态的人完全不受压抑，常常做出一些表面可笑的、天真烂漫的行为。

儿童自我状态支配戏耍性的或自然表述性的行为，也就是支配属于情感和情绪的那一部分个性，包括大部分的要求、需要和欲望。当个人感到需要什么东西时，正是儿童自我状态表达了欲望。儿童自我状态所表现出来的多是原始的、具有动机或动力性的东西。如果一个人的儿童自我状态弱，那么他就是一个缺乏活力、刻板的人。

儿童自我状态可分为许多子型，其中撒泼型、依赖型和服从型在旅游团中的作用很明显。

（2）父母自我状态

个体形成的第二种自我状态就是父母自我状态。它是行为、态度的来源。

人的行为和态度通常是个人向自己的父母，或向某些父母辈的人模仿来的。它也是个人的见解与偏见、基本知识以及是非感的主要来源。可以说，父母自我状态提供一个人有关观点、是非、怎么办等方面的信息。

处于父母自我状态的人以权威和优越感为标志，是一个“照章办事”的行为决策者，通常以居高临下的方式表现出来。例如，当某人大声地斥责别人或判断他人的是非，以及纠正其他人的错误或行为举止时，父母自我状态就在起指导作用。父母自我状态又可分为许多子型，其中命令型和安抚型对旅游团中的社会交往影响较大。前者表现为严父式的批评、命令，后者表现为慈母式的同情、安慰。

（3）成人自我状态

个体形成的第三种自我状态是成人自我状态，它是指导理性思维和客观信息加工的个性部分。可以说，成人自我状态就是指导人们解决问题的。为了使具体问题处理得当，成人自我状态还检验寓于父母自我状态与儿童自我状态中的材料。

当一个人的成人自我状态起主导作用时，他待人接物比较冷静，处事谨慎，尊重别人。在这种状态支配下的人，说话办事逻辑性强，喜欢探究为什么、怎么样等。应该注意，成人自我状态与年龄无关。

“成人式”交往是最有效的社会交往。旅游服务人员主动与服务对象交往时，应该首先采用“成人式”。

关于儿童自我状态、父母自我状态及成人自我状态的语言表现、语调和非语言表现（相应的身体动作）见表4–5。

表4–5 儿童、父母及成人自我状态的表现

项目	语言表现	语调	非语言表现
儿童自我状态	孩子的口吻：我想要，我要，我不知道，我不管，我猜，当我长大时，好得多，好极了	激动，热情，高尖的嗓门，尖声嚷嚷，欢乐，愤怒，悲哀，恐惧	喜悦，笑声，咯咯笑，可爱的表情，眼泪，颤抖的嘴唇，噘嘴，发脾气，眼珠滴溜溜地转，垂头丧气的眼神，逗趣，咬指甲，扭身子撒娇
父母自我状态	按理，应该，决不，永远，不要，别，不，让我告诉你应该怎样做，真蠢，真讨厌，真可笑，别再这样做了！你又想干什么！我跟你说了多少遍了？请你千万记住，好孩子，好宝贝，真可怜	高声=批评 低声=抚慰	皱眉头，指手画脚，摇头，惊愕的表情，跺脚，双手叉腰，搓手，叹气，拍拍别人的头，死板，装作军校教官的样子
成人自我状态	为什么，什么，哪里，什么时候，谁，有多少，怎么样，有可能，我认为，依我看，我明白了，我看	几乎像计算机那样不假思索	直截了当的表情，舒适自如，不很热情，不激动，漠然

在一个心理健康的人身上，这三种自我状态处在协调、平衡的关系中，三者都在发挥作用。在不同的情境中，起主导作用的自我状态不同。

如果一个人的行为长期由某一种自我状态支配，很少甚至不出现其他自我状态，那么他的人格就出现了问题，也就是心理不健康的表现。人格的三种自我状态必须相互平衡、协调，当它们共同担负起支配行为的职责时，这个人才是正常的、健康的。当然，某一种自我状态占优势的情况也是正常的，正如我们平时经常遇到不同人格特质的人，或较富理性，或更具感性。

【相关链接4-2】 年轻人热衷户外游 喜欢行走在路上

自驾、露营、徒步……到大自然中游玩、“深呼吸”，成为年轻一代热爱的旅游方式。

对年轻一族来说，自驾游不仅是一种出游方式，更是一种生活方式，他们习惯从短暂的驾车出游中寻找自由，享受来之不易的空闲周末。马蜂窝旅游发布的《2020年自驾游报告》显示，20~40岁的中青年是自驾游的主要客群，其中，20~30岁的游客占比为37%。90后自驾游用户喜欢探索小众玩法，喜欢选择滇藏线、丙察察等相对小众的自驾游线路，即使在热门自驾省份，也更倾向于前往小众目的地和景点，例如海南的万宁、陵水，四川的海螺沟和云南普洱等。自驾游，不是车动，是心动；不是心动，是动心。

同时，自驾游出行热带火了一股户外旅游风潮，露营正是其中之一。加入露营获得新体验，是时下年轻人喜爱的潮酷玩法。进入2021年，这项户外活动加快了走向大众的步伐。小红书数据显示，1—5月，小红书上露营的搜索量同比增长428%，社区露营相关笔记日发布量和日搜索量呈直线上升趋势。露营拥抱自然，层出不穷的玩法为露营开辟了更多想象空间。火山露营、自驾露营、星空露营、露营+房车、露营+露天音乐会、露营+旅拍等小众玩法成为新热门。马蜂窝平台上“自驾露营”的内容量较2020年同期增长177%，“火山露营”的搜索热度更是增长了661%。

户外游总能带给人不一样的感觉，行走在路上，已经成为年轻人热爱的出游方式。

资料来源 作者根据相关资料整理.

4.2.2 人格结构与旅游决策行为

人格结构理论将人格分成三个既独立又相互联系的部分，每个部分都分别支配着不同类型的行为，这为我们分析旅游者行为和旅游服务行为提供了重要启示。

旅游者在进行旅游消费决策时，三种自我状态都会起作用。一般来说，人们的旅游动机主要存在于儿童自我状态中。因为旅游活动最明显的特点是满足好奇心、给予乐趣等，这些正好迎合了儿童自我状态的需要，所以儿童自我状态是最容易被诱惑、被激发的部分。在旅游促销活动中，我们应该充分认识到这一点。一定要激发旅游者的消费欲望，激发他们的快乐情感，使其处于“跃跃欲试”状态。

成人自我状态的作用就是合理地做出旅游决策。它负责调解儿童自我状态和父母自我状态之间的冲突，既考虑两者之间有关旅游的分歧，也考虑做出合理、客观的决定。成人自我状态需要诸如怎样去旅游地、花多长时间、带多少钱、附近有哪些食宿设施、费用是多少等方面的信息，还需要其他方面的有助于制订切合实际旅游计划的信息。在未收集到必要的、可用的真实信息的情况下，成人自我状态可能会使人推迟旅游。因此，在促销时应进行理性说服，给予其足够的信息参考，使成人自我状态得出“可以”“还合适”等结论。

父母自我状态是个人见解和偏见的主要来源，也是个人基本知识和是非感的主要来源。因此，这一自我状态的旅游动机主要表现在教育和文化上的益处、家庭团聚、工作之余缓解疲劳、义务、经济状况、地位、声望等方面。如果这些动机被激发出来，就会使父母自我状态同意儿童自我状态通过旅游尽情娱乐。即使在父母自我状态已同意儿童自我状态进行旅游之后，它还可能坚持已做出的诸如花多少钱、时间多久等方面的规定。这就要求在针对这一自我状态进行旅游促销时，要提出一个高尚或有意义的理由，以满足父母自我状态的需要，比如"这样做既合乎身份，又有利于工作"等。总之，在旅游促销过程中，要做到打动、合理化、有意义。

具体到旅游服务过程中，针对三种自我状态不同的旅游行为表现，常规的服务方法是：对父母自我状态型的旅游者，要用儿童自我状态先接受下来，避其锋芒，使客人的自尊心得到一定程度的满足，而后再设法调动客人的成人自我状态并晓之以理；对儿童自我状态型的旅游者，要用父母自我状态的慈爱一面，展现出宽容、忍让，先予以缓和、消气，而后再唤起成人自我状态，进行平等、理性的交往。交往应用模式如图4-3所示。

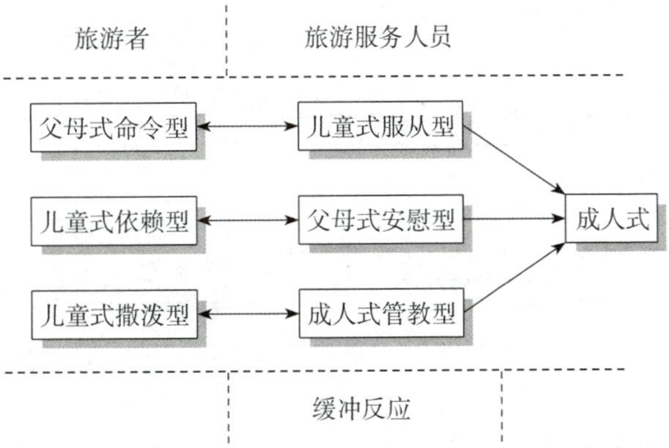

图4-3 交往应用模式

4.3 态度偏好与旅游行为

4.3.1 态度概述

1）态度的概念

态度是个体对特定对象的总的评价和稳定的反应倾向。当人们对某一事物持某种态度时，不管这一事物是有形的还是无形的，它都被称为态度的对象（attitude object）。凡是人们了解到与感觉到的事物都可以成为态度所关注的对象。

人们对一个对象会做出赞成或反对、肯定或否定的评价，同时还会表现出一种反应的倾向性，这种倾向性就是心理活动的准备状态。所以，一个人的不同态度会影响他的行为趋向。

态度是外界刺激与个体反应之间的中介因素，个体对外界刺激做出什么反应受到自己态度的调控。图4-4说明了刺激、态度和反应的关系。

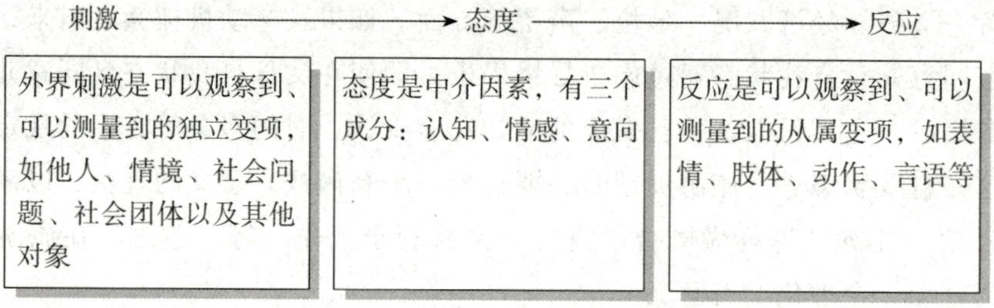

图4-4　刺激、态度和反应的关系

2）态度的构成

态度是个人的内在结构，它由三种成分构成，即认知成分、情感成分和意向成分（如图4-5所示）。

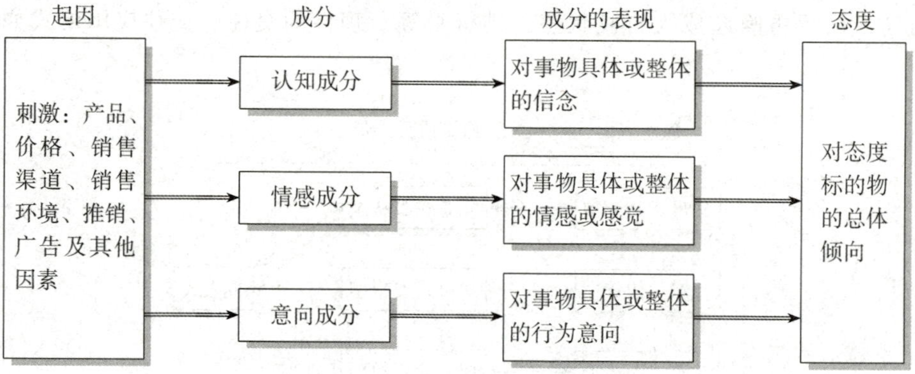

图4-5　态度的构成及表现

（1）认知成分

认知成分是指人对态度对象，如对他人、物、地方、事件、思想、形势、经历等方面所持有的信念和见解。例如，夏季海滨旅游可以增进身体健康，桂林的山水是优美的，中国的旅游服务质量是比较高的，这些都是对旅游对象和旅游条件的认识和看法，是旅游态度的认知成分。

信念是以充分的事实或知识为基础的心理倾向，它被认为是一种真理。大多数信念是相当持久的，但这些信念不一定都是很重要的。见解与信念不同，见解不以确定的事实为基础，它可能涉及某些事实，但只能表示某人得出的结论，而且比较容易改变。

认知成分也可以简单地理解为我们平时所说的印象，它是态度形成的基础。同时，对同一对象，不同的人可能有不同的信念和见解。例如，一些人认为北京名胜古迹众多，文化气息浓厚，经济发达；另一些人则认为北京过于拥挤，交通不畅，气候不佳。

（2）情感成分

情感成分是指对人、对事所做的情感判断，它是态度的核心并和人们的行为紧密相连。从这个意义上说，情感是态度的决定因素，它有强有弱，或持久或短暂，如喜欢山水风光旅游、喜欢在旅游中和当地居民接触、不喜欢在旅游中单纯参观建筑物，这些都是情感成分。

（3）意向成分

意向成分是个体对态度对象的预感反应或以某种方式行事的倾向性。比如，有的人想去海滨旅游，有的人打算出国旅游，有的人希望乘飞机去旅游，这里的“想去”“打算”“希望”都表示人们实际行动前的行为倾向，这就是旅游态度的意向成分。

态度的三种成分一般是协调一致的。三者协调程度越高，态度就越稳定；反之则越不稳定。有时它们之间也可能发生矛盾，造成三者关系的失调。当三者发生矛盾时，情感成分起主导作用。如外国游客对中国的旅游态度，有人认为中国既有优美的自然风光，又有丰富的文化历史古迹，而且开展了富有情趣的旅游活动（这是认知成分），因此旅游者会觉得很有意思，自己很喜欢中国的旅游活动（这是情感成分），从而非常愿意并争取到中国来旅游（这是意向成分）。

对旅游者态度的研究有利于更深入地理解其旅游行为，选择适当的旅游服务，但由于态度是一种心理体验，不能直接被观察到，只能通过人们的语言、表情、动作等进行判断，这也为研究增加了难度。比如，游客对导游的服务满意时，常常表现出温和、友好、礼貌、赞赏等；反之，游客可能表现出烦躁、易怒等，甚至制造事端。因此，面对游客的投诉或产生的矛盾、冲突，导游不能只是就事论事，认为游客无事生非，应该想到这可能是游客态度的一种表现，因而应该尽量安抚游客，从根本上改变游客不满意的状况。

这里需要注意的是，研究态度有利于对行为的进一步理解，但不等于态度和行为是同一个概念。事实上，态度是一种内在的心理结构，对一种行为起准备性作用。因此，可以根据个体的态度推测其行为，但态度和行为不是一一对应的关系，因为行为除了态度之外，还受到其他因素，如社会规范、习惯、对行为后果的预期、价值观念等的影响，特别是受到环境的影响。这也就要求我们在研究旅游者行为的时候，要进行多因素分析（如图4-6所示）。

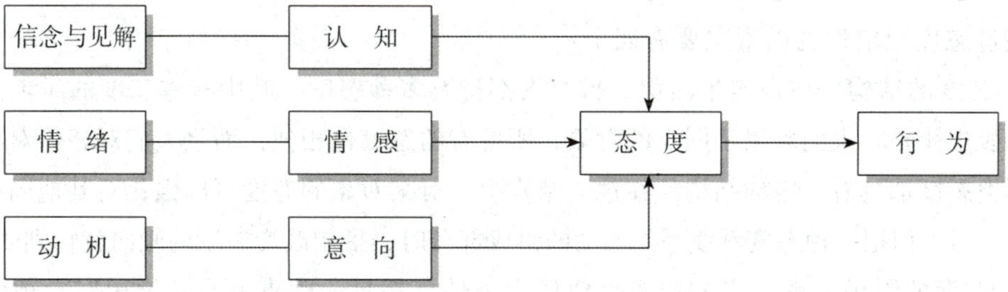

图4-6　态度三成分模型

3）态度的特征

（1）对象性

态度反映了主体与客体的关系，必须针对特定的对象，才能产生具体的态度；若没有了对象，也就谈不上什么态度。人们做任何事情，都会基于某种态度，在谈到某一态度时，就会提到态度的对象，如对某个酒店的印象如何、对酒店的收费有何感觉、对服务员有什么看法等。没有对象的态度是不存在的。

（2）社会性

态度是通过学习获得的，不是生来就有的。态度不是本能行为，虽然本能行为也有倾向性，但这是不学就会的。所有的态度都不是遗传来的，而是后天获得的，因此态度的社会性也被称为习得性。比如，客人对某酒店的态度，或者是他自己在接受服务的过程中通过观察得来的，或者是他通过广告宣传、他人评价等间接影响而形成的。

（3）内隐性

态度是一种内在结构，一个人究竟有什么样的态度，我们只能从他的外显行为中加以推测。例如，一个员工在业余时间里总是抱着各种专业书在看，那么我们就可以从他的行为来推测他对学习抱着积极的态度。

心理学家罗森伯格用表4-6描述了态度的内在结构特征。

表4-6 态度的内在结构特征

刺激	态度	反应
外界刺激是可以观察到的独立变量，如个人情况、社会问题、社会团体及其他对象	态度是中介因素，有三个成分：认知、情感、意向	反应是可以观察到的从属变量：情感反应、认知反应以及观点的言语反应、外显行为

表4-6是通过刺激、态度、反应三者的关系来说明态度是刺激与反应之间的中介因素。

（4）相对稳定性

一般来说，态度形成后，在相当长的时间内保持不变。同时，它作为人格的有机组成部分，使人在行为反应上也表现出一定的规律性。比如，客人在某酒店接受了良好的服务，感觉很好，从而形成了对这家酒店的肯定态度，以后当他再有这种需要时，很可能还选择这家酒店。这也就是通常所说的“回头客”。回头客的多少，既反映了酒店服务质量的高低，也反映出客人态度的稳定性。

促进态度稳定性的因素主要有四个：

① 态度的结构。在现实生活中，每个人都持有多种态度，其中有些态度的对象是相似的。一般规律是，人们对属于同类的对象，所持有的态度也相似，而且人们对相似对象所持有的同类态度都具有一定的结构。在这个结构中，对某对象的态度可以强化对其他同类对象的态度。当人们把一种态度看成一类态度的组成部分时，抵制改变态度的倾向就特别明显。

② 态度的因果关系。当人们明显地认为一件事是另一件事的直接原因时，他们对另一件事的态度也会增强或稳定。对饭店业中这个问题的研究表明，人们对饭店的态度是在他们与饭店服务人员打交道的基础上形成的。饭店服务人员亲切友好、殷勤礼貌、乐于助人、工作效率高，则客人通常也以这些词语评价这家饭店，而且与上述饭店服务人员的每一次相遇也会强化客人对这家饭店的态度。

③ 态度的一致性。当人们发现其他人所持有的态度与自己相同时，态度就会得到加强，并变得更加稳定。例如，当一个打算外出旅游的人发现他的朋友和熟人也对旅游感兴趣时，他对旅游的信念就变得更加强烈与稳定。

④ 态度的强度。态度的强度指的是态度的力量，即人们对某一事物赞成或反对、喜爱或厌恶的程度。态度有善意的态度、喜欢的态度，也有恶意的态度、厌恶的态度。在善意和恶意、喜欢和厌恶的态度之间，还有许许多多不同程度的态度。例如，非常喜欢、极端厌恶、很善意、很恶意等，这种“非常”“极端”“很”的态度，便是态度的强度。态度的感情色彩越浓郁，态度改变就越困难。

虽然有些态度具有稳定的特征，但由于主观和客观因素的多变性，许多态度确实是会改变的，因此态度的稳定性是相对的。态度改变的原因有多种，如态度冲突、新情况影响、创伤性经历等。比如，一个人对去国外旅游可能持有肯定的态度，但他却从未去国外旅游过，因为他对节俭持有更为强烈的肯定态度。

态度的改变通常有两种方式：一致性改变和非一致性改变。一致性改变是原有态度程度的加强，它表现为从积极的态度到非常积极的态度，或从消极的态度到非常消极的态度；非一致性改变则是从现有态度向相反的态度改变，如从消极面向积极面改变。相比之下，非一致性改变更为困难。

态度的可变性有助于人们更好地适应环境、保持一致性。对于旅游者来说，它有助于在心理上适应新的或困难的处境，使自己不必亲身经历或付出代价而达到态度的改变。在旅游活动中，最常见的就是人们根据他人或社会的奖惩来调整或改变态度。例如，客人在酒店受到某个新来的服务员不太礼貌的接待或发现饭菜质量已不如从前，他就会改变原来对这家酒店积极肯定的态度，而产生消极、不满的情绪，他可能从此不再光顾这家酒店。

(5) 价值性

价值观是态度的核心。价值是指作为态度的对象对人所具有的意义。人们对于某个事物所持有的态度取决于该事物对人们的意义大小，也就是事物所具有的价值大小。

事物的主要价值有六种：理论的价值、实用的价值、美的价值、社会的价值、权力的价值、宗教的价值。

事物对人的价值大小，一方面取决于事物本身，比如，客人对某酒店的态度主要取决于该酒店能为客人提供什么，如地位（社会的价值）、休息（实用的价值）等；另一方面也受人的需要、兴趣、爱好、动机、性格、信念等因素的制约。所以，同样一件事，由于人们的价值观不同，因此会产生不同的态度。为此，能满足个人需要、契合人的兴趣爱好、与人的价值观相符的事，人们会产生正面的态度，反之则产生负面的态度。

(6) 调整性

态度的一个重要特点就是它具有调整性。所谓调整，就是当事人在社会奖惩或亲朋意见及榜样示范作用下改变自己态度的情况。这有助于旅游者在心理上适应新的或困难的处境，使自己不必亲身经历或付出代价而达到态度的改变。在旅游活动中，最常见的就是人们根据他人或社会的奖惩来调整或改变其态度。例如，某人准备到某旅游胜地去度假，若其同事或朋友表示了不同的看法，或看到游客在此地受到不公正对待的报道后，他就很可能改变原来的态度，取消这次旅游或到别的地方去旅游。

态度除以上六个较明显的特征外，还有其他一些特征，如复杂性、协调性、情感性、评价性和广泛性等。

【实例 4-3】 "看景不如听景"

近年来，国内诸多之前无人问津的景致，通过抖音、快手、小红书等平台的视频被挖掘出来，成为网友竞相打卡的网红地。2021年被多家社交平台炒热的云南澄江"粉红沙滩"，其真实颜色与"少女心爆棚"的宣传图反差极大。在一个"粉红沙滩"实地测评视频中，"粉红沙滩"不用滤镜实则为呈猪肝色的大沙砾，湖岸沙滩宽仅10米，让很多游客直呼"上当"。此外，该景点尚未开发成熟，周边设施尚不完善，停车拥堵、如厕困难。有网友评论，"粉红沙滩"其实是"红土地"，图片至少堆叠了"三百层滤镜"。

分析：

在被图片、视频"种草"的时代，一个个具有视觉刺激的"网红"打卡地，吸引来众多打卡者，成功地改变了旅游者的态度，使旅游者做出了旅游决策，产生了旅游行为。但在五花八门的修图软件加持下，仅仅只靠滤镜、靠虚假宣传，片面夸大该景点吸引人的一面，对缺点不讲或者少讲，从而造成部分人气爆棚的网红景点宣传图与实际严重不符。所以，旅游者事后会有"看景不如听景"的观感，还有些旅游者会产生上当受骗的感觉。这也从侧面说明旅游者的态度具有易变性和不稳定性的特点。

资料来源　作者根据相关资料整理.

4.3.2 态度偏好与旅游决策

1）态度与旅游偏好

态度即便不能完全预测人们的实际行为，也可以很好地预测人们的旅游偏好。所谓旅游偏好，是指人们趋向于某一旅游目标的心理倾向。

旅游偏好与旅游行为之间有直接关系，而态度是偏好形成的基础。心理学研究表明，态度至少有两个特征对偏好的形成具有重要影响。

（1）态度的强度

人们对某一对象的态度强度与态度对象的突出属性有关，而态度对象的突出属性对人的重要程度因人而异。任何事物都有许多属性（形状、外观、价格等），人们对事物的认知是针对事物的具体属性而言的。不仅如此，对于同一个人来说，随着他的需要或目标的改变，其态度对象的突出属性也会发生变化。

由此可见，态度对象的突出属性与人们旅游的需要有关，即与他们期望通过旅游所获得的主要收获有关。"收获"在旅游行为和旅游决策中是一个重要的概念。人们正是为了获得某种收获才去旅游的。当然，"收获"的含义是非常广泛的。比如，人们并不是为了大海本身而来大连，而是因为大海对他们确实有某些好处——在大海里可以游泳，可以使人身心愉快，海边气候凉爽可以避暑等。

同样，人们也并不是为了产品或服务本身才出钱去购买，而是因为这些产品或服务能够提供某种收获。因此，对于旅游工作者来说，重要的是按照旅游者所寻求的收获去理解旅游者的行为，要能够识别与服务相联系的突出属性。也就是说，要真正做到自己提供的正是旅游者所需要的。

当然，做到这一点也是非常不容易的。一方面，如前所述，每一种属性的相对重要性是因人而异的；另一方面，在有些时候通常被旅游工作者看作非常重要的属性，实际上有的游客并不把它看得特别突出。例如，对于某大型航空公司来说，空中旅游者当然很关心航空公司的安全纪录，但实际上旅游者往往以为所有大型航空公司的安全纪录都差不多。因此，当人们在选择两个大城市之间的飞机航线时，安全就不是一个突出的属性了。其他因素，如航班时间、舒适程度、价格和飞机类型等就可能成为突出属性。

（2）态度的复杂性

态度的复杂性是指人们对态度对象所掌握的信息量和信息种类的多少，它反映了人们对态度对象的认知水平。人们对态度对象所掌握的信息量和信息种类越多，所形成的态度就越复杂。

一般来说，复杂的态度比简单的态度更难以改变。比如，对旅行支票的态度属于简单态度，如果一位旅游者之所以对旅行支票持否定态度，是因为他并不认为这些旅行支票真的有用，那么只要向他指出一个人离家在外时丢失钱包是多么不方便，他就会改变这种态度。然而，一个对出国旅游持否定态度的人，要改变他的态度就非常难。即使他相信别人所说的出国旅游的费用很合理，他可能仍然会坚持自己的否定态度，理由可能是文化环境陌生、饮食或传统不同等。要改变他对出国旅游的否定态度，必须改变其整个态度中的许多方面。

2）旅游偏好的形成

人们在形成旅游态度的过程中，首先要权衡和评价那个旅游对象能否使他有所收获。如果经过分析、评价，他认为各种收获都能满足他的需要，他就会对这一旅游对象产生偏好。

图4-7表明人们对某一目的地的旅游偏好形成的过程。从中我们可以看到，旅游者在选择旅游目的地时，会考虑各旅游目的地能使他获得哪些利益，即旅游目的地能满足他需要的程度，从而使他产生对这一旅游目的地的相对偏好。

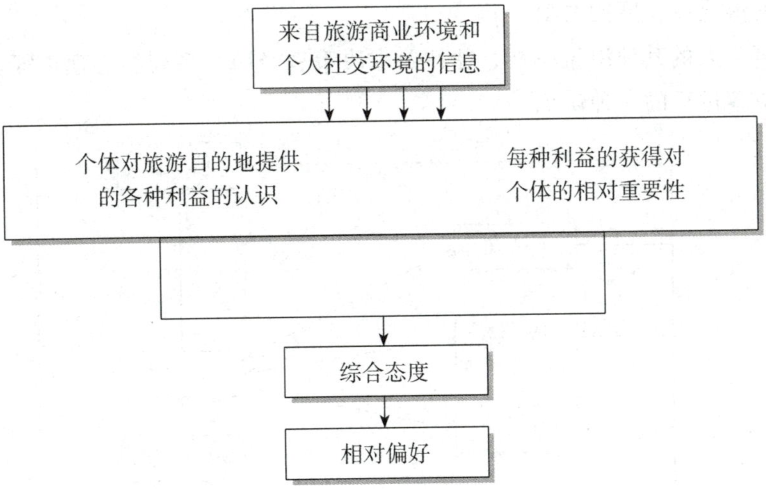

图4-7 旅游偏好形成的过程

【实例4-4】

同一度假地的不同旅游偏好

有两个在大连金石滩国家旅游度假区度假的旅游者，在相互交谈时道出了完全不同的度假理由。A来这里的理由是基于自然风光和气候；B则受一流的高尔夫球场的吸引。为什么他们对同一度假地会有不同的旅游偏好？

分析：

人们对大连金石滩国家旅游度假区的整个态度是由人们对他们希望在那儿看到和感受到的各种特征的态度组合而成的，这些特征包括：自然景色、住宿条件、伙食、娱乐设施、游乐项目及其他环境，还有它们的费用和被知觉的价值。而其中的每一个特定属性也都具有各自突出的特点。但是，每一种突出属性的相对重要性却因个体的不同而不同。就拿到金石滩国家旅游度假区旅游的游客来说，有人认为气候宜人、环境舒适和高尔夫球场非常重要；有人却认为海滩、费用是最突出的属性。因此，对同一个旅游景点来说，不同的游客所知觉到的突出属性就可能不一样。这种差异就影响到旅游者旅游偏好的形成。同一旅游地可能会满足不同旅游者的不同旅游偏好，做到这一点的范围越大，就越能吸引不同偏好的旅游者。

资料来源　作者根据相关资料整理.

3）态度与旅游决策的形成

旅游决策是指旅游者做出有关旅游的决定。一般而言，旅游者的决策过程经历了识别旅游需求或旅游环境、寻找旅游相关信息、做出旅游决策三个阶段。

态度虽然只能间接预示人们的旅游决策和行为，但却能直接体现人们的旅游偏好，而旅游偏好与旅游决策之间又有着直接的紧密联系，这也正是我们上文探讨旅游偏好的原因。而这一部分我们来具体探讨一下态度对旅游决策形成的影响。

态度一般通过简化人们对复杂信息刺激的反应和决策制定的过程这一方式来服务人类的需要。通过这种方式，消费者的态度很可能控制其购买决策行为，旅游者的决策行为亦如此。因此，我们可以说，某一景区、服务或产品的良好形象的形成在很大程度上依赖于消费者态度的形成或态度的改变。

旅游决策与人的其他决策一样，往往要求决策者经历一系列的心理步骤。图4-8所示的是对这一决策过程的一种认识。

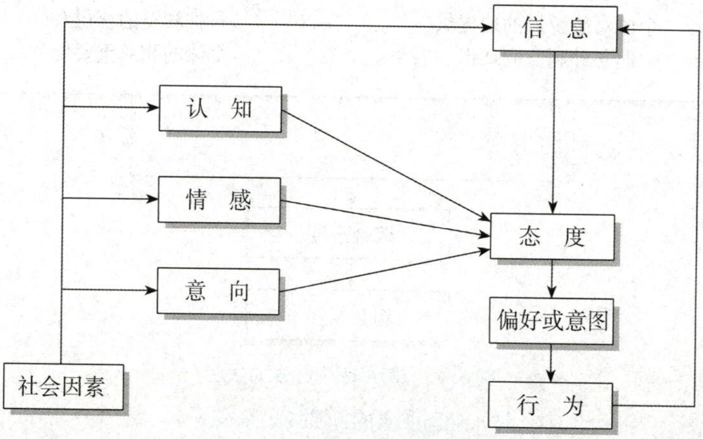

图4-8　态度与旅游决策过程

图4-8表明，态度是由认知、情感、意向三种成分构成的一种内在心理结构。在旅游决策过程中，旅游者的某种态度一旦形成，就会导致某种偏好或意图，进而影响人们的旅游决策。当然，某种偏好或意图能否导致某种行为，还取决于各种社会因素的影响。

【相关链接4-3】 服务消费决策过程

美国著名服务营销学家泽丝曼尔（Valarie A.Zeithaml）认为，购买决策过程在消费者选购服务时经常发生，原因有以下几个方面：

➢消费者可选择的各种同类服务几乎没有区别；

➢获得消费经历之后，消费者才形成对某种服务的态度；

➢形成态度之后，消费者为了证明自己的选择是正确的，会进一步收集信息，进一步了解这种服务。

通常服务消费决策过程如下：

➢搜索信息：主要从个人信息来源（如亲友和专家）和非个人信息来源（如公开的大众传播渠道）获取产品与服务的信息。

➢建立评估标准：消费者在购买之前会根据自己的消费目的和需要，确定几类评估标准（如款式、价格、包装、景点数等），对许多服务而言，消费者往往只能根据价格和服务企业的有形证据来简单判断。

➢评价与选择：消费者会通过一个评价程序，将自己获得的信息综合起来，以评价品牌备选集内的各个品牌，形成不同的态度（偏好），并可能导向相应的购买行为。

➢品牌联想：面对众多的相似服务，消费者一般根据能够联想起来的品牌加以区分。所以服务企业的品牌美誉度对消费者的决策十分关键。

➢服务消费：经过购买前的一系列准备，消费者的购买过程进入实际购买和消费阶段。由于服务具有生产和消费同时进行的特点，消费者购买服务的过程也就是其消费服务的过程。在这一过程中，顾客不是同其消费客体打交道，而是表现为同服务提供人员及其设备相互作用的过程。

➢购后行为：在实施购买的过程中，消费者会根据自己的品牌信念与消费意图以及对不同利益的希冀程度对品牌进行实际的感知——对品牌提供给自己的各种属性进行权衡比较，根据对感知结果与期望的对比，产生不同的购后评价——满意或不满意，并由此决定未来的购后行为。

资料来源 陈祝平．服务营销管理［M］．北京：机械工业出版社，2002：38-40.

4.3.3 态度改变与旅游行为

通过对态度的分析，我们清楚地看到态度是对旅游活动有重要影响的心理因素。它不仅影响旅游的选择，而且影响旅游的效果。正是由于旅游态度对旅游行为有这样大的作用，所以旅游活动的组织者和经营者都希望有更多的人对自己开展的活动抱有积极的态度。但是，在现实生活中，人们不可能对旅游都抱有积极的态度，更不会对某种特定内容的旅游活动普遍抱有积极态度。于是，旅游活动的组织者和经营者希望那些对旅游存在消极态度的人改变态度，以有利于旅游事业的发展，这就涉及以下问题：人们的旅游态度能否改变？影响态度改变的因素有哪些？通过什么途径、采取什么方法能够比较有效地改变人们的旅游态度？下面我们就围绕态度改变的有关问题进行讨论。

1）改变态度的可能性

（1）改变态度是可能的

旅游态度是对旅游对象和旅游条件的主观反映，是后天形成的，而不是先天具有的，因此，旅游态度的形成、存在依赖于一定的条件，这些条件的性质发生变化，就会引起态度的变化。例如，从主观心理因素看，人们兴趣和需要的变化可以引起态度的变化。从态度的构成成分看，如果能引起态度主体认识上的变化或情感上的变化，也有改变态度的可能性。只要采取措施使影响态度改变的因素发生变化，就可以收到改变态度的效果。

（2）改变态度的两种形式

① 一致性改变。不改变态度的性质和方向，只改变原有态度的强度，态度的这种改变是一致性改变。比如说，由对旅游活动有兴趣变为非常喜欢，这是对旅游活动由一般的积极态度变为非常积极的态度；对旅游活动由非常喜欢变为一般喜欢，这是由非常积极的态度变为一般积极的态度；对旅游活动由一般反对变为非常反对，这是由一般消极态度变为非常消极的态度；由非常不赞成旅游活动变为一般不赞成，这是由非常消极的态度变为一般消极的态度。上述这些变化，只是原来旅游态度强度的增强或减弱，并未发生质的变化，这就是态度的一致性改变。

② 非一致性改变。改变态度的性质和方向，以新的态度代替原来的态度，态度的这种变化是非一致性改变。比如，由赞成旅游变为反对旅游，这是由积极的旅游态度变为消极的旅游态度；由反对旅游变为赞成旅游，这是由消极的旅游态度变为积极的旅游态度。这两个变化中产生了态度方向的改变，由积极变为消极或由消极变为积极，一种新的态度代替了原来的态度，即态度的方向和性质发生了根本变化，这是非一致性改变。表4-7列示了态度的两种改变形式的具体内容。

表4-7 态度的两种改变形式

类型	原来的态度	改变后的态度
一致性改变	赞　成	非常赞成
	非常赞成	赞　成
	反　对	非常反对
	非常反对	反　对
非一致性改变	赞　成	反　对
	反　对	赞　成

态度的改变有一定的内在联系。首先，非一致性改变包含一致性改变。如由赞成变为反对，它包含赞成程度的降低和反对程度的增强；由反对变为赞成，则包含反对程度的减

弱和赞成程度的增强。其次，一致性改变也包含非一致性改变的成分。如态度的积极程度降低，包含导致消极态度的可能；而态度的消极程度降低，则包含产生积极态度的可能。态度强度的变化在量上的积累会造成质和方向上的变化。

2）影响旅游者态度改变的因素

（1）旅游者本身的因素

①需要。态度的改变与旅游者当时的需要密切相关，如果能最大限度地满足他们当时的需要，则容易使其改变态度。

②性格特点。从性格上看，依赖性强、暗示性高或比较随和的人容易相信权威、崇拜他人，因而容易改变态度；反之，独立性强、自信心强的人则不容易被他人说服，因而不容易改变态度。

③智力水平。一般而言，智力水平高的人，由于具有较强的判断能力，能准确分析各种观点，不容易受他人左右；反之，智力水平低的人，难以判断是非，常常人云亦云，因而容易改变态度。

应该注意的是，这里所提到的智力水平不应该简单理解为智商的高低，因为判断能力会因社会实践、受教育程度等而改变，可以将智力水平理解为知识的积累。

④自尊心。自尊心强的人，心理防卫能力较强，不容易接受他人的劝告，因而态度改变也比较难；反之，自尊心弱的人则敏感易变。

⑤经验的情绪后果。社会心理学家发现，某些导致心灵创伤的经历，哪怕仅仅一次，就可以使人形成十分稳固的态度，而且这种态度还会泛化到相关或相似对象上。“一朝被蛇咬，十年怕井绳”就是非常典型的例子。

（2）态度的特点

态度的强度、态度的价值性、态度的三种成分之间的关系以及原先的态度与要求改变的态度之间的距离等都能对旅游者态度的改变产生影响。

① 态度的强度直接影响旅游者态度的改变。旅游者态度的强度是指旅游者对某一旅游对象赞成或反对、喜爱或厌恶的程度。一般来说，旅游者受到的刺激越强烈、越深刻，态度的强度就越大，因而形成的态度就越稳固，也越不容易改变。如旅游者在旅途中发生重大交通事故，或在住宿过程中贵重物品被损坏或丢失，会使旅游者产生强烈的恐惧或不满，因而对某种交通工具或某家饭店产生强烈的否定情绪，这种态度一经形成就难以改变。

② 态度的价值性也会对旅游者的态度产生重要影响。如果态度的对象对旅游者的价值很大，对他的影响就会很深刻，因而一旦形成某种态度就很难改变；反之，态度的对象对旅游者的价值小，他的态度就容易改变。

③ 构成态度的三要素（认知成分、情感成分、意向成分）一致性越强，越不容易改变。如果三者之间出现分歧或不一致，则态度的稳定性较差，也就比较容易改变。

此外，态度形成的因素越复杂，越不容易改变；旅游者原先态度与要求改变的态度之间的距离越大，往往越难以改变。

【实例4-5】 **跟着《觉醒年代》，打卡红色旅游地**

2021年，电视剧《觉醒年代》一经播出就得到了广泛关注。该剧以1915年《青年杂志》问世到1921年《新青年》成为中国共产党机关刊物为贯穿，展现了从“新文化运动”到中国共产党成立这段波澜壮阔的历史画卷。《觉醒年代》的热播更引发了一轮实景地“打卡”热潮，不少人看完《觉醒年代》，慕名前往北京打卡李大钊故居、鲁迅博物馆、新青年编辑部旧址（陈独秀故居）、北大红楼等剧中的经典场景，重温那段振奋人心、辉煌峥嵘的历史。

分析：

建党百年，铭记党史。《觉醒年代》对于人物与情节的持续讨论，点燃了年轻人了解历史的热情，唤醒国人深深的爱国情怀，革命先辈们的探索精神也感动并激励着新时代有志青年，转变了年轻人对红色文化枯燥、单调的印象，推动红色旅游群体日益年轻化。

资料来源　作者根据相关资料整理.

（3）外界条件

① 信息的作用。从某种意义上说，旅游者的态度是他们在接受各种信息的基础上形成的。旅游者在行动前，会主动收集各种有关信息。各种信息间的一致性越强，旅游者形成的态度越稳固，越不容易改变。

② 旅游者之间态度的影响。态度具有相互影响的特点，这在作为消费者的游客之间表现得尤为明显。因为旅游者之间的意见交流不会被认为是出于个人的某种利益，也不会被认为有劝说其他人改变态度的目的，因而互相不存在戒备心理。此外，由于旅游者之间身份、目的和利益的相同或相似性，彼此的意见也容易被接受。

③ 参照群体的影响。参照群体是指人们在价值取向上认同的群体。这种群体的作用是为人们提供社会同一性和自我评判的标准。通常情况下，个人的参照群体也就是他实际隶属或有关的群体。

对于隶属同一群体的成员，由于实际上形成了许多共同的生活方式，因此人们有相同或相近的知识、经验、社会视角，群体中各成员的态度自然渐趋一致。如大学新生入学时间越长，行为模式越靠近大学生的一般模式，而远离家庭的旧有模式。

旅游者的态度通常是与其所属群体的要求和期望相一致的，这是因为团体的规范和习惯力量会无形中形成一种压力，影响群体内成员的态度。比如，虽然某游客非常想到国外去看看异国风光，但由于他所在群体的人们都在国内旅游，所以他也就打消了去国外旅游的念头。这就是所谓的群体压力下的“从众行为”。

【实例4-6】 **游客登机的从众心理**

25位中国游客在旅行社的安排下，准备飞往克里特岛。在马上要办理登机手续时，发生了一件意外的事儿。同机的一位法国游客拒绝登机，理由是“这架飞机上周曾作过紧急降落，看上去破破烂烂的”。

中国游客见状，马上叫来领队郭先生，提出改乘其他航班或取消乘机。由于中国游客意外恐慌，其他航班的乘客也开始担心起来，整个机场的候机大厅乱作一团。之后，航空公司拿来符合规定的文件。许多乘客看到航空公司文件齐全，即使投诉可能也是无效的，最终还是上了这架飞机。这时，领队郭先生开始征询中国游客的意见，也许是“随大流”的心理作怪，中国游客不再坚持，登上了飞机。

分析：

安全是每位游客最基本的需求，本例中的中国游客对飞机安全性的判断，很大程度上受到其他乘客的影响。领队在许多游客决定登机的时刻，利用从众心理适时征询中国游客的意见，从而使游客顺利登机。

资料来源 作者根据相关资料整理.

3）改变旅游者态度的策略

旅游者态度是旅游者在旅游活动中形成的对旅游产品或服务的肯定或否定的心理倾向。对旅游产品或服务持积极肯定的态度会推动旅游者完成旅游活动，而消极否定的态度则对旅游活动起反作用。所以，要促进旅游者产生旅游行为、完成旅游活动，就必须把旅游者的消极态度转变为积极态度，把否定态度变为肯定态度。

（1）更新旅游产品，提高旅游产品质量

旅游产品是旅游者在旅游过程中所购买的各种物质产品和服务的总和。从某种意义上讲，更新旅游产品是改变旅游者态度的最基本、最有效的方法。只有不断更新旅游产品，提高旅游产品质量，才能长期稳定地占有市场，保持源源不断的客源。

从我国旅游业的现状看，国内旅游市场面临如下情况：资源型产品升级转型缓慢，传统观光景区接待压力大，旅游产品类型不够丰富、缺乏差异化，旅游产品淡旺季明显，高峰期旅游供给质量难保障，全域旅游产品布局时间尚短，尚未真正形成。此外，受新冠病毒感染疫情影响，大众旅游市场出现了新变化。比如，基于安全和健康等方面的考虑，市场更青睐小型团、定制团等；人们的旅游消费需求由观光旅游向休闲度假旅游转变，市场急需休闲、度假、体验型产品。另外，根据党的二十大精神，深刻把握人民群众旅游需求已经从“有没有，缺不缺”向“好不好，精不精”的时代转变，以丰富、优质、安全的旅游产品和服务，不断满足人民日益增长的美好生活需要是行业发展面临的重要任务。

① 鉴于这种情况，为了改变旅游者的态度并促进旅游业本身的持续发展，必须更新旅游产品，不断提高旅游产品的质量。

改善旅游基础设施的建设。旅游基础设施包括交通、通信、金融、文化娱乐、宾馆饭店等。旅游接待设施的建设要跟上时代发展的步伐，要适应日益繁荣的经济环境的要求。

② 丰富旅游产品供给，根据党的二十大精神，用文化注入旅游的灵魂。通过高质量旅游产品的开发，形成科普研学、红色旅游、户外体验、生态休闲、康体养生、民宿度假等产品体系，提供多样化的选择，顺应国内旅游消费升级的趋势和人民群众对美好生活的向往。

③ 运用先进技术，提高服务水平。先进的科学技术可以简化服务过程，既节省时间，又方便旅游者，有助于旅游者形成更加肯定的态度或变消极的态度为积极的态度。

④ 重视从业者的素质提高。围绕旅游品牌规划、综合管理、产业运营等方面，通过大规模、多层次、常态化的培训不断提升相关人员的专业能力。

⑤ 运用价格策略。对一般人来说，旅游服务项目的价格是一个比较突出、敏感的问题，因此，适当地运用价格策略，可以使旅游者产生公平合理的感觉。例如，在物价上涨的情况下，降低一些产品的价格，或在保持价格不变的前提下增加服务的品种和项目，可以收到较好的效果。此外，也可以改变服务的手段和策略，如开展预订车船票、代办金融信贷等业务，这些都可以改变旅游者的态度。

（2）重视旅游宣传，传播新知识

态度的形成依赖于旅游者对态度对象的认识。通过旅游宣传，向旅游者传播新的知识和新的信息，有助于其旅游态度的改变。在旅游宣传过程中，要注意以下几个方面的问题：

①要进行全方位的适度重复宣传。客源问题一直是国际旅游市场展开激烈竞争的中心。市场宣传的方式多种多样，旅游宣传应该充分利用这些方式，最大限度地开发旅游市场。

以日本为例，日本在进行海外旅游宣传时，就运用了诸如广告、专栏报道，举办旅游讲座，邀请外国旅游商和国外信息联络员进行合作，出国进行民族艺术表演，派遣旅游代表团出国作访问宣传，发行精美的旅游宣传手册，播放风光影片，加入国际旅游组织并配合宣传等全方位宣传手段。

除了利用多种多样的宣传手段外，适度重复宣传也有利于旅游者态度的改变，特别是对于具有强烈态度的个体，必须反复不断地使其接触新信息直至其防御机制逐渐减弱。当然，过度的反复非但不能起到很好的宣传效用，反而会使旅游者产生逆反心理，即增强了旅游者的消极、否定态度，正所谓“物极必反”。

②要有针对性地组织宣传的内容。对于某个具体的宣传材料来说，其内容的组织方式也是非常重要的。提供知识材料的方式有两种：一种是只提供正面的材料；另一种是同时提出正反两方面的材料。选用哪种方式效果好，主要取决于以下三个条件：

第一，客观情况。如果受众不知道反面材料，则应只提供正面材料，这有利于形成并加强肯定的态度。如果受众本来就知道反面材料，这时应当主动地提供正反两方面的材料，并用充分的证据证明反面材料的错误，这有利于增强正面材料的可信度，形成稳定的态度，并使受众提高对反面材料的“免疫力”。

第二，接受者的态度和智力。若受众一开始就对正面材料持肯定态度，则提供正面材料有助于加深和巩固其肯定的态度；若受众一开始就对正面材料持怀疑或反对态度，则应同时提供正反两方面的材料，这有助于削弱对方的防卫心理，消除怀疑，改变反对态度。智力较高者有独立分析能力，同时提供正反两方面材料，有利于增加其对新知识的信任，形成较稳固的肯定态度；智力较低者独立分析能力较差，只提供正面材料有利于其较快地产生肯定的态度。

第三，宣传的任务。如果传播新知识的任务在于使对方尽快形成肯定态度，解决当务之急，则最好只提供正面材料。如果传播新知识的目的是使人们形成长期稳定的态度，则应同时提供正反两方面的材料，使旅游者通过对比形成对正面材料的稳固态度。

③要逐步提出要求。通过说服、宣传来改变旅游者的态度时，如果要求其改变的态度与原来的态度差别过大，则应逐步提出要求，不断缩小差距，最后达到完全改变；否则，突然提出过高的要求，不但难以改变旅游者原来的态度，反而会使其产生逆反心理而更加坚持原来的态度。因此，宣传者要改变旅游者的态度，就应从不断缩小不同态度的差距着手，这样才能使旅游者接受宣传者的态度，改变原来的态度。

④诉诸理智或诉诸情感。态度既有理智成分又有情感成分，两者对态度的形成与改变都有作用。究竟哪种成分的作用更大？不能一概而论，因为两者各有利弊。一个人的情绪过于激动，就不能冷静地、理智地思考问题；若缺乏应有的热情和感受度，也会影响态度的形成和变化。因此，应根据具体情况而定。如果对方注意事理的逻辑，或要收到长期的效果，或对方文化水平较高，运用充分说理的手段改变态度效果较好；如果对方强调兴趣和生动，而且文化水平较低，为了收到立竿见影的效果，富于情感色彩的手段对态度的改变有较大的影响。

理智和情感两个因素对改变态度的作用并不是相互排斥的，两者适当的结合能更好地促使人们改变态度。人们常说的“动之以情，晓之以理”就是具体的运用。另外，在传播新知识时，首先利用情绪因素引起人们对材料和观点的兴趣，然后利用充分的论据进行说理论证，对态度的改变或形成会起到长期的较好效果。

（3）引导人们参加旅游活动

就旅游产品而言，在旅游者潜在的态度改变中，最重要的因素是旅游体验本身。因此，要改变对旅游活动持消极态度的人，可以组织一次旅游活动，邀请他们参加，让其亲身体验一下旅游活动所带来的乐趣，可能从此改变其对旅游活动的态度，从而成为旅游活动的积极分子。

思政园地

红色旅游成效显著 红色基因世代相传

党的十八大以来，各地充分发挥红色旅游以史鉴今、资政育人的独特优势，深入挖掘红色文化内涵，创新宣传教育形式，通过多种途径发出红色强音，有力推进了爱国主义和革命传统教育大众化、常态化。

2021年是中国共产党成立100周年，文化和旅游部联合各省、区、市在全国范围内开展了“百名红色讲解员讲百年党史”宣讲活动，走进党、政、军、群、学及企事业单位，累计开展600余场次宣讲，40余万名群众现场聆听，近千万网友通过网络直播、点播收看。2022年5月，文化和旅游部联合教育部、共青团中央开展“赓续红色血脉 培育时代新人”红色讲解员进校园活动，聚焦党的百年奋斗重大成就和历史经验，讲好党的故事、革命故事、英雄故事。

10年来，各地推出的红色主题旅游演艺项目广受游客好评。陕西推出的《延安保育院》自2013年开演以来，累计演出4 100余场，观演者超过210万人次；江西吉安大型实景演出《井冈山》已演出2 800多场次；湖南韶山推出实景演出《中国出了个毛泽东》，自2014年开演以来，已接待游客超100万人次……

10年来，我国红色文化展示更加生动，红色旅游进校园活动成果显著，红色旅游校园大赛热度持续攀升，红色研学旅行市场行稳致远，红色旅游已成为人民群众接受红色教育、感悟红色精神、坚定文化自信的重要途径。

资料来源　赵腾泽. 红色旅游成效显著 红色基因世代相传——党的十八大以来旅游业高质量发展系列报道之八［N］. 中国旅游报，2022-09-28.

本章小结

本章讲述了人格特征、人格结构和态度偏好三部分内容。首先介绍了人格类型、自我意识和生活方式，以及由此划分的旅游者类型；其次介绍了两种人格结构理论，特别分析了三种自我状态在旅游者消费决策过程中的作用；最后介绍了态度的基本知识及其对旅游偏好形成的影响，重点分析了旅游者态度改变的可能性和策略。

关键概念

个性　人格结构　态度　旅游偏好

基本训练

□ 案例分析题

台湾旅游团态度的转变

某旅行社接待了一个台湾旅游团，旅游团一路上误机、误餐，客人怨声载道。于是，旅行社派了一名经验丰富的导游接待了这个团。这名导游看到客人们一个个怒气冲冲，就想办法寻找话题，给客人一点心理上的满足。他走到一位中年妇女面前，和气地说："太太，您是从台湾什么地方来的？"女士说："小地方，说了你也不知道。""你说说是哪里，也许我知道呢？"女士说出了她的家乡，果然是小地方。但是导游却十分了解这个地方，还能背诵当地著名亭子上的一副对联……

资料来源　作者根据相关资料整理.

讨论题：

1.本案例主要涉及本章的哪些知识点？

2.本案例中，台湾旅游团的态度为什么会转变？

3.怎样转变旅游消费者的态度？

□ 思考题

1.讨论改变旅游者态度的策略。

2.假设你是一名导游，请根据游客的语言来判断他们的哪种自我状态在起主导作用，并且思考一下你应该如何回答。

（1）客人甲对你说："你必须搞到我的飞机票！"

（2）客人乙的护照丢了，他跑来对你说："王先生，我的护照不见了！这可怎么办呀？"

（3）70岁的老人走失了，他太太对你说："哎呀，王先生，不得了啦，你看怎么办呀？"

（4）你让客人准时上车时，客人丙嘴一撇说："别理他，我们走我们的！"

3. 假设你是一名带团游杭州的导游，今天的预定计划是游西湖，但天公不作美，下起了雨，因此很多游客不想雨中游览。为了之后的行程可以顺利进行，你必须说服游客，使他们改变态度。请问，你该怎么做呢？

第5章

旅游服务的心理环境

学习目标

通过本章的学习，理解并掌握旅游服务中客我交往关系的特点、旅游服务对旅游者和旅游工作者的不同意义，明确功能服务与心理服务的概念以及心理服务的重要功能与实质。知道如何把握旅游服务中客我交往的范围与限度，为旅游者提供“优质服务”“双重服务”来满足旅游者所有的合理需要。掌握旅游服务心理环境的分析方法，进而加强对员工的指导与培训，使旅游服务中的“硬件”与“软件”有机结合，为旅游者提供优质服务，树立行业与企业共同的良好形象。

思维导图

5.1 旅游服务中的客我交往关系

旅游活动中的人际交往大致有三种：第一种是服务人员与客人之间的交往，称为“客我交往”，这是旅游工作中人际交往最典型、最有价值的；第二种是客人之间的相互交往，在通常情况下此类交往发生频率较低；第三种是员工之间的交往。在此我们主要探讨第一种情况，第二种情况由于发生频率较低就不予讨论了，第三种情况在后面章节论述。

5.1.1 客我交往的心理特点与基本策略

所谓客我交往，是指旅游服务人员与客人之间为了沟通思想、交流感情、表达意愿、解决在旅游活动中共同关心的某些问题，而相互施加影响的过程。

客我交往的形式分为直接交往和间接交往两种。直接交往可以理解为运用人类自然交际手段（语言、面部表情、身体语言）面对面的心理接触。间接交往是借助书面语言、大众传播媒介或通信技术手段所形成的心理接触。直接交往的优点是反馈迅速而清楚，间接交往的反馈联系则比较困难，当然这也是相对而言的。因而心理学家通常把直接交往简称“交往”，而把间接交往称为“沟通”。

直接交往必须具备一定条件才有可能进行：交往中的一方想发出某种信息，另一方想收到这种信息；交往双方期望获得一定的效果；交往双方都有意或无意地力争达到相互了解，双方各自支配着对方的反应。

旅游服务中两种交往形式同时存在，多以直接交往为主，它是影响服务效果的主要因素。怎样增进客我交往、通过客我交往使客人对旅游服务产生良好的回应？南开大学甘朝有、齐善鸿两人合著的《旅游心理学》一书，对客我交往心理状态的假设很有参考价值，在此加以转述。

此假设将人的心理状态划分为两个维度，即情绪和积极性，并设定可测量人的情绪和积极性的单位，人的情绪和积极性的高涨用正数表示，低落用负数表示。将这一假设画成坐标图，如图5-1所示。

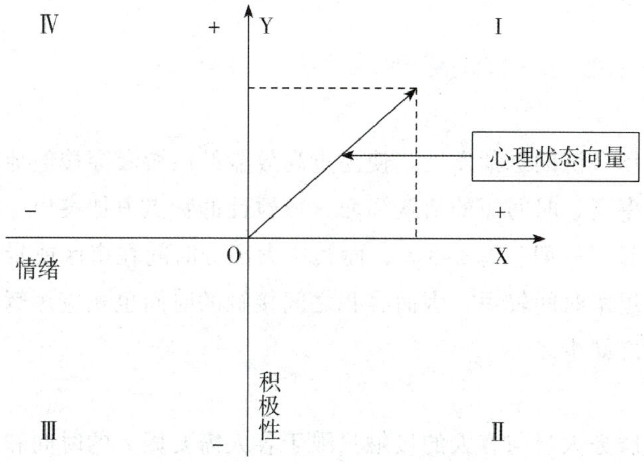

图5-1 心理状态图

其中，X轴代表情绪，Y轴代表积极性。每个人情绪和积极性的不同数值都能在图上找到，并合成一个交叉点，这个点表示人的心理状态。

从图5-1中可以看出，坐标系所划分出的四个自然区域恰好可以把人的心理状态分为四种类型。

Ⅰ区的人情绪很好，积极性很高。在这种状态下人显得轻松愉快，活泼好动，容易接纳他人，易于接近。

Ⅱ区的人情绪很好，但积极性不高。这时候人一般比较沉静、自得其乐，有种沉浸其中的感觉。

Ⅲ区的人情绪不好，积极性也不高。这时人看起来意志消沉、心灰意懒，有种暴风雨过后还没缓过劲儿来的感觉。

Ⅳ区的人情绪不好而积极性却很高。此类人可能刚刚遭遇挫折，心情焦虑，愤懑无从发泄，此时他最易寻衅滋事，与他人发生冲突。

从客我交往角度看，只有客我双方心理状态向量的合力落在Ⅰ区才是最佳结果。就是说服务人员必须永远把自己的心理状态点调整到Ⅰ区，依据客人的情况采取相应的服务行为，以期双方的交往产生好的结果。

一般而言，处于Ⅰ区的客人最易交往，他和同样处于Ⅰ区的服务人员交往的结果只能是好的。如果客人处在Ⅱ区，即客人情绪不错，但积极性不高，此时服务人员就大有用武之地了，要想办法感染他、影响他，把客人的积极性提高上来，从而促进消费。如果客人心理状态处在Ⅲ区，难度是很大的。这种客人情绪和积极性都处于低潮，作为服务人员要想把这两方面全部扭转过来，通常比较难。在这种情况下要首先设法调动客人的情绪，然后再调动其积极性。客人心理状态处于Ⅳ区是最危险的，这类客人情绪很坏，但积极性却很高，属于气急败坏、寻衅滋事者。他们可能装了一肚子火在伺机发泄，正在寻找攻击目标和替罪羊。此时的策略是，服务人员根据经验应迅速判断出这类“危险”的客人，提供迅速而谨慎的服务，不要过分殷勤，试图引导其多消费，应以避免冲突为最佳选择，不求有功，但求无过。

5.1.2 旅游服务中客我交往的特点

1）短暂性

旅游交通与市场经济的迅猛发展，使注重高效益的旅游者穿梭般地往返于各地，形成了旅游服务交往频率高、时间短的活跃局面，短暂性的特点愈加突出。客人在一个目的地的逗留时间不会很长，一般只有1~3天，而其中大部分时间在市区或景点观光游览或办理事务。在大饭店内逗留时间较短，因而客我之间接触的时间也相应短暂，客我之间相互熟悉了解的机会也随之减少。

2）公务性

一般情况下，服务人员与客人的接触只限于客人需要服务的时间和地点，否则是一种打扰客人的犯规行为。客我之间的接触只限于公务而不涉及个人关系，更不可能了解对方的全部历史、家境和性格。客我之间若发生公务以外的往来，可能会导致损害旅游服务机构声誉的情况出现，一般说来是不可取的。

3）不对等性

客我之间的接触通常是一种不对等的过程，所谓不对等的接触，是指这种接触中只有客人对服务人员下达指令、提出要求，而不存在相反过程的可能。不对等接触也表示主人必须服从和满足客人的意愿，双方关系是不对等的。对于一些传统观念较深的服务人员，常常由于不能正确理解和处理这种不对等关系而陷入自卑或逆反心理状态，给旅游服务管理和服务质量造成消极影响，不利于旅游服务机构的声誉。

4）个体与群体的兼顾性

在旅游活动中，旅游服务人员接待的是一些个性心理相异、具有不同消费动机和消费行为的旅游者个人，因此，在交往中依据每个旅游者个体的个性消费特征向他们提供服务，就成为交往的主要方面。但旅游活动的复杂与特殊现象，使得一些同一社会阶层、同一文化、相同或相似职业的人聚集在一起组成同质旅游团，在消费过程中便出现从众、模仿、暗示、对比等群体消费特征。因此，旅游服务人员在客我交往中必须注意个体与群体的兼顾。

【相关链接5-1】 世界服务业协会对“SERVICE”的新意表述

世界服务业协会曾经把“SERVICE”的七个字母拆开，扩展为一连串的句子，用于表述“服务”的深层内涵，即：

S——Smile for everyone.（微笑待客）

E——Excellence in everything you do.（精通业务）

R——Reaching out every customer with hospitality.（亲切友善）

V——Viewing every customer as special.（一视同仁）

I——Inviting your customer to return.（邀请再来）

C——Creating warm atmosphere.（宾至如归）

E——Eye contact that shows we care.（凝神关注）

资料来源 作者根据相关资料整理.

5.1.3 旅游服务交往的沟通方式

沟通是指双方通过一定的信息交流而达到相互了解的过程。在旅游活动中，旅游者与旅游工作者之间经常不断地进行各种各样的信息交流。这种沟通方式主要有两种：言语沟通与非言语沟通。

1）言语沟通

言语是人运用语言进行思考，并用以表达思想和交流信息，影响他人的过程。

现代社会中，人们越来越重视交往，而交往能力的高低，与人的表达能力关系密切。一个人将自己的见解用明晰的语言、缜密的逻辑，再辅以传情达意的动作来表达，就使口头语言有了综合感染力。在日常生活中，我们处处离不开口头语言。

（1）言语沟通的原则

旅游服务人员在与客人进行言语沟通时要遵循以下几个原则：

① 选择准确表达思想内容的语句。选用合适的语句，准确、恰当地表达自己的思想是与客人进行顺利交往的首要一环。“言不在多，达意则灵”，交谈时要慎重地斟酌措辞，不要造成歧义，使客人误解。导游员在讲解过程中，语言要讲逻辑顺序，不能颠三倒四，啰嗦重复，使客人抓不住要领，听不出所以然。

② 言语交往要适合特定的交往环境。言语交往都是在特定的交往环境中进行的，一般包括谈话的对象、时间、地点、场合、情绪等。讲话的语言要适应不同对象的特点，首先要弄清客人的年龄、身份、职业、文化修养，针对不同的对象，谈论不同的内容，采用不同的语言形式。比如，在旅游接待中，与外宾讲话，就要讲究分寸，不卑不亢；与年长的人讲话，要用尊重的口气；与年轻人讲话，就要真诚、亲切。与一名音乐教师可以谈器乐的欣赏，与一位农民就不能谈这个话题，而应谈庄稼与收成之类的话题。

（2）旅游交往中的语言表达技巧

旅游交往中的语言表达要注意以下几个方面的问题：

①旅游服务用语。旅游服务交往中的用语是相当丰富的。服务工作的特殊性，要求服务人员在服务中正确使用礼貌用语。常用的有："对不起""别客气""谢谢""您好""再见""欢迎再来"等。

"对不起"，包含着道歉、赔礼的意思。服务人员与宾客双方在服务与被服务的过程中不够默契的时候，服务人员就应主动地表示歉意。比如总台、餐厅的客人多时，由于服务人员顾不过来而使一些客人受到冷落，或客人的某一要求得不到及时满足等，服务人员都应该向客人表示歉意，这就需要说声"对不起"。

"别客气"，体现了服务人员的虚心和谦逊。优秀的服务人员常常赢得客人的赞誉，面对这样的情况，服务人员要更虚心，以示再接再厉，此时就应说声"别客气"。

"谢谢"本该是客人的常用语，但服务人员也应常常向客人说声"谢谢"。这是因为在服务过程中，如果没有被服务者的光顾与配合，就没有了服务对象，也达不到服务的目的，更谈不上企业的社会效益和经济效益了。

在接待客人时，服务人员应向客人说声"您好"，表达服务人员真挚的问候和情意。尤其对客人中的长者，服务人员更应主动道声"您好"，以示尊重和敬意。

客人临别时，服务人员应向他们说声"再见""欢迎再来"，这一方面表示服务人员坚持信誉第一，在服务圆满完成后，仍暗示客人服务中有不周到的地方，请多指正，我们一定改进；另一方面，也是暗示客人"下次再来"。

②说话的声调。说话声调能直接影响服务交往的效果。比如当客人刚进酒店时，服务人员说的"您好""请进""请坐"等用语，因为蕴含着"您的光临使我们非常高兴"的意思，这时的声调应当响亮而有朝气，以表示一种喜悦的心情。如果声音太小，客人就会觉得你不冷不热，态度傲慢。但声调也不宜过高，否则，刚进门的人会觉得你做作，已在店内的客人也会觉得你令人厌烦。客人离店时，服务人员说的"再见""欢迎再来"等用语，以亲切、热情为宜，表达依依惜别之情。如果音量过大、声调过高，客人会以为服务人员不耐烦了，反而造成误会。

【实例5-1】　祸不单行，却因祸得福

导游小张提前两个小时出发去机场接团，在离机场还有2千米的地方遇到了交通事故，旅游车被堵在那里，等小张赶到机场，已经迟到了将近45分钟，客人早已集合在停车场等他了。

小张赶紧请客人上车。虽然小张向客人作了解释并表示歉意，但是，客人仍然情绪激动、议论纷纷，声称要去投诉，把小张给换掉。

到了酒店，在小张向总台领取房间钥匙的时候，酒店突然断电了。小张心想：真是祸不单行！不管客人怎么看我，我都应该立即行动，把我该做的事情做好！

小张迅速地把客人召集到一起，嘱咐大家看好行李，又在大厅服务员的帮助下，靠应急灯安排年老和体弱的客人坐下，自己继续在前台领取房间钥匙，办理住店手续。

当小张办完住店手续，向客人解释了酒店注意事项和早餐集合地点，并分完了房间的钥匙之后，酒店自备的发电机发电了。在明亮的灯光下，小张发现客人对他的态度改变了，客人都平静地服从他的安排，有不清楚的地方也都客客气气地向他询问，一句冷言冷语也没有了。

第二天早上，客人见到小张，主动跟他打招呼。当然，小张始终也没有接到旅行社要他下团的通知。

每当小张谈起这件事，都说："那一次断电，可以说是祸不单行，没想到断电倒救了我，也算是因祸得福吧！"

分析：

社会认知中有一种"否定后肯定效应"。如果人们先对某人做出否定性评价，而后来事实证明这种评价是错误的，那么，人们会对此人做出比直接就肯定更高的肯定性评价。在本案例中，小张正是依靠"否定后肯定效应"再次赢得旅游者的信任。

客观地说，小张迟到并不是他的过错，但是，旅游者只能根据导游员的行为和自己的遭遇来对导游员做出评价。在这里，小张的行为是迟到45分钟，旅游者的遭遇是焦急不安地在机场等了45分钟，所以，旅游者对小张做出否定的评价。

酒店突然断电为小张提供了一个机会，使他能够直接向旅游者展示自己的服务动机和服务技能。正因为旅游者看到了小张优良的服务动机和服务技能，才产生了一种"否定后肯定效应"。在这里，小张具有优良的服务动机和服务技能并得以展示，是他赢得游客好评的根本原因。断电这一突发事件只不过为小张提供了展示自己的舞台。假如小张没有积极的工作态度和扎实的基本功，迟到加断电就真的是"祸不单行"，小张真有被换下来的可能。

2）非言语沟通

非言语沟通是人们通过使用不同于言语的方式来沟通感情、交流信息的过程，通常包括身体动作、面部表情、穿着打扮、交往距离等内容，一般称作身体语言。

非言语沟通有很重要的作用。有人估计，在两个人的交往场合中，大约有65%的"含义"是通过非言语的方式传递的。美国社会心理学家艾伯特·梅拉比认为：信息的全部表达=55%表情+38%声音+7%言语。不管这些看法是否完全正确，都说明了身体语言在社会交往中的作用。尤其在某些特定场合，比如在那种不便说话、不愿说话或言语不通的场合，身体语言有直接的表意作用，人的思想、感情等也会从体态语中反映出来。在旅游交往中非言语沟通的内容主要包括以下几个方面：

（1）面部表情

面部表情是人们思想感情的流露，有时可起到言语所起不到的作用。面部的眼睛、眉毛、鼻子、嘴、脸颊肌肉，都是传达感情的工具。比如，人生气时会拉长脸，肌肉下沉；人高兴时，会"喜笑颜开"，肌肉松弛。又如，人惊诧时张嘴、愤怒时闭嘴、蔑视时撇嘴、不高兴时翘嘴等。

一般来讲，每一种目光都有其特定含义。比如，视线频繁乱转，给人的印象是心不在焉；视线向上，表示高傲；视线向下，表示害羞、胆怯、悔恨等。在旅游服务中，欲达到最佳的交际效果，就要学会巧妙地运用目光。比如，要给客人一种亲切感，你就应让眼睛闪现热情而诚恳的光芒；要给客人一种稳重感，你就应送出平静而诚挚的目光；要给客人一种幽默感，你的目光就应俏皮而亲切。自然得体的眼神是语言表达的得力助手。

另外，在面部表情中，微笑起着更大的作用，它能给客人以亲切与甜美的感受。微笑的特点有：

① 微笑可以帮助人镇定。当你第一次踏入社交场合，或第一次与客人交往时，不免会感到羞怯与局促，微笑可以帮你摆脱窘境。

② 微笑可以提供思考的时间。有时碰到客人向你提出请求或要求，而客人的请求或要求由于种种原因不好满足，若板起脸来拒绝，往往会使客人产生不悦，难以接受。如果先示以微笑，就能为自己赢得思考时间，找到恰当的话题，不伤和气地解决问题。

③ 微笑是信赖之本。微笑是一个人对他人态度诚恳的一种表现，它能给人以亲切、友好的感受。在旅游服务工作中，服务人员若能以微笑面对客人，必将消除客人的陌生感、恐惧心，使客人产生“宾至如归”之感。

（2）身姿动作

人的动作与姿势是人的思想感情和文化修养的外在体现，也反映着对他人的态度。手势是言语交往的辅助手段。手势有情绪性的，如恼怒时捏拳，恐惧时掩鼻等；有指示性的，如招手示意人过来，挥手示意人走开等；有描述性的，如可以用手比画东西的大小、形状等。导游员在讲解时，手势可以衬托、强调关键性的话语，可以显示个人风格。当然，手势的运用也不可过多，不能没有目的地指手画脚、故意做作，分散游客的注意力。运用手势要明确、精练和个性化。

坐姿和站相也是不容忽视的。入座时，要轻、稳，不可响动过大。不论坐椅子还是坐沙发，姿势都要自然端正，以坐一半为好。也可靠在沙发上，但忌半躺半坐。另外，站着与客人交谈，身体要正对着客人，腰要挺直，两腿不要抖动。

（3）服饰

人的服饰、发型、妆容等，可以反映一个人的身份、地位、性格、爱好等。由于旅游服务工作的特殊性，服务人员（特别是宾馆、饭店）一般统一穿着工作服装，而不宜穿戴得过于高贵、华丽，这既表明了自己服务人员的身份，也是对客人的尊重。

（4）空间距离

人与人之间存在着一条看不见但实际存在的界限，这就是个人领域的意识，每个人都需要有属于自己的一定空间，并维护它，使之不受侵犯。在个体空间内，人会产生安全感、舒适感和自由感。当然，个体空间具有伸缩性，不同的人需要的个体空间的范围也不同，这与人们的心理、文化、地位以及人与人之间的关系等因素有关。

了解人际交往中的空间距离，对旅游服务人员在与客人的交往中把握好交际的分寸是十分重要的。首先，要尊重客人的“空间距离”意识，不与客人说过头的话、开过头的玩笑。要善于控制自己的情绪与理智，与人接触保持一定的频率，不可过频或过疏，过频使人生厌，过疏显得冷淡。不要介入有关私人问题的评论，不要有意无意窥视客人的隐私。

其次，要尊重客人的习惯和性格，随时注意客人对空间距离的反馈信号。要根据客人的信号调节自己的言行；否则，自己的行为如果被客人误解为恶意的侵犯，就会影响与客人的关系。最后，要追求共享空间的默契。默契是一种领悟、沟通与理解，要达到这种境界是不容易的。这需要人们遵守社会行为准则，具有较高的思维艺术和精神修养，以及人与人之间的相互宽容和爱。这是把握好空间距离的最佳境界。

【相关链接5-2】 北欧航空的极致体验

北欧航空，是一家由北欧三国——挪威、丹麦及瑞典联合组成的航空公司，总部设在瑞典的斯德哥尔摩。自成立以来，一直以开拓进取的创新精神以及舒适体贴的服务享誉世界。

革新科技与智慧。从机场到机舱围绕着客户体验发生一系列的科技革命，如可以使用生物指纹识别技术验证乘客身份，根据客人的定位随时推送相关的服务信息；用户可用手机完成自助托运、值机等。在客舱中通过局域网技术，乘客间可以建造社交空间，游戏互动。在应用中管理一切，用户直接在智能手机上下载SAS应用，即可查看航班状态、选择座位、办理登机手续、下载登机牌等。在每天往返中国的航班中，配有2~3位中国籍的空乘，让中国乘客沟通更顺畅，心情更舒畅。

经济舱超级性价比。北欧航空率先推出超值经济舱（SAS PLUS)，使乘客能以更经济的价格享受更高品质的服务。这个经济舱可以提前预订座位，并且可以使用公务舱柜台办理登机手续，使用北欧航空机场贵宾休息室及使用快速安检通道。超值经济舱的座椅间距97厘米，座椅可向后倾斜18度，前排座椅腿部可抬起，后排座椅配备脚蹬，让长途飞行的舒适从脚部开始。在娱乐方面，超值经济舱设置了12英寸高清屏娱乐系统，音响视频任意切换，独立电脑电源和USB接口，可以随心所欲地打发飞行时间。除此还配备了超值经济舱专属的餐食、各种饮料，Wi-Fi全程免费提供。且在机场候机时，可以享受超值经济舱中包含的北欧航空休息室使用权限，可以在安静的环境中工作和使用互联网、吃零食、参与社交或静静地放松休息。

资料来源 作者根据相关资料整理.

5.2 旅游服务中的功能服务与心理服务

旅游者作为旅游企业的客人，他们在与旅游服务人员的交往中希望得到什么呢？客人不仅期待旅游服务人员帮助他们解决种种实际问题，还期待旅游服务人员成为他们的“知心人”：帮助他们消除种种不愉快的感受，获得各种愉快的感受，留下可以“长期享用”的美好记忆。所以，旅游工作人员一方面要为客人提供优质的功能服务，另一方面还要为客人提供优质的心理服务。

5.2.1 旅游服务中的双重服务

旅游服务包含双重服务，双重服务是指服务的两种内涵：功能服务与心理服务。具体而言，旅游工作人员提供的功能服务是为旅游者提供方便，以各种“硬件”设施为手段和载体帮助旅游者解决他们自己难以解决的种种“实际”问题；提供的心理服务是旅游工作人员在为旅游者解决实际问题的同时，在客我交往中让旅游者在心理上得到满足，或者是即使不能为旅游者解决“实际”问题，也能让旅游者在心理上得到满足。

旅游者要出来旅游，就必然会在食、住、行、游、购、娱等方面遇到一系列的实际问题，或者说具体问题。他们需要旅游服务人员为他们提供方便，帮助他们解决这些实际问题或具体问题，换句话说，就是需要旅游服务人员为他们提供功能服务。如果旅游服务人员在为客人提供功能服务的时候能够以良好的服务态度对待他们，那就不仅能为他们解决实际问题或具体问题，而且能让他们经历一次愉快的人际交往——在为客人提供功能服务的同时，又为他们提供富有“人情味”的心理服务。

功能服务的质量往往要受到旅游企业所具备的种种物质条件的制约，同时也取决于旅游服务人员所具有的知识和技能；而心理服务的质量主要取决于服务人员是否具有爱心、满腔热忱、善解人意和具有一定的表现能力。

为客人提供心理服务有两条要诀：一是让客人觉得你和蔼可亲，使客人获得更多的亲切感；二是让客人对他自己更加满意，使客人获得更多的自豪感。

【实例 5-2】 双重服务

斐济香格里拉饭店一位副总经理曾撰文谈“只是干工作”和“把工作干好”的区别，我们从文中所举的许多例子中摘出一个前厅收款员的例子，请读者看看他所说的“只是干工作”和“把工作干好”究竟有什么区别：

“只是干工作”——首先，她忙于付钱，然后是钱……和钱，最后还是钱。她忘了有一位客人正站在她面前，她也不同客人交谈，例如：“您在这里过得愉快吗?”

“把工作干好”——他仪表整洁，工作场所井井有条。他主动地问候客人，例如：“早上好，先生/女士，我能为您做点什么吗?”他操着有魅力的语言与客人交谈。例如，客人来结账时，对客人说：“您过得愉快吗?”当他把钱递给客人时，说：“史密斯先生（此时他已经从档案中知道了客人的名字），这是找给您的钱。谢谢您的光临，祝您旅途愉快，欢迎再次光临，再见!”

分析：

这位“把工作干好”的前厅收款员究竟“好”在哪儿呢？不正是好在他在为客人提供功能服务的同时，又为客人提供了心理服务，因而使他的服务有了浓厚的人情味吗？至于那位“只是干工作”的前厅收款员，她实际上只知道为客人提供功能服务，而完全没有想到还应该为客人提供心理服务，所以她的服务是“干巴巴”的，是没有人情味的，是不受欢迎的。

资料来源 作者根据相关资料整理.

5.2.2 心理服务的特点

从心理学角度来研究旅游服务，重点是研究其中的心理服务。与功能服务相比，心理服务具有以下特点：

（1）在功能服务方面，客人对不同的旅游企业（如旅行社、旅游饭店和旅游车船等）和旅游企业的不同部门（如饭店的前厅部、客房部和餐饮部等）会提出不同的要求，而在心理服务方面则并不存在这样的区别。不管是为客人提供哪一种功能服务的旅游服务人员，都应该为客人提供心理服务，而且都应该按照同样的要求去为客人提供心理服务。这些要求主要是：以“柔性”的而不是“刚性”的，即能够使人倍感亲切的，而不是使人觉得冷冰冰、硬邦邦、干巴巴的态度去对待客人；以客人乐于接受的方式，巧妙地扬客人之长、隐客人之短，保护客人的自尊心，增强客人的自豪感。

（2）心理服务不像功能服务那样受企业物质条件的制约。物质条件稍差的旅游企业在为客人提供心理服务方面，完全可以赶上甚至超过那些物质条件更好的旅游企业。物质条件好的旅游企业也不会因为物质条件好，就自然而然地显得人情味更浓。

（3）如果说要为客人提供更好的功能服务是在专业知识和技能方面对服务人员提出了更高的要求，要为客人提供更好的心理服务则主要是在心理素质方面对服务人员提出了更高的要求。只有那些富于爱心、善解人意而又善于“表现”的旅游服务人员，才能为客人提供一种真正能够“打动人心”的心理服务。

5.2.3 调整情绪提供优质心理服务

作为一名旅游服务人员，你要让客人高高兴兴，你自己首先要高高兴兴。“高高兴兴地去为客人服务”应该是旅游企业对服务人员的一个最起码的要求。对于每一个面对面地为客人服务的工作人员来说，这是一个“说起来容易，做起来难”和“再难也一定要这样去做”的要求。当然，旅游服务人员要让客人高高兴兴，除了自己要高高兴兴外，还有许许多多的事情要做。然而，“没有高高兴兴的服务人员，就不会有高高兴兴的客人”，这一点是确定无疑的。

当一个人和别人在一起的时候，他的情绪状态如何就不再纯粹是他“个人的事情”了，他的喜怒哀乐会通过对别人的感染而产生一种“社会效果”。人与人之间这种情绪感染的作用有时候是很强大的，甚至是不可抗拒的。

俗话说：“出门看天色，进门看脸色。”只要能让客人看到你是高高兴兴地在迎接他，即使你别的什么事情都没有做，你已经为客人提供了心理服务。相反，如果让客人看到你一脸的不高兴，即使你什么话也没说，客人也已经被你“得罪”了。

服务人员的不高兴很可能并不是冲着客人来的，但是客人不可能知道你的不高兴究竟是为了什么。客人只会想一个问题：“为什么你一见了我就这样不高兴?”客人的结论只能是你不欢迎他、不愿意为他服务。正如科夫曼所说：“我们的客人是异常敏感和脆弱的。”

要成为一名能够为客人提供心理服务的旅游工作者，就必须对自己的“情绪变化”及其“社会影响”有高度的自觉，或者说有高度的敏感，绝不能“陷”在自己的情绪里而忘掉了自己的职责。

为了及时地了解自己此时此地正处于何种情绪状态，我们需要把下面这个“情绪谱”牢记在心，并经常用它来“对照检查”（见表5-1）。

表5-1 七色情绪谱

“红色”情绪	非常兴奋
“橙色”情绪	快乐
“黄色”情绪	明快、愉快
“绿色”情绪	安静、沉着
“蓝色”情绪	忧郁、悲伤
“紫色”情绪	焦虑、不满
“黑色”情绪	沮丧、颓废

一般说来，旅游服务人员在工作中的情绪状态应该处于“绿色”到“橙色”之间。接待客人时应该以“黄色”（明快、愉快）为情绪的“基调”，这样可以给客人留下精神饱满、工作熟练、态度和善的良好印象。情绪变化的幅度不能太大，向上不应该比“橙色”（快乐）更高，向下则不应该比“绿色”（安静、沉着）更低。

要掌握好“黄色”与“橙色”的区别，先以“黄色”为基调，需要让客人看到你特别高兴的时候，再变“黄”为“橙”。在遇到问题、麻烦的时候，应该使自己处于“绿色”即“安静、沉着”的状态，这样才能避免忙中出错，避免因急躁而冲撞客人。

“蓝色”“紫色”“黑色”显然都是在工作中不应有的不良情绪状态。处于“红色”即“非常兴奋”的状态容易使人忘乎所以、失去控制，所以“红色”也不是在工作中应有的情绪状态。

当然，我们除了记住这个“情绪谱”，并记住自己在工作中“应该”处于什么样的情绪状态之外，还必须学会进行自我调节，使自己“能够”处于“应该”的情绪状态中。

5.2.4 服务人员是客人的“镜子”

作为一名旅游服务人员，你要让客人对你满意，就应该用巧妙的方式去让客人对他自己更加满意。“你让他对自己满意，他就会对你满意”，这已经是许多旅游服务人员的经验之谈。

一个人对自己是否满意，这并非与他人无关。如果一个人经常从别人那里得到对自己“这个人”的肯定性反应，他就会感到自豪；如果他得到的都是否定性反应，他就难免要感到自卑。可以说，在人与人的交往中，人们是互相起着“作用”的。你要从我对你的反应里看到你的“自我形象”，我也要从你对我的反应里看到我的“自我形象”。

我们知道，并不是每一面镜子都能准确地反映人的真实形象的，所以“镜子里的自我”可能就是我们意识中塑造出来的自我。在现实生活中，有的人把“镜子里的自我”看得比他“真实的自我”还重要。不管他“真实的自我”美不美，只要“镜子里的自我”是“美”的就行了；不管他自己到底行不行，只要人家说他“行”，他就心满意足了；如果他从某一面“镜子”里看到了一个并不如别人所夸的那么“好”、也不如他自己所想象的那么“棒”的“自我”，他不会从自己身上来找原因，他只会怪这面“镜子”不好，恨不得把它“砸碎”。显然，这是一些虚荣心很强的人。我们自己当然不应该做这样的人，但是我们不能保证我们的客人当中没有这样的人。遇到有虚荣心的客人，作为旅游服务人员，我们所要做的事情也只是为他们提供服务，而不是去“纠正”他们的虚荣心。更重要的是，即使是没有虚荣心的人，也总是希望能从“镜子”里看到一个美好的自我形象。谁都愿意在别人面前表现自己的长处，而不愿意在别人面前暴露自己的短处。

想通了这些关于“镜子”的道理以后，我们在为客人服务时，就应该自觉地去做一面能够为客人“扬其长，隐其短”的“好镜子”，绝不要做一面为客人“扬其短，隐其长”的“坏镜子”。

这里所说的“长处”是广义的，是多种多样的：长得漂亮是长处，会打扮也是长处；见多识广是长处，能说会道也是长处；大名鼎鼎是长处，甘于默默无闻也是长处；多才多艺是长处，朴实无华也是长处；“能挣会花”是长处，富裕而依然勤俭当然就更是长处……一般说来，从服务的角度讲，只要客人自己觉得是长处的，那就是长处。

旅游服务人员为客人提供心理服务的一个重要方面，就是去发现和赞美客人的长处。如果客人想“表现”自己的长处，那就应该创造条件，使他们能够大大方方、痛痛快快地来表现自己的长处。需要注意的只是不要让这种“表现”使其他客人受到伤害。

“隐客人之短”可能比“扬客人之长”更为重要，因为一旦客人由于某种原因而“出了丑”，你和你的同事为他所做的一切好事都会因此而一笔勾销。很可能他什么都不记得了，只知道他今天竟然当众出丑！

作为服务人员，一定要记住，绝不能对客人的短处表现出你的“兴趣”，更不能去嘲笑客人的短处。还应该记住，即使你没有这样做，某些客人也可能会起疑心。因此，一定不要在客人面前指指点点，也不要在客人背后说说笑笑。

客人由于缺乏经验而“出洋相”是完全可能的，千万不要以为客人出了“洋相”就说明你比客人“高明”。要知道，趁别人陷入窘境的时候来显示自己的“高明”，是最容易让人对你怀恨在心的。相反，如果在客人可能陷入窘境或已经陷入窘境的时候，你能帮助他“巧渡难关”，在众人面前保住他的“脸面”，他一定会发自内心地感激你。

【实例5-3】 当客人有错时

中秋节那天，“多面手”导游员张强接待34位散客，参加“农家采摘”一日游。集合开车的时间到了，可还有两位客人没到，张强马上电话联系。电话没人接听，大家也急了。此时，两位衣着时尚、夫妇模样的中年人上了旅游车。上车后，他们发现只剩后排的位置后马上找导游要求更换，并强调提前告诉过经理留两个前排的位置。张强见状，马上缓和气氛，说车上的座位都是按上车先后顺序排的，他们来晚了就没办法了，回程的时候可以让他们坐前面。一听导游说到“来得晚点儿”，旁边的夫人不乐意了：“谁晚了？导游，你看看表，才到时间嘛！我们是严格遵守时间的人。时间对我们来说就是金钱，你怎么不说是别人来早了！”张强知道这对夫妻目中无人、自高自大，可也不能为此而耽误行程，于是，张强马上道歉，并请他们先坐下，等回来的时候调整一下。此时，其他游客开始小声议论起来，他们见大家有了反应，就不再和张强辩解。

到了采摘园，大家呼吸着郊外的清新空气，陶醉在大自然的美景当中，许多客人都品尝了绿色水果和农家特产。而这对夫妻把苹果拿到手里，掂了一下说苹果太一般，比不上英国旅游时见到的外国水果，果农听后很不高兴。

返程途中，两位大学生把前边的位子让给夫妇，给张强解了围，但夫妇俩却没有任何感谢的意思，游客议论纷纷。

分析：

在本案例中我们看到，这对夫妻的最大特点是好摆架子。这类游客在旅途中会经常为表现自己而反驳导游以及其他人的观点和意见，同时又不断吹嘘自己，影响旅游团内的和谐氛围和导游的工作。如果有些游客表现出一种莫名其妙的虚荣心，导游员最好的办法是让其充分表现，再以诚恳谦虚的态度加以耐心说服，要绝对避免与其“冲撞”，处理问题要幽默，不能直截了当，只有这样，才能既照顾游客的面子，又能顾全大局，保证旅游活动顺利进行。另外，导游员可以顺水推舟，必要时附和几句，等他说够，虚荣心也得到满足时，导游员再巧妙地让他变成听讲者，并设法让他来附和导游员的观点和意见。

资料来源　作者根据相关资料整理.

思政园地

蒙古族礼仪文化——待客礼仪

蒙古族是重视礼仪的民族。从《长春真人西游记》中可以看到，成吉思汗肇兴于朔漠之时，各种礼仪已经井然有序。蒙古族人民有重情好客的传统美德，这种习俗从古代一直流传到现在。

献哈达。哈达是蒙古族日常行礼中不可缺少的物品。献哈达是蒙古族牧民迎送客人和日常交往中使用的礼节。献哈达时，主人张开双手捧着哈达，吟唱吉祥如意的祝词或赞词，渲染敬重的气氛，同时将哈达的折叠口向着接受哈达的宾客。宾客要站起身面向献哈达者，集中精力听祝词和接受敬酒。接受哈达时，宾客应微微躬身，献哈达者将哈达挂于宾客颈上。宾客应双手合掌于胸前，向献哈达者表示谢意。

敬茶。到牧民家做客或在旅游景点，主人或服务小姐首先会给宾客敬上一碗奶茶。宾客要微欠起身用双手或右手去接，千万不要用左手去接，否则会被认为是不懂礼节。主人或服务小姐斟茶时，宾客若不想要茶，请用碗边轻轻把勺或壶嘴一碰，主人便即刻明白宾客的用意。

敬酒。斟酒敬客，是蒙古族待客的传统方式。通常主人将美酒斟在银碗、金杯或牛角杯中，托在长长的哈达之上，唱起动人的蒙古族传统的敬酒歌，客人若是推让不喝酒，就会被认为是瞧不起主人，不愿以诚相待。宾客应随即接住酒，接酒后用无名指蘸酒向天、地、火炉方向点一下，以示敬奉天、地、火神。不会喝酒也不要勉强，可沾唇示意，表示接受了主人纯洁的情谊。

资料来源　佚名. 蒙古族礼仪文化——待客礼仪［EB/OL］.［2020-12-22］. https://mp.weixin.qq.com/s/ZApEg81iqzKfF5cCQFEbLQ.

本章小结

本章从旅游服务工作的角度出发，探讨了客我交往的特点与基本策略、旅游者的心理特点及需求、客我交往的沟通方式，对旅游服务中的功能服务与心理服务做了初步描述，并重点分析了心理服务的特点，着重探讨了如何更好地为客人提供服务，以适应不断变化的旅游者对旅游服务的需求。

关键概念

功能服务　心理服务

基本训练

□ 案例分析题

心理服务是不是“虚”的

有人认为，功能服务是“实”的，心理服务是“虚”的，因为只有为客人提供功能服务才能“具体”地为客人解决“实际”问题，而提供心理服务只不过是给功能服务加上了一点“人情味”而已。实际上，从心理服务所起的作用来看，它一点也不“虚”。只要我们把富于人情味的服务与缺乏人情味的服务加以对比，就不难看出为客人提供心理服务有多么重要。

科夫曼在《酒店业推销技巧》一书中指出，两家不同的酒店，即使服务的程序大体相同，服务的效果也可能有天壤之别。现在把书中有关的段落用更便于读者进行对比的方式摘录如下（见表5-2）：

表5-2　酒店接待服务对比

<table>
<tr><th>甲 酒 店</th><th>乙 酒 店</th></tr>
<tr><td>门卫眼睁睁地看着我从机场的送客车上下来，在我往下搬行李的时候，问道：“住店吗?”</td><td>门卫说：“晚安，先生！来，把行李交给我。”他按了按旋转门的按钮，然后穿过旋转门，将行李放下</td></tr>
<tr><td>我先把行李放在人行道上，然后再提起来穿过旋转门。前台的迎宾员站在那里盯着我，看我手提着两件行李走进前门，把我上下打量一番，直到我离登记台只有1.5米远，距前门已有30米之遥，正往下放行李时，才猛然醒悟地问：“要我帮忙吗，先生?”</td><td>一位笑容可掬的迎宾员急忙走过来说：“您好，先生，让我来提行李。登记台就在那儿。”（用手指给我看）</td></tr>
<tr><td rowspan="2">客房登记员（当时柜台旁边没有别的客人）正在填写一张卡片。他知道我的存在，因为他还瞧了瞧我呢。大约过了2分钟以后，他才走过来，拖长声调问道：“什么事——”</td><td>客房登记员正在为另一位客人安排房间，他转过脸来对我说：“我马上就来给您登记，可不可以先请您填一下这张表?”（把一份登记表和钢笔递给我）</td></tr>
<tr><td>为那位客人办完手续以后，他走过来对我说：“晚上好，先生！您预订了房间吗，科夫曼先生?”这时他已拿眼扫过我的登记表，看到了我的名字……</td></tr>
</table>

资料来源　作者根据相关资料整理.

讨论题：

1.案例中甲乙两家酒店在服务上有何不同？结合案例讨论“心理服务是不是‘虚’的”。

2.试讨论在酒店服务中，应该如何提供优质服务。

□ 思考题

1.举例说明什么是功能服务，什么是心理服务。

2.酒店服务人员为客人提供优质的“功能服务”是指什么？为客人提供优质的“心理服务”是指什么？

3.酒店服务人员应该为客人做一面什么样的“好镜子”？为什么应该做这样的“好镜子”？

第6章

旅游服务各阶段心理的纵向分析

学习目标

通过本章的学习，掌握旅游者在旅游活动的各个阶段所表现出来的不同的心理特征、心理需求。针对旅游者在旅游各阶段的心理表现，掌握旅游服务人员应采取何种相应的措施来完成整个旅游过程的工作，并且具有与旅游者沟通的能力。掌握在旅游过程中必需的业务能力和服务技巧，以此满足游客的需求，完善旅游服务的水平和质量。

思维导图

旅游活动对旅游者来说是追求需要满足的过程，在这一过程中，能否使旅游者的需求得到最大程度的满足，一方面取决于旅游环境的质量和旅游过程的安排，另一方面取决于旅游服务质量的优劣。旅游服务作为旅游行业的“软件”，对旅游业的发展有着极为重要的影响。本章在了解旅游服务的基础上，主要从旅游服务的开始阶段、中间阶段和结束阶段三个方面来阐述旅游者的心理需求，以及根据这些心理问题相应采取心理策略。

6.1 服务开始阶段的旅游者心理

“良好的开端是成功的一半”，这句话说明了开始阶段的重要性，它在旅游服务过程的初级阶段同样重要。在旅游服务开始时，旅游者主要是参考各种因素去考虑选择何处作为旅游目的地，并且进行旅途的前期准备与行动。在这里，我们将服务的开始阶段从两个方面进行阐述。

6.1.1 准备阶段的旅游者心理活动

当人们产生旅游动机、具备旅游条件，并做出外出旅游的决定之后，就进入旅游准备阶段。这时他们主要考虑到什么地方去、逗留多久、采取何种方式、与谁同行、应携带什么东西等一系列问题。其中，旅游目的地是该阶段需要考虑的主要问题。人们总是选择最能吸引他们的地方作为旅游目的地。旅游目的地对旅游者吸引力的大小与旅游目的地能否为游客提供最大利益，以及旅游者对该地能为自己提供利益的认识程度有关。

能否为旅游者提供最大利益，取决于旅游目的地本身的特点。旅游目的地除了应有充足的接待能力、方便的交通、可靠的安全保障之外，还应有独特的景观。能吸引游人的自然景观，通常具备雄伟、幽深、秀丽、旷远、奇特、险峻等特点。能吸引游人的人文景观则通常是文物古迹、民俗宗教、文化艺术珍品、历史遗迹等。不同的旅游者会被不同风格的旅游目的地吸引。

能否对符合自己需要、可为自己提供利益的旅游地有所认识，则与旅游信息的获取有关。在众多获取信息途径中，群体信息沟通对旅游者选择旅游目的地影响最大。所谓信息是指消息、情报、资料、群体成员的态度、感情、观点等。沟通则指信息的良好传递与交流。人们在生活和工作中，不可避免地要与他人发生交互作用，形成有特定关系的群体，比如企事业单位、班组、学校、班级、邻居等。当自己的同事、同学、亲友、邻人等外出旅游时，往往会通过微信朋友圈、微博、抖音等社交平台分享目的地的美丽风光、途中的所见所闻。如果某人决定外出旅游，其往往也会先向自己群体内其他成员询问。有研究发现，亲友推荐是影响旅游决策的重要因素①。大多数旅游者都有很多群体，都会在群体内对他所到过的旅游点做有意无意的宣传，这就是“口碑”的作用。随着信息技术的发展，口碑突破了传统面对面的传播方式，网络口碑对人们的影响越来越大。而对于旅游这种不可事前体验的服务而言，游客在做出旅游目的地决策之前往往会通过各种外部渠道搜寻信息来减少决策风险。

另外，影响旅游者选择旅游目的地的因素中，还有权威人物的旅游行为。权威人物的言行对一般人有一种暗示作用，人们不知不觉地会追随和模仿他们。如果某地接待了军政要员或知名人士等，就有许多追随者慕名而至，权威人士的旅游行为甚至会造成某种时髦和风尚。

因此，在旅游者选择目的地的这个阶段，各旅游目的地就应举办热情、全面、友好的宣传及咨询活动，扩大自己的知名度，完善自己的服务设施与服务质量，做好每位旅游者的工作，让他们乘兴而来、满意而归，成为义务宣传员，可以增加旅游点的吸引力，促使旅游者做出来此旅游的选择。

6.1.2 旅途阶段的旅游者心理需求

旅游者自踏上旅途至到达目的地的这一段时间称为旅途阶段。旅途阶段旅游者的心理需求可以用八个字来概括：安全、快速、舒适、愉快（如图6-1所示）。

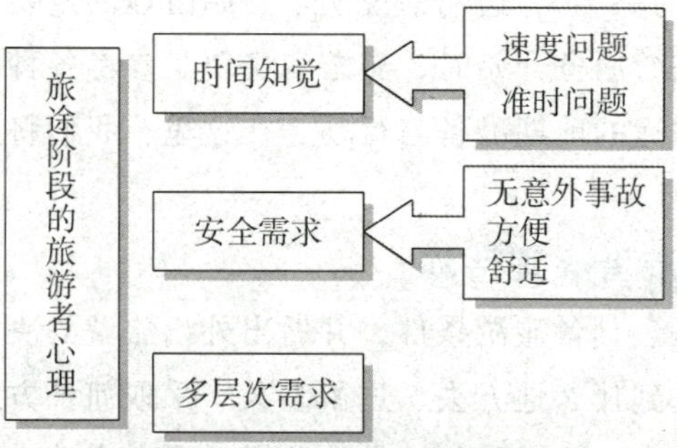

图6-1 旅游者在旅途阶段的心理需求

① 徐菊凤. 北京市居民旅游行为特征分析［J］. 旅游学刊，2006（8）：34-39.

旅游者外出旅游，“行”是第一步，所有旅游者都希望一踏上旅途就一路平安，不出事故、不丢失东西、不遇盗贼、不生病，能顺利到达目的地。旅游组织者应做好安全保卫工作，有防病救护措施，并认真进行安全宣传，让客人放心。旅游者在旅途阶段的主要心理需求有：

1）时间知觉

时间是一种宝贵的资源，它反映事物运动和变化的顺序和延续性。旅游者对旅游时间的知觉非常敏感。许多旅游者已习惯于平时的快节奏生活，当他们一下子转到真正休息所需求的那种缓慢的生活节奏时，往往会感受到一种与时间相关的紧张情绪。他们自然希望旅行途中所花费的时间是短暂的，所得到的旅游交通服务是方便快捷的，途中所有的活动安排是准点的，这正是旅游环境中对时间的心理压力所驱使的。

旅游者的时间知觉主要考虑两个方面的内容：

（1）速度问题

旅游交通服务包括旅游者离开家到达目的地的服务和在旅游地游览时的交通服务两部分。在前一部分旅游者对车速要求快，而后一部分要求车速较慢，因为旅只是条件，游才是目的，旅游者都希望有充足的时间观光游览，因此，在途中阶段，导游人员应该合理把握行程的快慢缓急。

（2）准时问题

旅游者都希望交通服务能按计划准时运行，不要提前或推后，否则会打乱旅游者的心理平衡，引起他们的不安和反感。

2）安全需求

旅游是人们物质生活满足以后的一种精神生活需求，因此满足旅游者的安全需求是途中服务的基本前提。途中阶段主要借助于交通工具来完成，交通安全包括三部分：无意外事故、方便和舒适，这三者之间的关系也是逐渐推进的。

（1）无意外事故

旅游者在旅途中最起码的安全就是没有交通意外事故的发生，这种安全包括人身和财产的安全。

（2）方便

其主要包括旅游者能否顺利购票、乘坐，履行手续是否简便，行李托运是否方便等。

（3）舒适

旅游是一种高层次的精神活动，因此，在经济条件许可的情况下，旅游者对交通的需求总是追求舒适，希望提供设备齐全、舒适平稳、便于休息和游览的交通工具，如豪华型的公共汽车、高速的火车卧铺以及环境优美的候机（车、船）场所等。在精神方面，希望得到文明礼貌、热情周到的旅行服务。舒适是在无意外事故和方便都能得到满足以后才考虑的安全因素，它是旅游者高层次的安全需求。

3）多层次需求

旅游者对旅游交通服务的需求带有明显的多层次和多元性。根据抽样调查结果，目前入境旅游者参加我国为期两周长线旅游团一般均要访问5~6个城市，即要搭乘3~4次飞机和2~3次火车。旅游者的这一需求特性对于科学地计算交通运输的需求量和发展旅游交通建设极为重要。另外旅游者构成上的多元性，决定了旅游者对交通服务需求的多样性。旅游活动采用飞机、车、船等各类交通工具，就是用以满足不同旅游者对旅游交通服务的心理需求。

6.2 服务中间阶段的旅游者心理

服务中间阶段是旅游服务工作的重点阶段。在这一阶段中，顾客和服务人员开始互相了解，双方经历着不太适应—逐渐适应—适应的过程。主客之间的矛盾冲突的发生和解决，心理差异的协调，对客人的关怀、照顾、优质服务的提供，加深和改变顾客对服务人员和企业的最初印象等，都要在此阶段进行。为此，该阶段的服务是复杂多变和高难度的。

6.2.1 初到目的地的旅游者心理

此阶段是指旅游者到达旅游城市后最初的1～2天，此时旅游者处于兴奋、新奇或迷惑、不安交织在一起的心理状态。旅游者离开自己的居住地到异地旅游，尽管在外出旅游前可能已经在报纸上、杂志上或电视上看到过对这个地区的介绍，或者听过到此地旅游的亲戚、朋友的讲述，对这个旅游地已经有了一定的了解，但是，当旅游者一踏进旅游目的地时，此地的一切仍会使他们感到陌生、好奇，产生马上想了解的欲望，但又不知从何入手，加上人地生疏，也可能语言不通，因此，又会产生茫然、不安的心情，有的旅游者甚至会产生一种恐惧感。

1）旅游者相互认知的过程

如果旅游团内的旅游者都是来自同一个团体，团队内部成员之间相互比较熟识，那么初到目的地时的恐惧感可能会小一点。而如果团队内部都是散客，彼此比较陌生、缺乏沟通了解，在到达一个陌生的地方后，旅游者就会表现出更多的茫然、无助、紧张和恐惧。这一阶段的旅游者最需要别人在心理上对他的关怀和帮助，所以对服务人员的期望最高、依赖感最强，这就要求旅游企业的服务人员要为旅游者提供真挚、热情、友好的接待以及周到细致的服务，这样就能使旅游者倍感亲切，一见如故，达到宾至如归的服务效果。以散客为例，旅游者之间相互认知的过程主要有以下几个阶段（如图6-2所示）：

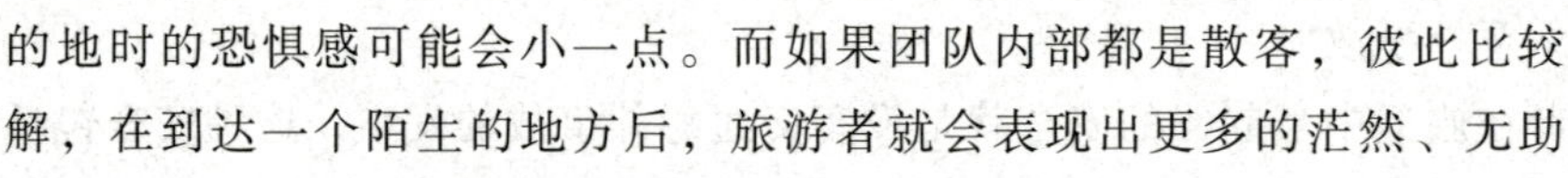

图6-2 旅游者相互认知的过程

（1）陌生阶段。导游先做自我介绍。游客之间不认识，因为游客来自各地，彼此不了解。

（2）单方注意阶段。导游介绍旅程和注意事项，游客之间开始攀谈，互相了解。如游客因找座位、存放物品，要和对方打招呼，一方注意到另一方的存在。

（3）单方吸引、表面接触阶段。一方受另一方吸引而接近。导游为调动游客积极性，活跃气氛，在车内讲解旅途风景、当前重大事件、报纸新闻等，采用提问的方式让游客相互回答问题。大家互相攀谈，谈论时事，进行商业上的交流，发现同姓乡亲掌故等。这是游客表面的关系，多数游客关系发展到这一步就停下来。

（4）双方互动、友谊开始阶段。在这一阶段，心理因素起重大作用，有些游客开始将对方视为知己，愿意与对方分享信息，有快乐共享，有痛苦共担。如男性游客在途中吃饭时，与对方一同喝酒，有些游客见面大有“相见恨晚”之感。酒桌上容易出现这一现象：对他人开放自我的心路历程，开始自我表露，向他人述说自己的喜怒哀乐，甚至个人嗜好，友谊开始形成。“同是天下旅游者，相逢何必曾相识”。

（5）程度不等的朋友间友谊感形成。在旅行中，散客间可能会形成以学问为基础的友谊关系、以商业信息为基础的友谊关系、以同乡为基础的友谊关系，相互交换联系方式。

服务人员了解了游客认知的过程和规律，对于做好服务工作、为企业创造效益大有裨益。

2）旅游服务人员应具备的素质

这个阶段是旅游服务人员树立和塑造自身良好形象的至关重要的时机，服务人员要给旅游者形成良好的第一印象，以便在随后的游览活动中更好地利用“晕轮效应”。这样方可获得旅游者的认同、接受，吸引和团结旅游者听从自己的指挥。作为服务人员必须明白，良好印象的塑造首先要有良好的个人素质和具备一定的条件。那么，为了创造良好的第一印象，服务人员应具备怎样的个人素质呢？

（1）明确的角色意识

作为服务人员必须意识到自己在接待服务工作中扮演的是服务员的角色，即要摆好与客人的位置。服务人员是为旅游者服务的，不管在什么情况下，都必须尊重客人，真诚热心地为客人服务，特别是在服务的初始阶段更是如此。

（2）敏锐的观察力和准确的辨别力

由于旅游者的职业、身份不同，住宿、游览动机各异，接待服务人员应有敏锐的观察力和准确的辨别能力，在与旅游者接触的较短时间内从客人的着装、表情、物品、口气、气质等方面做出准确的判断。判断是新客还是熟客，是什么身份或职业等，以便作相应的接待和服务。比如，若客人是演艺人员，因不愿曝光，服务人员就要注意在私下里接待服务。

（3）出色的表现能力

服务人员与客人的交往是短暂的，不可能指望“日久见人心”。因此，服务人员要想在接触的初始期给游客留下好的印象，就必须具有较强的表现能力，把自己对游客的关心、体贴通过言语、行动和表情表现出来。

（4）较强的感染力

服务人员要想在服务初始阶段能在游客心目中创造一个良好的形象，在情绪上必须持续稳定，精神饱满，时刻保持乐观精神，应酬自然，面部表情和蔼可亲，言语精练，动作轻盈，用真挚的情感去感染游客。

6.2.2 旅游者在游览过程中的主要心理

1）旅游者心理

此阶段是指旅游者在旅游目的地停留的第2~3天至旅游活动结束前的2~3天。这时，旅游者已经基本熟悉了环境，不安、紧张的心情开始弱化或解除，经过了1~2天的休息，旅游者一般精力充沛、跃跃欲试。游览参观的活动内容丰富和充实起来，旅游者的心理需求也随之越来越明确、多样和复杂。具体表现有：

（1）好奇心理

当旅游者在旅游目的地进行参观游览，面对各种新奇、古老、壮观而引人入胜的自然景色、文物古迹、现代建筑与娱乐设施时，会对该地不同的语言、习俗、文化、民情等产生强烈的好奇、渴望的心理，驱使自己尽情地观赏。这时，旅游者一般怀有先睹为快的强烈兴趣，而后才想知道根由。旅行社的服务人员应满足旅游者的心理需求，简要介绍后让其尽情欣赏，适当地解答一些问题。如果导游不了解旅游者的共同心理，只是热情地讲解，可能会吃力不讨好、事倍功半，甚至引起旅游者的厌烦心理。

【实例6-1】 感动客人

某旅行社导游员小钟带团过程中发生了两件事。第一件事是在上海外滩游览的时候，一个小偷偷了客人的提包，小钟发现后见义勇为，截住了小偷。那提包是一对夫妇的，里面除了钱和证件之外，还有去欧洲参加一个会议的机票。这对夫妇对小钟感激不尽，全团的客人也都赞叹不已。第二件事是在苏州寒山寺，在运河边上拍照的几个外国客人中的一位老先生，一不小心掉进河里去了，小钟见此情景，把公文包朝地陪一扔，就跳进运河救人，等船工把救生圈扔过来的时候，小钟已经把那位老先生从水里扶起来了。后来有客人对他说，到了西安，一定要增加品尝“羊肉泡馍”这道风味小吃，可是到了西安，小钟把这事给忘记了，离开之后才想起来。小钟赶紧向客人道歉，并表示要增加其他项目做补偿。小钟担心，客人还是会有意见的。没想到，客人反而把小钟安慰一番。有意思的是，客人到了各地，都主动对地陪说全陪小钟如何如何好。这都是由于刚开始时小钟做的那两件事让客人非常感动、非常佩服。

分析：

本案例讨论的是导游员对旅游者服务所产生的“晕轮效应”。小钟因为抓小偷和救人，突出地表现了他见义勇为的品质。旅游者认为小钟是一位人格高尚的导游员，于是，小钟漏订“羊肉泡馍”的失误便被他人格高尚的光芒遮掩了。

“晕轮效应”的发生率与“晕轮者”认知任务的单一或繁重、人际期望的高低成正比。导游员在旅游团中处在“灵魂”即中心位置，旅游者对导游员高度关注，且对导游员有很高的“超值服务”期望。因此，旅游者对导游员（特别是全陪）的认知非常容易产生

“晕轮效应”。

“晕轮效应”是一把“双刃剑”，导游员良好的品质先被旅游者认知，导游员后来的失误就会有效地被遮掩，或有机会来弥补工作漏洞；反之，旅游者就会对导游员的优良品质和优质服务“视而不见”，还会“放大”导游员的微小失误。因此导游员在上团之初，必须使自己的言行合乎规范，绝不可掉以轻心。

资料来源 作者根据相关资料整理.

（2）审美心理

一般在旅行游览中，旅游者的审美要求主要集中于旅游目的地的自然美和人文美。旅游者的审美意识是旅游者思想感情和心理状态主动作用于审美对象而形成的，但因旅游者的不同而具有差异。旅游者在游览中的审美心理涉及面广，这里仅从旅游者的审美动机来讨论旅游者在游览过程中的审美心理。

① 自然审美。尽管人们外出旅游的动机不可能相同，但无疑都是为了追求美好的东西。从一定意义上说，旅游者的旅行游览活动是一种寻觅美、发现美、欣赏美、享受美的综合审美实践，其主要对象首先是包罗万象的大自然。旅游者在游览过程中的自然审美心理会贯穿于旅游活动中，是一种最普遍的现象。

② 人文与社会审美。自然景观突出其形式美，旅游者能直接感知。人文和社会景观则重视内容的美，若不了解其历史背景与神话传说等典故，则难窥其深层的美。例如，武汉的“古琴台”是游客必到之处，它只有一块碑文，讲述伯牙与子期的故事，看起来毫无美感，但若导游人员把“知音”这个故事娓娓道出，就会引人遐想、回味无穷，使游客联想到中国的社会美——中国人重视友情，中国是重情之邦。所以，旅游者在游览过程中，除自然审美的满足外，还会鲜明地感受和评价旅游区域的社会美。社会的产品，社会的风尚（道德、伦理、人情及民风等综合美），社会生活（生活环境、节日习俗、服饰打扮的有机整体美），社会制度，甚至人的相貌等方面都可使旅游者在游览中获得社会的审美价值，使其寻求一种心灵上的补偿和感情上的升华。

③文化艺术审美。自然审美注重形式，人文与社会审美注重内容，而文化艺术审美是内容与形式的完美统一。中国有着悠久的历史和灿烂的文化，旅游者漫步于中国历史文化的长河，常常对其惊叹不已。如中国的石窟艺术，把佛教的艺术风格和中国传统的艺术风格融为一体。1974年在陕西临潼发现的秦始皇兵马俑，犹如一支浩浩荡荡、气势宏伟的地下大军，是我国及世界雕塑艺术的珍品，被国际友人誉为“20世纪最壮观的考古发现”“世界第八大奇迹”。因此，对艺术的审美特别是对中国艺术的审美，旅游服务人员在其中起了重要的媒介作用。导游在引导旅游者特别是引导外国旅游者了解中国艺术的美、了解中国传统的审美观方面可谓功不可没。

④饮食生活审美。在长期的生活实践中，人们追求美食的需求最终使烹饪演化为一种实用的生活艺术。这种艺术不仅是特定文明历史的见证，也是特定审美意识的沉淀。我国的八大菜系虽风味各异，但都讲究色、香、味、形、器、名、意、趣等综合和谐之美，这构成了中国饮食文化旅游的独特魅力，令南来北往的国内外旅游者尽饱口福，流连忘返，

旅游者不仅从中获得生理上的满足，而且得到精神上和心理上的审美愉悦。许多旅游者正是在"一饱口福"的审美心理动机下出游的。

（3）特殊心理需求

随着社会经济的发展，人们出游的多样化的特点进一步突出，出现了一些为特别目的前往目的地参加活动，通过旅游的方式满足自身特殊需求的旅游者。这类旅游者一般对特殊旅游的主题要求较高，其旅游的目的不单单是旅行和游览，他们把旅游作为达到满足特殊需求的手段和途径，因此，这些旅游常常会具有一定的特殊主题。另外，他们对旅游服务的要求也较高，他们具有较高的文化修养和追求，有较强的求知欲望，具有某种专业或特殊兴趣，乐于与人交流，对导游的文化基础有较高的要求，对日程安排的周密性和旅游线路的科学性较为敏感，对相关旅游服务企业也会有相对较高或较特别的服务要求。这就更需要旅游服务人员能提供个性化的服务来满足其需求。

【实例6-2】 请带上配药用的鸡蛋

导游小赵带团刚刚入住酒店就发生了一起意外。团长从两辆正在行进的行李车之间不到1米宽的空隙中走过时，被行李车撞伤了脚踝。

酒店对事故处理得非常好。但是，小赵非常担心客人会因为这件事怀疑旅行社判断酒店服务水平的能力，于是找到酒店大堂副理，商量下一步的举措。酒店也正在考虑如何进一步消除意外事故的负面影响，给客人留下更好的印象。经过讨论，决定采取以下措施：第一，由酒店负责请医师为团长治疗；第二，由小赵负责收集客人对事故处理的意见和团长对治疗的意见，并及时反馈给酒店；第三，团长离开酒店以后的治疗，由酒店出资配备所需的药品。

团队离开酒店时，酒店不仅准备了团长继续治疗所需要的药品，而且特地准备了配药用的鸡蛋。当客人从酒店工作人员手中接过这些药品和鸡蛋时，颇感意外而又十分感激。

分析：

本案例讲述了旅行社及酒店在接待旅游者过程中合力为客人提供妥善、周到的"超前服务"和"延伸服务"。案例中酒店及导游员的这种做法能够很好地满足旅游者的"心理服务"需要，能很好地表达服务人员的服务动机，改善服务人员在旅游者心目中的服务形象，使服务人员的其他服务行为更能得到旅游者的认同。在接待旅游者的过程中，为其提供"超前服务"可以使整个服务接待达到事半功倍的作用。

资料来源 佚名. 导游多维心理分析案例［EB/OL］.［2017-08-14］. http://www.exam8.com/zige/daoyou/fudao/200608/305251.html.

2）旅游服务对策

这个阶段是旅游服务最困难的时候，也是最能体现一名旅游服务人员能力的阶段。该阶段较长，容易出现各种问题和无法预料的事件。因此，要做好本阶段的工作，可以从以下两方面入手：

（1）提醒游客遵守旅游活动秩序

由于游客初到旅游目的地时的紧张心理开始松懈，旅游者的个性化、自由活动的倾向开始出现，而且由于休息得比较好，精力充沛，情绪高涨，旅游者脱离旅游团的行为增多，这就要求导游注意加强旅游安全防范工作，提醒客人注意各方面的安全，要求旅游者尽量集体活动，避免出现意外。

（2）妥善安排游客的食宿

由于这一阶段的旅游活动安排比较密集，旅游者的体力消耗大，为了保证客人有充沛的体力参观游览，导游与饭店的餐饮部和客房部要多加协调，让旅游者的生活服务能得到充分满足。饭店的餐饮部和客房部要严格保证服务质量，服务人员应具备高超的接待和服务技巧，如货真价实的高质量的茶、点、酒、菜，及时、周到的客房清理服务。服务人员应该想客人之所想，尽量做到“超前服务”和“延伸服务”，即在旅游者尚未意识到自己的需要，或虽已意识到自己的需要，但尚未公开表达的时候，就去提供他所需要的服务或超值服务，用热情、细致、真诚的服务来赢得旅游者的满意。

另外，我们注意到，从经验上看，如果能对游客提供针对性服务，就能使游客满意，并能获得良好的评价。但对于服务人员来说，游客往往是一个缺乏稳定性，有着各种各样要求、爱好的集合体。因此，完全的针对性服务是不可能实现的，那么，这就要求服务人员采取灵活多变的方针，根据游客的不同心理类型，提供针对性服务。

法国一家机构对旅游者的心理特征作了认真的研究，他们根据抽样调查结果把旅游者分为七大类（如图6-3所示），从中可以看出不同的心理特征对服务的要求是不一样的。

（1）爱交际者（占被抽样调查总人数的19%）

此类人在旅游中寻求与别人交往、结识新友的机会，因此他们希望能创造真正的交往条件。他们对服务的质量与环境很敏感。

（2）生性腼腆者（占被抽样调查总人数的17%）

此类人经常寻求能打消其顾虑、能弥补其孤独感的服务。服务员的好客、饭店经理的热情友好和高质量的服务能消除其不安情绪。

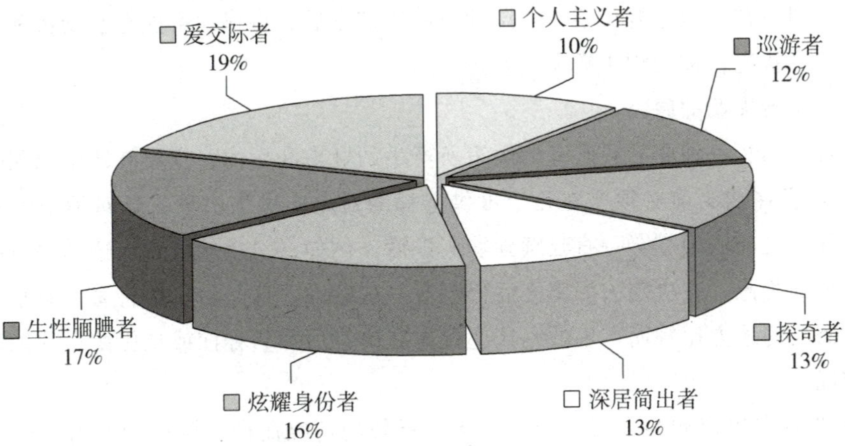

图6-3　旅游者的分类及所占比例

（3）炫耀身份者（占被抽样调查总人数的16%）

此类人旅游的主要动机是炫耀其社会名望，显示其是属于某一特权阶层的。此类人对舒适度和设施的质量要求很高，他们大都下榻于知名度高、地理位置优越，特别是人们频繁光顾的饭店。重视接待规格，重视服务员是否对他尊重。

（4）深居简出者（占被抽样调查总人数的13%）

此类人外出旅游，常为离开了所熟悉的日常生活环境而惋惜，甚至不时地暗自犯愁；怕找不到住处，怕离开熟悉的文化和情感环境而无所适从，对家庭成员以外的人际关系持冷漠态度，对那些起不到保护作用的饭店一点儿都不喜欢，不主张更多的人际往来等。面对此类旅游者，只要安排好舒适的房间，就会使他们满意，用不着去营造热烈的气氛。

（5）探奇者（占被抽样调查总人数的13%）

此类人在旅游中热情高涨，对什么都有浓厚兴趣。在寻求交往和寻找乐趣的同时，他们不忘密切家庭关系。他们对接待和气氛尤其重视，而且对其他游客有无个性、是否乐观非常注意。他们希望提供人际交往的各种有利条件，如他们喜欢根据别人的推荐，选择乡村小客栈。在小客栈里，在物质与情感上都放心听从店主的安排。

（6）巡游者（占被抽样调查总人数的12%）

此类人的心理状态可以用几个词来概括：活动性、自由性、行动迅速、善于周旋、无忧无虑。在饭店或其他旅游设施里，这些人只作短暂的停留，来不及鉴赏和享受便匆忙上路了。在人际交往方面常采取简单的方式，对服务质量要求高。

（7）个人主义者（占被抽样调查总人数的10%）

此类人非常注意保养自己的身体（休息、体育锻炼、美食营养），恢复自己的个性（松弛、彻底放松）。他们讨厌各种束缚和繁杂的礼仪。住宿条件要舒适惬意，对于接待持无所谓的态度，但对美食感兴趣和赞赏。

3）购买后失调

旅游者即使在已做出购买某一旅游项目的决定之后，也仍然可能存在疑虑和捉摸不定的感觉。这种状况，称为购买后失调。

（1）购买后失调的原因

消费者对购买一种商品或服务的决策所产生的疑虑和后悔，主要有两个原因：

① 消费者在购买前必须要在几个可供选择的对象中做出决策，这对消费者来说是困难的，这种决策前的困难会一直延续到购买以后。例如，一个旅游者在选择去海南或去云南旅游时感到犹豫，在决定去海南之后仍会有一些疑虑，这是由于他将海南不吸引人的地方和云南诱人的地方比较而产生的。这些疑虑在决策后和启程前或从旅游目的地返回时都有可能出现。

② 消费者在决定购买之后经历了失望和意外的情况而产生疑虑和后悔。例如，上例中的旅游者在海南有了失望的经历或意外的麻烦，就可能出现购买后的疑虑和后悔。

（2）减少购买后失调的办法

消费者减少购买后失调的方法主要有三种：

① 有选择地接受新信息，即选择支持他决策的那些信息，同时，回避那些不利于其选择对象的信息。这种方法称为选择性接触。

② 消费者通过遗忘掉弃选对象的优点及记住其缺点来减轻购买后的疑虑，即选择性保持。

③ 当消费者断定即使他做出别的选择，其结果仍大致相同时，也会减少购买后的疑虑和后悔。例如，上面提到的选择海南而未去云南的旅游者，尽管选择云南可以领略到不同于海南的别样风情，但如果他认为无论是在云南还是在海南都会玩得很开心，都能欣赏到美丽的风景和特色的民风民俗，这样，他购买后的疑虑必然减少。

6.3 服务结束阶段的旅游者心理

旅游服务结束阶段是指游客即将离去，服务人员与游客交往即将结束至游客返回自己家乡这一段时间。该阶段对游客来说是心理紧张程度再次高涨阶段；对旅游企业和服务人员来说是创造完美形象、对游客后续行为产生重要影响的服务阶段。

6.3.1 即将离开目的地时的旅游者心理

此阶段是指游览活动结束前的1~2天。当旅游快要结束，游客开始办理离去手续时，人们又会出现与到来时类似的迫切感和不安感：开始思念家乡亲友，担心行李超重或海关检查，急切处理未办完的一切事宜，与旅游团中的一些成员话别以及购买相关的旅游纪念品，渴望他人的关心和帮助等。如果旅游者回到他们自己的文化群体中去，由于受旅游期间的主客交互影响，相当一部分人会表现出难以适应原来家乡社会的“再次入境危险”的心理感受。这种“熟悉的陌生异常感”会把人们的行为推向另一个“表露高潮”——向亲友展示出游期间的感受和成果，向他人宣传旅游和自己准备再次出游。

踏上归途，他们自然而然地会对整个旅游过程做一个回顾和总结。如果旅游者在接受服务时得到的是标准化的服务，即一切正当的服务都得到了满足，旅游者就会对所接受的服务给予满意的评价。如果只是在某些小事或某些服务环节上欠周全的话，旅游者会给予比较满意的评价。如果旅游者在接受服务期间，服务人员态度不好，或提供的产品质量差，由此所产生的矛盾和冲突得不到解决，某些服务得不到满足，一些活动不能顺利进行，使旅游者利益受损失等，旅游者则会给予不满意的评价。

旅游者结束旅游，并非服务就此结束。在某种意义上，如完善企业形象、招徕更多旅游者等方面，旅游即将结束阶段的服务同开始阶段和中间阶段的服务相比显得更为重要。在此阶段旅游服务人员在安排旅游项目时要注意以下几点：

1）给旅游者留下充足的自由支配时间

游客在此阶段都会为离开该地而忙碌，例如要打包行李、给亲朋好友打电话联络、购买一些旅游纪念品等诸如此类的工作，这些都需要时间来完成。导游或酒店服务人员都要尽可能地为游客的离开提供方便。

2）处理好前期服务中的缺憾

在前面的旅游活动过程中，由于种种原因，在服务中总会有一些缺憾存在，旅游者可能会对导游的服务、线路安排有意见或情绪，也可能会对酒店所提供的服务有所不满。对于客人的任何一种意见和情绪，都应该严肃对待，尽量弥补缺憾，因为不让旅游者带着遗憾离开是旅游企业的基本目标。挽回消极影响的手段和方法有宴请、合影留念、送纪念品等。我们应该重视这项工作，这对争取回头客、宣传旅游服务具有重要意义。

3）给旅游者留下最后的深刻印象

越是接近最后阶段，旅游者对导游的要求越高。导游应该保持旺盛的精力，善始善终，精心安排好旅游者最后几天的旅游活动。由于近因效应的存在，旅游活动的安排宜精不宜多，应能为游客留下深刻的印象，活动要特色鲜明，要在最后的低潮中凸现高潮。有的宾馆在客人离去时组织欢送，做好最后一程的工作，也有利于旅游者对整个旅游活动产生美好的评价和回忆。

4）认真做好善后工作

游客离去之际，常有一些“遗留问题”需要服务人员协调处理。服务人员若能本着尽职尽责的精神、一丝不苟的工作态度，就能给游客留下尽善尽美之感，并且还能把这种美好的感受扩散给他们的亲朋好友，为旅游企业扩大社会影响。

总之，旅游业为旅游者所提供的主要产品就是服务，服务人员的服务水平和质量对旅游者整个旅途中的心理都有很重要的影响，因此，旅游业要持续发展，旅游地要拥有更多的回头客，要让旅游者为旅游业做好宣传，就一定要注意旅游者在旅游过程中的心理需求。在旅游的各个阶段，服务人员都要做好服务，以免因一次失误使旅游者产生不满，以致影响旅游业的全局形象。

6.3.2 旅游者的投诉

如果对旅游服务不满，旅游者可能在旅游期间或返回去后进行投诉。作为旅游企业的管理者，应该了解有可能使旅游者产生抱怨和投诉的心理，及时采取具体有效的对策防患于未然，维护企业的声誉与形象。

1）旅游者投诉的心理表现

旅游者投诉是指客人主观上认为由于旅游服务工作上的差错，损害了他们的利益，而向有关人员和部门进行反映或要求给予处理。客人的投诉既可能是由于旅游服务工作中确实出了问题，也可能是由于旅游者的误解。旅游投诉具有两重性：一方面会影响旅游企业的声誉；另一方面，如果从积极方面考虑，投诉也是商机，能使旅游企业从投诉中发现自身的问题。旅游者在投诉时的主要心理表现有：

（1）求尊重的心理

前面谈到，引起客人投诉的一个最重要的原因就是不尊重客人，客人受到怠慢就可能投诉。投诉的目的就是找回尊严，因为尊重是人们的一种很重要的需要。客人在采取了投诉行动之后，都希望别人认为他的投诉是对的，是有道理的，他们希望得到同情、尊重，并希望有关人员、有关部门重视他们的意见，向他们表示歉意，并立即采取相应的处理措施。

（2）求平衡的心理

客人在碰到令他们感到烦恼的事之后，会心理不平衡，觉得窝火，认为自己受到了不公平的待遇。因此，他们可能就会找到有关部门，利用投诉的方式把心里的怨气发泄出来，以求得心理上的平衡。这是人寻求心理平衡、保持心理健康的正常方式。而客人之所以投诉，还源于客人对人的主体性和社会角色的认知。旅游者花钱是为了寻求愉快美好的经历，如果他得到的是不公平、是烦恼，这种强烈的反差会促使他选择投诉来找回他作为旅游者的权利。

（3）求补偿的心理

在旅游服务过程中，如果由于旅游工作者的职务性行为或旅游企业未能履行合同，给旅游者造成物质上的损失或精神上的伤害，他们就可能利用投诉的方式来要求有关部门给予物质上的补偿，这也是一种正常的、普遍的心理现象。比如，未履行合同就得尽快退钱，损坏了东西就应立刻修理好，弄丢了物品就要进行赔偿，或因为其他一些因素而造成旅游者物质或精神损失的，旅游者也会采取投诉的方式。

2）处理旅游投诉的对策

旅游者的怨言无论如何微小都容易成为导火索，引起意外的麻烦，旅游企业管理者、导游或服务人员应该积极采取对策来避免，防患于未然。如不能事先防范，在抱怨和投诉发生之后应该慎重处理，绝不能采取不闻不问的态度。否则，只能使事态扩大，影响旅游企业的声誉。

对待客人的投诉要妥善处理，一般可以采取以下策略：

（1）耐心倾听，弄清真相

客人来投诉时，一般要有领导出面接待，接待时要有礼貌。要耐心倾听客人抱怨，理解客人言辞激烈，不轻易打断，不急于辩解与反驳，在倾听的同时，对客人表示同情，设法使客人情绪放松、心情平静。要弄清真相，了解事情发生的原委及客人的要求。

（2）区别不同的情况，采取恰当方式处理

如果客人的投诉是由于工作人员的差错给客人带来的麻烦，就要诚恳地向客人道歉，并以企业代表的身份对客人的投诉表示欢迎。一般道歉的人应该是企业的重要领导人，以此表示诚意，使客人感到他们的投诉得到了重视，满足了其自尊心。

如果发现客人是由于误会而投诉的，首先对客人的投诉也要表示诚恳的欢迎，然后再解释，消除误解。绝不能发现自己没有错误，就趾高气扬地指责客人。

如果发现由于工作人员的差错或未履行合同而给客人造成物质损失或严重的精神伤害，首先要道歉，在权限允许的范围内，征求客人的意见，并做出补偿性的处理。如果超越了权限，不能马上解决，也要给客人一个明确的答复程序和日期。

如果情况比较复杂，一时弄不清真相，不要急于表达处理意见，要先在感情上给客人以同情、慰藉，记录下客人的情况，给客人订立解决问题的程序和日期，而且一定要能够履行承诺。

总之，对旅游者的抱怨和投诉如果不能予以足够重视和妥善解决的话，不仅会使客人不再光顾这家旅游企业，也会对该旅游企业的声誉和潜在的客源产生不可预估的消极影响。

【相关链接6-1】 处理投诉的艺术

法国的菲利普·布罗克在其所著的《西方企业的服务革命艺术》中提出了处理客人投诉的若干建议，笔者压缩整理如下，以飨读者：

（1）对待任何一个新接触的人和对待客人一个样。

（2）没有无关紧要的接触和不重要的客人。

（3）投诉不总是容易辨解清楚的。

（4）没有可以忽视的投诉，一份投诉是一次机遇。

（5）发牢骚的客人并不是在打扰我们，他在行使他最高的权利。

（6）处理投诉的人一定被认为是企业中最重要的人。

（7）迅速判明投诉的实质，用关键词限定投诉的内容。

（8）每当无理投诉出现高峰时，应当设法查明原因。

（9）在采取纠正行为之前，应立即对每份投诉做一个礼节性的答复。

（10）要为客人投诉提供方便。

（11）组织并检查答复投诉后的善后安排。

（12）接待不满的客人时，要称他的姓，握他的手。

（13）处理投诉应因人制宜。

（14）请保持轻松、友好和自信。防止露出羡慕、烦躁或偏执的情绪。

（15）告诉客人他的问题由你负责处理，并切实立即去办理，设法使人相信你的许诺。

（16）告诉客人他的投诉是特殊的。

（17）不谈与客人无关的私事。

（18）绝不要在地位高的客人和棘手的问题面前胆怯。

（19）要核实别人向你传递的消息，切忌轻率地做出判断。

（20）想一想是否有立即答复的可能，问一问客人希望你做些什么。

（21）别急于在电话中商讨解决问题的方案。

（22）请留下您向客人所做的任何诺言或保证的书面记录。

（23）如您当场爱莫能助，不妨先宽宽他的心。

（24）对方说完之前，切莫打断，但要善于收场。千万别对客人说："你应该……"

（25）写一份意见书，投给你作为顾客的某个企业。试探一下别人对待你的方式。

（26）凡是收到和寄出的一切都得签注日期。

（27）要结识那些多次不满的客人。接受过你服务的客人，可能成为你的朋友。

（28）除非万不得已，不用电话答复书信。若情况允许，就以幽默致谢。

（29）用典型模式提高速度。

（30）时刻为客人着想，为客人工作，如同你是客人一样。

资料来源　作者根据相关资料整理.

【实例6-3】　在线旅游消费投诉

2020年11月，“电诉宝”接到上海市的褚女士的投诉，称她于2020年3月25日在某平台上购买了房券一张，价格1 399元。该房券的有效期到2020年11月30日，页面注明必须提前一天预订。褚女士联系商家想兑换11月13日的房间一晚，商家直接告知没房，让她退款。褚女士致电酒店方，酒店方告诉她这个房型是有房的，可以预订。于是褚女士又联系平台方客服，客服联系完商家告诉她，商家没库存了，也就是说这最后一个月全部都无法预订，还说这个房券本身就是二次预约产品，先到先得。可是在产品网页上根本没有注明这个情况，褚女士表示钱早就付了，订单也显示商家已发货。如果说某一天无房可以理解，但是到截止日期前的一个月之内都没房就让人不解了。商家给的说法是没库存了，褚女士怀疑平台方和商家存在超售行为。现在褚女士觉得商家和平台方是在欺骗消费者，严重损害消费者的权益。而且当初自己买的价格是1 399元一晚，现在同样房型已经涨到3 000多一晚，褚女士怀疑商家是觉得这笔交易无法赚钱甚至会亏钱所以才找借口说无房。褚女士表示自己拒绝退款，要求商家和平台方按照预订日期提供房间。

分析：

目前，在线旅游平台与旅游产品供应商之间的信息共享及责任划分仍然不够清晰，旅游供应商的实时库存有时不能及时在线更新，导致消费者与供应商存在信息差，消费者在线下单后酒店通知订单取消的情况也时常发生。而且，在线旅游平台遇到规则争议时，如果没有及时采取有效措施维护消费者的合法权益，就会导致游客产生投诉行为。《在线旅游经营服务管理暂行规定》中规定，“在线旅游经营者为旅游者提供交通、住宿、游览等预订服务的，应当建立公开、透明、可查询的预订渠道，促成相关预订服务依约履行”。在本案例中，在线旅游服务平台应根据相关规定，积极同旅游产品供应商进行协调沟通，主动督促供应商按时、按规定履行合同。

资料来源　网经社电子商务研究中心. 2020旅游投诉大增：在线旅游投诉为何屡屡成重灾区？[EB/OL].［2021-03-16］. https：//mp.weixin.qq.com/s/wVtRh9eQyq7kgalu5Pd-gA.

6.3.3　售后服务心理及应对方法

旅游企业的售后服务是指旅游者离开饭店或结束旅游之后仍同顾客保持经常性的联系，由旅游企业向顾客继续提供的一系列服务。售后服务对防止旅游者购买后的抱怨和投诉，保持老顾客与开发新的客源来说是至关重要的。

调查表明，老顾客不再光顾该旅游企业的主要原因有：①经朋友建议，转而购买其他旅游企业的产品或服务。②其他旅游企业的产品价格更便宜，服务更好。③顾客投诉没有得到处理或没有得到令人满意的处理。④旅游企业缺乏售后服务，使顾客觉得是否继续购买该旅游企业的产品或服务对自己或对该旅游企业来说都无所谓。

其中，因最后一个原因而不再光顾该旅游企业的顾客最多，约占统计数据的2/3，其他原因按②、③、①顺序排列。

由此可见售后服务对旅游企业经营的重要性，我国的一些旅游企业已开始重视售后服务工作，并总结了十分宝贵的经验，以下介绍两种主要的售后服务方法。

1）在客人旅游结束或将要离开饭店时主动登门访问

客人将要离境或离店时主动登门访问，可以使顾客感到该旅游企业非常关心他们而产生对该旅游企业的好感。旅游企业也可以从中了解到他们此次旅行的目的是否达到，以及一路上旅游企业的工作情况，还可以及时掌握顾客对该旅游企业的印象及旅游途中遇到的麻烦事，以及他们的抱怨和可能提出的投诉。这样就能争取主动，早做工作，妥善处理。旅游企业主动同顾客打招呼不仅可以使有怨言或打算投诉的客人消气，而且通过友好地交换意见和善后处理，还可以从感情上接近客人。

2）在行程结束时向游客致电询问服务体验

旅游企业由于时间关系不可能登门拜访每一位顾客，但可以在行程结束时通过电话的方式询问游客此次旅途中的整体感受，以及认为行程安排或导游服务等方面存在哪些需要改进之处，这样可以了解管理与服务中存在的缺点和顾客的需求，以便提高经营管理和服务水平。

除了以上两点以外，还可以采用向顾客写亲笔信、寄明信片、发邮件、寄生日和节日的祝贺信等方法进行售后服务工作。

综上分析，旅游者在不同旅游阶段心理状态变化较大。结合各阶段游客心理需求的变化，本书把各阶段的要点进行了总结（见表6-1）。

表6-1 旅游服务各阶段游客心理比较及服务对策

服务阶段	游客心理	服务对策
准备阶段	群体信息的影响，购买后疑虑	做好宣传和咨询服务工作，扩大知名度
途中阶段	快速、准时、安全、舒适、多层次需求	做好安全保卫工作，交通服务按计划准时运行
初到目的地阶段	兴奋、新奇、茫然、紧张、不安、依赖性强	热情、真挚、友好，帮助旅游者认识环境
游览阶段	好奇心理、审美心理、特殊心理需求	妥善安排食宿，做好接待和服务工作
即将返程阶段	迫切、不安、回顾总结旅程	弥补服务中的遗憾，给旅游者留下深刻印象，做好善后工作
游客投诉阶段	求尊重、求平衡、求补偿	耐心倾听，弄清真相，迅速采取恰当方式处理

思政园地

服务越到位，群众越满意

家门口就能吃上可口饭菜，不仅品种丰富，价格还实惠……如今，许多城市在社区里建起物美价廉、干净卫生的社区食堂，为老年居民提供就餐便利，也让居家养老有了更坚实的支撑。

社区小食堂，民生大文章。第七次全国人口普查数据显示，我国60岁及以上人口有2.6亿人，占总人口比重达到18.70%。规模庞大的老年人口，持续增长的养老服务需求，对居家养老服务的能力和质量提出了更高要求。社区食堂不仅解决老年人的用餐难题，还提供了聚餐交流的平台，让老人们的生活更加多姿多彩，不失为提升养老服务品质的一种有益探索。

满足老年人多方面需求，让老年人能有一个幸福美满的晚年，是各级党委和政府的重要责任。从建立社区养老服务中心，到配备更多运动、娱乐等器材，再到通过大数据建立老年人需求评估体系……服务越到位，群众越满意，从实际需求出发把一件件民生好事办好，全方位提升社区养老服务水平，老有所养、老有所依、老有所乐、老有所安的美好愿景就一定能实现。

资料来源　邵冰琦. 服务越到位 群众越满意［N］. 人民日报，2021-10-06（01）.

本章小结

旅游服务人员在为旅游者服务的过程中，只有了解了旅游者对旅游服务的心理要求，根据旅游者的心理要求采取相应的心理服务策略，才能做好旅游服务。本章主要从纵向层次向读者介绍了服务开始阶段、中间阶段和结束阶段游客的不同心理需求。

旅游者在服务开始阶段的相关内容主要有旅游目的地的选择、购买后疑虑的产生原因及解决办法，以及刚踏上旅途以后寻求安全、快速、舒适、愉快的心理。在服务中间阶段，旅游者主要有刚到目的地时的陌生、紧张、不安的心理和熟悉环境后在游览过程中的求新、求知、求奇、求美的心理。服务结束阶段，旅游者离开目的地时开始对整个旅途的回顾并加深整体印象。在投诉时旅游者主要是为了求尊重、求平衡、求补偿。

针对旅游者在不同阶段的心理需求，旅游服务人员要掌握其在各个阶段的心理表现，采取相应的措施来为其提供优质满意的服务，从而保证旅游企业服务质量的不断提高与整个旅游业的不断发展和完善。

关键概念

购买后失调　超前服务　旅游者投诉

基本训练

□ 案例分析题

不让客人把遗憾带走

一位退房的客人从外地打来长途电话，称她的一枚翡翠戒指遗留在了曾住过的成都锦江宾馆863房间，要求赶快帮忙寻找。可是客房部的员工翻遍了整个房间，仍不见翡翠戒指的踪影。能让客人留下遗憾吗？锦江宾馆的员工用自己的深情与汗水圆满地回答了这个问题，让客人深深地体验到了什么是“五星级”服务。

2016年10月5日晚9时许，成都锦江宾馆客房部小吕正在楼层值班，服务台内骤然响起电话铃声。她忙拿起电话，听筒里传来客房部值班经理急促的声音：“今天下午退房的863房客从外地打来长途，说她遗留了一个翡翠戒指在房内，让我们赶快去找一下。她还在等消息。”客情就是命令，放下电话，小吕三步并作两步迅速冲上8楼。此时，服务员刘姐和小邓已经等在863房内了。小邓简短追述了下午863房的退房情况和做卫生时的情况，说她当时并未发现有遗留的戒指。“客人还在等回话，大家快些再找一遍。”服务员刘姐边说边打开房间内所有的灯具，顿时房内灯光明亮。大家对可能会藏下一枚戒指的地方都一一搜索，行李柜后、抽屉内、卫生间的边边角角，甚至床下、床角全不放过。但哪里有戒指的影子呢？正当大家准备放弃寻找时，刘姐腰间的对讲机呼叫起来。服务中心来电话说客人非常着急，已经催促了几次，并说客人想起当时她是将戒指包在一张卫生纸内的，随手将它扔到垃圾桶内也说不定。“对，还有垃圾尚未翻过。”三位服务人员不约而同地想到了一起，于是迅速走出房间，快步向北头垃圾井走去。北头垃圾井边，灯光昏暗，打开垃圾井门，黑漆漆、深深的井道内散发出刺鼻的臭味儿，大家都不约而同地皱了皱眉。想到客人焦急的心情，也顾不上许多了。小邓挽起袖子戴上手套，从垃圾中找到当天送来的那一大袋垃圾。小吕和刘姐也弯下腰，伸手拨弄起大袋中的一些小袋垃圾。“这袋是863房的垃圾，我记得很清楚。”小邓肯定地说。“好，快倒出来找。”小袋中的垃圾一件件地摊放在地上，橘子皮、柿子皮、污水和着烟灰糊满了的报纸，大大小小的纸团还真不少。筛选过的垃圾越来越多地放到了一边，一个个纸团被打开，但客人的戒指在哪里呢？找完最后一个纸团，三位员工艰难地直起腰，凑近窗户，猛吸了几口新鲜空气。“如果真的找不到，只有尽快向客人如实反映了。”小邓说道。刘姐望着垃圾默想：“如此贵重的东西丢了，客人是不可能乱说的，即使记忆不准确，但它肯定还‘藏’在我们客房的某个角落里。”“会不会扔垃圾时，有些小东西掉到大垃圾袋中了？”小吕提出她的看法。刘姐恍然大悟，马上说：“有可能！再在大垃圾袋中找找看！”一声令下，她们三人再次弯下腰来，将大垃圾袋中的垃圾一件件地摊开放在地上，继续寻找。突然，小邓轻轻“啊”了一声。小吕和刘姐的目光几乎同时投在小邓那戴着红手套的手上，一个五分硬币大小的纸团映入眼帘。只见小邓轻轻地剥开上面的一层卫生纸，一枚很大的翡翠戒指在昏暗的灯光下闪耀着夺目的光芒。“找到了！找到了！”小邓欢喜雀跃。刘姐一手轻拭着脸颊上的汗水，一手接过戒指，像是埋怨一个淘气的顽童道：“戒指呀戒指，你再不出来，真要把人急死了……走，快给客人回电话去。”

资料来源　作者根据相关资料整理.

讨论题：

1.客人遗失物品应如何处理？从案例中我们可以得到什么启示？

2.结合案例思考，饭店服务中如何实现对客细腻服务。

3.饭店是否应该对离开目的地的游客继续提供服务？为什么？

□ 思考题

1. 如何消除游客的购买后疑虑？
2. 试分析旅游者在游览阶段的心理需求，以及旅游服务人员应采取的措施。
3. 试以某次导游服务为例，分析导游员应如何做好旅游即将结束时的服务工作。

第7章

旅游服务具体环节心理的横向分析

学习目标

通过本章的学习，明确服务环境、服务时机、员工服务技能及服务态度等概念，理解服务的场景、服务时机以及旅游企业员工的表现如何影响顾客的心理。掌握如何设置恰当的服务场景以吸引顾客，怎样抓住良好的服务时机并较好地控制、调配服务时间，如何以优质的人员服务巩固顾客群。通过研究各种因素对顾客心理影响的方式，来分析顾客满意或投诉的根本原因，进而增强改进服务具体环节的能力、解决顾客投诉的能力，以及员工培训的能力，以从根本上提高旅游企业的服务质量和顾客的满意度。

思维导图

服务是旅游企业的灵魂。服务质量是服务业的基石。服务质量关系到旅游企业的知名度和美誉度，它还决定着旅游者对旅游企业的“向心力”和“离心力”。

从心理学角度讲，服务质量与“满意”一词有关，只有当享用服务的人完全满意时，服务才算彻底。心理学研究认为，服务质量可从服务环境、服务项目、服务技术、服务时间和时机、服务技能、服务态度等方面体现出来。

7.1 服务场景与顾客心理

每一个旅游消费者享受服务的过程都是在一个特定场景下发生的。在这些不同的服务场景里，存在着许多具有差异性的构成因素，如享受服务的环境、享受的服务项目、提供服务所依赖的硬件设施、与顾客交流接触的服务技术等。这些不同的因素带给消费者不同的服务体验，进而产生迥异的心理体验，不同的心理感知帮助消费者形成关于服务及旅游企业本身的印象。

7.1.1 服务场所环境与顾客心理

服务场所环境是服务者提供服务和顾客进行服务体验的物质环境，是服务产品的生产场地，同时也是顾客的消费场所。用一条“可见部分线”，可以将服务系统划分为顾客可视区和顾客不可视区。与此相对应，在服务“可见部分线”之上是服务前台环境，“可见部分线”之下是服务后台环境。前台环境既是顾客消费区又是服务提供区，后台环境则为纯粹的服务工作区（如图7-1所示）。

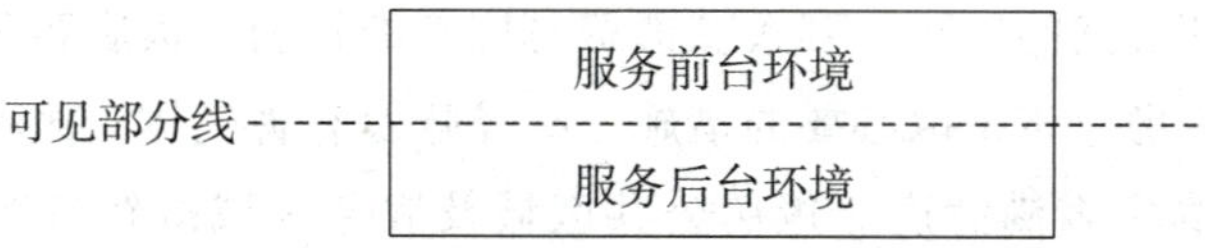

图7-1 服务环境的前后台划分

服务环境对服务提供者和消费者都会产生极大的影响。服务前台环境是包括外观、装修、风格、摆设在内的消费者的“可视环境”，造就了服务氛围，影响着消费者的服务体验和心理感受，从而会影响到消费者对服务的最终评价。同时服务前台环境还是服务的“生产场所”，其功能性设计的合理性会对服务者的工作效率、工作态度产生一定的影响。服务后台环境是纯粹的工作场地，其设计的科学性会对后台工作人员的生产效率和工作心理产生相当大的影响。可以说服务前台环境为顾客的整个服务体验设定了基调，当顾客对某一旅游企业缺乏先前的了解时，服务环境能帮助顾客来判断其从该旅游企业的可能所得。

【实例7-1】 台湾高雄富华酒店的双前台设计

台湾高雄富华酒店地处闹市，寸土寸金，从盈利的角度出发，酒店将大厦的一至五层改造为写字楼出租以赚取丰厚租金，而五层以上其他楼层仍为酒店区域。这种一楼容两体的格局如何做到写字楼客人与酒店客人之间互不干扰？

为了方便游客的入住，该酒店在一楼大厅设置了一个简单的接待服务台，主要用于接待写字楼的来访客人以及外面的团队游客，这样可以有效疏导大批到达的团队游客，从而避免接待时的混乱局面。同时为了充分体现酒店的优质服务，富华酒店又在大厦的第六层设置了体现酒店档次的豪华的正式接待前台，以接待商务客人。

分析：

富华酒店的这种兼顾内外两类客人的双前台模式，充分展示了一家高星级酒店在服务环境方面的人性化设计理念。

资料来源 作者根据相关资料整理.

以饭店服务前台环境为例，饭店服务前台环境也可称为饭店物质情境，它包括饭店装饰、背景音乐、灯光、空气的清新度、饭店氛围、饭店建筑物外观、饭店有形产品的陈设等。饭店内部情境基本上属于饭店物质情境。物质情境是一种得到广泛认可的情境影响因素。

1）颜色

高档豪华餐厅与正餐厅宜装饰成红色或黄色，能给人一种高贵典雅的感觉。而客房的装饰就不宜用黄色、红色等能吸引人注意和使人兴奋的颜色，宜用较柔和的颜色，如蓝色、绿色等。有调查研究表明，就对顾客满意方面产生的效果而言，蓝色客房装饰优于其他颜色。

2）气味

气味能对顾客的购物行为产生影响已被证实。饭店公共区域的卫生状况往往是饭店经营者最重视的，清洁卫生的公共环境会给客人留下良好的印象。在饭店服务区域，如客房及餐厅内，保持清新自然的气味是客人在消费时应有的权利。饭店客房要经常通风并定期大清洁，新装修的客房应该采取必要的措施去除异味及有害气体，这不仅是为了客人身体健康，更是为了提高宾客满意度。饭店公共区域及服务区域清新自然的气味并不就是香味，虽然香味是人们普遍接受的气味，但香味的偏爱是非常个性化的，使某位宾客愉悦的香味对其他宾客来说也许会令其厌恶，一些宾客反感饭店精心添加到空气中的香味，另一些宾客则会担心过敏。

3）背景音乐

音乐影响饭店顾客的情绪，而情绪又会影响顾客众多的消费行为。饭店公共区域的背景音乐宜为慢节奏的欢乐的音乐。饭店餐厅的背景音乐应与餐厅的主题相协调，如在西餐厅设置小提琴手现场演绎悦耳动听的轻音乐，就能达到渲染浪漫温馨氛围的效果；在麦当劳等快餐厅播放快节奏音乐可以加快顾客的进餐速度，以达到提高座位周转率的目的。表7-1描述了与快节奏背景音乐相比，慢节奏背景音乐为一家餐厅增加约15%的毛利。慢节奏背景音乐似乎使宾客更为放松和延长用餐时间，从而增加饮料酒水的销售。对于快餐厅或更多依赖顾客周转率的餐厅来说，播放快节奏背景音乐可能更好。

表7-1　背景音乐对某餐厅顾客的影响

变　量	慢节奏背景音乐	快节奏背景音乐
服务时间	29分钟	27分钟
顾客用餐时间	56分钟	45分钟
没落座就离开的顾客比率	10.5%	12.0%
购买的食物总值	55.81美元	55.12美元
在酒吧购买的总值	30.47美元	21.62美元
估计毛利	55.82美元	48.62美元

资料来源　MILLIMAN R E.The influence of background music on the behavior of restaurant patrons［J］. Journal of Consumer Research，1986（2）：289.

4）入座率

旅游经济学中有一个简单的案例：假设一家饭店客房出租率为100%，另一家同样的饭店客房出租率一直保持在70%左右，而经营的结果可能是后者利润要高。饭店每天顾客盈门未必就是好事，因为饭店拥挤程度对顾客所产生的影响可能是负面的。很多顾客在一家生意极好但很拥挤的餐厅用餐，会感到一种压抑感，他（她）会觉得在这样的餐厅用餐令其不快，并会采取办法改变这种处境。最常用也是最基本的方法就是减少在餐厅用餐的时间，点餐决策更快，同时吃得更少，结果是这家餐厅的顾客满意度降低。一旦拥有不愉快的就餐体验，顾客再次光顾的可能性就会减少。

5）整体气氛

饭店的整体气氛主要指饭店内部的情感格调对饭店消费者产生的微妙影响。图7-2描述了饭店顾客三种情绪状态（愉悦、激奋、自在）与发出一定行为的明确意向之间的关系。愉悦感是指宾客在饭店内感觉舒适、高兴、惬意或满意；激奋感是指宾客在饭店内感觉兴奋、刺激、激动和活跃；自在感是指宾客在饭店内感到不受约束和能够自我支配。愉悦的、激奋的与自在的感知状况可能影响饭店顾客下述行为：①喜欢到该店入住；②乐意花费时间进行饭店内其他服务与产品的信息搜寻；③倾向于花费比原计划更多的钱；④很可能再次入住该店。

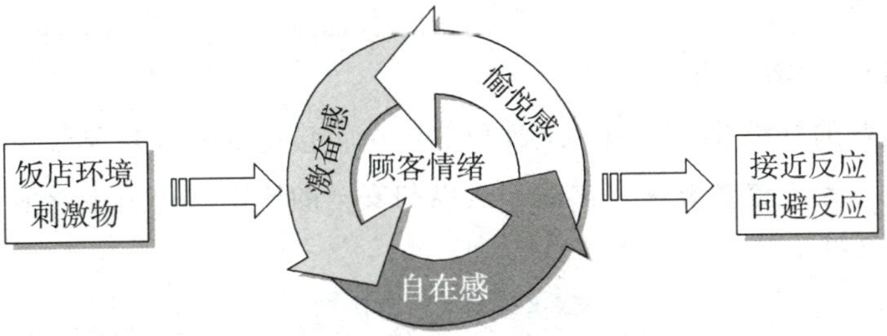

图7-2 饭店整体气氛影响模型

6）装修风格

近年来，“Z世代”逐渐成长起来，成为消费市场中的重要力量。据QuestMobile统计，截止到2020年11月，中国的“Z世代”互联网活跃用户规模达3.25亿，占全体移动网民的28.1%。“Z世代”身上存在大量的标签，其中包括：人口巨大、消费力强、有个性、爱分享、文化包容度高、渴望被认同等。这些标签一同构筑了一个鲜明的“Z世代”典型用户画像：有独特兴趣、热爱分享、渴望交流的年轻人，他们为精神需求付费，更多的是为兴趣而悦己消费。为迎合“Z世代”消费者的需求，越来越多的主题餐厅、特色饭店开始出现，如机器人主题餐厅、怀旧主题餐厅、电影主题餐厅、美术馆主题餐厅等。主题餐厅通过文化与环境营造，争取与消费者产生情感共鸣，使顾客在消费过程中获得的不仅是一种物质利益，更有一种文化的交流和精神的愉悦。主题餐厅具有快速成为“网红”的潜质，可以在比较短的时间内打响知名度，但同时也会面临热度消退、新鲜感不再等问题。

7.1.2 服务项目的心理功能和策略设置

旅游服务项目反映着旅游业的服务功能。旅游服务项目设置是否科学合理，反映了旅游目的地旅游业的管理水平，二者均与服务质量有密切关系。

1）服务项目的心理功能

作为满足旅游者消费的旅游服务项目，一般都具有提供便利、刺激消费、欲望满足、精神享受的心理功能。

便利是指顾客通过有关服务项目的消费所产生的省时、省力、方便、获益的心理感受。在旅游服务方面，旅游业特别强调高效率。高效率就意味着便利，比如旅游业所设置的代客购买车票、船票、机票服务项目，到车站、机场、码头接送服务项目，宾馆或旅游景点所提供的存放行李、出租汽车、电报、电话、电传、电脑结账服务项目等，都具有便利顾客的功能。

争取更多的顾客是旅游业存在和发展的重要条件。争取更多的顾客在很大程度上靠旅游项目的吸引力，要将新颖、别致、科学性、趣味性、多样性、适应性等特色融为一体，使旅游服务项目以其独特的魅力诱发顾客的各种消费欲望。

顾客服务项目以其独特的构成，不仅使人们通过对某种服务项目的实践，得到领略和欣赏的某种体验，促进全身心的放松，还能获得日常家居或工作环境无法达到的美感和颇有所得的良好感受。

2）服务项目的设置要求

由于旅游企业的等级标准不同，地理位置不一，接待的服务对象差异性大，旅游业在设置服务项目时一定要遵循务实、灵活、实惠和安全的原则，否则旅游项目很难发挥其应有的作用（见表7-2）。

表7-2　服务项目的设置原则

原　则	实质内涵
务实性	就是要从实际出发，不能超越旅游企业本身的规模、等级和服务对象的实际，即在设置服务项目时，只有条件具备才设置，以免造成资源浪费
灵活性	就是要有针对性。从旅游企业整体来看，各种服务项目一定要紧紧围绕总目标来设置，不要彼此制约，分散或抵消各服务项目和服务环节的功能。还应注意到旅游业季节性较明显，服务对象较复杂，服务项目的增设及删减一定要灵活多变，使服务项目充分地发挥出应有的功能
实惠性	就是设置的服务项目要符合顾客的支付能力和消费水平，并真正能够使顾客通过消费和使用感到有一定的“充实感”。如果服务项目收费较高，使顾客感到可望而不可即，反而会冲淡顾客的兴趣，减弱顾客对服务项目的趋向力或使顾客中止享用此项服务
安全性	安全是开展旅游活动的第一要义，也是影响游客旅游决策的重要因素。旅游经营者在规划旅游服务项目时，应当主动承担旅游安全的主体责任，加强安全管理，建立、健全安全管理制度，为旅游者营造安全、健康、无忧的旅游环境

3）规范化服务项目和个性化服务项目

随着我国旅游业日益发展和成熟，旅游企业已形成了提供一定规范服务项目的固定模式，如饭店为满足顾客“安全、卫生、舒适”的基本要求，提供总台接待、总台寄存、客房铺床等服务项目。

当前的人类社会已从“温饱经济”进入“体验经济”时代，享受高品质的服务成为这个时代的鲜明消费特征。社会发展已使人们的需求从过去的依靠物质性消费实现吃饱穿暖转向更高层次的依靠无形服务体验来满足个人心理需要。人们消费某个服务产品，除了获得某项服务所能带来的显性利益（通常是生理性或功能性的）外，还需从中体验到一种感受，来满足个人的心理需要，如社会地位的体现、好奇心的满足、兴趣爱好的实现、心理上的“安全感”等。特别是，人们在消费中，具有一种强烈的“突出自我”的愿望，希望自己被服务组织当作一个单独的、具有个性特点的“某人”，而不是“顾客之一”。

不同的服务项目对上述的顾客最终感受起到不同程度、不同性质的影响，从这个意义上看，可以把服务项目分为合格项目和魅力项目（如图7–3所示）。

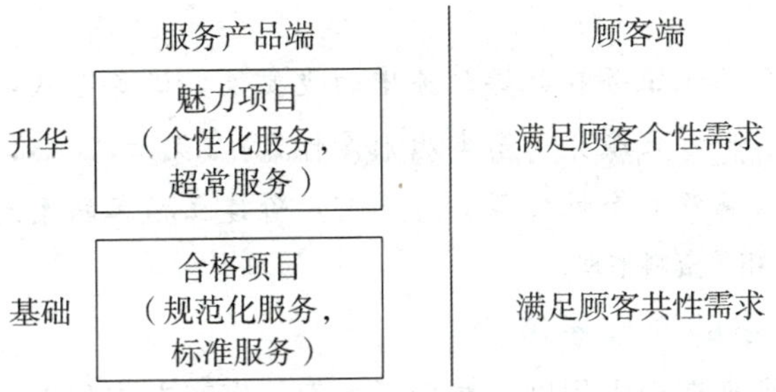

图7–3 合格项目、魅力项目与顾客需求关系图

显然，在竞争激烈的旅游服务市场，仅仅凭标准化的“常规”产品只能做到令顾客“没有不满意”，而不能促使顾客做出更多的消费决策。个性化的服务恰恰弥补了规范化服务项目的不足，吸引了顾客的注意力，巩固了顾客的忠诚度。

在实际服务项目设置中，必须明确标准化、规范化服务是服务保障，是“源”，个性化、情感化服务是服务价值，是“流”，而优质服务就是二者的有机结合（如图7–4所示）。

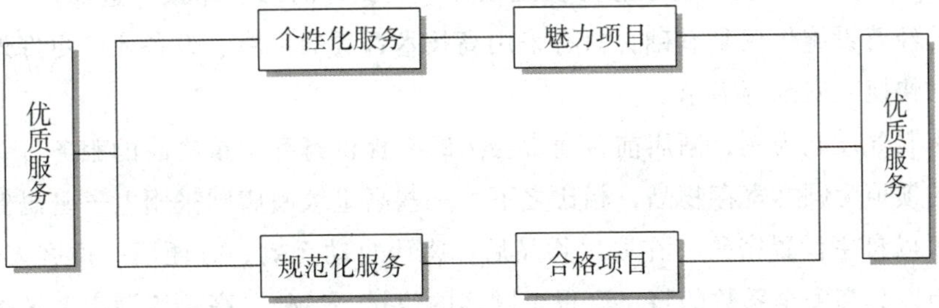

图7–4 个性化服务、规范化服务与优质服务

【实例7–2】 **个性化服务案例两则**

案例一：某饭店接待了一位喜好红颜色的客人，将其安排至一个普通标准间。该房间的设施设备、卫生程度、一次性用品的配置以及客房服务都无可挑剔，为顾客提供了规范化服务项目。但另一家饭店接待了一位同样喜好红色的客人，却采用了不同的服务方式。管理人员从顾客档案中查知该客人的喜好，就在客人出店办事之际，派人迅速将房间大部分家具、装饰画和用品都换成红颜色。客人回饭店看到重新布置好的房间，大为感动，连声称赞饭店服务周到、细致。此后该客人逢人便夸饭店的优质服务，成为饭店的“义务推销员”。

案例二：斐济总统访华，在他访问其他几个城市后来到上海下榻锦江饭店。这位身材高大的总统有一双出奇大的脚，在前面几个城市都没有穿到一双合脚的拖鞋。当他走进锦江饭店的总统套房时，一双特大号拖鞋端端正正地摆在床前，总统穿上一试，刚好跟脚，不由得哈哈大笑，问道："你们怎么知道我脚的尺寸？"服务员答道："得知您将来上海，下榻我们锦江，我们特地定做了这双拖鞋，您看可以吗？"当总统离开时，这双拖鞋也被带走了。

分析：

以上案例展示了个性化服务在旅游服务中的重要性。读者可从以下几个方面思考：

何为个性化服务？个性化服务的基本原则是什么？（灵活、细致、超常、情感）

怎样才能提供令人满意的个性化服务？如何评价建立顾客档案的价值？

资料来源 作者根据相关资料整理.

7.1.3 服务技术含量的心理影响力

知识经济时代的到来在很大程度上改变了人们的生产方式和生活方式，旅游企业信息化管理、旅游企业服务技术的信息化等日益受到关注。越来越多的旅游企业不仅配备科技含量高的服务设施，而且采用智能化信息系统来管理顾客交流界面，用信息技术来辅助它们的核心服务。

1）智能化服务设施与顾客心理

古语有言："工欲善其事，必先利其器。"要搞好服务质量，赢得消费者的青睐，完善良好的经营设施是必不可少的。在激烈的市场竞争环境中，在顾客需求欲望日益提升的背景下，旅游企业要吸引顾客的注意力，让顾客产生良好的第一印象，进而产生顾客忠诚，完善良好的经营设施仅仅是基础，只有采用高技术含量的设施、设备才能更好地满足顾客的求便利、快捷、安全等需求。

以酒店服务设施为例，酒店前台通常会为顾客提供寄存贵重物品的服务，一些酒店仍采用老式的锁柜为顾客寄存物品，相比之下，一些高星级酒店则采用电子密码保险柜来寄存。顾客可以自主设置密码，在取出物品后，密码自动无效，方便下一位客人继续使用，这种保险柜以其高安全系数的特点赢得了顾客的信赖。另外，高星级酒店客房中使用的电子锁可以保存用来进入房间的钥匙的记录，极大地改善了客房的安全状况。但我国仍有一部分低星级酒店还在使用机械客房钥匙，这不仅给顾客带来了入住的不便，更存在一定的安全隐患，给顾客留下酒店革新滞后和发展缓慢的印象。

2）融入技术的服务与顾客心理

将科学技术融入服务提供过程中，是社会发展的必然趋势，是服务组织追求卓越的必要途径。越来越多的旅游企业采用先进的智能化管理系统来管理企业内部各部门，并加强内部沟通，同时完善顾客交流界面，提供具有革命性变化的旅游产品。顾客通过享受和体验这些服务，满足了自身求新、求异的需求。

在无接触服务的推动下，服务机器人正在重新定义生活。在新冠病毒感染疫情的影响下，由于机器人具有无接触服务、降低新冠病毒传播风险的优势，服务机器人等智能化设施在酒店、餐馆等服务业快速普及开来，是否拥有服务机器人已成为酒店智能化水平的直观表现。《中国机器人产业发展报告》显示，2021年，我国服务机器人市场规模超过300亿元，预计到2023年，市场规模有望突破600亿元。以迎宾服务机器人为例，迎宾服务机器人可以通过人脸识别技术来给顾客办理住宿登记业务，引领宾客到达相应的房间等，具有较高的信息保密性。同时，迎宾服务机器人也具备上千种场景对话，可演唱歌曲，可胜任导购、导游、问询等工作，提升酒店服务标准化程度及运营效率。

【实例7-3】 酒店服务机器人的服务失败

伴随智能技术的发展与应用，酒店业开始推行智能化服务，智慧酒店、无人酒店等概念逐渐成为主流。疫情时期的无接触服务要求，更使得众多酒店将服务机器人视为重要的“工作人员”。以华住酒店集团为例，配送机器人平均每月送物20余万次。不过，酒店机器人在服务中难免会出现问题。比如，迎宾机器人不能回答顾客的提问，搬运机器人无法越过斜坡，配送机器人送达的物品出错，机器人的语音识别系统较差导致顾客没有耐心使用机器人的服务等。

分析：

诚然，酒店服务机器人等智能化服务的推行为酒店服务带来了便利性与智能性，提高了服务质量，但与此同时，也要重视技术与顾客需求的对接，让技术真正做到为顾客服务。

资料来源 作者根据相关资料整理.

简言之，技术能以多种方式提高旅游企业的服务质量，在确立旅游企业竞争地位中起着关键作用。但过多地将关注焦点集中在高科技、信息化上，会误入歧途。因为许多问题只需要“低”技术就可以解决，并且过于复杂的技术服务会给一些不善于使用智能设施的顾客带来障碍。因此，旅游企业在设置职能化设施、设备时应充分考虑顾客的需求，洞悉顾客心理接受能力，增加技术的“含情量”。

为了防止顾客在使用服务设施和享受技术服务时遇到诸多不便，旅游企业要将缺乏柔性的技术与富有柔性的员工相结合，通过员工培训来保证员工对新技术的掌握，以及技术设施无法使用时的应对策略运用，如饭店突然停电，员工能手工结账以保证客人顺利退房。

【相关链接7-1】 升级服务标准，酒店要让消费者住得更安心

“进入大堂后，连我们的鞋面服务人员都会进行消毒，这样的流程让人安心。”一位在2020年3月入住北京金融街亚朵S吴酒店的客人在酒店的小程序上留下了这样的评价。

近一两年，酒店行业因为不时身陷“卫生门“，让消费者对酒店的卫生品质产生了顾虑。新冠肺炎疫情发生以来，消费者对酒店的卫生提出了更高要求，这也让酒店集团把提高卫生标准作为让消费者安心的第一要务。

疫情期间，亚朵集团面向全国475家门店升级“安心工程”，围绕住客从办理入住到退房离开的24个触点，提供全方位安心的服务。据了解，“安心工程”在亚朵门店推广近两年时间，已有70%以上的酒店通过了安心认证。“从为客人提供一次性安心杯，请保洁阿姨用一次性抹布清洁客房，到酒店实现全方位清洁消毒，‘安心工程’已经形成了一个体系。”亚朵酒店集团相关负责人说。

2020年3月9日，首旅如家与苏宁、物美、金拱门、西贝等35家企业代表，参与了由中国连锁经营协会发起的《“安心消费”公约》线上签约仪式。承诺向消费者提供“安心产品、安心环境、安心服务”。为了让客人安心消费，首旅如家从旗下几千余家在营酒店中甄选出2 400余家“放心酒店”，并实施了24项清洁标准和59项防疫清洁措施。

“我入住的客房真的经过高频消毒了吗？”面对客人这样的疑虑，首旅如家借助区块链技术，让卫生清洁流程变得可记录、可追溯。每位客人可以通过扫码看到酒店各区域的保洁次数、最近一次保洁的时间、督查人员是谁等。该技术计划在部分试点酒店上线。

亚朵酒店集团相关负责人表示，为了保证门店安心服务的品质不掉线，他们设立了相关的岗位不断跟进审核复查，并建立了退出机制，如果门店在检查中无法达到标准，则取消相关资格。同时，亚朵酒店集团要求一线的门店负责人在实际运营中发现问题后，要及时反馈，甚至把这一项列入了门店负责人的考核标准中，与薪酬直接挂钩。与此同时，亚朵酒店集团还邀请用户一同参与监督，在亚朵App和微信小程序上均上线了“随手拍”功能，用户可以随时反馈在入住过程中的体验。

资料来源　王玮. 升级服务标准，酒店要让消费者住得更安心［N］. 中国旅游报，2020-03-15.

7.2　服务时机与顾客心理

顾客的购物、进餐、住宿、游览等消费活动都是在不同的时间进行的，都有一个时间过程。所以服务也必须围绕着顾客的消费时间来提供。在接待服务时间里，要想使服务达到最佳效果，就必须把握好服务时间和时机。

7.2.1　服务时间与顾客心理

在旅游活动中，服务人员的工作和顾客的游览、参观、进餐、住宿都有一个时间过程。这一过程都存在着各自的“起始点”和“终结点”。这样，服务工作的“起始点”和“终结点”能否与顾客对服务需求的“起始点”和“终结点”相一致，对顾客的消费心理和消费行为的影响是大不相同的。

一般说来，如果旅游服务时间和顾客的消费要求时间基本一致，顾客就会感到便利和满足。在此时间里顾客就会愉快地接受服务，进行消费。如果旅游服务时间和顾客的消费时间要求不一致，顾客就会感到不便和失望，在行动上也很难接受其服务。出于无奈，即便是接受了服务，在情绪上也会是不愉快的，后续行为将受到很大影响。

其实，服务时间不仅直接影响顾客的消费心理和行为，而且顾客的消费心理和行为还会受到服务时间的间接影响。服务时间的间接影响是通过服务人员在利用服务时间上表现出来的。服务人员的精力是有限的，在服务过程中，由于旅游旺季游客较多，劳动量增大，或因天气变化，车辆、飞机出现故障，游客贪玩、贪杯、留恋景点延长了服务时间，都会使服务人员产生疲劳感，工作热情减退，进而影响服务表现。服务人员的这种服务表现自然也会影响游客的消费心理和行为。

1）科学的服务时间策略

服务时间问题是一个严肃的问题，主客双方对此都十分关注。从旅游业角度考虑，服务时间安排得是否合理，直接关系到企业的经营效果。从顾客本身考虑，服务时间安排得是否符合自己消费的需要，直接影响着实际的消费行为。为此，如何科学地安排服务时间是旅游业的一个重要课题。那么，如何安排服务时间呢?

（1）正常服务时间要稳定不变

在正常情况下，旅游服务时间是固定的、有保证的。游客有计划的活动也都依服务时间长短来安排，从而保证活动在时间序表中顺利进行。但在特殊情况下，服务时间就要特殊安排，否则，服务时间与游客的需求不符合，则会影响客人的消费行为。

（2）特殊情况服务时间的安排要有灵活性

服务时间的稳定性是相对的，但在季节变化、客流量变化以及节日的情况下，服务时间就必须作适当的调整。比如，在旅游旺季或节日期间客流量增大，饭店的整个服务时间就要延长。另外，冬天和夏天白天时间不同，如果夏天的服务时间和冬天的服务时间没有区别，那么，夏天里将有较长的时间不能被利用，客人是不会满意的。因此，灵活安排服务时间，是满足顾客需求的上策。

（3）各种服务项目、服务时间的安排要有多样性

顾客兴趣的广泛性是不一样的，对各种服务项目的要求在顺序上也有先有后。因此，在支配消费时间上彼此都存在着较大的差异。在此情况下，如果各种服务项目的服务时间“起始点”和“终结点”都相一致，那么，就极大地限制了游客对不同活动项目的消费要求，客人自然不满意。为此，各个服务项目的服务时间应针对这一特点实行多样性策略。

【实例7-4】 “超时”的送餐服务

20：00左右送餐电话响个不停，原来是2919房客人要求房内用餐，“先生，您需要用些什么?”“一碟绍兴糟鸡、一条红烧鲈鱼、麻辣豆腐、番茄蛋汤加两碗米饭。”“好的，先生。”服务员说完便搁下电话立即通知餐饮部，大约过了30分钟，2919房客人又打来一个电话，还未等服务员开口便一顿骂：“想把人饿死吗？还说是五星级，到现在还没送来。”服务员刚要道歉，对方已经将电话挂断，服务员再次去催厨房，5分钟以后晚餐终于送进了2919房。

分析：

送餐服务是高星级酒店的一项常规服务，它具有严格的时间限制，但也需跟客人所点的菜的烹饪时间相联系。此案例中客人所点的菜所需的烹饪时间与他跟催的时间显然是不符合的，因为红烧鲈鱼的烹饪时间较长，所以作为订餐员首先要对客人所点的菜的一些相关知识进行了解，这样才能给予客人一个明确的答复。当客人订完餐后即告知一个明确的时间，若某一道菜制作较麻烦应向客人事先说明，以免引起投诉。但无论怎样，酒店给予客人的任何承诺都必须做到、做好，这关系到酒店的声誉。一些有经验的服务员知道8分钟后可以送到的，会告诉客人10分钟后送到，这样当菜肴提前2分钟送到房间时，比客人期望的要快，自然就会得到客人的格外称赞。

资料来源　作者根据相关资料整理.

2）顾客等待时间与顾客心理

在旅游企业的服务现场，顾客等待的现象似乎处处可见，以饭店为例，客人在总台等待办理入住或结账手续、在餐厅等待上菜，还有等电梯、电话等。对于顾客来说，等待意味着在一段时间放弃做其他的事情，使人厌烦、焦虑甚至恼怒。对于旅游企业来说，过长时间的等待，或者即使是预计较长时间的等待，都会导致失去顾客。

美国一位研究等待心理的咨询顾问戴维·梅斯特（David Maister）曾说过，无论是亲自排队还是等待接通电话，等待行为对于顾客来说“都有着与事实不相称的高度影响”，“等待能够破坏一次实际上十分完美的服务过程”。因此，如果旅游企业的一项服务要求它的顾客等待，作为管理者应想方设法缩短让顾客等待的时间，或者至少使等待变得容易忍受，最好是变得令人愉快或者能满足人们此刻的某种需求。而让这些目的实现的基础是建立服务等候区域。这个区域虽然不执行服务的具体功能，却能给服务提供“预热”，是使顾客保持良好心情进入体验状态的必经区域，直接影响到顾客随后的服务体验效果，因而旅游企业应对此区域予以足够的重视。

顾客在等候区域对时间的感知与实际时间是有差异的，这与等候区域设施设备的布置密切相关。如果设施设备能为顾客提供舒适的环境，并采取某种让顾客参与的形式“占据”这个等候时段，顾客的“心理等候时间”就要远远短于实际等候时间，甚至有时顾客会感到“怎么不知不觉就轮到我了”。如果设施设备的配置不能达到这一要求，顾客就会感到焦躁不安、“度日如年”，心理等候时间会大大长于实际等候时间。

许多旅游企业在等候区域的成功设计证明了这一点。为减轻顾客等候电梯时的无聊，饭店在电梯口设立了报栏供顾客阅读；餐厅在服务等候区开设小酒吧，安装电视播放娱乐节目，也帮助顾客缩短了心理等候时间。排队等待中的顾客心理及应对策略见表7-3。

除此之外，还应考虑与顾客等待时间相关的以下几个方面：

（1）精神上的等待时间

顾客精神上的等待时间通常比实际的等待时间更重要，因此应关注顾客对服务时间的期望与感知。可以考虑：

表7-3 排队等待中的顾客心理及应对策略

排队等待中的顾客心理	应对策略
1.空闲比忙碌感觉时间更长	使顾客在排队等待时有事可做，以分散他们的注意力或忘掉等待（例如，餐馆设置茶座让等待的顾客喝茶聊天；牙医办公室准备报纸、杂志；修理店铺的休息室放置电视机等）
2.进程前的等待比进程中的等待感觉更长	•一旦服务开始，等待就似乎变短了，而在等待之中会感到更焦急（例如，餐馆递给等待之中的顾客菜单，使他们感觉服务已经开始并有事情可做） •顾客害怕被遗忘，但一旦服务开始了，这种心理便会消失（有时一则简单的消息也会达到这种效果。例如，学生收到一封来自所申请的大学的短信可以使焦急的等待变短，尤其是当短信中说明了做出最后决定的大致日期时）
3.焦虑使等待感觉更长	•“害怕被忘记”可能是顾客焦虑的一个原因 •不知道还要等多久、服务会怎样、是否排对了窗口，或排队买票时担心能否买到票等，都会使顾客感到焦虑 •任何可以缓解顾客这种焦虑的行动都可以使顾客的等待感觉更短、痛苦更少
4.不确定的等待比已知的、有限的等待感觉更长	•当顾客不知道服务何时开始时，会感到等待时间更长，也会更焦虑 •给顾客一个对等待时间的估计，有助于顾客心情平静下来并接受事实 •估计必须谨慎并接近实际，但有时候过长的估计会给顾客以惊喜（例如，迪士尼公司张贴对每一个节目推测的等待时间，且通常是过长的推测）
5.没有解释的等待比有解释的等待感觉更长	•当顾客被告知等待的原因时，他们会感到更舒服并给予更多的理解（例如，护士对等待的患者解释医生因为有一个紧急手术而可能迟到时，大部分人会理解；一个航班延误时，如果能够向顾客清楚地解释是天气的原因，顾客也会给予充分谅解） •诚实对待顾客，并主动解释服务延迟的原因
6.不公平的等待比公平的等待感觉更长	•大部分顾客在等候时看到有人插队或其他不公平现象发生都会感到恼怒（例如，在超市排队结款时，收银员不按排队顺序为队中的其他人先结账），也会使顾客感到等待时间比实际更长 •加强员工教育，防止不公平现象发生 •对遭受到不公平待遇的顾客采取补救措施
7.服务越有价值，顾客愿意等待的时间越长	•用于排队等待的时间是顾客为得到服务愿意付出的非货币价格 •服务越有价值，顾客愿意付出的非货币价格越高 •服务管理者必须很深入地了解他们提供的服务对顾客究竟有多少价值，确保顾客不会因等待时间而降低对服务的估值
8.单独等待比群体等待感觉更长	•等待中的顾客因为互相之间不认识，会感到孤独，尤其是当顾客之间没有交流也没有其他分散注意力的事情时 •服务管理者应创造顾客之间的交流机会，使他们形成群体感觉并分散他们的注意力

资料来源 MAISTER D. The service encounter: managing employee/customer interaction in service businesses [M]. MA: Lexington Books, 1985.

① 使顾客明白你知道他正在等待。这类信息最理想的应是通过此时站在柜台后为客人提供服务的员工体贴的服务态度与理解的表情透露出来。

② 告诉顾客还要等多久。不确定的等待使顾客不能形成等待时间的合理期望，会使顾客产生焦虑与不满。使客人明确还需等多久，使他相信到某一时刻就会结束，就能有效地消除其顾虑。戴维·梅斯特指出，一些餐厅甚至故意告诉顾客需要等待很长时间，这样当实际等待时间比被告知时间要短时，顾客就会高兴。

（2）无聊的时间

等待的时间给人以空洞无聊的感觉，等待者无所事事，似乎只能任凭提供服务者的摆布，而且等待似乎将永远持续下去，没有人喜欢这种感觉。管理者必须以积极的方式填充顾客等待的时间，转移其注意力，尽量使等待时间令人愉悦。对于打电话占线的客人，一段音乐录音就足以填补等待的时间，同时使客人知道电话还未接通。对于在餐厅等待用餐的客人，可以建议先到酒吧小坐片刻，这可使餐厅增加收入。总之，这些转移注意力的方法需要管理者发挥想象力，尽量填充顾客无聊的等待时间。

（3）服务已经开始

如果顾客感到服务已经开始，那么与服务还没有开始的时候相比，他们通常会更能容忍较长时间的等待。因此，对于可分为几个阶段的服务可以采取先实施某个步骤的方法使等待变得不那么引人注意。这种与服务相关的转移注意力的方法向顾客传达的就是服务已经开始这样一种信息。例如，在餐厅里把菜单递给等待中的顾客。

（4）“对不起，我是下一个”

在等待者心中都有一个排队规则：先到达者先接受服务。当一位顾客看到后到的人比自己还早接受服务时，纵然他不暴跳如雷，至少也会很恼火。而提供服务者此时可能会被当作主谋，成为顾客发泄怒火的对象。因此，应尽力避免先到达先服务的排队规则被破坏。一个简单的方法就是领号。每位顾客依其先后都会拿到一个接受服务的顺序号码。顾客不需排一个正式的队伍，可自由地在等候区内走动甚至根据自己对服务速度的判断出去办其他事情，这就大大增加了顾客的自由度（如图7-5所示）。

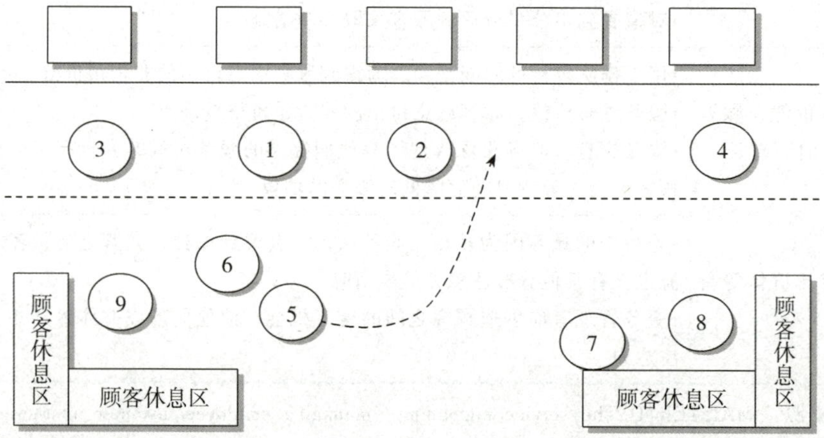

图7-5　叫号型等候

7.2.2　服务时机的心理作用及把握

服务时机是指服务人员为顾客提供服务的“火候”与“机会”。它对顾客的消费心理和行为有较大的影响。

在旅游服务工作中，常常发生这种情况：尽管服务人员满腔热情地为游客提供服务，但游客有时不仅不领情，反而流露出厌烦或不满的情绪。是游客不通情达理吗？当然不是，这里有一个很重要的原因，那就是服务人员没掌握好服务的时机。

在实际的服务过程中，经常会发现游客对“适时”的服务非常满意。“适时”即恰到好处，会使游客产生愉快的心情。如果服务时机“超前”，游客会产生厌烦情绪。如果服务时机“拖后”，游客会产生不满情绪。那么，如何把握好服务时机呢？

服务时机的把握不是机械地靠秒表就能做到的，它凭的是服务人员的直觉或感觉，往往需要多年丰富经验的积累，以及个人的才智和灵性才能悟到。从某种意义上说，它是服务人员在服务工作上的主动进取精神的表现。

服务时机的把握可分为主动把握和被动把握两种，并且这两种情况常常是并行的（如图7-6所示）。主动把握就是服务人员主动自觉地去“寻找”和发现服务时机，以便提供相宜的服务；被动把握就是游客一旦提出某种合理的需求，服务人员就应立即帮助其解决，毫不拖延地为其提供服务。

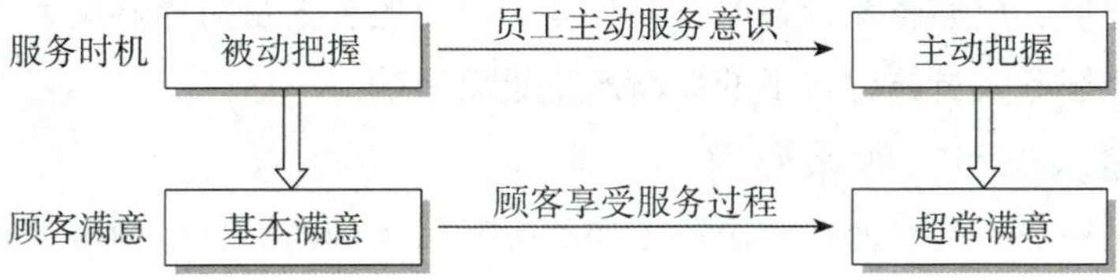

图7-6　服务时机把握与顾客满意度

如何寻找或发现服务时机？首先，服务人员要掌握游客特点，并留心观察游客当时的体态表情。心理学研究认为，一个人的真实本性、真实自我是始终一致的，在大多数情况下游客会做出符合本性的反应。旅游服务人员若能广开视听，尽量观察游客当时的举止表情，并将所得到的印象归纳成对自己有利的具体线索，就能发现游客直接或间接表现出来的真实自我。其次，注意分析游客的交谈言语或自言自语。古人说得好，“言为心声，语为人镜”，游客的自言自语能够反映出游客的需求趋向。再次，正确辨别游客的职业身份。游客的职业身份不同，对服务工作会有不同的需求。最后，注意游客所处的场所。因为环境不同，人们的心境也不同，对服务的需求也会有差异。以上四点概括起来，就是通过举止看需求，考虑环境场合察心境，把心境和需求结合起来定时机。

7.3　员工行为与顾客心理

7.3.1　员工服务技能的心理功能与提高服务技能水平的途径

服务技能是服务人员对服务知识和操作技能掌握的熟练程度。它同服务项目、服务态度等一样关系到整个企业的形象，影响着游客的消费行为，也是优质服务的极其重要的因素之一。

1）服务技能的心理功能

服务技能有高低之分，内容涵盖知识和操作两个方面。一般来说，服务技能水平高的服务员，不仅有娴熟的操作技巧、超群的服务技艺，还有丰富的知识和信息。这样的服务员一般服务时间短、效率高、动作麻利、指向性准确、成果非同一般，易使游客产生一种安全、可靠、欢乐、美好享受和继续消费的心理和行为。反之，如果服务员信息和知识贫乏，操作加工粗劣、笨拙，会让游客产生失望感，影响其消费。

2）提高服务技能水平的途径

高超的技能水平，是向游客提供优质服务和满足消费需要的坚实基础。为此，努力提高服务人员的技能水平，是十分重要的事情。

服务技能水平的提高涉及方方面面。对服务人员来说，应努力提高自身的文化素质，端正对提高服务技能水平的态度。对旅游企业来说，应努力完善各种规章制度，创造良好的环境条件和学习平台，为员工提供具体、有针对性的培训课程。

旅游企业方面的种种因素是制约服务技能提高的重要原因。比如旅游业对服务人员技能水平的考核、奖惩制度，旅游企业领导的重视程度，日接待游客的人数，游客对服务技能高低的反应强度，旅游企业设备的新旧程度，以及服务人员对提高服务技能的紧迫程度与气氛等，都对服务人员技能水平的提高产生重要影响。

7.3.2 员工服务态度与顾客心理

服务态度是服务人员对游客和服务工作的一种行为倾向。良好的服务态度是优质服务的重要内容，也是旅游业树立企业正面形象的关键因素。它影响游客的消费行为，影响主客之间的关系，影响企业的信誉，影响企业的经济效益。旅游服务态度是旅游企业家们所关注的焦点，也是广大游客所注意的中心。

旅游服务态度是旅游服务人员针对服务的对象——游客和服务工作的状况产生的。它不仅具有浓厚的职业色彩，还具有浓厚的情感色彩，对游客的心理和行为产生重要作用和影响。由于旅游服务态度的强度和方向不同，对游客的心理和行为的作用和影响也不同，具体表现在以下两个方面：

其一是感召功能与“逐客”功能。感召功能是指良好的服务态度对顾客所产生的吸引力。“逐客”功能是指低劣的服务态度给游客造成的心理反感和心理“威慑”。

在旅游活动中我们常常见到如下一些情况：有些旅游者对某些景点非常感兴趣，有些旅游者非常乐意选住某一饭店，有些旅游者特别喜欢接受某一旅行社的服务。这是为什么呢？是景点别致，是饭店豪华，是旅行社有强大的接待队伍吗？都不是。究其原因，人们所回答的大都是因景点、饭店、旅行社服务人员工作热情主动、服务周到、有礼貌、肯为游客排忧解难等良好的服务态度。可见，良好的服务态度，犹如黏合剂，会使游客和服务员更加亲近。它又像催化剂一样，会促使游客加快实现由消费动机向消费行为的转化。它还像磁石吸铁一样，吸引游客再次惠顾。它还像美容师，为企业塑造光辉的形象，赢得游客好评。在实际旅游活动中我们还可看到另外一种情况：服务人员服务态度恶劣，对游客不尊重，不一视同仁，甚至冷嘲热讽、挖苦斥责、出难题、设障碍，使得游客心灰意冷，或望而却步，或另寻他家。这是恶劣的服务态度作用于游客所产生的后果。

其二是感化与激化功能。感化功能与感召功能在心理作用上是相似的，只是在程度上有所不同。感化功能轻于感召功能，它也是服务人员以优良的服务态度对游客所产生的一种吸引力。感化功能与感召功能相比，虽不能使游客产生较强的趋向力，但它却能起到化解游客不满情绪和转变游客对企业和服务看法的作用。在旅游市场上我们常见到某些旅游者对某些旅游产品并不十分满意，但旅游服务人员的热情好客、诚恳待人之举，使得这些旅游者转变了看法。这就是态度的感化功能所起的作用。

激化功能正好与感化功能相反，它是指在服务工作中服务人员本身在工作上的不热情、不主动、不耐烦，致使游客产生情绪波动、理智失控、心理冲突加剧的心理作用。这种作用常常产生不良后果。

服务态度对做好服务工作具有重要的心理功能，这已成为旅游业界的共识。那么，怎样才能使旅游服务人员在服务中表现出良好的服务态度呢？要解决这个问题，是很复杂的，它既涉及服务人员自身意识，也涉及社会和周围的环境条件；既包含服务人员自身可控制的因素，也包含服务人员自身不能控制的因素。因此，必须综合考虑，多方入手。

第一，自我尊重。这是服务人员对自身做服务工作的看法问题。这一问题的解决对从事服务工作十分重要。若服务人员不能正确对待自己所做的服务工作，那他就不可能有强烈的服务意识，更不会主动热情地为客人服务。因此，自我尊重是做好服务工作最重要的心理条件。如果一个服务人员认为自己干服务工作不光彩，低人一等，必然因自卑感而厌恶服务工作。当他感觉到顾客有不尊重自己的迹象时，会以维护自己的尊严为由，与顾客翻脸相斥，或据理相争，或态度粗暴，或表现出不耐烦等。因此，要确立良好的服务态度，首先要自重。

第二，自我提高。这就要求服务人员要提高自己的文化修养、职业修养和心理素质。因为一个人的文化知识与职业知识，能使其眼界开阔，理智成分增强，从而影响其职业观念和处事态度。良好的心理素质，如忍耐力、克制力和稳定乐观的心境，能使一个人自觉主动地形成和保持良好的服务态度。

第三，完善服务行为。服务行为常被游客称为服务态度，为此，要确立良好的服务态度，就不能忽视服务人员的服务行为。服务人员的服务行为常表现在服务表情、服务举止和服务语言三方面。完善服务行为，一是要求服务人员有愉快的表情，有发自内心的自然微笑；二是要求服务人员站立姿势要挺直、自然、规矩，行走时要平稳、协调、精神；三是要求服务人员有良好的语言表达能力，“好话常说”“好话好说”。

第四，改善服务环境。环境影响情绪，情绪影响态度。良好的环境会使服务人员产生愉快的情绪，愉快的情绪会使服务人员表现出良好的服务态度。如果一个旅游企业环境条件差，设备简陋、用品陈旧，或客流量大、工作无秩序、干群之间不协调、同事关系紧张，必然会使服务人员情绪低落。一旦这种情绪转嫁给游客，就会形成一种失礼的服务态度。为此，旅游企业应想方设法改善工作条件、协调人际关系、改进领导作用、密切干群关系，科学地进行企业管理，为形成良好的服务态度创造良好的工作环境和条件。

态度是人的一种内在的心理体验，所以它不能直接被观察到，而只能通过员工的语言、表情、动作表现等进行判断、分析，因此，本节分别从这三个方面来阐述员工态度与顾客心理的作用关系。

1）员工服务言语与顾客心理

服务言语，是指在旅游服务过程中，服务人员借助一定的词汇、语调表达思想、感情、意愿，与游客进行交往的一种比较规范的、能反映一定文明程度的，而又比较灵活的口头言语。服务言语影响顾客的心理和行为，也影响顾客对服务工作的评价。

（1）服务言语的心理功能

言语具有社会性，对人的心理和行为会产生重要的影响。在旅游服务中，服务言语适当得体、清晰、纯正、悦耳，就会使游客有柔和愉快、亲切之感，对旅游企业和服务工作产生良好的反应。反之，服务言语“不中听”，生硬、唐突、刺耳，客人会难以接受。强烈的言语刺激，很可能会引起顾客强烈的不满和“反唇相讥”的行为，严重影响企业的信誉和游客对服务质量的评价。

（2）提高服务言语的表达效果

对以言语交往为主要工作内容的旅游服务人员来说，服务言语如何表达是事关服务质量和服务态度的重大问题。因此，提高服务言语的表达效果就显得更为重要。那么，如何提高服务言语的表达效果呢？

① 运用动作的力量。动作与言语的表达力和感染力之间的关系是极为密切的。优雅得体的动作，会增强言语的感染力量。旅游服务实践证明，只要配合服务言语的动作明确，意向清楚，与语感、声调相宜，就会使游客的听觉和视觉同时得到良好的“双向刺激”，收到增强言语感人程度的效果。

② 发挥表情的作用。心理学研究成果表明，当人的视觉和听觉同时进行工作时，听觉收到的信息（语言刺激），与视觉看到的映象是相互作用的。二者既互相促进——有效地烘托语言与映象的感染力，又互相制约——抵消和削减乃至破坏语言或映象的效果。因此，旅游服务人员在使用服务言语时，一定要与表情相配合，使游客在听觉和视觉上同时受到刺激，使大脑兴奋起来，迅速产生共鸣，从而使服务言语达到最佳效果。同时还要针对游客的情绪变化，随时调节自己的表情，使服务言语产生强大的艺术感染力，以此打动游客。

③ 注意说话的技巧。为使旅游服务言语达到良好效果，服务人员在与游客交谈时，言语应准确精练，想说什么，想表达什么意图，应紧紧抓住“中心”，绝不能虚虚飘飘，使人不知所云，影响游客的情绪。服务人员应选用合适的语句，准确、恰当地表达自己的思想，做到“言不在多，达意则灵”。如果为追求语言美而乱用词汇，或使用冷僻字，将会使服务言语失去“重量感”或出现误解现象，因此交谈时要慎重地斟酌措辞。另外，要

注意语法修辞。言语中的语法错误、修辞不当，也会使游客产生误解。服务言语最基本的出发点就是尊重客人。因此，服务人员说话一定要因人而异，符合游客要求，使游客产生亲切、自然、顺耳、满意之感。

④ 讲究说话的艺术。旅游服务言语具有鲜明的职业特点——服务性。从事旅游职业的服务人员必须讲究说话的艺术，才能使服务言语在提高旅游服务质量方面发挥重大作用。一般说来，服务言语艺术的标准是相当明确的，如主动热情地说服务的话，耐心周到地做服务的事，文明礼貌地当好游客的“向导”，设身处地地当好游客的“参谋”，让游客得到物质和精神上的满足。为此，旅游服务人员在与游客讲话时就要注意多使用恭敬和谦让、道歉和致谢、赞扬和祝愿、理解和安慰、顺耳且亲切等富于人情味的言语。

【实例 7-5】 巧言解尴尬

导游员带领一批游客去革命根据地江西参观学习，途中导游员向游客介绍当地风土习俗时说：“尝三留一是江西有些地区的待客习俗。”（她原本是想说尝一留三，结果误说成尝三留一）这时地陪听后竟哈哈大笑起来。原来，当地人为了招待好客人，时常把鸡蛋、大块肉和油煎豆腐这三个品种作为正餐主菜，若客人不吃，主人会不高兴，若客人将它们全部“消灭”，主人则认为客人失礼。因此，懂得规矩的客人一般都采用尝一留三的礼俗，以示客人遵守习俗礼仪。地陪笑完后说：“只怕是客人要失礼，主人又不高兴哩。”导游员并未因说错而闭口，她想了想说：“所谓尝三，我的理解是餐桌上的那三道主菜不能碰，其他菜均可吃，三是表示多种的意思。所谓留一，就是正餐主菜这一套传统菜只能吃一种，其他不能碰。这就好比有些地方最后一道菜必定是鱼，而客人都不去碰它，这叫‘吃后有余’（鱼的谐音）。”这位导游员真可谓是以“理”服人，据理辩解，其实就是“尝一留三”的翻版。

分析：

俗话说：“智者千虑，必有一失。”导游员在带团过程中，给游客讲解或交流时难免说话出错，造成麻烦和尴尬的局面。如果导游员能做到立刻分析和研究失言所产生的原因，并巧妙地“亡羊补牢”，就能把自己的失言所造成的麻烦和尴尬降低到最小限度。本案例中的导游员可谓机智灵活，虽说错在前，但能机灵变通，最后巧妙地让原本矛盾的两句话达到一样的讲解效果。

资料来源 作者根据相关资料整理.

灵活地使用服务用语，要处理好规范用语和服务用语个性化的关系。使用规范服务用语是目前旅游业内较流行的做法，这往往使消费者感到旅游企业的一种“规范性”和管理上的严格程度，从而有一种“放心感”。但标准化用语人情味不足，容易使人感到“做作”成分太多，且有限的几句标准用语很难适应瞬息万变的各种服务场景，所以许多旅游企业引入了较多的个性化服务语言来弥补标准化的不足。比如，许多酒店引用了日本零售业提出的“彩虹式”打招呼法，与标准化的“您好，欢迎光临”不同，服务人员可根据顾客的不同情况而采用灵活多变的方法打招呼。如遇常客，则可说：“××先生／小姐，您来了。”如遇客人半途返回，则说：“××先生／小姐，您回来了。”现在越来越多的旅游企业推行“社区小店式”服务方式来增强服务的人情味，其中记住客人姓名、称呼客人的姓名就是非常明显的在服务用语上的变革。

2）员工面部表情与顾客心理

与语言相配合，恰当的表情能体现出对顾客的尊重，甚至能代替服务用语。通常，旅游业以“微笑”来作为服务表情的代表。保持微笑是应付任何尴尬服务场景的万用药，因此，许多旅游组织开展“微笑培训”，借此提高员工的微笑服务水平。当然，要使员工能随时保持“微笑”且不会被认为是“职业性微笑”，是不能完全以设定服务标准来达到的，而是要通过多种能使员工满意的措施来使员工表现出发自内心地对顾客光临的热情欢迎。

表情不仅仅体现在“微笑”上，它还涵盖多种服务场景下的多种表情，如对顾客的某种投诉表示同情的神态。这些表情不仅体现为面部运动，更重要的还有目光传递。这在西方被命名为“目光接触”。目光接触表现了对顾客的尊重，在服务较忙的时候又表达了另一种信息：我正忙，但我已知道您的情况，我将很快为您服务。目光接触的训练已成为西方许多旅游企业岗前培训的重要内容。

3）员工身姿动作与顾客心理

人的姿势与动作是人的思想感情和文化修养的外在体现，也反映着对他人的态度。西方服务业非常重视形体语言对顾客心理感受的影响，在服务姿态与动作设计上做了许多研究，其重要性可见一斑。服务姿态和动作中最应关注的有以下几点：

（1）手势是语言交往的辅助手段

手势有情绪性的，如恼怒时握拳，恐惧时掩鼻等；有指示性的，如招手示意人过来，挥手示意人走开等；有描述性的，如可以用手比画东西的大小、形状等；有礼仪性的，如双手递送物品体现对顾客的尊重等。导游员在讲解时，手势可以衬托、强调关键性的话语，可以显示个人风格。当然，手势的运用也不可过多。不能没有目的地指手画脚、做作、分散游客的注意力。运用手势要明确、精练和个性化，恰到好处地运用手势既表示了对顾客的尊重，又体现了员工具有良好的礼仪和仪态。

（2）站姿和坐姿也不容忽视

站姿是一个人的全部仪态的根本之点，采用标准的站立姿势服务又是旅游服务人员尤为重要的基本功之一。同时，旅游业员工还要注意坐姿的文雅自如，坐得端正、稳重、自然、亲切，给人以一种舒适感。具体来说，入座时，要轻、要稳，不可响动过大。不论坐椅子还是坐沙发，姿势都要自然端正，以坐一半为好。也可靠在沙发上，但忌半躺半坐。另外，站着与客人交谈，身体要正对着客人，腰要挺直，两腿不要抖动。根据服务场景的要求，服务人员可选择采用站姿或坐姿服务。传统看法认为，站姿能体现出对顾客的尊重，而目前的观点则认为坐姿同样能达到此类效果，而且还能在一定程度上体现出服务的人情味，如为达到“零距离”服务的效果，服务者大多采用坐姿，形成一种“促膝交流”的氛围。

思政园地

古代礼仪三则

中国素有礼仪之邦的美称，礼在传统社会生活中无处不在，传统礼仪形态丰富完整，是中国宝贵的历史文化遗产。“礼”在社会中无时不在，出行有礼，坐卧有礼，宴饮有礼，婚丧有礼，寿诞有礼，祭祀有礼，征战有礼等。

1. 行走之礼

在行走过程中同样应注意人际关系的处理，因此有行走的礼节。古代常行“趋礼”，即地位低的人在地位高的人面前走过时，一定要低头弯腰，以小步快走的方式对尊者表示礼敬，这就是“趋礼”。行走礼仪中，还有“行不中道，立不中门”的原则，即走路不可走在路中间，应该靠边行走；站立不可站在门中间。这样既表示对尊者的礼敬，又可避让行人。

2. 饮食之礼

饮食礼仪在生活中占有极重要的位置，先秦时人们“以飨燕之礼，亲四方宾客”，后世的聚餐会饮也常常是一幕幕礼仪范本。迎宾的宴席称为“接风”“洗尘”，送客的宴席称为“饯行”。宴席之礼无论迎送都离不开酒品，“无酒不成礼仪”。宴席上饮酒有许多礼节，客人需待主人举杯劝饮之后，方可饮用，所谓“与人同饮，莫先起觞”。客人如果要表达对主人盛情款待的谢意，也可在宴饮的中间举杯向主人敬酒。在进食过程中，同样先有主人执筷劝食，客人方可动筷，所谓“与人共食，慎莫先尝”。

3. 见面之礼

人们日常见面既要态度热情，也要彬彬有礼。与不同身份的人相见，有不同的规矩。比如一般性的打招呼，可行拱手礼。拱手礼是最普通的见面礼仪，方式是双手合抱（一般是右手握拳在内，左手加于右手之上）举至胸前，立而不俯，表示一般性的客套。如果到别人家做客，在进门与落座时，主客相互客气行礼谦让，这时行的是作揖之礼，称为“揖让”。作揖同样是两手抱拳，拱起再按下去，同时低头，上身略向前屈。

资料来源　作者根据相关资料整理.

服务动作的“职业化”程度，即服务动作的规范程度非常重要，规范服务动作体现了员工的“职业化”程度，干脆利落的服务动作会给顾客留下良好印象，使他们感到旅游企业在业务方面的专业化水平极高，从而提高顾客对旅游企业的“信任感”。

【相关链接7-2】　服务质量差距模型

美国服务营销学者泽丝曼尔（Valarie A.Zeithaml）、毕特纳（M.J.Bitner）和帕拉苏拉曼（A.Parasuraman）三人在1985年建立了一个以消除服务质量差距为目标的“服务质量五大差距模型”（The 5-Gap Model of Service Quality），突出质量管理是服务行业中独特的难题（如图7-7所示）。服务质量五大差距模型可以作为服务组织改进服务质量和营销效果的基本框架。根据服务质量五大差距模型，顾客对服务的满意度取决于顾客实际感知到的服务质量与其期望的服务质量之间的差距。顾客期望高，而实际上感知的服务质量低于期望，那么顾客不会满意；相反，顾客期望不高，而实际上感知的服务质量超过期望，那么顾客就会满意。

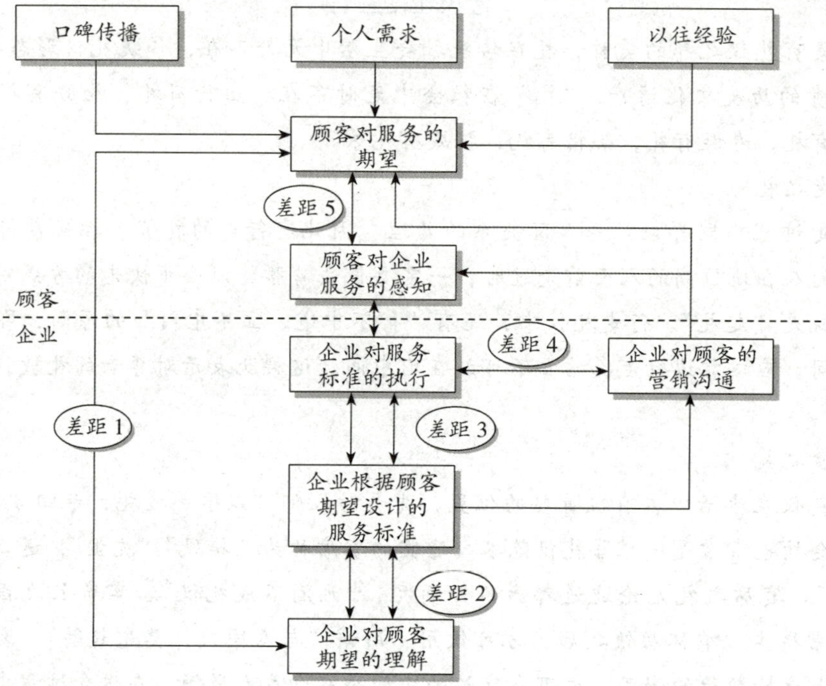

图7-7 服务质量五大差距模型

资料来源 梁彦明. 服务营销管理［M］. 广州：暨南大学出版社，2004：189.

【实例7-6】 北京王府饭店：关怀服务带来回头客

北京著名的王府饭店为客人提供的服务是关怀性的，强调关注客人个性化需要。对于第一次入住的客人，总机和各服务部门就能叫出客人的名字。多次入住的客人，门童会热情地说："您又来了！"在房间里，印有客人名字的信封、浴袍、毛巾早已备好了；在餐厅里，客人叫上来的菜一定是符合他特定口味的；楼层服务员嘘寒问暖，像老朋友一般。神通广大、无所不能的礼宾部可以满足任何一位客人的任何合理要求。曾有一位外国客人，突然想抽古巴雪茄烟，礼宾部一个电话打到香港地区，雪茄烟当晚就送到客人手里。因此，王府饭店的回头客特别多。

分析：

顾客在王府饭店感知的服务是一种"宾至如归"的服务。顾客在这里时时处处受到关注、受到尊重，饭店的礼宾部成了"关怀部"。

资料来源 作者根据相关资料整理.

本章小结

本章从服务场景、服务时机、员工行为三个方面剖析了服务具体环节对顾客心理的影响，探讨了如何设计服务场所环境、合理设置服务项目、加强技术与服务的结合；同时阐述了科学时间策略和把握服务时机的方法，强调了员工服务技能和服务态度的重要性。要使顾客达到满意，实现优质服务，不仅要让每个员工奉献出各自最美好的东西，也需要旅游企业管理者对服务有透彻的理解和深刻的感悟。

关键概念

服务环境　服务时机　服务技能　服务态度

基本训练

□ 案例分析题

柔和的灯光

在一个寒冷的冬日下午，温小姐提着沉重的行李箱来到了公司为她预订的蓝鸟酒店，坐了几个小时飞机的她真的累坏了，全身更是冷得直打冷颤。一想到要在这陌生的酒店里度过一个星期的时间，她的眉头就皱了起来。她是多么渴望家的温暖呀！

怀着沮丧的心情，温小姐跨进了蓝鸟酒店的大门。这时，一个甜美的声音传入耳中，“您好，欢迎您来到蓝鸟酒店，请问您是否预订了房间？”温小姐转过头，只见一位面带天使般笑容的女孩迎上前来，她一脸和煦灿烂的笑容让温小姐仿佛感到了春天的气息。

温小姐点了点头。

“请您随我到这边来登记一下好吗？我想您一定累了吧，我们会尽快带您到客房休息的。行李很重吧？我替您提吧。”女孩轻声询问着。

“好的，麻烦你了。”温小姐忽然间觉得也许在这里待上几天也不会太糟吧。

办完登记手续之后，当她还在吃惊于服务员办理登记手续效率之高时，她已经被服务员带到了自己的房间。

房门一打开，她在心里忍不住惊叹：鹅黄色的厚重落地窗帘阻隔了外面的严寒，同一色系的地毯从门口延伸到整个房间，宽大柔软的杏仁色丝绒床褥，衬上床上那几个柔软舒适的抱枕，给整个房间带来了一种温馨如家的氛围。房间的灯光十分柔和。茶几上摆放的那几盆绿意盎然的小巧盆栽，一看就知道是经过了精心搭配，让整个房间充满春天的气息。还有床头旁边那精致的粉红色梳妆台上摆满了各种女性保养品及整套的化妆品，让温小姐感到自己走进了一个纯女性化的世界。台面上的一个粉红色的信封上写着：欢迎小姐您来到本酒店，这是我们送给您的小小礼物，希望您在本酒店度过愉快的一周！

“小姐，请问您现在需不需要用晚餐呢？我们可以为您送到房间来。”服务员带着亲切的笑容询问着。

“哦，好的。但我想先看一下你们酒店的菜谱，可以吗？”温小姐说。

“哦，当然可以。”服务员立刻把菜谱递给温小姐。

“嗯，我就要这份套餐吧。请你们八点钟的时候再送来吧，因为我想好好洗个热水澡。”温小姐面对服务员的亲切态度，语气也不自觉地放缓了。

“好的，那我不打扰您了。有什么需要的话可以随时找我们，我们很乐意为您服务。”服务员说完就退出了房间。

温小姐拿着换洗衣物随后走进了浴室。按下电源开关，整个浴室顿时被笼罩在一片柔和的粉红色灯光之中。当她调好水温，躺进浴缸时，她惊喜地发现，原来浴缸里还安装了一套自动按摩仪器。她把按摩仪固定在肩膀上，接着按摩仪就自动地按摩她的肩膀和脖子。按摩仪按摩的力度适中，让她感到自己的全身神经都得到了放松，差点就想美美地在浴室里睡上一觉了。

在浴缸里泡了半个钟头后，她披上柔软的浴巾精神焕发地走出了浴室，换上摆放在门旁边可爱的毛茸茸的拖鞋，忽然之间仿佛回到了纯真的少女时代。

“叮咚——”门铃在八点钟准时响起。

打开房门，菜香扑鼻而来。温小姐的肚子开始不争气地响了。她不禁不好意思地对这位有着亲切笑容的服务员笑了笑。

“没事，这是自然反应嘛。看来您真的饿了，请快点用餐吧。一个人出门在外，可别饿坏了自己哦。”服务员对温小姐微笑着说。

“嗯，谢谢你们!”听着关切的话语，看着亲切的面容，温小姐不禁心头一暖。她心里暗暗想着，下次一定还入住这家充满人情味的酒店。她开始期待接下来这一周的酒店生活了。

资料来源　作者根据相关资料整理.

讨论题：

1.本案例中涉及本章讲述的服务环节的几个方面？该酒店每个服务环节有什么独特之处？

2.不同年龄阶层、不同性别的顾客，其需求不尽相同。如果温小姐换成温女士甚至是未婚的温先生或已婚的温先生，在酒店入住长达一个星期，根据他们各自不同的情况，酒店会重新做哪些具体安排？

□ 思考题

1.服务项目的心理功能有哪几条？请举例加以阐述。

2.如何协调旅游企业信息化服务与人性化服务？

3.科学的服务时间策略是什么？如何缩短顾客等待时间？除本章中阐述的要点以外，你还能提出哪些可行性建议？

第8章

专业旅游服务的心理要求

学习目标

通过本章的学习，了解旅游服务的特殊性，理解旅游者对旅游服务的心理要求，知道怎样为不同的旅游者提供不同的服务。掌握旅游服务人员的心理策略，做好旅游服务。能够把本章的观念应用到实践中，能够分析和解决实际问题。

思维导图

8.1　饭店服务的心理要求

现代饭店服务包括前后台、软硬件、各个方面综合协调运转等一系列的活动。其中，前厅（总台）接待服务、客房服务是对住店客人影响极大的两个环节，决定客人对饭店印象的好坏中较大比例取决于前厅（总台）接待人员、客房服务人员的服务行为。所以，对客人在这两个服务环节上的要求进行分析以及对服务人员的服务行为要求进行研究，对于满足客人的不同需要以及加强对客服务措施的改进、提高服务质量具有十分重要的意义。

8.1.1　顾客对饭店服务的整体需求

饭店接待的客人是多种多样的，他们有不同的国籍、种族、职业、年龄、性别和宗教信仰，也存在着不同的个性。顾客对饭店的需求随着社会现代化的进程而越来越多，也越来越高。饭店所接待的顾客除少量是专门常住的，一般逗留的时间都比较少。面对这些情况各异，个性、兴趣不同，需求复杂，经济条件不同，且流动变化着的顾客，研究和了解他们的心理需求，创造“最令人舒适的住宿条件”是饭店的一项既艰巨又必须认真完成的任务。

顾客虽然是各种不同类型的人，但是他们也有共同的心理需求。一项调查研究表明，顾客头脑中把理想的饭店按其需求程度排列成以下14个标准：洁净、安全、方便、舒适、静谧、优质接待、餐饮、景致、周围环境、客房服务、咨询、洗衣、旅游信息、委托代办服务（如图8-1所示）。

图8-1　顾客对饭店的心理需求标准

8.1.2　前厅服务心理需求

前厅是设在饭店前台的销售饭店产品、组织接待工作、为客人住店提供服务的一个综合性部门。它包括门岗、迎送岗、行李运送、电话总机、住店登记、安排房间、回答问询、结算账目、商务服务等。其主要职责是接待服务工作。它既是饭店的门面与窗口，又是客人住店离店的集结交汇场所和各种信息的汇集处。前厅工作的好坏，直接反映饭店的工作效率、服务质量和外部形象。因此，做好前厅接待服务工作是提高饭店声誉、发挥前厅窗口作用的关键（如图8-2所示）。

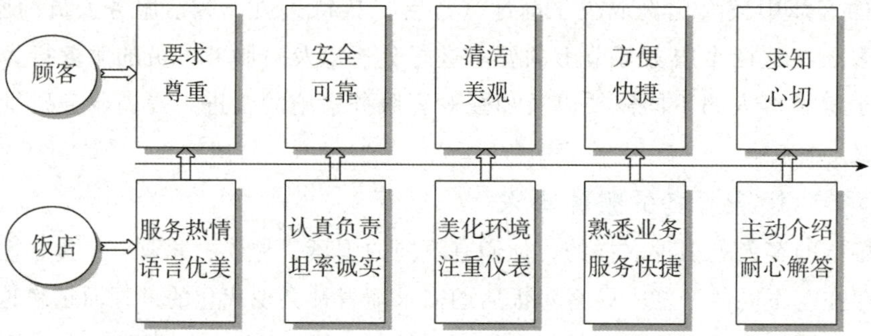

图8-2　前厅心理服务关系

1）顾客的基本需求

前厅服务不但要做好常规工作，如办理住店手续等，还要随时了解客人的需求和心理变化并反馈信息。虽然客人在前厅的时间很短，但是他们对饭店的第一印象是从前厅开始的。客人来到饭店首先去感知周围的事物，然后做出初步评价。客人在被接待过程中，对时间的知觉也特别敏感，不希望耽搁较长的时间，同时受尊重的需要也非常强烈。有些客人由于旅途劳累，来到饭店的强烈愿望是能找个地方休息一下；有的客人对这家饭店慕名已久，有一种信任感；有的是初次前来，感到陌生，甚至有些疑虑，如去哪里办入住手续，住宿条件是否方便、舒适等。一般来说，客人对前厅服务的基本需求主要有以下几个方面：

（1）要求尊重

尊重的需要是宾客在前厅非常重要的一种心理需求。当旅游者一进入饭店，首先打交道的就是前台的接待人员，他要求受到饭店的尊重，首先就是要求受到前台服务员的热情接待。不论旅游者以前的社会角色是怎样的，当他一进入饭店，与饭店服务员的社会角色就变为接待与被接待、服务与被服务的关系，而心理角色则体现为尊重与被尊重的关系。在饭店，服务人员与宾客之间的心理角色关系是由他们之间的社会角色关系决定的。在饭店服务中，旅游者得到服务人员的尊重，确立顾客至上的关系是理所当然的。所谓“顾客至上”，就是针对客人的受尊重需求提出来的。

（2）方便快捷

客人经过旅途奔波，渴望迅速安顿下来。如果服务人员效率不高，使客人等待，极易引起客人的厌烦情绪。前厅服务应该一切以客人为中心，具体服务过程中不能让客人感到手续烦琐。如果客人接受的第一项服务很方便，心里会产生愉快的感觉，这有助于消除旅途的疲劳。客人离店时的心理要求也是同样的，结账手续办理过程要准确、快捷，使客人能迅速离店。

（3）安全可靠

客人都希望在旅途住店过程中人财不受损失，而客人在观察饭店各种安全设施之前，首先接触到的是总台服务人员。服务员能否给客人以坦诚可信、认真负责的印象是构成安全感的主要因素。如果客人遇到的是情绪萎靡不振、验证马马虎虎、工作心不在焉的服务员，就会觉得该饭店不可靠、不安全。反之，如果服务员态度认真，为人坦诚沉稳，工作负责，就会缓解客人的紧张心理状态，初步满足其安全需求。

（4）清洁美观

客人来到宾馆，首先是用各种感觉器官去感知周围的事物，然后才通过思维对事物做出评价。客人要用眼去审视环境是否美观雅致、清洁整齐；用鼻去嗅闻空气是否清新、有无异味；用耳去听环境是否宁静；用皮肤去感觉温度是否宜人、物体触感是否舒适。第一印象由此开始建立。

（5）求知心切

游客到了一个陌生的地方后，就会迫切地想知道这个地方的各种情况，如风土人情、旅游景点、土特产品以及乘车路线等，以满足自己的好奇心理。因此，前厅服务人员在接待客人时，一方面要介绍本饭店的房间分类、等级、价格以及饭店能提供的其他服务项目，让客人做到心中有数；另一方面，如果客人询问其他方面的问题，服务员也要热情地介绍。例如，本地有什么风景名胜、有什么土特产品、购物中心在哪里、到每一个旅游景点的乘车路线及时间等。另外，前厅服务最好和旅行社的业务结合起来，把旅行社提供的服务项目和推出的旅游产品的有关资料准备好，以供客人咨询、索取、使用。这样做的另一个好处是冲淡客人在前台办手续过程中等待的无聊感。

2）前厅接待服务策略

针对宾客来到饭店时可能产生的心理活动，前厅部工作人员应该主动组织和调节宾客的心理活动。我们可以从以下几个方面做好接待服务工作，满足宾客的心理需求：

（1）熟悉业务，服务快捷

前厅要开展多项服务，如登记住宿，代订机、车、船票业务，代邮物品，代保管贵重物品、信件、钥匙，为客人传达口信，提供内外信息、叫醒服务等。总台服务要求高效准确，要做到这一点就必须熟悉业务，有熟练的服务技巧。在同时接待多位客人时，应按先后顺序依次办理，做到“接一答二照顾三”，节省客人时间，满足客人求快捷的需求心理。另外，饭店前厅的服务人员要真实而礼貌地介绍饭店的服务设施和项目、环境条件和饭店所在城市的情况，让客人有个大体了解，产生向往之感，满足顾客求知的心理需求。

（2）认真负责，坦率诚实

凡是住店客人，在进店时都要经过前厅，可以说前厅是负责酒店安全的第一道屏障。因此，前厅服务员工作时必须认真负责，严格执行操作程序。例如，仔细验收客人的证件(护照或身份证)，认真保管客人寄放的贵重物品，对来访的客人问清其身份，经住店客人允许后才准许其进人。前厅的服务人员应该具备坦率诚实的优良品质，讲话实事求是，态度诚恳稳重，以获得客人信任。

（3）美化环境，注意仪表

① 美化环境。前厅是饭店的脸面，饭店必须十分重视环境的美化对客人所产生的心理效应。一般情况下，前厅光线要柔和，空间宽敞，色彩和谐高雅，景物点缀、服务设施的设立和整个环境要浑然一体，要烘托出安定、亲切、整洁和舒适的气氛，使客人一进饭店就能产生一种宾至如归、轻松舒适的感受。前厅布局要简洁合理，各种设施要有醒目易懂的标志，使客人能一目了然。大厅内所有设施、环境要始终保持高度清洁卫生、宁静幽雅。日本东京大仓酒店把总服务台安排在大厅之外的地方，在门厅内不直接看到总台前订房、结账的熙攘人群，听不到喧闹的声音，加上温度宜人、气味芬芳，令人心旷神怡。

② 注意仪表。前厅接待人员的仪表美和环境美有着必然联系，它们之间必须和谐一致。接待人员的仪表应与环境的美化相辉映。仪表美不仅指面部亲和、衣着整洁，而且包括站立、行走的姿势。接待工作人员要以自己整洁大方的仪表去吸引宾客，面部表情和神态举止，要引起宾客亲切、自然的共鸣。仪表与礼貌是分不开的，接待人员应熟练掌握礼貌用语，了解各个不同国家、民族的风俗礼仪。仪表美也应该是心灵美的反映，服务人员要加强自身修养，做到内在美与外在美的高度统一，绝不能成为一种纯商业性的、简单机械的人体器官运动，给宾客一种虚假的感觉。

（4）主动热情，语言优美，尊重风俗

① 主动热情。所谓主动热情就是时时处处替客人着想，在客人开口动手前满足其需求。有时客人会问你到饭店的某处怎么走，当然你可以告诉他如何去，但如果这时你工作不忙，亲自领他去，其服务效果就可能完全不一样。细微之处见真情，这虽是服务员的举手之劳，其产生的心理效应却是很大的，会使客人有受到特殊优待的感觉，满足其受尊重的心理需求。

② 语言优美。饭店以出售服务、使宾客满意为宗旨。要使宾客对服务感到满意，接待人员要研究语言的艺术。语音、语调应该是悦耳的、清晰的；语言的内容应该是准确的、充实的；语气应该是诚恳的、有礼貌的。为了使语言能够为宾客接受和理解，接待人员应尽可能多地掌握多种国家的语言以及我国的一些方言，特别是总台工作人员，对多种语言的掌握是其工作的需要。

③ 尊重风俗。来自不同国家和地区的客人各有不同的习俗或习惯，总台员工要分别运用不同的服务方式，投其所好，体现出对客人的尊重。如美国人要求酒店职员礼貌待客，微笑服务，热情友好；德国人要求高效率；英国人希望自己的身份、地位得到承认；日本人则注重清洁卫生。总之，接待不同国家和地区的客人，在态度上要特别注意亲切而有礼貌，让客人感到服务是可信的，以消除其心理障碍。另外在服务中要特别注意不同国家和地区有不同的禁忌，如果不小心触犯客人的禁忌，会被认为是对他们的侮辱。

【实例8-1】 **一次失误的预订服务**

一位徐先生打电话给酒店订房处，说：“我姓徐，是你们酒店的常客，我想预订3月5日至8日3026房间4天。”预订员当即查阅了预订情况，表示给他预留房间至3月5日下午6点。

3月5日下午3点，徐先生和他的一位朋友来到前厅，在出示证件要办手续时，接待员查阅了预订记录后却说：“对不起，徐先生，您没有预订啊？”“怎么可能，我明明在两天前就预订了，为什么这么不讲信誉？”接待员一听，赶紧核查预订信息才发现，原来预订员一时粗心将“徐”录入成“许”，当一位许先生登记入住时，接待员认为这就是预订人，随手就把许先生安排进了3026房间。接待员向徐先生抱歉地说：“徐先生，实在抱歉，您看这样行不行，您和您的朋友就入住3028房间吧，房间的标准是完全一样的。”徐先生不同意，认为酒店有意欺骗他们，立即向大堂副理投诉……

分析：

本案例中，由于预订员在接受电话订房时疏忽大意，致使客人抵达酒店后不能顺利入住，客人的心理需求没有得到满足，从而投诉酒店。作为酒店服务窗口和神经中枢的接待部门应该吸取教训。

在预订中容易发生的问题有：协调不够、房态显示错误、记录资料不全、预订员对房价变更缺乏了解等。酒店的顾客，无论是度假、公务旅行，还是商务旅行，都渴望有一种愉快的消费经历，这种愉快的经历是培养忠诚顾客最好的土壤。相反，如果客人这次光顾的酒店令他不愉快，必定会影响他以后的入住。同时当一位常住顾客熟悉并喜欢某家酒店的某间客房时，在他的内心就形成了一种固定的模式。这就是顾客消费的“心理定式”。从事服务工作，应该顺应客人的这种心理定式，才能做好服务工作。针对本案例的情形，一般要诚恳地向顾客解释原因并致歉。

资料来源 作者根据相关资料整理.

8.1.3 客房服务心理需求

客房是饭店的主体部分，也是客人在饭店生活的主要场所。对客人来说，客房就是“家外之家”。他们期望有一个舒适的、符合自己生活习惯的住宿环境，并能接受到各种热情周到的服务。所以，做好客房服务工作，对于保持饭店良好声誉，从而获得更多的顾客光临，有着重要的意义。顾客心理及饭店应对措施见表8-1。

表8-1 顾客心理及饭店应对措施

顾客		饭店
心理要求	表现形式	应对措施
清洁	仔细检查房间的各种用具	严格按照操作程序清扫
舒适	希望客房有家的感觉	为客人创造良好的客房环境
安全	关心人身财产安全及隐私	提高警惕，尽心尽责
尊重	渴望受到各方面的尊重	热情礼貌，耐心细致

1）顾客的基本需求

（1）清洁

对客房卫生的要求是客人的普遍心理。整洁能使客人产生信赖感、舒服感、安全感，使客人能放心使用。客人来到客房最先注意到的是房间的卫生情况，因为客房内的各种用品是千人使、万人用的，所以，任何一位新来的客人对此都十分敏感。他们要求客房的用具是干净卫生的，特别是容易传染疾病的用具，如茶杯、抽水马桶等，都能严格消毒，保证卫生。

（2）舒适

刚来到酒店住下的客人，经过乘车、船、飞机等旅途奔波，一般都已十分疲倦。他们希望客房能提供舒适的休息条件，在酒店也能有家的感觉，如环境安静、室内温度适宜、床铺舒适等。一般来说，客人进入客房，痛痛快快洗上一个热水澡，全天的疲劳就会消失。如果再舒舒服服地睡一觉，就会消除一切不适，使精力更加充沛。有些客人住进客房时，则希望对他所需要的任何东西不必费神或等候，如热水，床单、毛巾的更换，小备品的添置，文具用品的补充，照明设备的检修，家具的清洁与布置等，不会发生短缺任何物品的情形或感到被怠慢，这些都可以使客人有极满意的舒适感。

（3）安全

出门在外的人，一般都特别注意自身的财物安全，害怕钱财丢失或被盗。住进客房的客人同样十分重视他们的财产及人身安全保障，希望客房是个安全场所，如没有其他的原因，绝对不应受到干扰，客人更希望饭店能够妥善地保管自己在住宿等方面的基本信息。他们希望通过服务人员的工作，使客房的安全落到实处。

（4）尊重

住店客人希望自己是受客房服务人员重视的人，希望见到服务人员热情的笑脸，希望自己受到尊重。客人还希望服务人员能尊重自己对房间的使用权、尊重来访客人和朋友、尊重自己的生活习惯。

2）客房服务策略

了解宾客在入住客房期间的心理特点，有预见、有针对性地采取主动、有效的服务措施是客房服务工作的根本。

（1）保证客房的清洁卫生

服务人员应按卫生操作程序和标准进行清扫，并用“已消毒”的封条封好，使客人放心使用房间里的一切设备和物品。服务人员做客房清洁工作，首先要观看门栓上的标志，在无特殊标志的情况下按常规次序打扫房间。进房前要先按门铃，绝不能不按门铃贸然闯入房间。客房服务人员要每天更换床单、枕套和枕巾，检查房内水、电、空调等各种设施的完好程度，尤其要高度重视浴洗室的清洁。

（2）维护客房的环境秩序

服务人员要为客人创造一个安静的环境，就必须做到“三轻”，即走路轻、动作轻、说话轻，养成良好的职业习惯。服务人员应按操作规程认真仔细地检查房间设备的完好情况，对有问题的设备必须及时通知工程部门维修，以防出现干扰客人休息的不良现象发生。

（3）完善饭店的安全工作

为了满足客人的求安全心理，服务人员应提高警惕，配合保安人员防止不法分子进入客房行窃或进行其他破坏活动。在收拾房间时不能乱动客人的贵重物品。在遇到突发事件时，如客人生病，一定要先替客人着想，房务中心应时刻备好基本的药物，以备客人的不时之需。做好安全工作是服务人员应尽的责任。通道处、人员集散处要安置摄像头，一天24小时地进行监控。房门锁要牢固可靠，防止钥匙遗失或被不良分子复制后行窃。要有重要物品代为保管制度。客人外出时把贵重的物品遗忘在房内，员工不能随意移动，必要时报告领导妥善保管，待客人返回后交给客人。

（4）满足客人受尊重的心理需求

① 主动热情。主动热情是取悦客人的关键。如果服务人员主动为客人排忧解难，客人就会尽快解除陌生感、拘谨感和紧张感，心理上得到满足和放松。客房服务人员在服务

过程中要精神饱满、面带微笑、语言亲切、态度和蔼。

② 微笑服务。饭店服务离不开微笑，微笑要贯穿服务过程中。微笑是一种特殊的情绪语言，它可以起到有声语言所起不到的作用。微笑也是一种世界性语言，它能直接沟通人们的心灵，架起友谊的桥梁，给人们以美好的享受。微笑可以传递愉悦、友好、善意的信息，也可表达歉意、谅解。微笑赋予旅游服务以生命力。著名的希尔顿饭店集团董事长康纳·希尔顿说："如果缺少服务员的美好微笑，好比春日的花园里失去了阳光和春风。假如我是顾客，我宁愿走进那虽然只有残旧的地毯，却处处见到微笑的旅馆，而不愿走进拥有一流的设备而见不到微笑的饭店。"他经常问下属的一句话就是："你今天微笑了没有？"国外一些成功的企业家在谈到他们的经营理念时，把"顾客是上帝"放在第一位，微笑则占据了第二的位置。由此可见微笑服务对饭店的重要性。有人从实践中总结出一句话：诚招天下客，客从笑中来；笑脸增友谊，微笑出效益。

③ 文明礼貌。客房服务通过讲文明礼貌体现出对客人的尊重、理解和善意。如与客人讲话时要轻声细语、吐字清晰，注意礼貌用语；为客人服务时要聚精会神，彬彬有礼；操作时要轻盈利落，避免干扰客人。

④ 耐心细致。客房服务人员在服务过程中，即使工作繁忙，也应对客人有耐心、不急躁，对客人的询问要百问不厌，有问必答，做到宾客至上。

另外，要细心了解客人的不同需要，主动服务。如果有的客人有特殊生活习惯，比如不吃某种食物或有其他方面的禁忌，服务人员要能及时了解，尊重客人并尽量给予满足。服务人员还要细心观察客人，了解他们的现实需求和潜在需求，如果能做到超前服务，会使客人更加满意。细致的服务还体现在注意服务的分寸、注意如何使客人放心、增强客人的信任感方面。客人放在房间中的各种物品，服务人员在进行房间整理和清扫时，尽量不要随意挪动。比如，服务人员在清理桌面合上客人打开的书时，最好在打开的书页处夹上个小纸条，这会使客人感到很贴心。总之，细致周到的服务是赢得客人好感的有效方式。

【实例 8-2】　人性化的叫早服务

一天深夜，"叮铃铃"的电话声惊醒了某酒店总机服务员小李，她立刻接起电话用英语说："您好，我能帮您做些什么？"

"您能在7点钟叫醒我吗？这是306房间。""当然，女士，306房，7点！""我熬夜会很晚才睡，请多叫我几次。""好的，晚安。"切断电话，小李抬手看了一下手表，已是凌晨2点，客人既然要求多叫几遍，必定有急事需赶时间。在这家酒店，话务台叫早时间只能每隔5分钟设定一次，且叫早的铃声响过，电话被提起后是无声的，没有电脑语音，一般情况下，设两遍叫早。这位客人要求多设几遍，而话务系统只能连续设定三遍，最要命的是，要在客人规定时间后15分钟才会响起，这对于时间观念很强的商务客人最致命。想到此，小李在电话记录本上记下：Room306，7：00叫早，电话系统设置两遍，请于7：06人工进行一次叫早。

清晨，小李看看时间已是7：00，过了7：05，她查查306房的状态，两遍铃都已响过。此时小李想，客人起了没有呢？如果起来了，再打电话，算不算打扰客人？如果不打电话，万一客人误事了怎么办？可是，客人的确并没有让人工叫早，也没有强调必须7：00叫醒她，可是……

小李的直觉总认为应该打电话，如果客人起床了，就问声早，如果客人没起床，就算人工叫早。7：06分，小李拨通了306房的电话，铃声响到第6声，客人才接，“Hello”声音有点发涩，估计客人没有完全清醒，小李连忙微笑着说：

“早上好，女士，我是接线员，您现在起床吗？现在7：06。”

“我马上就起，谢谢。”“不客气，再见。”小李确认客人已经着手起床后，一颗悬着的心终于落了地。

分析：

此案例是一个特色服务案例。作为一个高科技的酒店话务系统，仍然存在某些特殊设置需求无法满足的情况，这就需要我们训练有素的服务员进行弥补，正所谓“硬件不足，软件补”。

案例中的小李是一名优秀的话务员，她对话务系统非常了解，在了解到客人的特殊需求时，通过自己的分析、判断，根据客人的特殊需求，相应地拿出了独具个性的服务方法，最终让客人满意。

资料来源 作者根据相关资料整理.

【实例8-3】 最合适的服务方式

一般酒店都会规定，住店客人不能留宿其他人员。现在有一位张先生，他的朋友来访，登记后两人在房间里聊了很久，一直到了晚饭时间都没有出来。如果你是前台服务员，你会怎么做？如果到了晚上10点，张先生的朋友还没有离开，你又会怎么做？

分析：

张先生的朋友到了晚饭时间还没有出来，服务员可以打电话询问一下他们是否需要用餐，暗示客人注意时间。如果到了晚上10点还没有出来，服务员可以再次打电话，询问客人是否需要宵夜，或者询问是否需要为张先生的朋友预订出租车，提醒客人时间不早了。

资料来源 作者根据相关资料整理.

8.2 餐饮服务的心理要求

一般接待旅游者的旅游饭店都设有餐厅以满足住宿者进餐的需要。而顾客可以任意选择他认为合适的餐厅用餐，可以不在住宿饭店的餐厅而到其他地方去解决进餐的需要。本节把餐饮服务单独列出来以引起重视。那么，怎样才能吸引游客非常高兴地走进餐厅，而又非常满意地离去呢？顾客对餐饮服务的心理需求与餐厅服务策略见表8-2。

表8-2 餐饮服务心理

顾客心理	餐厅服务策略
有营养，符合自己的口味	创立特色菜，做好参谋，为客人选菜配菜
餐厅、服务人员要有良好的形象	餐厅要细心布置，食物要注意色香味俱佳，服务人员穿着打扮整齐干净，头发不油腻，勤剪指甲
环境清洁，餐具和食物要干净	餐厅保持整洁，餐具光亮如新，食物制作过程符合卫生条件
服务快捷，无须等待太长时间	及时安顿客人，备有快餐，反应快速，结账及时
受到尊重，有安全感	服务人员谨记“宾至如归，顾客至上”的宗旨

8.2.1 顾客对餐饮服务的心理需求

（1）营养和风味。客人希望餐厅提供的菜点能够符合他们的科学营养要求。风味是用餐者所品尝到的口味、嗅觉和质地等的综合感觉效应。客人对风味的期望和要求各不相同，有的喜欢清凉爽口，有的喜欢色浓味香，有的倾向于原汁原味。

（2）形象。顾客希望他所选择的餐厅存在以下几方面的形象美：餐厅的外表和内部装饰和谐美观；餐厅的服务人员精神饱满，服饰清爽洁净，服务操作规范得体，热情有礼；食物色香味俱佳，餐具精美，无“盘子缺口”现象的存在。

（3）卫生。每一位客人都非常注意餐厅的卫生情况。一旦客人发现餐厅有不清洁的地方或污染的环境，即便不太显眼，也会令其感到反感。而良好的卫生环境会给人以安全、愉快、舒适的感觉。每位餐饮员工都要严格遵守卫生工作条例，如上菜时手指切忌碰触食物，并保持整洁的仪表。

（4）快捷。客人在餐厅点菜后一般坐在那里无事可干，会觉得很无聊，特别是只身前来的客人更觉得无聊。客人对快捷的心理需求主要表现在以下几个方面：客人一进餐厅就能找到座位，服务员很快为他斟上茶水、递上菜单，点的饭菜很快就能上来；如果需要赶火车、飞机，服务员能给予优先照顾，账单能及时送达。快捷意味着减少客人等候的时间，并能减缓客人的紧张心理。

（5）尊重和安全。常言道：“宁喝顺心汤，不吃受气饭。”如果客人在餐厅未得到尊重的满足，再好的美味佳肴也会食之无味。一般说来，客人在安全方面对餐厅是信任的，认为发生事故的可能性极小。然而，在餐厅偶尔会发生汤、汁洒在客人的衣物上，破损的餐具划伤手、口，路面打滑引起摔跤，甚至出现用餐时吊灯脱落击伤客人的事故。所以餐厅对于安全问题也不要掉以轻心。

8.2.2 怎样做好餐饮服务

1）创立餐厅的特色菜

客人就餐一般都要求食物适合自己口味，吃顿可口饭菜，甚至有看重色、香、味、形、声、器的心理。因此，服务员在接待当中就要想方设法满足他们的要求：一方面，通过掌握各国、各地区不同民族的饮食习惯，按客人要求送上菜点；另一方面，服务员还应及时向客人介绍本餐厅的特色菜点，当好客人的参谋，为客人选菜配菜。当客人进餐时，还要注意观察客人的动作表情，对客人流露出厌食或不满的神态应及时转告后厨，并加以改进，使客人食之有趣有味，满意而归。

2）塑造赏心悦目的形象

（1）餐厅形象

餐厅内部装饰与陈设布局要整齐和谐、清洁明亮，要给人以美观大方、高雅舒适的感觉。餐厅的光线要适宜，使客人心情舒畅。应设计一张别具一格的菜单，给客人提供一种视觉形象的美感享受。更重要的是，餐厅应该整洁干净，窗明几净，地面清洁，厅内无蚊蝇。

在公共餐厅，由于就餐人数较多，噪声较大，为了不影响客人的食欲和情绪，餐厅要尽量减少噪声的存在。同时要注意背景音乐的使用，要根据餐厅的主题来配置一些使人心情舒畅的音乐。

在餐厅中，由于各种菜肴的大量存在，会散发出各种气味，加之各种酒味和烟草味，多种气味混合在一起，会令人产生不愉快的感觉，所以，餐厅要注意通风，保持空气清新。

（2）食品形象

就餐的客人不但注重食物的内在质量，也越来越注重食品的外在形式。因此，餐厅提供的食品，既要重视品质，也要重视形式的美感。

① 诱人的色泽和优美的造型。在人们的生活经验中，食物的色泽与其内在的品质有着固定的联系。诱人的色泽会让客人产生质量上乘的感觉，同时激发客人的食欲。通过烹饪大师的切、雕、摆、制、烹等技艺，给顾客提供一道道造型优美的美味佳肴，也给顾客带来了艺术上的享受。

② 符合卫生标准。餐厅里餐具要干净、没有缺口。食物原料的选购要有正规渠道，制作过程严格按照卫生标准执行。

【实例8-4】 细节创新

某餐厅的服务员小周最近发现，很多客人到餐厅坐下以后，所做的第一件事是将面前的餐具往里面移，然后双手放在餐桌上，点菜、喝茶，或者聊天。

一天下午餐间休息时，小周抓住机会对餐厅经理说：“陈经理，我有一个不成熟的建议。我们酒店摆台时规定将骨碟摆放在距桌边1.5厘米的地方，这对客人似乎不是很方便。我最近发现不少客人坐下后都是先将桌上的餐具往里移移，然后再开始点菜。您看我们是否能就此做些改进，摆台时直接把骨碟等餐具往里面摆一点，以免客人坐下来再移！”陈经理马上说：“这是一个非常好的建议，我会尽快向上级汇报，看看能否采用。”

一个星期后，分管餐饮部的经理宣布了摆台的这一改动，还表扬了小周。从此以后，小周在餐厅再也没有发现客人移餐具的现象了。

分析：

目前，中餐摆台的很多做法和标准都是从西餐摆台中移植过来的，但到底是否符合中餐的用餐要求和中国人的用餐习惯，对此还缺乏深入的分析和研究。本案例中骨碟离桌边1.5厘米就是典型一例。因为中国人从小就吃中餐，吃中餐通常是圆桌，大家围成一圈，菜放中间，为了够得着菜，我们很多人从小就养成了坐下吃饭时双臂靠桌的习惯。正是这种习惯的存在，使得饭店餐厅中骨碟离桌边1.5厘米的摆台标准会让客人觉得很不方便。试想，如果餐厅管理人员对客人需求研究深入一点，多一点创新意识，在一开始就将骨碟摆放在距桌边3厘米或5厘米的位置，既可免去客人的动手之劳，也可为酒店争得良好的声誉。

看来，酒店中有些标准也会束缚人的思维，阻碍酒店的创新。反思标准，寻求突破，就像本案例中的小周一样，这也是酒店优质服务的题中应有之义！当然，服务创新必须有管理者的支持，如果缺乏管理者的支持和参与，任何服务上的创新都是一句空话。

资料来源　作者根据相关资料整理.

3）缩短顾客等候的时间

为满足客人求快捷的心理、减少客人的等候时间，餐厅应当尽量分散客人的注意力，可采取如下一些服务策略：

（1）备有快餐食品。

（2）客人坐定后，先上茶水以安顿客人，使他们在等待上菜过程中不会感到太无聊或上菜太慢。另外，还可以根据客人的消费金额免费提供一些小菜，供客人食用，这样会使客人体验到赠送的愉快，也消除了等待的无聊感。

（3）反应迅速。客人一进餐厅，服务员要及时安排好客人的座位并递上菜单，让客人点菜。

（4）结账及时。客人用餐结束，账单要及时送到，不能让客人等待付账。

4）做到“宾至如归、顾客至上”

“宾至如归”表示餐厅对客人光临的欢迎，希望客人如同生活在自己家中一样，对一切都不感到陌生拘束，这正迎合了顾客希望受到欢迎的心理需求。“顾客至上”体现出将客人放在最受尊敬的位置上。

微笑迎送顾客，微笑能使空腹的就餐者心情平和。如果有较多的客人同时到达，服务员不能一一迎接，在展现亲切的微笑时眼睛最好呈散光状态面向所有客人，避免顾此失彼。客人到餐厅用餐，服务员上前引领入座，要注意观察客人的特征，因人而异，把客人领到他们喜欢的座位上，如对恋人、老人、儿童等在引座时要尊重他们各自的习惯。尤其要注意有生理缺陷的人，既要对他们细心照顾，也不要伤害他们的自尊。服务员在上菜、倒酒时要尊重客人的风俗习惯，使客人有宾至如归之感。

【相关链接8-1】　　餐饮服务中典型顾客心理十例

➢家长型。主要特征：顾客面部表情威严，说话时爱用祈使句或肯定句，希望服务员服从他的指挥，不愿听解释，而且很好面子。

➢朋友型。主要特征：顾客性格开朗、随和，能够营造一种轻松的氛围，对服务员就像老朋友见面一样，问长问短。

➢儿童型。主要特征：不愿劳神，需要服务员去安排，尤其以初次来的居多。

➢挑剔型。主要特征：对服务质量挑剔，对服务各环节要求严格。

➢主人型。主要特征：顾客一般来到餐厅时，就好像回到家里一样，不等服务员与他打招呼就径直朝餐桌走去，并招呼自己的客人，不管此桌是否有别的客人或有预订。对服务质量要求较高。

➢主妇型。主要特征：这种顾客来到餐厅里会主动与服务员交谈，出主意、想办法，帮助服务员为自己带来的顾客点酒水、点菜，有时甚至调动服务员干这干那，好像他就是餐厅经理。

➢工作型。主要特征：在就餐中谈工作，对服务质量要求高，需要一个相对独立和安静的就餐环境。

➢读报型。主要特征：不喜欢被别人打扰，在安静的角落里一边读书看报，一边用餐。

➢古典型。主要特征：喜欢正统或传统式的进餐，常邀请一些重要客人或家人，在一些节日或纪念日里用餐。对服务方法和服务程序较注重。

➢旅游型。主要特征：充满好奇心，对风土人情、旅游景点等感兴趣，对服务员知识面要求较高，希望能够得到让他们满意的回答。

资料来源 作者根据相关资料整理.

8.3 旅行社服务的心理要求

旅游者怎样才能“游”好？如旅游者到达陌生的旅游目的地后，如何选择最佳的旅游线路？如何从最佳的角度、在最佳的方位去欣赏美丽的景观？如何更好地了解当地的名胜古迹、风俗民情、神话传说及风味特产？如何解决交通、食宿、语言的沟通、理解等一系列问题？此时，如果有为旅游者设立的组织机构——旅行社及由旅行社提供的导游服务，这些问题就会迎刃而解。

然而，旅行社服务的对象是各种不同性质的旅游者，他们对周围的事物会产生不同的心理状态。因此，在旅行社服务中同样不可回避心理学上的问题。本节我们仅谈谈具有普遍意义的服务心理学上的相关问题。

8.3.1 旅游者的心理需求

1）旅游者共同的心理

旅游者虽然包括各种不同类型的人，他们各有不同的心理特征，而且在旅游活动的不同阶段、不同情景下会有不同的表现，但作为旅游者，他们也有共同的心理特点。为了做好旅游服务，首先必须分析、了解旅游者的共同心理特点。

（1）美好的期望心理

旅游者所选定的旅游活动，都是自己认为有特点、有价值、有意义的活动，往往在想象中把它加以理想化。他们期望欣赏到优美的风景、接触当地友好的居民、旅途顺利愉快，因此，情绪较激动，好奇心强，对各种事物都表现出较高的兴趣。他们希望能欣赏到各种新鲜事物，并能得到很好的讲解介绍，以增加理解，使好奇心得到满足。对旅游活动的美好期望心理，是旅游者重要的心理特点之一。

（2）安全保障心理

旅游是人们所期望的有益于身心健康的活动，因此，旅游者希望旅游过程顺利安全。人们在日常生活中都有安全心理，但对旅游者更具有特殊意义。在旅游过程中，由于旅游者面对人地生疏的环境和个人非控制因素的增加，他们对安全的需要就变得更突出、更重要。旅游者的安全涉及各个方面，如交通的安全、身体健康的保证、财物的安全、活动计划的顺利实现等，其中，人身安全是他们关注的中心，他们希望在旅游过程中绝对不要发生人身伤害事故，对食宿卫生有严格的要求，以避免感染疾病。

【实例8-5】 面对大雨和无法进入的景区

有一年8月中旬，由25个成年人和2个小孩组成的旅游团由某旅行社负责接待。该旅行社接到团后，派李小姐为导游，游览关山草原。然而，老天不作美，下起大雨，其主要交通线路泥泞不堪，并存在危险，无法进入。在这种情况下，李小姐征求游客意见看是否可换一处景点，游客存在意见分歧并表现出不满情绪。但考虑到安全因素，经过李小姐的耐心解释，最终一致同意不去关山草原，而改换另一处景点。改线路后，前往第二个景点的途中，又遇到类似情况，有些路段有塌方现象，于是去第二个景点的希望成为泡影。游客很生气，李小姐向大家解释这是天气缘故，谁都不愿意出现这种情况。这时候形成两种意见：一种表示理解，同意改线；另一种坚决不同意。不同意的游客认为旅行社随意改线，没有满足他们游关山草原的愿望，并且浪费了他们的时间，要求李小姐拿出令他们满意的方案，李小姐只好同旅行社联系，汇报了发生的情况。

处理方法：旅行社表示同意改线的游客将在下次旅游中得到最大优惠，在原计划路线中免费增加一处游览点以作补偿。

结果：同意改线的游客表示满意，不同意改线的游客勉强同意，该团顺利完成旅游活动。

分析：

导游李小姐的耐心和真诚值得称赞，敬业精神也堪称可嘉。面对大雨和无法进入的景区，强行进入肯定是下策，因为那太危险；改线当然就有大量的思想工作要做，这个时候，多一份耐心，多一份对游客的理解，多一份真诚，对维护旅游团的团结和企业的形象都是十分有益的。

资料来源 作者根据相关资料整理.

（3）被接纳、受尊重心理

旅游者来自不同的地区、不同的国家，他们希望所到之处的居民、服务人员对他们友好、欢迎、热情，对他们的习惯、信仰等做到谅解和尊重。

（4）舒适与享受心理

旅游者的旅游动机是有差别的，他们有的是为了满足休息娱乐的需要，有的是为了探奇求知的需要，有的是为了交往的需要，或者以某种需要为主兼有其他需要。但是，他们都是暂时摆脱日常环境和事务去寻求新的经历，都有希望在旅游中得到享受的共同心理，因此，要求交通、住宿要舒适，饮食要美味可口，服务要好，处处方便。此外，旅游者不断地参加各种活动，包括从一个旅游地转到另一个旅游地的奔波，会产生身体和心理方面的疲劳，为了保证旅游活动有效地连续进行，他们也需要较舒适的交通条件和食宿条件，以减轻疲劳，保证休息和调整身心。

（5）纪念心理

旅游活动是人们有意义的一种特殊经历，旅游者希望以某种形式表示对自己旅游活动的纪念，如在旅游景点拍照留念，在所到之处购买有特色的工艺品、日用品等作纪念，这也是各类旅游者的共同心理特点。

以上心理特点是各种类型的旅游者所共同具有的，旅游服务人员应该结合自己工作内容的特点，尽量满足旅游者的心理需求，提高旅游活动的效果。要掌握旅游服务的主动权，也必须对旅游者在旅游活动全过程各个不同阶段中的心理和行为有所了解。

2）旅游者在游览阶段的心理

（1）旅游初期阶段：求安全心理、求新心理

旅游者刚到旅游地，兴奋激动，但人生地不熟、语言不通、环境不同，往往容易产生孤独感、茫然感和不安全感，唯恐发生不测，有损自尊心，危及财产甚至生命。也就是说，在旅游初期阶段，旅游者求安全的心态表现得非常突出，因此，消除旅游者的不安全感成为导游人员的首要任务。人们来到异国他乡旅游，其注意力和兴趣从日常生活转移到旅游目的地，全新的环境、奇异的景物、独特的民俗风情，使游客逐新猎奇的心理空前高涨，所以在消除游客不安全心理的同时，导游人员要合理安排活动，满足他们的求新心理。

（2）旅游中期阶段：懒散心态、求全心理、群体心理

随着旅游活动的开展以及相互接触的增多，旅游团成员间、游客与导游人员之间越来越熟悉，游客开始感到轻松愉快，会产生一种平缓、轻松的心态。但是，正由于这种心态的左右，游客往往忘却了控制自己，思辨能力也不知不觉地减退，常常自行其是，甚至出现一些反常言行及放肆、傲慢、无理的行为。一方面，游客的个性充分暴露，开始出现懒散心态，如时间观念较差，群体观念较弱，在游览活动中自由散漫、丢三落四，旅游团内部的矛盾逐渐显现等；另一方面，游客把旅游活动理想化，希望在异地能享受到在家中不可能得到的服务，希望旅游活动的一切都是美好的、理想的，从而产生生活上、心理上的过高要求，对旅游服务横加挑剔，求全责备。另外，由于游客的思考力和判断力减弱，这时，如果团内出现思辨能力较强而又大胆直言的“领袖人物”，其他游客便会不假思索地附和他，不知不觉地陷入一种人云亦云、随波逐流的群体心理状态。

（3）旅游后期阶段：忙于个人事务

旅游活动后期，即将返程时，游客的心理波动较大，开始忙乱起来，如与家庭及亲友的联系突然增多，想购买称心如意的纪念品但又怕行李超重。总之，他们希望有更多的时间处理个人事务。在这一阶段，导游人员应给游客留出充分的时间处理自己的事情，对他

们的各种疑虑要尽可能耐心地解答，必要时做一些弥补和补救工作，使前一段时间未得到满足的个别要求得到满足。

旅游各阶段心理服务技巧如图8-3所示。

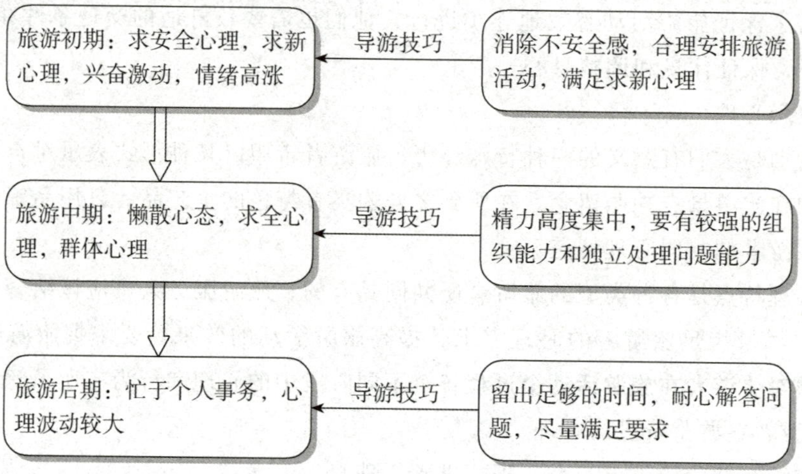

图8-3 旅游各阶段心理服务技巧

3）不同旅游者的具体心理特征

（1）从国籍、年龄、性别和所属阶层等方面了解游客心理

每个国家、每个民族都有自己的传统文化和民风习俗，人们的性格和思维方式亦不相同，即使是同一个国家，不同地区、不同民族的人在性格和思维方式上也有很大差异。与此同时，游客所属圈层、年龄和性别的不同，对其心理特征和生活情趣也会产生较为明显的影响。导游人员应该从这些方面去了解游客，并有针对性地向他们提供心理服务（见表8-3）。

表8-3 从不同角度看游客心理

从区域和国籍来看	西方人开放、外露、直截了当，思维由具体到抽象	英国人矜持，有绅士风度
		法国人浪漫，爱享受生活
	东方人含蓄、内向、委婉，思维由抽象到具体	中国人谦虚、勤奋、踏实
		日本人慎重、规矩、礼貌
从所属圈层来看		较高圈层游客严谨持重，深思熟虑，期待高品位的讲解
		一般游客话题广泛，关心热门的普遍性的社会问题
从年龄和性别来看		年老游客好思古怀旧，对名胜古迹有兴趣
		年轻游客逐新猎奇，喜欢多动多看
		女性游客喜欢带故事情节的讲解和谈论购物

（2）从游客所处的地理环境了解游客心理

游客由于所处的地理环境不同，对同一类旅游产品会有不同的需要与偏好，他们对那些与自己所处地理环境迥然不同的旅游目的地往往情有独钟。如我国北方游客喜爱南国风情，南方游客偏好北国风光；内陆地区游客喜欢去青岛、三亚等海滨城市，沿海地区游客向往九寨沟、西双版纳独特的风貌；游人们在盛夏时节去大连、哈尔滨等北方名城，隆冬季节奔赴海南和东南亚。这种反向、反季节出游已成为一种时尚。

（3）从游客的出游动机了解游客心理

人们旅游行为的形成有其客观条件和主观条件。客观条件主要是人们有足够的可自由支配的收入和闲暇时间；主观条件是人们必须具备旅游的动机。一般来说，人们参加旅游团的心理动机是：省心，不用做决定；节省时间和金钱；有旅伴、团友；有安全感；能深入了解所看到的景物。导游人员通过周到、细致的服务和精彩、生动的讲解能满足游客的这些心理需求。

（4）从游客不同的个性特征了解游客心理

游客的个性各不相同，导游人员从游客的言行举止可以判断其个性，从而达到了解游客并适时提供心理服务的目的（见表8-4）。

表8-4 不同个性游客的心理服务

游客类型	活泼型	急躁型	稳重型	忧郁型
心理表现	爱交际，喜讲话，好出点子，乐于助人，喜欢多变的旅游项目	性急好动，争强好胜，易冲动，好遗忘，情绪不稳定，比较喜欢离群活动	不轻易发表见解，极希望得到尊重；容易交往，但不主动与人交往，不愿麻烦他人；喜欢仔细欣赏景点，购物爱挑选比较	身体弱，易失眠，犹豫孤独，少言语但重感情
导游策略	既要乐于与他们交朋友，又要避免与他们过多交往，以免引起其他团员不满；多征求他们的意见和建议，但不要让其打乱正常的活动日程；适当地请他们帮助活跃气氛，协助照顾年老体弱者，在适当的场合表扬他们的工作并表示感谢	避其锋芒，在其冲动时不与之计较，待其冷静后再沟通；对他们要多微笑，服务要热情周到，要多关心他们，随时注意他们的安全	要尊重这类游客，不要怠慢，要主动多接近他们，尽量满足他们的合理而可能的要求；与他们交谈要客气、诚恳，语速要慢，声调要低；讨论问题时要平心静气，认真对待他们的意见和建议	要格外小心，别多问，尊重其隐私；多关心体贴他们，但不能过分热情；主动与他们交谈愉快话题，但不要高声说笑，更不要随意开玩笑

这四种个性的游客中以活泼型和稳重型居多，急躁型和忧郁型只是少数。不过，典型个性只能反映在少数游客身上，多数游客往往兼有其他类型个性的特征。而且，在特定的环境中，人的个性往往会发生变化。因此导游人员在向游客提供服务时要因人而异，要随时观察游客的情绪变化，及时调整，力争使导游服务更具针对性，获得令游客满意的效果。

【相关链接8-2】 我国境外主要客源地游客的接待注意事项

1.对日、韩两国游客的接待注意事项

（1）日、韩游客多注重礼节，在整个接待过程中都要特别加以注意。

（2）日、韩游客很讲纪律，时间观念和集体主义精神都很强，不必过分担心他们会迟到。如果客人比约定的时间晚得较多时，要注意打电话询问是否需要帮助。

（3）在和韩国人交谈时，应回避国际、国内政治话题，尤其是与朝鲜、日本的关系，对男性也不要提及其妻子等话题。

（4）韩国人对中国文化有较大的敬仰和兴趣，可多讲些中韩文化交流方面的事情。

2.对东南亚地区游客的接待注意事项

（1）该地区有着多种宗教信仰，不同宗教信仰的教徒恪守他们自己的宗教禁忌，因此在接待中一定要弄清客人的宗教信仰，以免失礼。

（2）东南亚地区经济不是很发达，但只要组织和宣传得好，该地区的游客还是有一定的购物欲望和参加活动的兴趣的。

3.对澳大利亚游客的接待注意事项

（1）澳大利亚人不喜欢别人把他们与英国人或美国人相比较，或者评论他们之间的异同。

（2）澳大利亚人好喝啤酒，喜欢逛夜市。导游员要提醒游客在夜市购物时注意不要跟随陌生人而去，不要太晚回酒店等。

（3）接团时，导游员要注意调整自己的英语发音，澳大利亚英语和英式、美式英语略有不同。

（4）澳大利亚游客纪律性强，导游员一般不用很费心。他们非常友善，一般不会刁难导游员。

4.对美国游客的接待注意事项

（1）美国游客计划性强，喜欢了解接待日程表，包括细节，如何时抵达、离开等。导游员应在每次接待前向游客通报有关情况。

（2）“懒惰”是美国人的特色。凡是累、热、饿时，美国人多半会拒绝游览而要求返回。如果是全体游客提出且领队、全陪同意，可报告地方接待社同意后返回。

（3）接待豪华团前，导游员的打扮应当做到：不穿无领衫，头发要有型，胡子刮干净，衣服要烫过，皮鞋要锃亮。

（4）美国人的自高自大也是有名的，很喜欢就一些政治问题和导游员进行辩论。此时与其交谈要注意有理、有据、有节，对于原则性问题态度要坚决，但最好不与其纠缠，也不必回避讨论某些问题，但要警惕是否有言外之意。

（5）美国人的市场经济观念极强，如果他们认为服务到位，有给小费的习惯。

资料来源 作者根据相关资料整理.

8.3.2 导游服务的心理策略

1）迎接服务

在人际交往中，给人留下的第一印象是至关重要的。如果一个人在初次见面时给人留下了良好的印象，就会影响人们对他以后一系列行为的评判和解释。

导游人员在接团时留给游客的首次印象，常常会左右旅游者在以后旅游活动中的判断和认识。美好的第一印象将为导游以后工作的顺利开展铺平道路。因此，导游从机场、车站等第一次接触游客时起就必须注意自己的形象要美观大方，态度要热情友好充满自信，办事要稳重干练。不仅要注意外表的形象和态度对游客心理的影响，而且要以周密的工作安排、良好的工作效率给游客留下美好的第一印象。从机场到饭店的交通工具、行李运送、住房安排、饮食调节到书面的导游材料的准备，都要做好妥善的安排，迅速地满足游客的需求，增强游客的安全感和信任感，这是导游服务工作成功的良好开端，也为以后接待服务工作中遇到问题时圆满成功地处理，奠定了一定的感情基础。

导游人员的第一次“亮相”是在致欢迎辞的时候，只有在这时，游客才会静下心来，“掂一掂导游员的分量”。他们会用审视的目光观察导游员的衣着装束和举止风度，用耳倾听导游员的讲话声音、语调，用词是否得体，态度是否真诚等，然后通过分析对导游员做出初步的判断。比如，对导游人员的衣着装扮，游客会有自己的想法。如果导游太注重修饰自己，游客可能会想：“光顾修饰自己的人怎么会想着别人、照顾别人？”但是，如果导游人员衣冠不整，游客又会想：“连自己都照料不好的人又怎能照顾好客人？”因此，导游人员应特别注意致欢迎辞这一环节的言行举止，力求在游客心中留下良好的第一印象。

2）游览中的服务

（1）调节游客的情绪

游客在旅游过程中，会随着自己的需要是否得到满足而产生不同的情感体验。如果他们的需要得到满足，就会产生愉快、满意、欢喜等肯定的、积极的情感；反之，则会产生烦恼、不满、懊恼甚至愤怒等否定的、消极的情感。导游人员要善于从游客的言行举止和表情变化中去了解他们的情绪，在发现游客出现消极或否定的情绪后，应及时找出原因并采取相应的措施来消除或进行调节。

（2）激发游客的游兴

导游服务要取得良好的效果，需要导游人员在游览过程中激发游客的游兴，使游客自始至终沉浸在兴奋、愉悦的氛围之中。兴趣是人们力求认识某种事物或某种活动的倾向，这种倾向一经产生，就会出现积极主动、专注投入、聚精会神等心理状态，形成良好的游览心境。

导游人员可以通过突出游览对象本身的直观形象来激发游客的游兴，使游客产生叹为观止的美感，激起游客强烈的兴趣。另外，可以通过讲解历史故事激发游客对名胜古迹和民间艺术的探索；通过朗诵名诗佳句激起游客漫游名山大川的豪情；通过提出生动有趣的问题引起游客的思考和探讨。这样营造出的融洽、愉快的氛围可使游客的游兴更加浓烈。同时导游人员应抓住时机，组织丰富多彩的文娱活动，动员全团游客共同营造愉快氛围。有时受客观条件限制或因游客体力不支，他们难以看到景点的全貌，留下不少遗憾，通过声像导游则可以给游客留下完整的、美好的印象。

（3）把握心理服务的要领

① 尊重游客。游客希望得到尊重是正常的、合理的，也是起码的要求。只有当游客生活在热情友好的氛围中，自我尊重的需求得到满足时，为他提供的各种服务才有可能发挥作用。“扬他人之长，避其之短”是尊重人的一种重要做法，在旅游活动中，导游人员要妥善安排，让游客进行“参与性”活动，使其获得自我成就感，增强自豪感，从而在心理上获得最大的满足。

② 微笑服务。在旅游服务中，微笑具有特别的魅力。导游人员要想向游客提供成功的心理服务，就得学会提供微笑服务，要笑口常开，“笑迎天下客”。只有养成逢人就亲切微笑的好习惯，才会广结良缘，事事顺利。

③ 使用柔性语言。“一句话能把人说笑，也能把人说跳。”导游人员有时一句话说好了会使游客感到高兴；有时一不小心，甚至是无意中的一句话，就有可能伤害游客的自尊心。因此，导游人员在与游客交往时必须注意自己的语言表达方式，与游客说话时要语气亲切、语调柔和、措辞委婉、说理自然，常用商讨的口吻。这样的“柔性语言”既使人愉悦，又有较强的征服力，往往能达到以柔克刚的效果。

④ 与游客建立“伙伴关系”。旅游活动中，游客不仅是导游人员的服务对象，也是合作伙伴，只有游客的通力配合，旅游活动才能顺利进行，导游服务才能取得良好的效果。一方面，导游人员可通过诚恳的态度、热情周到的服务、谦虚谨慎的做法让游客获得自我成就感，与游客建立合乎道德的、正常理性的情感关系。当然，这种关系应是面对每一位游客的，不能厚此薄彼；另一方面，导游人员在与游客交往时还应把握正确的心理状态，尊重游客，与游客保持平行性交往，力戒交锋性交往。

⑤ 提供个性化服务。其实，每位游客既希望导游人员一视同仁、公平相待，又希望能给予自己一些特别的关照。因此，导游人员要把规范化服务和个性化服务完美地结合起来。提供个性化服务做起来并不容易，关键在于导游人员要将游客“放在心中”“眼中有活”，把握时机主动服务。个性化服务要求导游人员要了解游客，用主动热情的服务尽力满足其合理要求。

思政园地

导游职责

导游在执业过程中应当履行下列职责：

（一）自觉维护国家利益和民族尊严；

（二）遵守职业道德，维护职业形象，文明诚信服务；

（三）按照旅游合同提供导游服务，讲解自然和人文资源知识、风俗习惯、宗教禁忌、法律法规和有关注意事项；

（四）尊重旅游者的人格尊严、宗教信仰、民族风俗和生活习惯；

（五）向旅游者告知和解释文明行为规范、不文明行为可能产生的后果，引导旅游者健康、文明旅游，劝阻旅游者违反法律法规、社会公德、文明礼仪规范的行为；

（六）对可能危及旅游者人身、财产安全的事项，向旅游者做出真实的说明和明确的警示，并采取防止危害发生的必要措施。

资料来源 摘自国家旅游局审议通过、于2018年1月1日起施行的《导游管理办法》.

本章小结

本章从旅游服务工作的角度出发，探讨了旅游者的心理特点及需求，全面介绍了旅游者对旅游饭店的住宿服务、餐饮服务以及旅行社服务的心理需求。只有了解了旅游者对旅游服务的心理要求，并根据旅游者的心理要求采取相应的心理服务策略，才能做好旅游服务。

关键概念

个性化服务

基本训练

□ 案例分析题

没有满意的员工，就不可能有满意的顾客

长期以来，餐饮业作为劳动密集型行业，进入门槛低，市场竞争也异常激烈。餐饮业一方面为本地居民提供餐饮及服务；另一方面也是外地旅游者来访时重要的服务供应商。在餐饮业，目前不少企业的做法是，尽量通过降低员工待遇来降低成本。这种策略的逻辑基础是：市场竞争异常激烈，因此顾客变得重要了，为了让顾客满意，必须将员工的利益适当地转让给消费者。当然，这种降低成本的策略，也可能体现在其他的领域，如休假制度、培训方面等。

资料来源 作者根据相关资料整理.

讨论题：

1.没有满意的员工，可能有满意的顾客吗？请结合餐饮业及服务行业的特征，说明原因。

2.本案例所涉及的现象是否涉及伦理与道德议题？如有，具体有哪些？

□ 思考题

1.游客对客房有哪些心理需求？如何满足他们的个性需求？

2.在游览过程中，导游如何抓住不同游客的心理需求？

3.导游人员如何满足游客的好奇心？如何营造活泼的旅游气氛？

4.餐厅里有时会看到有的客人自斟自饮，有的客人闷闷不乐。如果碰到这样的客人，服务员应该怎样做呢？（提示：餐饮服务不仅是一项需要付出劳动的工作，也是一项必须付出感情的工作。餐厅服务人员应该重视这一类客人，主动与客人沟通，使客人获得“宾至如归”的服务以及体会到餐厅服务人员的细心和对他的关心，这是餐厅能赢得顾客信任的关键。但是要注意，不是所有的客人都喜欢被主动关心，过分“殷勤”反而会使效果适得其反）

第9章

旅游从业人员心理素质要求

学习目标

通过本章的学习，了解旅游从业人员应具备的气质、性格、意志和情感，培养从业人员的综合能力，知道如何观察顾客，从顾客角度出发为他们提供服务。通过学习本章，从业人员能对自身心理素质要求有一个全面的了解，明确服务中应保持稳定情绪和忍耐性，同时服务中又充满热情。

思维导图

旅游从业人员是旅游服务工作的主体，在旅游活动中是最活跃的分子和最具魅力的因素。旅游从业人员的素质和能力关系到旅游业的兴衰成败和长远发展。它由从业人员的外在素质和内在素质构成。外在素质表现在健康状况、仪表妆饰、语言表达、行为风度等方面；而内在素质表现为心理素质、文化修养、专业技能等方面，内在素质还对从业人员的外在表现有一定的影响。

这些素质是旅游从业人员从事服务工作、提高服务技术水平、获取工作成就的决定因素。其中，旅游从业人员的心理素质对整个旅游业的总体服务能力、服务态度、服务表现会产生较大影响。因此，要想创造一流的服务，就要研究旅游从业人员的心理素质。

9.1 仪表、气质与服务表现

旅游从业人员的服务工作离不开与游客的沟通和交际，第一印象往往很重要，所以对从业人员的仪表和气质提出了一定的要求，这也是对旅游从业人员的外在素质的要求。旅游从业人员的服务表现应是外部形象和内在气质的和谐统一，因此旅游从业人员必须在心理上有个清晰、强烈的形象意识。

9.1.1 旅游从业人员仪表的注意事项

旅游从业人员的仪表指从业人员的外表，它包括容貌、着装修饰和行为风度等。它是对旅游从业人员的外在素质要求。仪表其实是一个人的心理状态的自然流露，能表现一个人的年龄、地位、财富、职业等，也是一种和平、安定、友好的象征。在刚刚和游客接触时，仪表是一个重要吸引因素。

对旅游企业来说，从业人员的仪表如何，不仅代表着自身、企业甚至国家的形象，展示着人格、企业风貌和国格，还体现着社会的文明程度、道德水准，反映着民族和时代的精神风貌。

1）容貌表情要给游客以健康、精神的感觉

人的容貌具有自然属性和社会属性。人的表情不仅表现了一个人的神韵和风采，还能在一定程度上反映个体的心理特点。旅游从业人员容貌和表情的端庄、自然、精神饱满，可以给游客以安全和愉快的感觉，能拉近与游客的距离，让游客乐于接受其服务。良好的容貌、体态固然与先天条件有关，但后天锻炼也很重要。在实际的工作中，从业人员的修饰关键是要把握自然美和修饰美的适度结合，倘若刻意浓妆艳抹，则会使游客望而生厌，不愿意与其接触。

2）服饰穿着要给顾客以舒适、端庄的感觉

服饰穿着包括服装、鞋帽、首饰等，是附着于人体的展示物，是社交中表现自我的重要手段，也是对容貌、体形的掩饰和衬托。在旅游企业中，从业人员的服饰穿着要整洁大方、合体，与环境相协调，与职业特征相符合，能让游客联想到企业尊重顾客的服务精神，和从业人员积极热忱的工作态度。

3）行为风度能给顾客以稳重、文雅的感觉

旅游从业人员的行为风度，主要指服务人员在待客接物中所表现出来的动作、姿态。一般来说，从业人员的站姿要保持身直、挺胸、两肩平正。行姿要“轻、稳、灵”。坐姿要稳，以表示对游客的尊重和期待。旅游从业人员的行为风度体现着他们的性格和素养，反映出他们的文明程度和心理状态。行为风度大方文雅，热情庄重，能使游客在与其接触时内心深处产生良好的感觉，促进消费。反之，举止轻浮，言谈粗鄙，则会使游客产生不良感觉，难以接受其产品和服务。

【相关链接9-1】 **良好的第一印象**

社会心理学家艾根研究发现，在同陌生人相遇之初，按SOLER模式来表现自己，可以明显增加别人对我们的接纳性，使我们在别人心目中建立起良好的第一印象。

SOLER是由五个英文单词的词头字母拼写起来的专用术语，其中：

S表示“坐（或站）要面对别人”；

O表示“姿势要自然开放”；

L表示“身体微微前倾”；

E表示“目光接触”；

R表示“放松”。

当我们按照SOLER方法来表现自己时，会给人一种“我很尊重你，对你很有兴趣，我内心是接纳你的，请随意”的轻松、良好的印象。

资料来源 作者根据相关资料整理.

9.1.2 对旅游从业人员气质的要求

气质实际上是指某个人典型的表现于心理活动过程的速度、强度和稳定性以及心理活动过程的指向性等动力方面的特点。它对人的实践活动会产生重要影响。在旅游服务工作中，对从业人员的气质有特殊的要求，主要有以下三点：

1）感受性和灵敏性不宜过高

感受性是指个体对外界刺激的感觉能力，而灵敏性是个体心理反应的速度和动作的敏捷程度。在旅游活动中，从业人员的服务工作处于一个经常变化的活动空间，受各种因素的影响，与各种人群频繁交往，而这些人群的文化背景、个性倾向存在着较大的差异。

试想如果旅游从业人员的感受性太高，稍有刺激就引起心理反应，那么，当游客提出不同的要求、发生意想不到的事件时，都会刺激他的头脑，势必造成精力分散、注意力不集中，影响其服务表现。这个过程如图 9-1 所示。

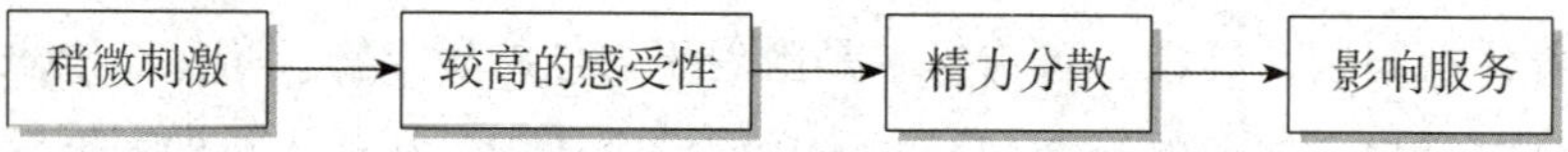

图9-1 刺激高感受流程图

相反，如果从业人员的感受性太低，对周围事物熟视无睹，将会怠慢游客，导致矛盾发生，降低游客的满意度，使游客对服务人员和整个旅游企业产生不满。它的影响流程如图 9-2 所示。

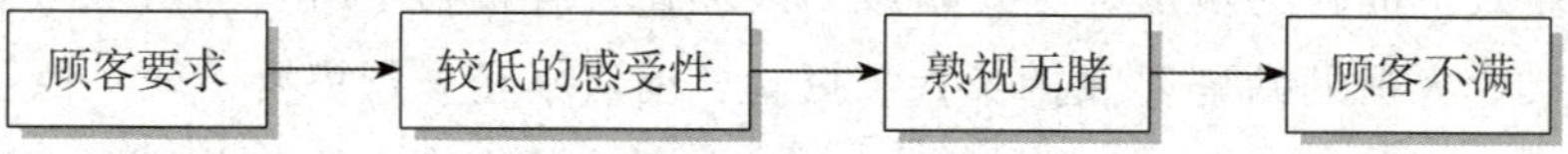

图9-2 刺激低感受流程图

所以，旅游从业人员要想在工作中处于一种热情饱满的状态，灵敏性就不能太高或太低。正常情况下，灵敏性应该根据客流量的大小随时调节。

2）忍耐性和情绪兴奋性不能低

忍耐性是指个体在遇到各种刺激和压力时的心理承受能力。而情绪兴奋性是指个体遇到高兴或扫兴的事情时，能否控制自己的情绪波动，始终处于一种喜事不骄、挫折不馁的状态。

旅游从业人员的工作与一般工作不同，虽然游客情况复杂多变，但从业人员的服务基本不变。比如一个导游服务人员，日复一日、年复一年地带领游客到景点游览，还有常年跑一条线的司机等，这种单一的工作必然让从业人员产生厌倦，产生一种压力。

而面对一批批的新游客，从业人员必须克服对工作的厌倦，解除心理压力，把工作做好，把游客的情绪和兴致激发起来，精神饱满地为游客服务。可见，较好的忍耐性和情绪性是旅游服务从业人员必备的心理素质之一。

3）可塑性要强

可塑性是指从业人员对服务环境中出现的各种情况及其变化的适应程度。服务工作没有什么固定的模式，但讲究因人因事而异的原则。以提供饮食服务来看，不同民族、不同地域的游客有不同的饮食特点。以国内来说，南方人爱吃米饭，北方人爱吃面食，山西人爱吃醋，四川人爱吃辣的，内蒙古人爱吃肉。如果不考虑人们的饮食特点，只提供同一种服务，那么游客将很难接受。并且，游客在心血来潮的时候，常会产生新奇的需求，对游客的合理需要，从业人员都应该尽量满足。为此，旅游从业人员只有具备较强的可塑性，才能应对游客的需求变化，把服务工作做好。

【相关链接 9-2】 根据气质择业更能发挥优势

如果在职业的选择过程中，能考虑到自己的气质类型而选择与其相适的职业，就更能发挥优势与特长，取得更大的成就。

胆汁质型：胆汁质型又称不可抑制型，属于战斗类型。这种气质类型的人精力旺盛，反应敏捷，乐观大方，但性急、暴躁而缺少耐性，热情忽高忽低。这种人适合于做刺激性大而富于挑战的工作，如导游、节目主持人、推销员、演员、模特等。胆汁质的人不适合做整天坐在办公室或不走动的工作。

多血质型：多血质型又称活泼型，属于敏捷好动的类型。这种气质类型的人适应能力强，善于交际，在新的环境中应付自如，反应迅速而灵活；办事效率高，但注意力不稳定，兴趣容易转移。多血质的人的职业选择较广泛，如新闻工作者、外事工作者、服务人员、咨询员等。多血质的人不适合做细致单调、环境过于安静的工作。

黏液质型：黏液质型又称安静型，属于缄默而沉静的类型。这种人踏实、稳重，兴趣持久专注，善于忍耐，但黏液质的人有些惰性，不够灵活，而且不善于转移注意力。这种类型的人适合做管理人员、办公室文员、会计、出纳、播音员等。黏液质的人不适合做富于变化和挑战性大的工作。

抑郁质型：抑郁质型又称易抑制型，属于呆板而羞涩的类型。这种人感情细腻，做事小心谨慎，善于察觉别人观察不到的微小细节。但抑郁质的人适应能力较差，易于疲劳，行动迟缓、羞涩、孤僻且显得不大合群。这种类型的人适合做保管员、化验员、排版员、保育员、研究人员等。抑郁质的人不适合做需与各色人物打交道、变化多端、大量消耗体力和脑力的工作。

资料来源 佚名. 根据气质择业更能发挥优势［EB/OL］.［2017-02-27］. http://www.wangxiao.cn/hr/2601280243.html.

9.2 性格、情感与服务热情

性格是指一个人在生活过程中所形成的，对现实稳固的态度以及与之相适应的习惯了的行为方式。情感是人对客观现实的一种特殊反映形式，是人对客观事物是否符合自己的需要而产生的态度体验。性格与情感这两者的结合，是形成服务人员能否满腔热情为游客服务的重要心理条件。我们研究从业人员的性格和情感问题，其目的就是帮助从业人员树立并保持饱满的服务热情。

9.2.1 旅游从业人员的性格

1）性格的表现形式

性格是指特征、标志、属性及特性。每个人都有不同于他人的独特之处。图9-3列出了几种性格的表现形式。

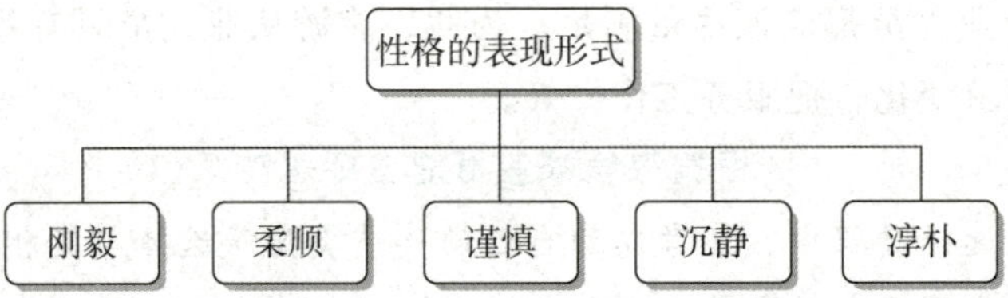

图9-3 性格的表现形式

这些不同之处，表现出一个人对现实的态度和习惯化了的行为方式，并且能表现在他的行为举止之中。心理学研究和实践经验证明，勤奋、坚持、自信的性格，可以促进能力的形成和发展。而严于律己的性格，可以支配和控制气质与习惯。所以，当我们分析一个人的性格特征时，就有可能在某种程度上预见他在某种情况下将要如何行动。由此可见，性格在一个人的心理活动中的地位和它在一个人的行为中的作用是非同一般的。

2）旅游从业人员需要具备的性格特征

从旅游服务工作的客观角度看，首先，从业人员要有谅解、支持、友好、团结、诚实、谦虚、热情等良好的性格特征。具有了上面的这些性格特征，就能与游客建立良好的人际关系，在服务工作中，保持最佳的服务状态，使游客感到亲切。其次，从业人员要独立性强、适应能力强，有事业心、责任心和恒心。一般来说，独立性强的从业人员抱负水准高；适应能力强的人有开拓精神和应变能力；有事业心、责任心和恒心的人工作勤奋、效率高。

而从服务工作的微观角度来考虑，不同工种的服务人员，对性格的要求不同，具体如表9-1所示。

表9-1 不同服务工作对性格的要求

服务人员类型	性格要求
导游服务人员	乐观外向、负责、自立、当机立断
客房服务人员	缄默、负责、自律、严谨
餐厅服务人员	热情外向、机智、自信
材料保管人员	严谨、负责、现实、自律、合乎成规、心平气和

可见导游服务人员、客房服务人员、餐厅服务人员、材料保管人员的职业特点要求他

们的性格也不一样，所以旅游从业人员要根据他们自身的性格特征来选择合适的职业，为客户提供满意的服务。

3）塑造良好性格特征的途径

为了塑造良好的性格特征，旅游从业人员应不断加强个人的心理素质和修养，主要有以下途径：第一，努力提高文化水平，加强职业道德修养，保持乐观心态。第二，努力学习别人的长处，诚心接受他人的帮助。第三，积极参加社会实践，在工作中检验自我修养的结果。

9.2.2 旅游从业人员的情感

情感是人的心理活动的一个重要方面，它是人对客观事物与人的需要之间关系的反映。在主客体关系中，不是任何客观事物都能引起人的情感体验的。比如，在一般情况下，汽车声、歌声引不起人们的情感体验，但当我们在需要休息或思考问题的时候，这些声音会使我们觉得讨厌；当我们需要乘车或需要娱乐时，这些声音会使我们感到特别欣慰。

由此可见客体是否能够引起人们的情感体验，是以人的需要为中介的。人们在日常生活中，当需要被满足而采取肯定态度时，他会产生热爱、满意、愉快等情感体验；当需要不能被满足而采取否定态度时，他会产生憎恨、不愉快、痛苦、羞耻等情感体验。

1）情感与情绪的关系

当我们在谈论情感时常涉及人的情绪问题，其实情感和情绪都是客观事物是否符合人的需要与愿望、观点而产生的体验。在现实的具体人身上，两者经常交织在一起，很难加以严格区别。如果要区分的话，可以说两者是表里关系，即情绪是情感的外在表现，情感是情绪的内在本质内容。具体表现在以下三个方面：

首先，情绪一开始就跟需要（特别是生理需要）相联系；而情感更多地跟社会需要、社会认识、理性观念及观点相联系。为此情感带有明显的社会制约性，它是一个人社会化的重要组成部分与标志。

其次，情绪具有情景性，它随情景或一时需要的出现而发生，也随情景的变迁或需要的满足而较快地减弱或消逝；而情感则由于其对主客关系的概括而深入的认识和一贯的态度，不仅具有情景性，还具有稳定性和深刻性，由此，人们常视其为个性的结构或个性的表现。

最后，情绪带有更多的冲动性和外显的表现；而情感显得深沉，常以内隐的形式存在或以微妙的方式流露出来。

情感和情绪具有两极性。比如情绪在强度方面，有强弱之分；在紧张度方面，有紧张和轻松之分；在快感方面，有快与不快之分；在复杂度方面，有简单与复杂之分。情感的两极性主要表现在积极的与消极的体验上，也表现在增力作用和减力作用上。

2）情感的体验形式

在日常生活和具体活动中，人们的情感体验形式是多种多样的，概括起来主要有以下几种：

首先是心境。心境是一种微弱、平静而持续时间较久的情感体验。通常有愉悦的心境、焦虑的心境、悲观的心境、冷漠的心境等。心境的产生受多种因素影响，如工作的顺和逆，事业的成和败，人际关系的协调和紧张，身体状况的好和坏，环境的优与劣等。在当今生活和工作中，积极良好的心境，可使人精力充沛、乐观向上。消极不良的心境，可使人消沉、失望、缺乏动力。在一般情况下，心境倾向于扩散和蔓延，在心境发生的全部时间内影响人的整个行为表现。

其次是激情。激情是一种爆发式的、强烈而短暂的情感体验。狂喜、暴怒、惊恐、绝望、极度悲愤、异常恐惧等，都是激情的表现。激情多由重大突发事件引起。当一个人处于激情状态时，常会出现"意识狭窄"现象，即认识范围缩小，失去理智，不能自控，从而导致鲁莽行为。但有时激情也有积极意义，它会使人产生英雄举动，抒发感人的心声。所以旅游从业人员要发挥好激情的积极作用，抑制它的消极作用。

再次是应激。应激是由于出乎意料的紧张而引起某种行为反应时所产生的情感体验。在遇到起火、爆炸、控制失灵等危险情境时，在游客爆满、应接不暇时，都会引起人们应激情绪反应。一般来说应激有两种表现形式：一是吓昏了头脑，张皇失措，不知所为；二是头脑清醒，急中生智，动作准确有力，及时排除险情。

最后是热情。热情是一种有力、稳定而深厚的情感体验。热情总是与明确的目的性和积极的行动性紧密联系，它对活动产生的满意、积极、肯定的情绪不会因时过境迁而改变，它控制人的身心，影响人的思想行为，是鼓舞人去行动的巨大力量。

情感体验形式的关系通过图9-4可以看出。

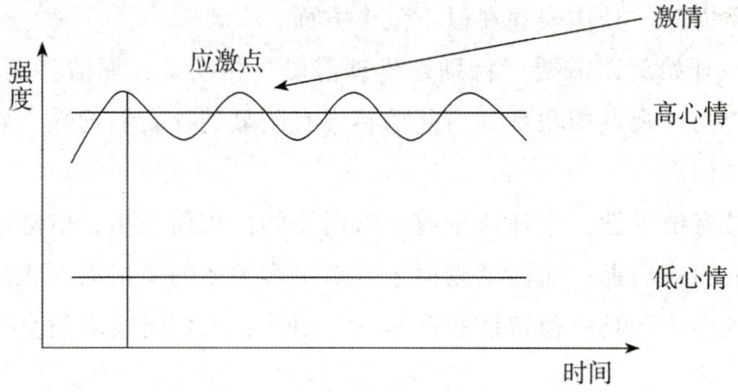

图9-4 情感体验形式

3）对旅游从业人员的情感要求

情感影响整个人的思想和行为。按照职业心理要求，旅游从业人员的情感应具备以下四个方面的内容：

（1）要有良好的情感倾向性。情感倾向性是指一个人的情感指向什么和因什么而引起。比如，同是热情，指向旅游业的服务本身或服务对象——广大游客，这是高尚的情感；如果指向损害国家、企业利益，为自己提供私利的个别中间商，那将是卑鄙的情感。在社会主义国家中，我们的每一个旅游从业人员都是国家的主人、民间大使、友好的使者，因此，旅游从业人员良好的情感倾向，应指向全心全意为游客服务上来，与“两个文明建设”的宏伟目标相一致。在服务工作中，应该关心体贴和热爱顾客，不计较游客不美的语言，不计较游客不好的态度，不计较个别游客无理的要求，一切为游客着想，真正从思想上认识到“客人永远是对的”。

（2）要有深厚的情感。深厚的情感是指与真正的理想、信念、观点、人生观紧密联系的情感。它是情感倾向性高尚的一种表现。有深厚情感的服务人员都是情感倾向性高尚的服务人员，他们在工作中的热情不是凭偶发性的因素，他们对游客的热情也不是靠一时的冲动性，他们的热情服务是在服务工作的方方面面表现出来的。

（3）要有稳定而持久的情感。稳定而持久的情感是与情感的深厚性联系在一起的，是在相当长的一段时间内不变化的情感。在这个方面对服务人员的要求是，要把积极的情感稳定而持久地控制在对工作的热情上，控制在为游客服务上；对工作的热情应持之以恒，对工作的态度应始终如一。

（4）要有较高的情感效应。情感效应是指情感在人的实践活动中所发挥作用的程度。它是激发人们行为的动力因素。一般来说，情感效应高的服务人员能够把任何情感都转化成促使其积极学习、努力工作的动力；而情感效应低的服务人员尽管有时对工作也有强烈的欲望，但往往是挂在嘴上，而缺乏具体的行动。所以，为了主动、热情、耐心、周到地做好服务工作，对从业人员情感效应转化为能动的程度的要求更高。

【相关链接 9-3】 潜在的冲突

旅游一线服务人员在工作中要面对以下各种潜在的冲突：

➢个人与角色冲突。作为一线服务人员的角色要求与员工本人的自我形象、个性、生活方式或价值观之间的冲突。

➢组织与顾客冲突。在组织的规章政策和顾客的个人要求上，一线服务人员面临矛盾和难以两全的情况。

➢顾客间的冲突。有时候冲突源于两个以上的顾客对服务有着不同的期望和要求。

➢顺次为顾客服务时的冲突。在服务过程中，服务人员往往难以为接受服务的顾客平均分配时间，可能造成某些顾客抱怨服务人员对待顾客不公平。

➢同时为顾客服务时的冲突。在服务过程中，服务人员可能面临着顾客个性化、特殊化需要的难题。

➢质量和效率目标冲突。服务组织要求员工既要为顾客提供令人满意的、充满情感的服务，又要求员工服务工作效率高、成本低、产出可观。如果同时向员工提出这两方面的过高目标和要求，势必增加一线人员的角色负担，使其陷入两难的境地。

资料来源 梁彦明. 服务营销管理［M］. 广州：暨南大学出版社，2004：277.

9.3 意志、能力与服务水平

服务水平是指旅游从业人员在为游客服务方面所达到的某种程度。它包括服务质量的优劣、技术的高低、效果的好坏等。就一个企业来说，每个从业人员的服务水平都不完全一样，有高有低，也有一般的。从服务心理学的角度来看，在其他条件相同的条件下，从业人员水平的高低主要取决于各个从业人员的观察力、记忆力、想象力、思维力、表达能力以及业务熟练程度等。在实际的服务工作中，上述能力的提高并非一朝一夕所能办到的，需要从业人员以克服困难的勇气和坚忍不拔的毅力来控制自己的行动。这就是心理学中所说的意志过程。它们的关系如图 9-5 所示。

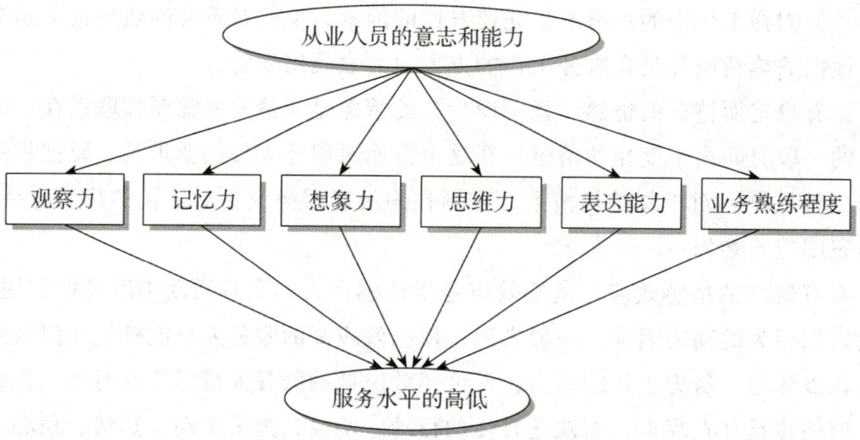

图9-5　意志、能力与服务水平之间的关系

由此可见，从业人员的意志、能力同服务水平是密切相关的。因此，为了提高旅游企业的服务水平，每个从业人员都面临着加强意志修养、提高自身能力的问题。

9.3.1　旅游从业人员需要具备的意志品质

意志是人们为了实现预定目的而自觉努力的一种心理过程。作为旅游从业人员，要想在复杂的接待服务环境中把自己锻炼成一名优秀的工作者，要想不断克服由各种主客观原因造成的心理障碍，就要不断发挥主观能动作用，增强自己的意志品质。对旅游从业人员来说，坚强的意志品质，主要表现在以下四个方面：

1）自觉性

坚强的意志具有自觉支配自己行动、努力实现既定目标的特点。自觉性较强的旅游从业人员，一般具有坚强的意志。这种服务人员在服务工作中会在自己的意志调节和控制下，自觉地支配自己的行动。他会始终不渝地为提高自己的业务水平而努力奋斗。同时，也能正确地对待自己的成绩与进步，虚心向他人学习，改正自己的不足，勇于克服各种困难，战胜各种挫折；相反，缺乏意志自觉性的人，就会在工作中忽东忽西、盲目行事，很可能一事无成。

2）果断性

果断性是指一个人善于迅速地根据情况的变化，采取相应措施的意志特点。具有果断性的服务人员，在处理接待服务过程中的各种矛盾和问题时，能够反应机敏、迅速果断、善于负责。同时，对在工作中碰到的各种矛盾，还能善于权衡利弊、全面考虑，并恰到好处地利用一切可以利用的条件，不失时机地给予正确处理；反之，缺乏果断性的人遇到问题时，往往犹豫徘徊或草率行事，激化矛盾，把本来容易解决的问题复杂化或变得难以解决。

3）自制力

自制力是一种对个人情感、行动的约束能力。自制力较强的服务人员，能够控制自己的情绪，有谦让忍耐性。不论与何种类型的游客接触，不论发生什么问题，都能镇定自若，善于把握自己的言语分寸，不失礼于人。同时，还能克服和调节自己的行动，遇到困难、繁重的任务不回避，对工作不挑拣，讲究纪律约束性。而冲动性的从业人员，一般容易感情用事，为了一时的痛快，往往不顾及后果，常与游客发生冲突。

另外，服务人员在服务中应具有稳定的心理平衡能力。所谓心理平衡能力，就是在客人寻衅滋事时，要能忍耐，而且要把道理讲给对方，具有在客人面前始终平静、谦恭的心理承受能力。

4）坚韧性

坚韧性是指从业人员对外部障碍所产生的一种锲而不舍的意志特点。对从业人员来说，如果缺乏意志坚韧性，就难以应付外部环境的变化，难以在复杂的环境中做出突出的贡献。除了季节性影响外，疫情等重大突发事件的冲击也是旅游从业人员需要面对的重要问题。2020年1月26日，文化和旅游部办公厅发布《关于全力做好新型冠状病毒感染的肺炎疫情防控工作暂停旅游企业经营活动的紧急通知》，自当日起，全国所有旅行社及旅游企业，暂停旅游经营，旅游业开始从近年来高速稳定发展急转直下。这次疫情对于旅游业来说相当于来了一个“急刹车”，旅游业的脆弱性与不稳定性也暴露出来。在漫长的等待期间，许多中小旅游企业难以承受长期亏损，纷纷转行从事其他工作，也有一些旅游从业者默默坚守在自己的岗位上，等待市场复苏的到来。

因此，旅游从业人员应具有坚韧的意志，能够正确认识并直面旅游业的不确定性与风险性，在遭受挫折时积极调整心态，在困境中努力寻找机遇，加强自己的底蕴，在竞争激烈的市场环境中，让自己稳步提升。

【实例9-1】 “做导游，你心理上准备好了吗？”

在导游人员资格考试培训的教室里，几百个位置座无虚席，培训老师王教授笑着说：“这么多的同学都要当导游啊！是不是因为导游可以游山玩水不花钱，白吃白喝还挣钱啊！”全场哄堂大笑，几乎同时，异口同声地说：“是。”这个回答让王教授非常感慨。“在座的各位年轻人一看就是愿意赶时髦，很羡慕导游工作，觉得这是件美差，可你们有没有想过，导游为游客全程服务是要付出许多辛苦的！”同学们都沉默了。

“其实，导游这一行，真的是个挺累人的行当。大家‘不做不知道，一做吓一跳’。有这么句顺口溜是描写导游生活的，‘导游苦，冬生冻疮夏中暑；导游累，最早起床最晚睡；导游愁，无休无止数人头；导游气，无人喝彩还要演戏’。”王教授话音一落，教室里没有了笑声，大家前后交流起来。王教授看大家议论纷纷，就给了大家时间一起讨论关心的问题和想要知道的事情，在对同学们提出的问题做了回答后正式开始了第一节的内容——

“什么是旅游”。

分析：

从事导游工作仅有热情和激情是不够的，还必须做好充分的心理准备。其具体表现为：首先，准备面对艰苦复杂的工作。导游人员在接团时不能只考虑到按正规的工作程序要求，为旅游者提供热情服务，还要有遇到问题、发生事故时沉着面对和妥善处理的思想准备。其次，准备承受抱怨和投诉。有时导游人员虽然已经尽其所能热情地为旅游者服务，但还会遇到一些旅游者的抱怨、指责甚至投诉。因此，导游员在上团之前，一定要有足够的心理准备，要冷静、沉着地面对，为游客提供优质服务。

资料来源　作者根据相关资料整理.

思政园地

感动中国人物——文花枝

2005年8月28日，文花枝在带旅游团途中遭遇车祸，车上人员6人死亡，14人重伤，8人轻伤。当营救人员几次想把坐在车门口第一排的文花枝先抢救出去时，她没有忘记自己作为一名导游员的工作职责，大声说：“我是导游，后面是我的游客，请你们先救游客”，并不停地为大家鼓劲、加油。在这起重大交通事故中，文花枝是伤得最重的一个，左腿9处骨折，右腿大腿骨折，髋骨3处骨折，右胸第四、五、六、七根肋骨骨折。她在危险到来的时候，将生死置之度外，把生的希望让给别人，自己最后一个被解救。因为延误了宝贵的救治时间，医生不得不为文花枝做了左腿高位截肢手术。

工作中的文花枝一直是一名用真诚和微笑对待游客的阳光女孩，她把游客当成朋友和亲人。每带一个团，她都按事先的承诺服务，每到吃饭时，她都先安排好游客，自己最后才吃。游客称赞她是人品上的“导游”，是职业道德的“导游”。

资料来源　新中国成立以来感动中国人物：文花枝［EB/OL］.［2013-08-05］. https：//www.12371.cn/2013/08/05/ARTI1375685121755972.shtml.

9.3.2　对旅游从业人员能力的要求

任何人的能力都是借助某些基本条件而形成的。这些条件，第一是智力，它标志着人的大脑对于客观事物的认识、领会和做出反应的心理水平，是能力形成和发展的先天条件。人的反应能力、接受能力的强弱都是由此决定的。第二是知识技能，这是只有通过学习和训练才能掌握的社会实践经验的结晶，是能力形成和发展的后天基础。第三是实践的机会，实践的机会越多，能力提高得越快。第四是个人勤奋程度，它是造成能力差别的重要原因之一。

旅游从业人员的能力是直接影响服务效率、服务效果的重要心理特征，也是影响企业服务水平的主要因素。从服务心理学角度来看，服务人员除具有一般活动的基本能力外，职业心理学对旅游服务人员的能力要求有以下几点：

1）敏锐的观察力

旅游从业人员最使游客佩服的本领，就是能把游客最感兴趣的某种需要一语道破。要达到这一良好的效果，前提是服务员必须要有敏锐的观察力。人们经常把真实的自我隐藏起来，如果你没有敏锐的观察力，游客偶然表现出来的真实自我便会悄然失去。

从业人员观察力的强弱与其对服务工作的兴趣、注意力及当时的心境有密切关系。同时，也与他掌握这方面的知识的多少和方法有关。要提高旅游从业人员的观察能力，应注意以下几点：

（1）仔细倾听。听游客说什么，怎么说，话中的含义是什么。

（2）仔细观察。看游客的穿着打扮，其动作、姿势的含义，可能会说什么话。

（3）尽量少讲。避免说错话，多提问题，但不能说出答案。

（4）不要把游客留下的第一印象，当作信条加以肯定。

（5）事先做好准备。先根据以往对此类游客的了解，希望他做出什么反应，然后确定自己该怎么说、怎么做才能达到目的。

（6）注意谨慎。即使已了解对方的作风，也绝不要告诉他你觉得他如何如何，如果让对方知道你对他的了解程度，以后就不可能再有效地运用这种了解来影响他了。

（7）保持超然。在热闹的场合中保持超然，能大大提高自己的观察能力。如果一起凑热闹，容易暴露自己的本性。保持超然会使自己冷静，处于优势，情绪不易被人控制。

2）良好的记忆力

良好的记忆力对于做好服务工作是十分重要的。良好的记忆力能帮助从业人员及时回想起在服务环境中所需要的一切知识和技能。对于旅游服务来说，良好的记忆力是从业人员搞好优质服务的智力基础。为此，强化服务人员的记忆力是提高从业人员服务水平的重要方面。

那么，怎样强化从业人员的记忆能力呢？第一，要明确记忆目标，这样就会使大脑处于高度激活状态，方位明确，对外部信息记得清、存得久。第二，要精力集中，力求理解。第三，要反复运用，起到复习之效。第四，要讲究科学的记忆方法，只有这样，才能记得清晰牢固，用起来得心应手。

【实例9-2】 惊人的记忆力

一天中午，一辆最新型的出租汽车在丽兹酒店前停下，酒店一位迎宾员上前为客人打开车门。行政部主任马修先生虽还未见到客人，但站在门前的他已估计到来客是谁。他每天要到前厅客房预订处去几回，了解当天客人的情况。他有惊人的记忆力，见过一面，或听说过一次，几乎都能印在脑海中。此刻客人正从出租车上下来，就在这一瞬间，迎宾员以最快的速度在记事本上记下出租车的车牌号，同时还留意客人携带的行李件数，一并记在本子上。这就是马修先生的与众不同之处。在巴黎共有14 500辆出租车，如果客人下车尚有东西留在车上，那么没有别的办法比根据记事本上的号码按图索骥找到出租车查个水落石出更方便了。另外，记下从出租车上取下的行李件数，以后要是客人发现缺少东西，可以有助于他查明行李究竟丢失在机场还是酒店里。

分析：

记下车牌号与行李件数初看起来只是两件很小的事情，从中却反映了世界一流大酒店的服务水准。丽兹酒店迎宾员把客人乘坐的出租车的车牌号一一记下，防的正是万一。一年之中来酒店住宿的那么多客人中难免会有人把行李遗忘在出租车内，到时只要查一下出租车的车牌号即可解决问题；同样，如果客人离店时声称少了一件行李，酒店也只要核对一下迎宾员的记事本，行李的下落就能很快被查明。“于细微处见水平”，如要调查各家酒店的“软件”水平，最好的办法莫过于仔细观察员工在处理细碎琐事以及采取预防性措施方面的态度和方法。

资料来源　佚名. 酒店服务的标准化和个性化［EB/OL］.［2017-03-18］. http：//www.canyin168.com/glyy/yg/ygpx/fwkf/201103/28811_2.html.

3）稳定而灵活的注意力

旅游从业人员的注意力是在其注意的基础上所形成的一种专心致志的心理现象。它是指人的心理活动指向集中在一定的事物上，即通常所说的全神贯注、侧耳倾听、冥思苦想、凝神专注等状态。

根据旅游服务工作的特点，对旅游从业人员的注意力的要求是：在服务岗位上，注意力相对稳定、适时灵活转移，克服过分集中与分散的弱点。具体来说，在服务过程中，服务人员的精力应集中到为游客服务上来，对影响精力集中的各种不利因素要有较强的“抗干扰”能力，只有这样，才能动作敏捷、耐心周到地为游客服务。同时，从业人员的注意力应相对稳定在一定范围内，在接待一位游客时，还要注意其他游客的流动情况。

要想培养自身稳定而又灵活的注意力，首先，要有强烈的事业心和责任感，这样才能把最关心的问题摆到注意力中心的位置上来。其次，要有坚强的意志，在坚强意志的支配下养成因时、因地、因事而灵活分配自身注意力的良好习惯。最后，要有敏捷的思维能力，这是灵活分配自己的注意力、增强应变能力、提高服务效率的基础。

4）较强的交际能力

交际能力是旅游从业人员利用各种才干进行交际来往的本领。根据旅游业的特点，对旅游从业人员的交际能力要求如下：

首先，应重视给游客的第一印象。它是指接待服务人员要讲究仪表美，仪表美在交际中是很重要的吸引因素。

其次，要有简洁、流畅的言语表达能力。言语是从业人员与客人交往的主要工具，这是交际能力的重要表现方面。

再次，要有妥善处理各种矛盾的应变能力。在服务过程中，主客双方的矛盾是经常出现的。在这种情况下，应变能力强的从业人员就能正确驾驭各种态势，在既不损伤企业声誉，又能维护游客脸面的情况下，妥善地把各种问题处理好。

最后，要有对游客的招徕能力。这要求从业人员要有与游客融洽感情的本领，要有满足游客要求的功夫，要有展示本企业的服务优势来吸引游客的技巧，要有促使游客主动消费的招法，还要有使游客再次光临本企业的谋略。

总之，旅游从业人员应具有的能力素质，是一种相互制约的多元化的能力系统。它是由多方面的心理特征所构成的，也是各种主客观因素相互渗透、交叉作用的结果。

【实例9-3】 遇到失礼的客人怎么办？

一次，一位衣着讲究、50余岁的东南亚客人来到我国南方的一家高级宾馆里进餐，女服务员热情周到地为他领位、点酒、点菜。客人对服务、美酒佳肴均非常满意。顷刻，酒已喝下半瓶，客人醉眼蒙眬，当女服务员再次为他斟酒时，他突然用手抓住了服务员的手，口出不逊。服务员被客人突如其来的举动吓了一跳，不禁将酒洒落在台布上。服务员虽心里怦怦直跳，但仍有礼貌地表示歉意，并巧妙地挣脱客人的手，用手巾擦台布。服务员清理完想脱身离开，但被客人强拉着以加倍付钱为由要求陪酒。服务员面带微笑地“以工作期间酒店禁止陪客人喝酒”为托词婉言谢绝。客人表示等下班后请她到外面去喝酒，并一再纠缠，并未结婚的女服务员机智地说这得先邀请自己的先生一起去。客人无奈地表示如果女服务员敢被吻一下，就把钱全给她。面对如此失态的客人，女服务员落落大方地伸出了手请客人行吻手礼以示对女士的尊重。客人被女服务员的正派气度征服，他把桌上的钱递给女服务员，并让她一定收下。女服务员礼貌地推让谢绝。这时，闻讯赶来的餐厅经理向这位客人打招呼，客人感到无地自容，忙说喝多了失礼了，并立马结账离开。

分析：

在对待宾客醉酒后寻事、打斗、调戏女服务员等事件时，应保持一种理性和平稳的心态，不能用衡量正常人的标准去看待这些客人，尽量避免采取硬性的处理方法，否则，会加剧矛盾。例如本案例中的女服务员，如果在客人抓住她的手时大喊大叫或请保安人员将客人赶出餐厅等，均不是最佳的方法，反而会影响其他宾客用餐。对待这类客人，应心平气和地软性处理。案例中的服务员用正派的气度、温和的微笑、符合逻辑的语言、礼貌大方的举止和巧妙的推诿，唤起了失态客人的清醒，使其恢复常态。这种艺术化的处理手段，是在充分理解、分析宾客心态变化的基础上的灵活创造，充分体现了服务员个性服务的高超技巧。

资料来源 作者根据相关资料整理.

本章小结

本章主要从仪表、气质、性格、情感及意志、能力与服务水平等方面分析了旅游业对从业人员的心理素质要求。对仪表美的要求是形体容貌要给游客以健康、精神的感觉；服饰穿着要给游客以舒适、端庄的感觉；行为风度要给游客以稳重、文雅的感觉。对气质的要求是：感受性和灵敏性不宜过高；忍耐性和情绪兴奋性不能太低；可塑性要强。对性格和情感的要求是：要有良好的情感倾向性；要有深厚的情感；要有稳定而持久的情感；要有较高的情感效应。对从业人员能力的要求有：敏锐的观察力；良好的记忆力；稳定而灵活的注意力；较强的交际能力。

关键概念

气质　感受性　性格　情感　意志

基本训练

□ 案例分析题

酒店规定应该考虑顾客心理感受

来华度假的美籍人士布莱恩先生偕同妻儿一起在下榻的某五星级大酒店内闲逛。夫妇俩一边逛，一边啧啧称赞："So wonderful! So good!"他们被酒店的豪华设施所吸引，不知不觉来到了花园泳池旁，花园泳池的布景巧妙，让人如置身于仙境之中。正当夫妇俩沉浸在美景中，两岁的儿子小布莱恩挣脱妈妈的手，摇摇晃晃地走向旁边的餐桌。布莱恩夫妇则在旁微笑着，兴致勃勃地看着儿子的举动。原来他被桌子上的酒水牌吸引了，爬上了椅子猛抓了好几次才拿到，然后握在手中，不停地发出高兴的"啊啊"声，夫妇俩哈哈大笑起来："Look at the boy! How clever!"

这时，站在一旁的服务员小王走上前来说："布莱恩先生、布莱恩太太，酒店有规定，小孩不能玩酒水牌。"

夫妇俩听到后，脸上明显露出不悦。布莱恩先生操着生硬的普通话说："为什么不行？难道我们的小孩做错了什么?!"

"没有，这完全是为你们的小孩着想。"服务员连忙解释道。

"我不管你们的酒店有什么规定。我的小孩我会看管好。如果把你们的酒水牌弄坏了，我愿意赔偿，但请你不要干涉我们的私事。"

"但这是酒店的规定，我们也没有办法呀。"服务员开始有点不耐烦了。

"我不管，我可是这里的顾客！顾客至上不是你们的服务宗旨吗？"布莱恩先生表现出极大的不悦。

"是啊，但也不是一味地听从呀，我们也有自己的规定和原则。"

"哼，也不知道你们的经理怎么搞的，会教出你这样的员工。算了，算了，我们不玩了。但我会向你们的经理反映情况。"说完，他夺过小孩手上的酒水牌扔到桌上，抱起孩子与妻子一起气呼呼地走了。

事后，大堂副理特地登门向布莱恩夫妇道歉："真是不好意思，我们的员工处理得不够周到，望你们能够谅解。"

"经理先生，你们只是从你们的角度考虑，也不想一下顾客的感受，虽然你们是为顾客好，可你要知道顾客不希望被你们酒店管得太多，如果你们酒店过多干涉顾客，我想回头客会很少的。"

结果，酒店接受了布莱恩先生的建议，并向布莱恩一家免费提供了长城游。同时在员工培训方面加强了服务语言和灵活服务的技巧，避免了类似事情今后再次发生。

资料来源 作者根据相关资料整理.

讨论题：

1.如果你是该酒店员工，你会怎样跟布莱恩先生委婉说明酒店的规定？

2.你认为在酒店服务方面，总的来说为了搞好服务工作，员工应掌握哪些服务技巧？

□ 思考题

1.试简述服务心理对服务人员性格的要求。

2.如何理解意志、能力与服务水平之间的关系？

3.结合本章内容，试讨论旅游管理专业学生应在哪些方面加强学习。

第10章

旅游企业员工心理及行为管理

学习目标

通过本章的学习，了解员工个体差异。初步了解激励理论，员工的情绪与工作积极性的关系，以及员工问题行为的实质。学会运用激励理论来调动员工的工作积极性，有效控制员工问题行为的产生，有效控制他们的情绪，积极地引导他们热爱企业，实现企业可持续发展。掌握如何在实践过程中抓住员工心理，有针对性地激励员工，预防和矫正员工的问题行为。

思维导图

美国企业家艾柯卡认为，企业“成功的关键不在于信息而在于人，管理人就是发动人去工作”。因此要调动旅游企业员工的积极性，必须要研究旅游企业员工个体心理与行为，了解员工的个体心理差异，以便更好地对其实施管理。心理学研究指出，个体差异主要是指人与人之间在个体心理特征上的差别。它主要表现为气质、性格、能力等方面的差异。本章仅就个体存在的心理差异进行分析，并据此提出对待不同个体的不同管理方式，有效地利用激励理论调动员工的积极性，积极地引导员工的心理，实现人适其职，职得其人，人尽其才，才尽其用，以提高旅游企业的管理水平。

10.1　旅游企业员工个体心理差异

10.1.1　气质差异与管理

1）气质及其类型

气质，是指个体心理活动进行的速度、强度、稳定性和指向性等动力特征，类似人们通常所说的性情、脾气。它本身并不反映活动的内容和意义，却给人的活动涂上了一定的个人色彩，形成一定的风貌。

所谓心理活动进行的速度，主要指知觉、思维反应速度的快慢，如知觉的速度、思维的灵活程度等；强度，指情绪体验的强弱、意志努力程度，如情绪的强度、意志力的强弱等；稳定性，指注意力集中时间的长短；指向性，指人的反应与活动主要依赖外部印象，还是依赖内部已有的印象和思想，如经常分析自己的言行等。气质具有极大的稳定性，气质特点较少因动机而发生变化，即在不同活动中，同一个个体将会表现出相同性质的气质特点。例如，一个具有活泼、好动气质特点的服务员，其气质特点会在饭店的各种活动中表现出来。一个人的气质特点不依活动的内容而转移，其全部心理活动都涂上了个人独特的色彩，表现出一个人生来就具有的特性。

巴甫洛夫认为，每个人都有许多不同的气质特点，但这些特点并非偶然地彼此结合，而是有规则地互相联系着。人的气质是由高级神经活动的强度、平衡性与灵活性三种不同特性组合形成的。他科学地解答了希波克拉底四种气质类型划分的神经心理原因（见表10-1），这是目前人们普遍赞成的气质学说。

表10-1 高级神经活动类型与气质类型对照表

神经活动的基本特征			高级神经活动的类型	气质类型	气质特征
强度	平衡性	灵活性			
强	不平衡	灵活	兴奋型（不可抑制型）	胆汁质	直率，热情，精力充沛，情绪易冲动，心境变化剧烈，外倾
强	平衡	灵活	活泼型（灵活型）	多血质	活泼好动，敏感，反应迅速，注意力容易转移，兴趣易改变，外倾
强	平衡	不灵活	安静型（不灵活型）	黏液质	安静，稳定，反应迟缓，情绪不外露，注意力难转移，内倾
强	不平衡	不灵活	弱型（抑郁型）	抑郁质	孤僻，行动迟缓，情绪体验深刻，善于觉察他人细节，内倾

2）气质差异管理

（1）正确理解气质的类型

首先，气质没有好坏之分。因为气质是心理活动的动力特征，并不决定具体个性特征的内容与好坏，它同心理活动的内容无关。比如，两个人同属胆汁质，一个人勤勤恳恳，干一行爱一行；另一个人则是干集体的工作松松垮垮，干自己的事却不遗余力。其次，气质的类型不决定人的活动成就的高低。并非某种气质的人能成才，某种气质的人不能成才。据苏联心理学家的研究，俄国四位著名作家是典型的四种气质的代表，见表10-2。但是，不同的气质类型并不影响他们在文学上的杰出成就。最后，任何一种气质都有积极方面和消极方面。例如多血质的人情绪饱满，灵活敏捷，善于交际，容易适应环境，但注意力不稳定，兴趣容易转移。再如抑郁质的人，反应迟缓，缺乏热情，耐受力差，但情感细腻，做事谨慎，观察敏锐。

表10-2 四位著名作家气质比较

作家姓名	气质类型
普希金	胆汁质
赫尔岑	多血质
克雷洛夫	黏液质
果戈里	抑郁质

此外，人们单属某种典型气质的比较少，多数是两种或多种气质的混合型。

（2）根据不同气质安排适宜的工作

气质不影响人们成就的高低，但不是说气质对人没影响。气质对工作效率高低的影响是不容忽视的。在普通职业中，我们可以看到不同气质特点的人从事同一工作，可以干得同样出色。这说明，在这里决定工作成败的关键是其工作态度、熟练程度等因素，而不是气质特点。因为人们在工作中通过互补作用，通过发挥主观能动性，均可以适应工作，圆满完成任务。但不能否定，一个人所具有的气质特点符合工作要求时，这个人就比较容易适应，工作起来就比较轻松；反之，则要困难些。

实践证明，从事任何一项工作，都要求人们具有一定的心理品质或条件。在旅游企业的各部门人员选择安排上，确定完成某项工作所必需的特殊能力和气质的特点，然后选拔、鉴定适合完成这项工作的人，是实现企业目标的一项重要工作。以饭店的前厅服务工作为例，客人来店要对来宾表示问候，帮助客人接拿行李。客人离店时，要为客人安排车辆和运送行李等。每天上午都有几百名客人离店，下午又有同样数量的客人进店。同时，前厅服务人员还要负责回答客人提出的一些问题，答复有关饭店的情况和当地的情况。这就要求前厅服务员有迅速灵活反应的能力，对于多血质和胆汁质的人来说，前厅服务工作就较为适应。另外，旅行社的导游接待人员要处理很多旅游活动过程中的突发事件，可能需要协调各方面的关系，因此具有热情及良好的沟通能力这种多血质特点的员工就会有很大的发挥余地。此外，多血质的人也适于做公共关系、销售、餐饮、看台分配等工作。像财务、记账等工作，要求认真、有耐心，由黏液质和抑郁质的人来做就较为适合，而胆汁质、多血质的人就较难适应。

（3）组织工作班子时要考虑气质结构

不同气质类型的人所组成的群体，可以产生互补，有助于人际关系的协调、群体气氛的活跃。假如一个群体都是黏液质和抑郁质的人，这个群体必然缺乏朝气；相反，都是多血质的人，虽然他们共同语言多，但也不好协调。所以，如果一个集体里同时具备了这些不同气质类型的人，就比单纯的同一气质类型的人在一起工作更容易搞好人际关系，工作效率也要高得多。

（4）针对不同气质的人，采用不同的方式、方法进行思想工作

气质不同，人们对同一思想工作方式的反应也不同。因此在做思想工作时，要针对不同气质的人，采用不同的方式、方法。比如，胆汁质的人容易冲动，吃软不吃硬，因此，在批评教育这类人时，要摆事实、讲道理，不能以势压人；要“冷处理”，给他一定的自我思考时间。对于多血质的人，由于他们接受快，但不稳定，易反复，因此要多做工作，不要以为一时想通了就没问题了。对于黏液质的人，由于他们反应慢，批评时要适当加大刺激量，要有耐心。对于抑郁质的人，由于他们敏感，内心活动多，情绪体验深，所以要少指责、多体贴，不涉及问题以外的事，以免加重他们的思想负担。

（5）引导不同气质的人，促进员工的身心健康

不同气质的人对社会刺激的反应不同，承受能力不同，特别是遇到重大挫折时尤为明显，势必造成不同的心理负担，影响个体的心理和身体健康。这是管理者必须重视的问题。比如，胆汁质的人，争强好胜，精力旺盛，被称为“工作狂”。因此领导要关心他们，不要因为他们能干、愿意干，就一味加担子，忽略他们的身体健康。抑郁质的人，心胸不开阔，遇事内心活动多，特别是遇到较大的刺激，往往难以承受，长此以往会导致心理和身体疾病，因此，要多关心体贴他们、开导他们。

总之，气质是影响人的心理活动和行为的动力特点，是人的稳定的心理特征之一。但人的心理和行为不是由气质决定的，而是由社会生活条件和个人生活状态决定的。气质同其他个性心理特征相比，不是一个人精神世界最本质的特征，而只是具有从属的意义。但由于它是构成人们各种个性品质的一个基础，因此，是一个必须充分重视的重要因素。

【相关链接10-1】　西游团队中的四种性格

唐僧师徒的取经之旅，其实是一段心路历程。这个取经团队中的四个人，象征着四种性格特征。他们的取经之旅，就是这四种性格特征在团队合作中有趣互动的过程：

◆唐僧——完美型性格的象征：唐僧的兴趣在于探索人的心灵世界，追求至真、至善、至美，他代表着工作的高标准以及优秀的团队文化管理。具有典型的完美型性格的人着眼于长远的目标，他们有着异乎常人的天赋，因而表现出音乐、哲学、艺术等多方面的才华。他们识英雄、颂英雄，为感情挥泪。他们崇尚美德，孜孜不倦于探索人生的意义。他们乐于为自己选择的事业做好规划，并确保每个细节都能做到完美无瑕。但完美主义倾向使得他们对自己和别人的要求过分严格。由于对事物的缺点相当敏感，他们总没法快乐起来，容易受到伤害。他们感情内敛，过分自责，甚至到了庸人自扰的地步。

◆孙悟空——力量型性格的杰出代表：他似乎永远充满活力，永远超越极限。他最崇尚达成目标和成功。这种人比其他性格的人更有行动力。他们通常是组织中的铁腕人物，目光所向，无坚不摧。他们在意工作结果，对过程和人的情感不大关心。他们喜欢控制一切，强硬地按照自己的意愿发出指令。他们显得那么霸道、粗鲁和冷酷无情。

◆猪八戒——活泼型性格的象征：活泼型的猪八戒崇尚快乐。有好事者在互联网上调

查得出，猪八戒是《西游记》中最鲜活有趣的人物形象。典型的活泼型性格，情感外露、热情奔放。这种人懂得如何从工作中寻找乐趣，善于绘声绘色地描述那些令人兴奋的细节。他们是滔滔不绝的故事大王，生活永远多姿多彩。但他们总是说得多、做得少。只要他们在场，永远有欢声笑语，可一旦遇到麻烦，他们就消失得无影无踪。他们是一群永远也长不大的孩子，好逸恶劳、不成熟、没有条理、缺乏责任心。

◆沙和尚——和平型性格的象征：当猪八戒在尖叫、孙悟空在攻击、唐僧在消沉的时候，只有沙和尚稳如磐石。这个情绪内敛、处世低调的乐天派，总是能够充满耐心地应对那些复杂多变的局面。和平型性格的人最令人欣赏的特点之一就是能在风暴中保持冷静。他们习惯于遵守既定的游戏规则，乐天知命，对生活没有很高的要求，容易安于起伏变化。他们是所有人的好朋友，他们的天赋造就了良好的人际关系。但他们似乎也总没主见、不愿负责、缺乏热情、不出众、得过且过，以致显得平庸。

资料来源　成君忆. 孙悟空是个好员工［M］. 北京：中信出版社，2004.

10.1.2　性格差异与管理

1）性格的概念

性格，是指一个人在个体生活过程中所形成的，对客观现实稳固的态度及与之相适应的习惯化了的行为方式的综合。它是个性的重要组成部分。人的性格是受一定思想、意识、信仰、世界观的影响和制约的。由于具体的生活道路不同，每个人的性格会有不同的特征。性格是个性的重要心理特征，是区分个性的主要标志。性格一方面反映人的行为方式，同样也可以从外在行为上表现出来，例如，一个人发笑，从笑声中可以看出其性格；另一方面，性格还反映出一个人的动机和态度。因此，性格是行为方式和现实态度的统一体。人与人的差异，首先表现在性格上。

2）性格的差异管理

心理学的研究指出，人的性格差异是普遍存在的。它表现在性格特征的各个方面。

（1）性格的态度特征

性格的态度特征表现为对工作勤恳或懒惰，认真或马虎，细致或粗心，进取创新或墨守成规等差异。

（2）性格的意志特征

性格的意志特征表现为果断或犹豫不决，勇敢或怯懦，坚定性或动摇性，纪律性或散漫性，沉着冷静或鲁莽行事等差异。

（3）性格的表情特征

性格的表情特征自古就有“百人百性百脾气”之说，在喜怒上，在眼神上，在身段动作上，在言语上，在声音上，不同性格的人有不同的表现。

在企业管理工作中，各级管理者在分析某一个员工的某种性格特征时，根据性格的形成特点，就可以预见他在某种情况下将要怎样行动，依此作为管理依据（见表10-3）。同时，还要注意培养员工的性格，积极创造条件，让员工的性格向着健康的方向发展。

表10-3 根据不同的性格特征采取不同的工作方法

性格特征	具体表现	管理工作方法
开朗直率	心胸坦荡，有一说一，兴趣较广泛，但爱发议论，不拘小节，易在言语行为上被人误解	表扬为主，防微杜渐
倔强刚毅	能吃苦，不怕困难，但有时在工作中缺乏灵活性，对领导交办的工作不理解时易发生对抗，好顶牛	经常鼓励，多教方法
自尊心强	有上进心，在工作和生活中对自己要求严格，怕被别人鄙视，“脸皮薄”，挫伤自尊心后好生闷气	一点就透，正面引导
温和顺从	心地善良，有同情心，听从命令，服从领导，但有时感情脆弱，遇事缺乏主见	开展批评，多给任务
心胸狭小	好动脑筋，但心眼小，遇到不顺心和涉及个人利益的事情时，爱斤斤计较	典型引路，开拓胸怀
毛毛愣愣	工作有热情，干活快，但性急，粗枝大叶，缺乏计划性	经常提醒，警钟长鸣
粗暴急躁	求胜心强，但容易感情冲动，“点火就着”，心中容不下事，好“放炮”，事后又常常后悔	避开锋芒，坚持疏导
沉默寡言	少言寡语，但生产技术较好，工作任劳任怨，但在有些问题上，可能分不清是非	不宜指责，多讲道理
疲疲沓沓	“扎一锥子不出血”，大错不犯，小错不断，经常迟到早退，工作拈轻怕重	启发觉悟，注重治本
傲慢自负	反应比较快，过分相信自己，爱表现自己，好发议论，虚荣心强	看准问题，严肃批评

10.1.3 能力差异与管理

1）能力及其类型

能力是指能够直接影响人们在实践中的活动效率并能促使活动顺利完成的个性心理特征，通常是指个体从事一定的社会实践活动的本领。

在现实生活中，人们面对着不同的环境条件和不同的目标任务，因此会采用不同的手段和方式，以显示其自身面对现实客观世界的各种能力。具体讲能力可以从以下两个方面进行分类：

（1）按照能力的性质划分

按照能力的性质不同，可划分为一般能力和特殊能力。一般能力是指人们应具有的基本认识能力，比如观察能力、分辨能力、记忆能力、注意力、想象力等。逻辑思维能力标志着一般能力水平的高低。特殊能力是指在某种专业领域活动中表现出来的能力，如平衡能力、音乐能力、绘画能力、写作能力、侦察能力等。特殊能力是在一般能力的基础上展示和发挥的行为表现。

（2）按照能力的创造性程度划分

按照能力的创造性程度不同，可划分为再造性能力和创造性能力。再造性能力是根据别人的指导和积累的经验进行一系列活动的能力，比如幼儿咿呀学语的过程。创造性能力是指能够打破传统的思维定式产生新的构思并付诸实践的能力，是在再造性能力的基础上产生飞跃发展的。

2）能力的差异管理

（1）能力差异的表现

能力是个性特征的表现，反映在每个人身上有所差异，主要表现为：

① 认识的差异。在观察力、理解力、注意力、表达力等认识过程中的能力不同。如有人迟钝，有人敏捷。

② 类型的差异。在能力的有机组合和表现上反映了不同的类型。如有的人想象力丰富，感情细腻，观察入微，善于模仿，属于艺术型；有的人善于逻辑推理，分析概括，属于思维型。

③ 水平的差异。对待同一活动所显示的能力不同。如有少数人才华出众，能力非凡，创造力强，高人一筹；能力低下者亦是少数；大多数人处于一般能力水平。

④ 年龄的差异。在能力发展上有早晚之分，有人大器晚成，如齐白石30岁学画，40岁成名；有人早慧，在古代与近代都不乏各种特殊才能的“神童”。

（2）开发人力资源的基本要求

人是企业的宝贵资源。人的能力有高有低，能力的类型有差别，能力的发展有早晚。因此，作为一个领导者或管理者，要了解人的能力，要量力用人，要着力开发人力资源。其基本要求是：

①要根据工作岗位要求选人。每个工作岗位对任职者都有一定的能力要求，既有一般能力要求，又有关键能力要求。这是择人、用人的标准，也是培训人员的方向。比如，有的工作要求任职者有较强的思维能力，有的工作要求任职者有快速反应的能力，有的工作要求任职者有敏锐的洞察力，有的工作则要求任职者有某方面的特殊能力。

②要根据实际能力安排工作，做到人适其职，职得其人。大量的事实告诉我们：一个人不可能适应所有部门的每一项工作；教育程度相同的人，能力发展水平不一定相同；同样聪明的人，不一定适应同一项工作。总之，要明确岗位的要求，要以岗位要求择人，做到人与岗位相适应，有机配合好，达到人尽其才、事半功倍。

③要掌握能力的阈限。能力的阈限，是指完成一项工作所必须具备的能力水平。管理心理学的研究表明，在工作性质与人的能力发展水平之间存在着一个“镶嵌”现象，即每一种工作都有一个能力阈限，既不需要超过这个阈限，也不能低于这个阈限。也就是说，执行某种性质的工作，只需要恰当的某种能力水平。人的能力水平高于能力阈限，形成浪费；低于能力阈限，则不能保证完成和做好工作。这是因为能力水平高的人，从事一项比较容易的工作往往会对工作感到乏味，不能对该项工作维持兴趣，当然会影响工作效率。反之，如果一个能力发展水平偏低的人，去从事一件比较复杂或比较精细的工作任务，往

往会感到力不从心，产生焦虑心理和紧张心理；严重的还会感受到群体压力，还可能出现人格异常，甚至出现事故。

经验证明，安排人的工作，使人的能力水平略低于能力阈限，有利于激发人的积极性，但不能差距太大。同时，人的能力是不断发展的，当一个人的能力水平发展超过了能力阈限时，或者远远达不到能力阈限时，就要适时调整。由此看来，一个好的旅游企业管理人员，并不在于谋求把能力最强的人聚集在自己周围，而在于合理地根据旅游企业的需要正确地确定所需要的能力结构，并在此基础上聚集与各部门需要相适应的人才。

④要建立合理的人才结构。一个组织、一个工作群体内部的工作，必然对能力水平的要求不同；同时，不同能力水平的人所组成的工作群体，在一般情况下，有利于发挥每个人的能力，有利于形成合力。因此，领导者在组建一个工作群体时，要注意人才结构，不要搞“清一色”，要高、中、初几个方面的人才结合，形成一个金字塔形的人才结构。一般来说，一个好的人才金字塔，塔的坡度不能太陡，否则能力水平相差太大，往往影响管理和沟通工作。

⑤要建立差异化教育培训制度。针对不同能力水平的人实施不同的教育，不要一刀切、不加区别地使用一种教育模式。

10.2 旅游企业员工工作动机的激发

10.2.1 动机的激发

旅游企业管理的首要问题是对广大员工的工作动机的激发，从而调动其工作积极性和创造性，使每个员工的聪明才智得到最大限度地发挥，为实现企业的目标而努力工作。

心理学家詹姆斯（W.James）在实地调查中发现，按时计酬员工一般只发挥20%~30%的能力，如果能够充分地发挥其积极性与创造性，他的潜力可以发挥到80%~90%。他认为，一个人平常表现出来的工作能力和水平与经过激发可能达到的工作能力和水平之间存在着大约60%的差距。众所周知，员工积极性和创造性的发挥，除了必须加强思想工作外，还必须注意到心理的因素——动机的激发。旅游企业员工的工作动机不但取决于员工从工作与服务中获得些什么（即外在物质的满足），还取决于管理人员所提供的外在报酬与工作的内在满足（心理需求的满足）。因此，对旅游企业员工的工作动机的激发，就必须掌握外在满足和内在满足这两方面的因素。

1）工作与外在满足

对于企业的员工来说，工作与外在满足主要体现在从工作中获得工资待遇、奖金等的满足上。工作与外在满足是满足生存需要的重要手段。一般来说，工资等收入不仅使其生活有了保障，还是其社会地位、角色身份及个人成就与权力的象征，并且具有深刻的心理意义。

具有物质意义的工资与奖金能否对员工工作有激励作用，则是因人而异的。对于高层次需求的员工，最好的办法是在工作中向他们提供满足成就及提高能力的机会，这样就能激发他们的工作积极性和劳动热情。而低成就动机的人，往往比高成就动机的人容易被金钱所激励。当然，还应该看到工作本身的性质对一个人工作积极性的影响也是比较明显的。如果工作性质和员工心理需要相一致，且有助于个人的自我实现，他就会更加努力地工作，从工作中获得心理满足。

从管理工作角度来看，如果工作安排能够使高成就导向的人感到更多的内在满足，他会尽力工作而不会计较或很少计较物质和工资待遇。而低成就动机的人，他的工作积极性则会随着物质和工资福利的提高而增高。一旦物质和工资待遇下降，他的工作积极性也会降低。

2）工作与内在满足

除前面所述外，在旅游企业中还有相当一部分员工把工作当作寻求社会满足和得到社会尊重的途径，当作表现自己能力、施展抱负、行使权利、获得成就及发挥创造力的机会。

心理学研究发现，员工工作动机的强弱、工作热情的高低，在很大程度上取决于员工对工作满足感的期望。员工工作的满足感来自管理人员所提供的外在报酬和工作的内在满足。如果工作能够提供满足能力、成就以及创造等高层次需求的机会，就可以更好地激励员工的工作热情和工作潜力的发挥。

10.2.2 激励理论

激励理论是关于如何满足人的各种需要、调动人的积极性的原则和方法的概括。长期以来，世界各国的许多心理学家、管理学家曾从不同的角度提出过各种各样的理论，来解释人的激励问题。把这些理论归纳起来，可划分为内容型激励理论、过程型激励理论和行为改造型激励理论三大类。

1）内容型激励理论

人的一切实践活动都是为了满足自己的某种需要，这种需要不仅是人的本能，而且是人的一切行为的出发点和内部原因。内容型激励理论就是针对激励的原因与起激励作用的因素的具体内容进行研究的理论。对旅游企业来说就是要了解员工的各种需要，确定需要的主次顺序和结构，以及满足员工何种需要才会导致最大的激励等问题。属于内容型激励理论的有马斯洛的“需要层次理论”、赫兹伯格的“双因素理论”和麦克利兰的“后天需要理论”等。

（1）马斯洛的“需要层次理论”

这一理论是由美国著名社会心理学家亚伯拉罕·马斯洛（Abraham Harold Maslow，1908—1970）提出来的（详见第3章3.1.1节）。该理论论述了人的五个需要层次：生理需要、安全需要、社交或情感需要、尊重需要、自我实现需要。

马斯洛的需要层次理论有两个基本论点：一个基本论点是人是有需要的动物，其需要取决于他已经得到了什么，还缺少什么，只有尚未满足的需要才能影响行为。换言之，已经得到满足的需要不再起激励作用。另一个基本论点是某一层次需要得到满足后，另一层次需要才出现。在这两个论点的基础上，马斯洛认为，在特定的时刻，人的一切需要如果都未得到满足，那么满足最主要的需要就比满足其他需要更迫切。只有前面的需要得到充分满足后，后面的需要才显示出其激励作用。

马斯洛的需要层次理论在旅游企业管理中的应用主要有以下启示：

① 马斯洛认为，低层次的需要只有得到部分满足以后高层次的需要才有可能成为行为的重要决定因素。因此，企业管理人员应当把关心员工低层次的需要放在一个较为重要的位置上，使员工物质生活有一个基本保证。在考虑员工福利问题时，首先要“雪中送炭”，而后才能谈“锦上添花”。

② 马斯洛认为高层次的需要比低层次的需要更有价值。因为高层次的需要能使员工产生持久的工作动力。它能使人们孜孜以求、奋斗终身。因此，企业管理者绝不能只想到员工的低层次需要，而忽视员工的高层次需要。

③ 马斯洛认为人的需要结构是动态的、变化发展的。人在某一特定时期会有某种优势需要，在同一时期不同的人也会有不同的优势需要，优势需要对人的行为会有更大的推动作用。在旅游企业管理活动中，管理者应该根据员工的需要，找出相应的激励因素并按照人的需要规律（如需要的层次性、主导性、斗争性）去采取相应的组织措施，引导和控制人的行为，实现企业目标。

（2）赫兹伯格的“双因素理论”

这种激励理论也叫“保健-激励理论”，是美国心理学家弗雷德里克·赫兹伯格（Frederic Herzberg）于20世纪50年代提出的。这一理论的研究重点是组织中个人与组织的关系问题。赫兹伯格试图证明，个人对工作的态度在很大程度上决定着任务的成功与失败。

赫兹伯格提出，影响人们行为的因素主要有两类：保健因素和激励因素。保健因素是那些与人们的不满情绪有关的因素，如企业的政策、管理和监督、人际关系、工作条件等。保健因素处理得不好，会引发对工作的不满情绪；处理得好，则可以消除这种不满。但这类因素并不能对员工起激励作用，只能起到保持人的积极性、维持工作现状的作用。所以保健因素又叫“维持因素”。激励因素是指那些与人们的满意情绪有关的因素。激励因素处理得好，能够使人们产生满意情绪，如果处理不当，其不利效果顶多只是没有满意情绪而不会导致不满。这两类因素具体内容如图10-1所示。

在旅游企业管理中管理者首先应该注意满足员工的“保健因素”，防止员工消极怠工，产生不满情绪，同时要注意利用“激励因素”，尽量使员工得到满足的机会。管理人员应帮助员工进行工作再设计，以使工作中有更多的激励因素。在工作再设计中，必须注意工作的多样性、完整性、重要性、自主性和绩效的反馈，从而提高员工的工作热情和积极性。如果这两种因素能够结合使用，就能在企业管理工作中创造一个良好的局面。

保健因素	激励因素
企业的政策	机会
管理和监督	愉快
人际关系	成就感
工作条件	奖励
工资	期望
个人生活	责任感
地位	晋升
保障	成长

图10-1 赫兹伯格双因素激励理论

（3）麦克利兰的“后天需要理论”

20世纪50年代，美国哈佛大学心理学家大卫·麦克利兰（David McClelland）提出“后天需要理论”。后天需要理论认为，在人的一生中，有些需要是靠后天获得的。换句话说，人们不是生来就有这些需要的，而是能够通过生活经验学习的。有三种需要研究得最多，它们是：①成就的需要，指渴望完成困难的事情、获得某种高的成就、掌握复杂的工作以及超过别人；②依附的需要，指渴望结成紧密的个人关系、回避冲突，以及建立亲切的友谊；③权力的需要，指渴望影响或控制他人、为他人负责以及拥有高于他人的权威。

旅游企业的管理人员在管理员工时，应该注意到员工的生活经历，了解他们的需要，以便提高员工的工作积极性。

2）过程型激励理论

（1）弗鲁姆的“期望理论”

期望理论是美国心理学家弗鲁姆（V.H.Vroom）于1964年在《工作与激励》一书中提出来的，他认为一种激励因素的作用大小取决于两个方面：一是人对激励因素实现的可能性大小的期望；二是激励因素对其本人效价的大小。这两个方面结合起来考虑，即激励力量等于期望值和效价的乘积：

激励力量（M）=期望值（E）×效价（V）

所谓期望值是指人们对自己能够顺利完成某项工作可能性的估计，即对工作目标能够实现的概率的估计；效价是指一个人对这项工作及其结果（可能实现的目标）能够给自己带来的满足程度的评价，即对工作目标有用性（价值）的评价。

期望值和效价的不同结合，会产生不同的激发力量，一般存在以下几种情况：

E高×V高=M高

E中×V中=M中

E低×V低=M低

E高×V低=M低

E低×V高=M低

组织管理要收到预期的效果，要以激励手段的效价（能给激励对象带来的满足）和激励对象获得这种满足的期望值都足够高为前提。只要效价和期望值中有一项的值较低，都难以使激励对象在工作岗位上表现出足够的积极性。

这里，期望之所以能够影响一个人的积极性，从心理学上解释，是因为“目标价值”（效价）的大小，其直接反映并影响着一个人的需要和动机，影响着实现目标的情绪和努力程度。另外，“期望值”本身也影响着一个人的行为动机和实现一定目标的信心。如果实现目标的期望值小了，经过努力仍达不到目标，就会削弱人们的动机强度。因此，在管理工作中，应用期望理论时，要做到以下几点：第一，要科学地设置目标，使目标给人以期望，使人产生心理动力；第二，要提高期望水平，只要目标正确，就要对员工进行教育，使其端正态度，改变看法，提高人们对目标的重要意义的认识，这样就会提高效价；第三，正确处理期望与结果的关系，期望并不等于结果，两者之间可能出现大于、等于、小于三种情况，特别是当结果小于期望时，员工易出现悲观失望的心理，此时，管理者要教育员工正确归因，稳定情绪，总结教训，提高勇气，改进措施，化消极情绪为积极行动。

（2）亚当斯的“公平理论”

公平理论是美国心理学家亚当斯于1967年提出来的。它是研究人的动机和知觉关系的一种理论（如图10-2所示）。该理论认为，知觉对动机的影响在于：一个人对他所得的报酬是否满意，不是只看其绝对值，而是进行社会比较和历史比较，看其相对值。两种比较结果相等时就公平，就能激励人；如果觉察到不相等，就感到不公平，就会产生紧张、不安和不满情绪，影响工作积极性的发挥。

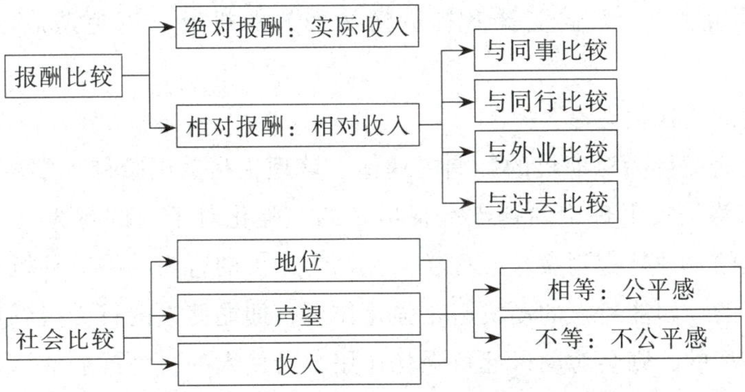

图10-2 亚当斯的“公平理论”

公平理论对于企业管理的启示是非常大的，它告诉管理人员，工作任务以及公司的管理制度都有可能产生某种关于公平性的影响作用，而这种影响作用对仅仅起维持组织稳定性的管理人员来说，是不容易觉察到的。员工提出增加工资的要求，说明组织对他至少还有一定的吸引力，但当员工的离职率上升时，说明企业组织已经让员工产生了强烈的不公平感，这就需要引起管理人员的高度重视，因为它意味着除了组织的激励措施不当外，更重要的是组织现行的管理制度有缺陷。

3）行为改造型激励理论

人们要实现预期的目标，必须使行为与动机保持一致，但由于认识水平的局限和外界环境中不可控制因素的影响，往往行为达不到预期的目标。行为改造型激励理论正是研究如何改造和转化人们的行为使其达到目标的一种理论。关于这方面的理论较多，下面简单介绍一下亚当斯的“挫折理论”、斯金纳的“强化理论”和海德的“归因理论”。

（1）亚当斯的“挫折理论”

挫折理论认为，人的行为是在动机的引导下指向一定目标的。但在导向一定目标的过程中，并非一帆风顺，有时也会遇到阻碍。有些阻碍经过努力可以克服，有些阻碍人们努力后也不能克服。此时，由于目标无法实现，动机或需要不能满足，就会产生一种情绪状态，这就是“挫折”。

人的行为几乎都有受挫折的可能，但挫折心理的实际发生有三个必备条件：第一，个人所期望的目标是重要的、强烈的；第二，个人认为这个目标有可能达成；第三，在目标与现实中存在难以克服的障碍。事实上，如果无这些条件，目标就会实现，那挫折也就不存在了。

挫折理论研究认为，关键是要采用正确的战胜挫折的方法，这对企业员工和企业的管理者来说都是极为重要的。作为旅游企业员工个人，要以正确的态度对待挫折。要知道有些挫折也能给人带来好处，它能加快一个人的成熟进程。对旅游企业管理人员来说，在管理工作中，一要教育员工树立远大的理想，不要因为眼前的某种困难和挫折而失去勇气和前进的动力；二要正确对待受挫者，要设身处地地为受挫者着想，为他们排忧解难，使其产生自信心，尽快从挫折中解脱出来，继续前进；三要积极改变情境，避免受挫者“触景生情”，并向受挫者提供情绪释放的机会，以免造成心理疾病和越轨行为。

（2）斯金纳的“强化理论”

强化理论是研究行为对动机的影响的理论。该理论是美国哈佛大学教授斯金纳（B.F. Skinner）在巴甫洛夫反射理论的基础上提出来的。强化对于人的行为（反应）来说，就是指能强加于人的一种行为刺激。心理学研究认为，人的行为结果对动机有反作用，如果行为的结果是好的，则能对人的动机起正强化作用，即能使人的行为得到加强和重复；如果行为的结果是坏的，则会对动机起负强化作用，会使人的行为削弱或消失。可见，强化对人的行为有定向控制和改造的功能。

在企业管理中，运用强化理论来影响、加强或改变员工行为时，要注意采用以下方法：

第一，要按照员工的不同需要，采用不同的强化物。强化物是一个宽泛的概念，它包括奖金、奖品、权力、责任、名誉、肯定等。由于员工自身的特点和背景条件不同，这些强化物对不同员工的作用大小也是不同的。因此，有效的强化手段一定要因人而异。

第二，及时的信息反馈。及时的信息反馈能使员工及时知道自己的行动结果，结果是好是坏都有强化动机、鼓励行为的积极意义。好的结果能鼓舞人心，促其努力；坏的结果能使人冷静分析原因，及时自我纠正。因此，及时反馈信息是影响和改造人行为的重要环节。

第三，奖惩结合，以正面强化为主。对于员工的正确行为必须给予肯定和鼓励，否则积极性会消退，工作难以继续下去；对于不好的行为则应当给予惩罚，惩罚既能制止不良行为，也是好的行为的开始。管理者要以奖为主，注重奖惩结合。

（3）海德的“归因理论”

归因理论是美国心理学家海德（F.Heider）于1958年在社会知觉的实验研究中提出来的。该理论是关于人的某种行为与其动机、目的和价值取向等属性之间逻辑结合的理论。

归因可以分为两类：一是情境归因，二是个人倾向归因。情境归因是把个人行为的根本原因归结为外部力量，如环境条件、社会舆论、企业的设备、工作任务、机遇、天气的变化等。个人倾向归因，是把个人行为的根本原因归结为个人自身的特点，如能力、兴趣、性格、习惯、信仰、努力程度等。

人们对成功或失败的归因，常可以归结为四种因素：努力程度、能力大小、任务难度和机遇。从归因分类来看，努力程度和能力大小属于内在原因，任务难度和机遇属于外在原因，从性质上来看，能力大小和任务难度是稳定性因素，努力程度和机遇是不稳定性因素。这四种因素对一个人来说，努力程度和能力大小是可以控制的，而任务难度和机遇是不以人的意志为转移的。在归因过程中，如果某个员工把成功归因为内在因素（努力、能力），他会感到非常满意和自豪，从而更加努力；如果他把成功归因为外在因素（任务容易、运气好），他会产生惊喜和感激之情。同样，如果他将失败归因于稳定性因素（能力差、任务难），他就会降低积极性；如果他将失败归因于不稳定性因素（不够努力、运气不好），则可能会提高工作积极性。因此，管理者要及时了解员工的归因倾向，帮助员工正确总结经验教训，使其胜不骄、败不馁，发奋努力。

【相关链接10-2】 星巴克的员工激励制度

餐饮业、住宿业等服务行业的兴衰成败主要取决于其服务水平，而服务业的员工却总是处于“职业鄙视链”的底层，整体人员流动性很高。而星巴克意识到员工是服务企业品牌建设的重要主体，并认为星巴克的成功主要是依靠顾客在店内良好的消费体验，这便要求员工有较高的服务意识与服务技能，愿意主动、热情地对待客人。为此，星巴克开创了自己的品牌管理方法与员工激励制度，并取得了卓越成效。

1. 工资福利制度

为临时工提供完善的医疗保健政策。1988年，星巴克推出临时工医疗保健政策，该政策为所有每周工作20个小时以上的兼职雇员提供与全职员工一样的商业保险，与此同时每位员工可获得由星巴克提供的75%的医疗费用，医疗费用范畴覆盖预防性医疗、健康咨询，牙齿、眼睛、精神治疗等各个医疗保健领域。

2. 股票投资计划

星巴克在为所有的员工提供工资福利制度的基础上，更进一步开始股权认购计划，使每个员工都持股，都成为公司的合伙人，以将每个员工与公司的总体业绩联系起来。根据这个计划，在每个申购季开始之前，凡是被星巴克连续雇用90天以上，且每周工作时间不少于20小时的员工，都有机会以抵扣部分薪水的方式或以折扣价格购买公司的股票。在申购即将开始前，公司会将申购资料邮寄到雇员家里，每个员工的申购资金限额为其基础薪酬的1%~10%。而在每个季度结束后，公司会选择一个较低的星巴克股票公开市场价格，将员工所抵扣的工资以低于市场价15%的折扣购买，即以“八五折”的价格购买。

3. 股票期权奖励

在综合考虑公司年度业绩的基础上，公司董事会每年会考虑给予符合条件的人员一定的股票期权作为奖励。员工个人应获得的股票期权数量由以下三个主要因素决定：当年（财务年度）的经营状况及收益率；个人在该财务年度的基础薪酬；股票的预购价格或公司允诺的价格。公司的股票期权持权期为5年，任何满足条件的合伙人都可按照股票购买计划购买股票，合伙人购买股票时可以通过薪水折扣获得15%的优惠，这样只要股价上涨，股票期权就越来越值钱。

4. 咖啡豆期权计划

在股票期权计划的基础上，星巴克公司又进一步推出了咖啡豆期权计划。而该计划与之前的股票投资计划相比，赋予了更多员工购买并拥有星巴克股票的权利，目的是使员工充分分享公司的经营成果。该计划规定自每年4月1日起至财务年度结束，或者自每个财务年度开始至次年的3月31日，或者自4月1日开始至该计划当年被正式执行之前，连续被星巴克雇用且被支付了不少于500个小时的工资的员工，都有权利享受该计划。主管及以上职位的人员不参加咖啡豆期权计划，但可以参加专门针对关键员工的股票期权计划。

丰富的激励制度，既是对员工基础薪酬的有益补充，是对长期为公司服务并做出相应成绩的员工的奖励，又巧妙地将员工的利益和企业的利益结合在一起，充分发挥了激励组合效用。星巴克这种通过主动与员工建立“利益共同体”的方式，让员工从工作中得到乐趣，形成职工对企业的归属感、认同感，并进一步满足其自我实现的需要。

资料来源　佚名. 星巴克的员工股权激励机制［EB/OL］.［2014-03-15］. https://mp.weixin.qq.com/s/knuaOIbngw1rBtxdxW4C8Q.

10.2.3 激励的实施

1）激励的一般形式

上述关于激励的各种理论，都是突出不同激励环节的结果。在管理实践中，孤立地看待和应用它们都是不完善的。实践中激励与绩效之间并不是简单的因果关系。要使激励能产生预期的效果，就必须考虑到奖励内容、奖励制度、组织分工、目标设置、公平考核等一系列综合因素，并注重个人满意程度在激励中的反馈。另外，需要注意的是，所有的激励理论都是一般而言的，而每个员工都有自己的个性，他们的需求、期望、目标等个体变量各不相同。因而领导者根据激励理论处理激励事务时，应该针对员工的不同特点，采用不同的方法。

综合上述的各种激励理论，常用的主要有四种激励方式：工作激励、成果激励、批评激励以及培训教育激励。工作激励是指通过分配适当的工作来激发员工内在的工作热情；成果激励是指在正确评估工作成果的基础上给员工以合理奖惩，以保证员工行为的良性循环；批评激励是指通过批评来激发员工改正错误的信心和决心；培训教育激励则是通过灌输组织文化和开展技术知识培训，提高员工的素质，增强其更新知识、共同完成组织目标的热情。

2）激励的具体形式

进入21世纪以来，西方企业在多种激励理论的基础上，提出了一些形式新颖的激励计划，极力改善企业员工的满意度和绩效，值得参考。这些计划主要包括绩效工资、分红、员工持股计划、总奖金、知识工资和灵活的工作日程等。

（1）绩效工资

绩效工资又称奖励工资。它实际上是激励的期望理论和强化理论的逻辑结果，因为增加工资是和工作行为挂钩的。通用汽车公司就曾大力推行这种激励计划，公司管理层在取消员工的年度生活补贴后，建立了一种绩效工资制度，通过涨工资来刺激员工完成工作任务，公司管理层分别对员工人数的上限10%、上中部25%、中部55%和下限10%强化工资差别。

（2）分红

分红是员工和管理人员在特定的单位中，当单位绩效打破预先确定的绩效目标时，给予奖金的一项激励计划。这些绩效目标可以是细化了的劳动生产率、成本、质量、顾客服务或者利润。和绩效工资不同的是，分红鼓励协调和团队工作，因为全体员工都在对经营单位的利润做贡献。绝大多数公司都采用了某种精确的指定绩效目标和奖金的核算方法。

（3）员工持股计划

这是指给予员工部分企业的股权，让他们分享利润提升的绩效。员工持股计划在小企业的管理中比较流行，但也有像宝洁公司这样的大企业在采用这种激励计划。员工持股计划实际上是公司以放弃股权的代价来提高生产率水平。绝大多数企业发现这种激励形式的效果不错。员工持股计划使得员工更加努力地工作，因为他们都是所有者，要分享和分担企业的盈亏。但要使这种激励计划有效地运行，管理人员必须向员工提供全面的公司财务资料，赋予他们参与主要决策的权力，以及给予他们包括选举董事会成员在内的投票权。

（4）总奖金

总奖金是以绩效为基础的一次性现金支付计划。单独的现金支付旨在提高激励的效价。这种计划在员工感到他们的奖金真正反映了公司的繁荣时才有效；不然，效果适得其反。

（5）知识工资

知识工资是指一个员工的工资随着他能够完成的任务的数量增加而增加。知识工资增加了公司的灵活性和效率，因为公司需要做工作的人会越来越少。但要贯彻这项计划，公司必须明确工作岗位，并有一套高度发达的员工评估程序。

（6）灵活的工作日程

灵活的工作日程主要指取消对员工固定的每周5个工作日、每日工作8小时的工作制的限制。修改的内容包括4日工作制、灵活的工作时间以及轮流工作。

4日工作制就是工作4天、每天10小时，而不是5日工作制中的每天“朝八晚五”8个小时。这一激励措施的目的，就是满足员工想得到更多的休闲时间的需要。灵活的工作时间就是让员工自己选择工作日程。轮流工作是让两个或两个以上的人共同从事某一项40小时工作周的工作。这一激励计划意味着公司同意使用兼职员工，这很大程度上是为了满足带小孩的母亲的需要，同时又消除了员工因长期从事某种工作而导致的枯燥和单调。

上述这些激励计划，一个最明显的优势是企业增强了对熟练员工的组织吸引力，最终有效降低了对这种员工的市场搜寻成本和培训成本。21世纪的企业经营中，员工的知识积累日益成为企业重要的竞争优势，对员工的管理要从知识管理的高度来把握。

如今，企业管理者存在一个“误区”，认为在市场经济条件下，员工看重的是金钱，所以要调动员工的积极性，物质奖励必不可少。但是，需要注意的是，在企业管理中，对员工的精神奖励是不能用物质奖励来替代的，因为只有精神奖励才能引导员工从“内部”找到积极工作的理由。用物质奖励取代精神奖励，其结果是员工的工作积极性将完全随“外部条件”（即物质奖励的多少）的变化而变化。

【实例10-1】 精神奖励并非可有可无

一家旅行社的老总认为，给员工的表扬都是“虚”的，只有给钱才是最“实在”的，所以他决定，挣到钱以后，社里只留30%，其余70%全都作为奖励发给大家。除此以外，这家旅行社基本上没有对员工进行过企业教育和精神奖励。

这家旅行社之前生意一直很红火，发给员工的奖金数额也“芝麻开花节节高”。个别员工的收入已经超过了老总，但这位老总并没有因此感到心理上的“不平衡”。在他看来，只要他舍得在员工身上花钱，员工就一定会为他挣来更多的钱 。后来由于客源市场发生变化，这家旅行社遭遇严重的危机，但这位老总并没有因此而失去信心。他知道，这只是一个“暂时的困难”，只要坚持不懈地努力，开辟新的市场，生意肯定还会“火”起来的。

这位老总要求员工与他一起“共渡难关”。但是一个月后，他所依靠的骨干纷纷“跳槽”离他而去。这使他大为恼火。他说：“我给了你们这么高的奖金，现在正是需要大家共渡难关的时候，你们竟然一走了之，你们到底有没有良心？”他的一位“老部下”答道：“是的，你给了我们比较高的奖金，但是我们也给了你高于其他旅行社的利润呀！活是我们干出来的，奖金是我们应该拿的。既然现在你已经不能给我们‘饭’吃了，难道我们还要像以前一样为你干活吗？为什么不让我们自己给自己找一条活路呢？”听到这样的话，老总既吃惊又无奈。

分析：

这位老总真可以说是自己给自己酿了一杯苦酒。他忽视了对员工的教育，以为可以用物质奖励取代精神奖励，其结果是给员工的奖励越多，员工就越是觉得自己是在“为钱而干”。既然他们是“为钱而干”，你已经给不了他们那么多钱，你还能指望他们与你“共渡难关”吗？

资料来源 作者根据相关资料整理.

10.3 旅游企业员工的情绪控制

10.3.1 情绪与工作积极性

情绪是衡量员工工作积极性的特征指标。情绪的变化反映着一个人的工作积极程度的变化。一个人工作积极性高涨时，情绪状态必然好，而当他的工作积极性受到挫折时，就会常常“闹情绪”，闷闷不乐，工作懒散。可见，工作积极性与情绪有着密切的关系。情绪对员工的工作积极性的影响主要体现在以下几个方面：

1）情绪的感染性

情绪能够影响一个人的工作状态，提高或降低一个人的工作效率。同样一个人，在高兴、愉快、喜悦的情绪状态下的工作效率要高得多。情绪为什么具有这种神奇的作用呢？这主要来自它的感染性。在旅游企业中工作的员工，由于受到企业内部和社会因素的影响，必然会引发各种各样的情绪。不管何种情绪，只要一产生，便会影响其在工作过程中的表现，使得一切都染上情绪色彩。情绪积极时工作也积极，情绪消极时工作也消极。

一般来说，受到欢快、乐观等积极情绪的感染，员工工作情绪往往容易高涨，干劲容易持续。心理学家们把这种能够提高身体机能、增强工作效率的情绪，称为“增力的情绪”。“增力的情绪”对人有很大的激励作用。相反，不良情绪状态，如暴躁、烦恼、懈怠、萎靡不振等，都是压抑人们积极性的一种内部障碍。受到这类情绪感染的人，往往会感到心神不宁，干什么都提不起精神，工作效率必然得不到提高。因此，只有对自己的工作充满热烈的激情，以工作为乐，不断从工作中享受胜利喜悦的人，才能激励自己克服各种困难，不断取得好成绩。

2）情绪与工作效率

情绪状态与人的工作积极性有密切的联系。对旅游企业管理者来说，如何利用适当的刺激，来激活企业员工的积极的情绪状态，以满足员工适应性活动的需要，从而提高管理效能和工作效率，是一个非常重要的问题。心理学研究认为，工作中的情绪状态，与活动效率之间的关系是很复杂的。由于情绪状态有不同程度的兴奋水平，工作任务也有简单与复杂之分，因此，很难说清楚情绪状态与活动效率之间关系的一般模式。

心理学研究指出，人们要完成一项工作任务，必须以一个适当的情绪激活水平为背景。心理学家赫布（Hebb）研究了情绪激活水平与工作效率之间的关系，提出了两者之间的假设关系曲线（如图10-3所示）。

该曲线告诉我们：①情绪激活水平很低（深睡、昏睡），工作效率极低或等于零；②觉悟性逐渐提高，工作效率逐渐提高；③情绪激活到一定程度（最佳水平），工作效率

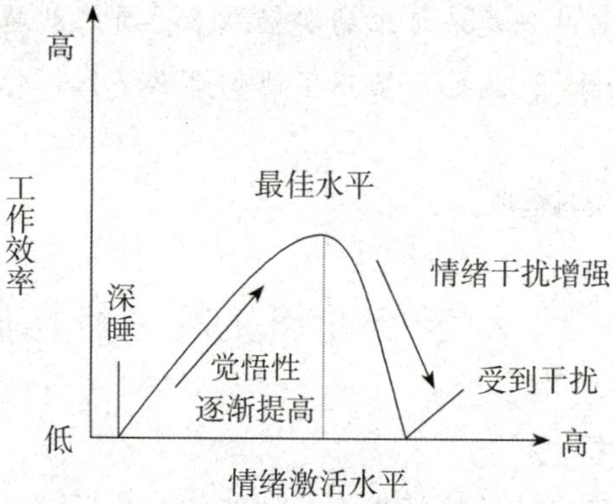

图10-3 赫布曲线

达到最高水平；④情绪激活水平继续提高，情绪开始受到干扰，工作效率则开始下降，直至过渡到情绪紧张，使工作效率降至最低水平。

完成不同性质的工作任务，同一水平的情绪激活是否会取得同样的效果呢？心理学家叶克斯和多德森研究了这个问题。研究认为：不同性质的工作，取得最大效率所要求的情绪激活水平不同。在一定的情绪背景下，任务越复杂，取得最高效率所需情绪激活水平越低。这就是叶克斯-多德森法则（如图10-4所示）。

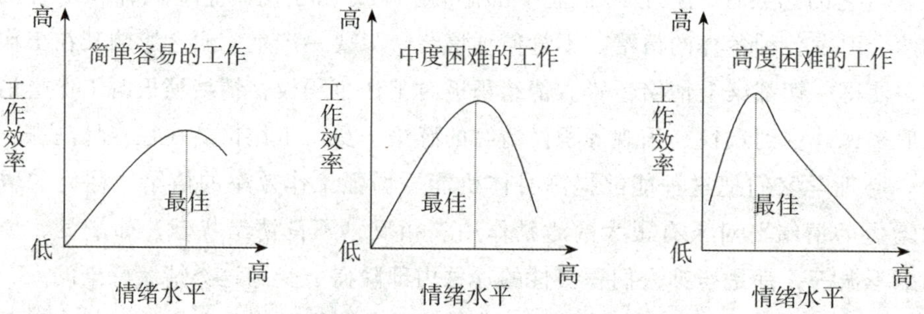

图10-4 叶克斯-多德森法则

焦虑是一种不愉快的情绪，很多心理学家研究了焦虑情绪与工作效率的关系后，认为工作效率与焦虑程度呈倒“U”形曲线关系（如图10-5所示）。

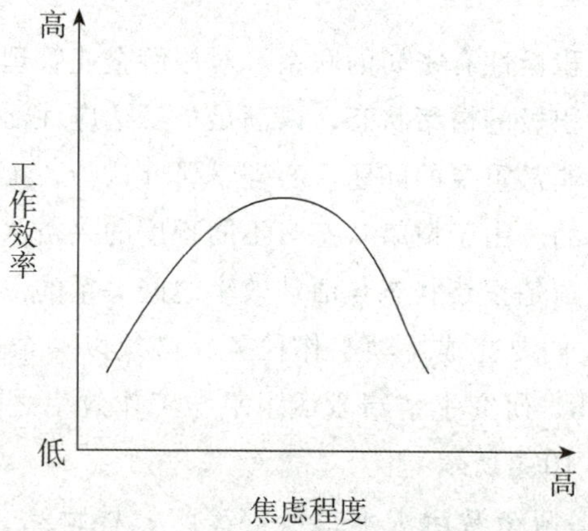

图10-5 焦虑与工作效率的关系

倒“U”形曲线关系表明，焦虑程度过高或过低，都不能表现出好的工作效率，只有中等焦虑程度，才能发挥最高的工作效率。

10.3.2 情绪的控制

现代心理学研究认为，人的情绪、情感一般受三种因素制约：环境因素（刺激因素）、生理状态（生理因素）和认识过程（认知因素）。而其中的认识过程可以对人的情绪进行控制和调节。在企业管理工作中，管理者应充分利用情绪三因素的相互作用和认知因素在情绪、情感产生过程中起决定作用这一心理环节，对员工情绪进行认真有效的控制。

情绪由环境中的刺激所引起。对旅游企业员工来说，这里所指的环境包括员工自身的内环境与自身以外的外环境（社会环境、企业环境等）两个方面。因此，旅游企业管理者应该特别注意内部刺激的变化和对外部刺激的控制。

1）加强对员工情绪修养的教育，控制不良情绪的发生

内部刺激的变化是情绪发生的一个重要方面。然而相当一部分员工意识不到这一点，很少对情绪进行有意识的控制和调节。积极的、健康的情绪得不到很好保护，消极的、不良的情绪得不到及时排解。因此，要想获得稳定的、健康的、欢快的情绪，排除消极的、不良的情绪，必须要有一种坚强的、旷达的、高尚的个性素质。比如正确的人生态度、宽广的胸怀、顽强的适应能力、良好的性格素质，以及自我节制的能力等。只有拥有了这些素质，人们才能在得意和失意、欢乐和痛苦、胜利和失败的起伏中，保持健康和稳定的情绪。

（1）树立正确的人生态度

人们的情绪活动，首先是建立在一定人生态度基础上的。一个员工若能够把“报效祖国，振兴中华”作为自己一生的追求，那他就获得了一种精神支柱。有了这种精神支柱，他就能够在遭受挫折、打击和失意时，依然“心有所恃、情有所依”，保持顽强的精神和健康的情绪。

思政园地

把人生理想融入复兴伟业

1958年，邓稼先在接受研制原子弹历史重任的那天晚上，对妻子说：“我的生命就献给未来的工作了，做成了这件事，我的一生都会过得很有意义，就算死了也值得。”谁也不曾想到，他一走便是杳无音信的28年。茫茫大漠荒滩中，他苦干惊天动地事，却甘做隐姓埋名人，为中国核事业耗尽毕生心血。临终时，他念兹在兹的仍是“不要让人家把我们落得太远”。

扎根荒漠的，还有“敦煌的女儿”樊锦诗。她是北大高才生，却在风华正茂时告别恋人和优渥的生活，用大半生年华守护荒野大漠的700多座洞窟。退休多年来，她每年仍有大半时间在敦煌，潜心研究石窟。她说：“国家把你培养出来，你怎么报国？就是要去做实际的工作。尽管我老了，但能为敦煌做些事，还是要做的。”

“杂交水稻之父”袁隆平，为了“禾下乘凉梦”，一梦逐一生，一辈子躬耕田野，用一粒粒种子造福中国、改变世界。在他的心中，“只要能解决老百姓的吃饭问题，个人的荣

辱得失又算得了什么”。

一个个熠熠生辉的名字，标注着一段段奋斗征程，始终指向国家富强、民族振兴、人民幸福的光荣梦想。非淡泊无以明志，非宁静无以致远。“追求‘短、平、快’，当不了英雄；想着‘名、利、奖’，造不出伟大。”把个人名利得失看淡一些，方能不忘初心、不移其志，心无旁骛努力工作；为党和人民事业甘于奉献，才能知重负重、勇毅笃行，以“小我”成就“大我”。

资料来源　求是网评论员．把人生理想融入复兴伟业［EB/0L］．［2022-05-04］．http：//www.qstheory.cn/wp/2022-05/04/c_1128619624.htm.

（2）具备宽广的胸怀

度量宽宏、心胸豁达，也是保持情绪健康的基本条件之一。作为旅游企业员工就应该具有宏大的抱负、远大的志向，不要只津津乐道于眼前的琐事。这样，在看问题时就会想到全局和长远，就能做到不因个人成败得失而时冷时热，不因暂时的不利境遇而烦恼沮丧，不为那些微不足道的蝇头小利而耿耿于怀。

（3）增强适应生活的能力

情绪问题，通常都是由一定的客观原因造成的。但在同样的客观条件下，有的人不管生活怎样起伏变化，始终不改愉快、乐观的精神面貌；而有的人在生活的变化面前，情绪会随之起伏动荡，时喜时怒，时欢时愁。这有一个适应能力的问题。所谓适应能力，首先就是接受生活现实的能力。比如说，青年人的主体情绪是激情性的，那些高兴的、满意的现实容易接受，那些扫兴的、失意的、倒霉的现实就不容易接受。其实，现实就在那里，并不因为你不接受，它就不存在。工作失误、恋爱失败、成绩被否定等，你就是痛苦得肝肠寸断，也还是改变不了这些客观现实。聪明的办法就是接受现实，设法解决它。当然，适应能力还包括正确、客观地评估自己。一个员工不能接受现实，会引发对工作和生活的不适应；同样，不能正确、客观地评估自己，也会引发对工作和生活的不满。比如，对自己能力估计过高，追求过高的目标难以达到，就容易产生挫折感和失败感，引发消极情绪。

（4）注意性格的锻炼

情绪的波动与人的性格有密切关系。性格不同的人，在情绪活动特征上也会有很大的不同。性格坚强的人遇到失意和伤心的事能挺住；相反，性格软弱的人遇到失意和伤心的事往往容易被打倒。可见，保持健康的情绪状态，必须考虑到自己的性格特征。

（5）加强对情绪的控制

要保持健康的情绪状态，每个员工的头脑里都应装上一个控制情绪活动的“闸门”，让情绪活动听从理智和意志的控制。凡是有效地节制情绪的人，也都能基本保持情绪的稳定和平衡。一般来说，人在良好的心境状态下，情绪活动比较受理智控制，因为良好的心境容易使人对事物兴趣盎然，呈现轻松愉快的状态，有利于保持整个身心的稳定和平衡。因此，培养良好的心境是有效地节制情绪活动的重要途径之一。

2）营造良好的工作环境和氛围，引发积极情绪

环境对人的情绪有着重要的影响和制约作用。光线明亮、颜色柔和、素雅整洁的工作

场所，易使人产生恬静、舒畅的心情；相反，昏暗、狭窄、肮脏的工作环境，往往给人带来窒息和不快的情绪。安谧、宁静的环境，使人心情松弛、平静；而杂乱、尖利的噪声，使人烦躁焦急。因此，改变环境，也能起到调节情绪的作用。对于旅游企业的管理人员来说，改变工作环境和氛围有两种方法：一是让员工摆脱原来的工作和生活环境，到新的工作环境中去；二是改变环境气氛，创造适宜的条件，使情绪低落的员工发挥其主动性和创造性。其实对旅游企业员工来说，外部环境中的刺激很多，除有形的刺激之外，还有社会性和心理性的刺激，所有这些刺激对员工的情绪影响都很大。因此，管理者要注意用一些有效的刺激来引发员工的积极的情绪反应，避免和防止消极情绪反应的产生，从而提高员工的工作积极性。

10.4 旅游企业员工心理引导与行为矫正

10.4.1 员工问题行为产生的原因

我们把旅游企业员工各种“存在问题的行为”统称为问题行为。从心理学角度可以把问题行为分为两大类：攻击性问题行为和退缩性问题行为。攻击性问题行为是外向的，有明显的破坏性，而退缩性问题行为是内向的，主要表现为消极冷漠和疏远。一些调查研究表明，这些行为的存在不仅不利于员工工作积极性的正常发挥，而且对国家、企业和员工本人也会造成危害。因此，在旅游企业管理过程中，必须对此类行为进行预防和矫正。要预防和矫正员工的问题行为，首先要了解问题行为是怎样产生的。心理学研究发现，问题行为的产生主要有以下两个原因：

1）个人需要

心理学研究认为，人的一切行为（包括问题行为）都是以人的需要为基础的，都是为了满足人的某种需要。但是有的人用合理的、正当的方式来满足需要，而有的人用不合理、不正当的方式来满足。例如，员工为了满足社会荣誉的需要而努力工作，积极地为企业和国家做贡献，这是合理的、正当的需要；相反，如果弄虚作假、骗取荣誉，那就是不合理、不正当的需要。问题行为之所以成为问题，并不是因为人不应该满足自己的需要，而是人不应该用不合理、不正当的方式来满足自己的需要。

员工有各种各样的需要，当员工用他们的所作所为来满足这些需要的时候，必然有一个如何处理个人利益、集体利益和国家利益关系的问题，如何处理个人眼前利益和长远利益关系的问题。问题行为的实质就在于某些员工不能正确处理个人利益、集体利益和国家利益的关系，以及个人眼前利益和长远利益的关系。这就是造成问题行为的实质。

2）挫折

人的所作所为都是为了满足人的需要，但是人的需要实际上并不一定能够得到满足，遭受挫折的情况会经常发生。挫折一经生成，会扰乱人的内心世界，破坏人的心理平衡，往往使人做出一些不理智的举动。这是造成问题行为的一个常见的原因。

挫折易使人产生愤怒、怨恨和不满，由此可能引起攻击性行为，也可能因为“敢怒不敢言”而引起退缩行为。但必须指出，挫折虽然很容易引起问题行为，并不是必然会引起问题行为。挫折可以使人“退化”，也可以使人“升华”。一个人如果能正确对待挫折，就能在此过程中变得更加成熟、更加坚强。

【相关链接10-3】 把握员工权力需求 让授权管理更有效

饭店创造的价值更多地来自一线员工的服务，饭店服务质量和竞争力的提升依靠的也是员工服务过程中的主动性和创造性。在此背景下，越来越多的饭店意识到，必须通过适当的方式来满足员工的自主性需求，进而满足快速变化的顾客需求。而以授予下属权力并实现其工作自主性为核心的授权管理，就成为当前饭店管理中的一个热门议题。

那么，饭店员工希望企业或者上级授予他们哪些权力呢？笔者研究发现，饭店一线员工的权力需求大致可划分为三大类，分别是资源调配类、参与管理类、自我成长类。

（1）资源调配类权力

掌握工作信息权是指员工期望获得有关工作和顾客信息的权力，从而可以更好地为顾客提供服务，提高顾客的体验和员工自身的工作绩效，主要体现在清楚岗位职责、知晓工作活动安排、掌握顾客相关信息、清楚考核相关内容等四个方面。

对客服务灵活权是指面对突发情况时，在不损害组织和客人利益的前提下，员工能够自主选择应对突发状况的方法的权力，主要体现为自主提供个性服务、灵活应对顾客诉求、适时给予顾客优惠、自主即时处理投诉以及使用资源解决问题等五个方面。

工作自主安排权是指员工在工作中能够自主选择工作方式，以完成相应工作内容的权力，主要体现为灵活安排工作内容、自主选择工作方式、能够主动响应客人、能够自主配备资源等四个方面。

（2）参与管理类权力

工作沟通协调权是指为了完成既定工作任务或目标，员工在工作中能够与其他部门及上级进行沟通并开展协作的权力，主要体现为建立部门相互联系、跨部门平等沟通、开展跨部门协作、越级汇报沟通工作等四个方面。

问题发现反映权是指员工有权表达在工作中发现的问题，这是员工监督权的体现，主要体现为能够监督反映问题、发表观点提出意见、制约上级及其行为等三个方面。

决策参与建言权是指员工有权陈述主张和提出建议，并以此来参与日常的管理决策，主要体现为建言献策、参与产品创新开展、参与管理决策等三个方面。

（3）自我成长类权力

自我成长发展权是指一线员工能够获得培训、学习和指导，从而更好地实现自我成长和发展，主要体现为能够获得专业培训、拓展工作相关技能、获取职业规划支持等三个方面。

公平公正对待权是指员工期望在工作中能够得到公正客观地对待、能够公平地参与考核和晋升以及得到上级尊重的权力，主要体现为受到公平公正对待、参与公平考核晋升、上级下级关系平等三个方面。

资料来源 佚名．把握员工权力需求 让授权管理更有效［OB/OL］．［2019-10-10］．http：//www.ctnews.com.cn/gdsy/content/2019-10/10/content_52888.html.

10.4.2 对待员工问题行为的基本原则

为提高广大旅游企业员工的工作积极性，旅游企业管理工作者必须对员工问题行为进行预防和矫正。从心理学角度来看，预防和矫正员工问题行为必须遵循以下基本原则：

1）强调正面性

做人的工作要强调正面性，这就是说，企业的管理者要把自己的注意力放在员工好的表现上。强调正面性能使管理者在员工中树立一个良好的形象，有利于开展工作，同时也能使员工受到鼓舞而去追求成功。追求成功是员工积极向上的一种工作态度。有了这种态度，人们不会因为仅仅是“没有失败”而满足，为了追求成功，他们并不害怕暂时的失败，也不会影响工作积极性。因此，就预防员工的问题行为而言，强调正面性应该是一个最好的办法。

2）实事求是，全面分析

对待员工的问题行为不能简单化，这就好比治病不能只针对表现出来的症状而必须弄清病理、查明原因一样，应该弄清造成员工问题行为的究竟是员工个人的原因，还是环境、管理者的问题。只要实事求是、全面地分析原因，在员工的心理上就会产生一种实在感、信服感，从而使员工的行为不越出理性支配的轨道。

3）主动关心，预防为主

根据对问题行为的心理分析，我们知道有的员工的问题行为是因为不能用合理的、正当的方式满足自己的需要而产生的。那么，一个人如果能够用合理的、正当的方式来满足自己的需要的话，他就不至于采用不合理、不正当的行为方式，也就不至于出现问题行为。因此，作为企业的管理者，在想方设法帮助员工解决各种实际问题的时候，实际上就是在做防患于未然的工作。

4）因势利导

俗话说：“人往高处走，水往低处流。”往低处流，这是水的“势”；往高处走，这是人的“势”。治水要因势利导，做人的工作也要因势利导。

在日常生活和工作中，人的心理活动和行为虽然千变万化，但也像水的流动一样，有其固有的趋势。比如说，人要追求满足、合理以及满足与合理的统一。当遭受挫折时，内心就会产生压力。如果压力过大，又长时间不能排解，就会损害人的身心健康，使人在心理上、生理上和行为上出现种种失常现象。因此，管理者在处理员工问题行为时，就要顺着心理活动和行为的发展变化所固有的趋势，即顺应人对满足、合理的追求。

5）正确运用惩罚

做人的工作强调正面性并不意味着可以废除惩罚。对于问题行为的预防和矫正，惩罚是一种必要的手段。但在对员工的问题行为进行矫正时，管理者应当把惩罚当作预防问题行为的手段来使用，而不是当作矫正问题行为的手段来使用。因为运用惩罚的主要目的是让员工避免惩罚而不犯错误，并不是让员工在犯了错误以后去体验受惩罚的痛苦。另外，无论是把惩罚作为预防问题行为的手段，还是作为矫正问题行为的手段，都不是单独使用就能奏效的，惩罚只能起到辅助作用。

6）讲究批评艺术

企业的管理者对犯了错误的员工给予批评，目的是让有问题行为的员工解决问题，纠正行为，为企业多做工作，为国家多做贡献。因此，为了使批评收到预期的效果，管理者应研究批评的艺术，批评的艺术有以下几个要点：

（1）批评要把握时机。员工有了错误，及时找他谈，他会认为这是提醒他、帮助他。拖得时间长了再开口，被批评的人会认为这是故意翻旧账。

（2）一般应当就事论事，不要新账老账一起算。如果把对方的缺点或错误集中起来数落个不停，就会把对方描绘成一个一无是处的人，也让有问题行为的员工难以接受。

（3）尽可能通过个别谈话提出批评，不要轻易在大庭广众之下批评一个人。须知“人有脸，树有皮”，一个在个别谈话中能承认错误的人，在大庭广众之下很可能为了维护自己的面子而拒不承认。

（4）批评谁就说谁的事，不要拿他和别人比。俗话说“人比人，气死人”，在批评一个人的时候拿他和别人比，效果往往不好。

（5）批评人要开诚布公。开场白太多，绕的弯子太大，反而使人怀疑你别有用心。

（6）要注意控制自己的姿势和表情。对员工说话要语重心长，不要疾言厉色、劈头盖脸，后者往往使人难以接受。

（7）不要以为批评人就是“你听我说”，要让被批评的人说话，甚至要鼓励他说话，并且要耐心地倾听，不要急于做出反应，否则易导致对立情绪。

（8）一旦发现对方在考虑批评意见了，就应该适可而止，不要指望一下子就把人的思想给扭转过来，要给他一段时间，让他自己去思考。

（9）不要斤斤计较对方气头上的话，因为人在气头上思想偏激，难免会一时糊涂，说一些过头的话。管理者应把注意力集中在实质性问题上，绝不要听一两句不好听的话就沉不住气，反唇相讥，以致离题万里，那样不仅达不到预定的目的，而且有失身份、有损形象。

总之，员工问题行为的矫正和对问题行为的转化工作涉及诸多心理学问题，但最重要的还是理解和尊重。正如一位教育评论家在谈到如何对待失足青年时所说的：拙劣者是雷霆后的厌弃，平庸者是规劝后的叹息，无聊者是讥讽后的斜眼，高明者是善诱后的尊重。这对于员工问题行为的矫正和转化工作具有重要的借鉴意义。

【实例 10-2】 酒店帮助员工规划职业生涯

张娟是一名房务部的楼层清洁员。近一段时间以来，她很烦躁，感觉事事不顺，每天做着枯燥乏味的卫生清洁工作，脾气变得越来越坏，同事之间的关系也越来越紧张，还时不时地受领班的批评，刚毕业时的宏伟理想好像离自己越来越远，实现起来遥遥无期。她开始怀疑自己是不是选错了专业，不适合酒店行业，但也不知道该去做什么。听到周围的朋友讲酒店行业是吃青春饭的，又了解到自己的同学在上海的一家房地产公司做售楼小姐，她很想去做，于是，向酒店提出了辞职申请。

接到她的辞职申请后，人力资源部经理按照常规进行了一次离职约见。当被问及离职的原因时，她只说不适应酒店的工作，询问她的去向时，她回答要去上海做售楼小姐，问她对售楼小姐了解多少时，她回答先去看看再说。人力资源部经理感觉到张娟的职业方向性不是很明确，鉴于她所学的专业是饭店服务与管理，刚招聘来时对工作满怀热情，认为还是有挽回的希望的，于是同张娟进行了一次围绕她的职业规划问题的深入谈话。人力资源部经理从她本人的性格、职业特长出发，描绘了她若干年以后的工作场景，帮助她做了一份个人职业规划设计。经过2小时的深入交谈，张娟的眉头舒展开了，对自己的职业发展重新充满信心，答应人力资源部经理她会继续在酒店做下去，并立志在酒店行业进一步发展。

分析：

酒店行业是一个人员流动率相对高的行业，如何在日常的管理过程中，体现出以人为本的管理思想，如何关心员工，需要从一点一滴做起，从细微处关注。更为重要的是，在管理过程中，如何帮助员工进行职业规划，是酒店管理需要重视和研究的课题。从这个案例中我们可以分析得出以下几点结论：

（1）在日常的酒店管理过程中，除按照制度对员工加强管理外，还需要经常性地了解员工的思想动态，关心他们的思想、生活。员工的情绪发生变化时，就需要从侧面了解他或她的一些情况（比如家庭、个人情感、个人思想等），给予人性化管理。特别是基层管理人员，如领班级和主管级，员工在工作中出差错，就批评，这不是管理的最佳方法。

（2）在部门管理中，应定期进行员工思想政治教育。酒店的教育培训大多偏重知识技能，忽略了思想政治教育，思想政治教育应引起酒店管理人员的重视。

（3）酒店员工的职业规划应成为管理者的一个课题，特别是人力资源部。从事酒店行业的人员大多是年轻人，他们大都缺乏对自己职业的规划，在企业管理中，根据员工的个人状况帮助他们规划个人职业生涯，无论对酒店还是对员工都是一个双赢的举措。

资料来源 作者根据相关资料整理.

本章小结

本章主要讲述了旅游企业员工的个体差异、企业怎样运用激励理论来调动员工的积极性和如何来引导员工更好地工作三部分内容。介绍了气质、性格、能力、动机的概念，几种常见的激励理论，即需要层次理论、双因素理论、后天需要理论、期望理论、公平理论、挫折理论、强化理论和归因理论。分析了在具体的实践过程中员工会有什么样的心理需求，应该怎样对待员工的需求，怎样引导员工保持高的工作热情，使他们为旅游企业的发展做出积极的贡献。

关键概念

需要层次理论　双因素理论　后天需要理论　期望理论　公平理论　挫折理论　强化

理论　归因理论　情绪　问题行为

基本训练

☐ 案例分析题

奖励机制

辛迪·斯宾丝是一家四星级宾馆的前厅部经理，这家宾馆位于美国佛罗里达州东北部的杰克逊维尔。辛迪最近刚在迈阿密参加了一个为期3天的管理培训班。培训回来后，她的脑子里充满了如何提高前厅部服务质量的想法，让她考虑最多的就是如何将业绩同奖金联系起来，这一点非常重要，因为老师在课堂上不断强调“想让别人付出更多，就要让他的付出得到相应的回报”。

在每月一次的客房部门会议上，酒店都要对酒店事务处反馈回来的客人意见卡片进行分析。上个月，有好几个投诉都是关于登记入住和结账时间方面的问题，这些投诉让辛迪很烦躁，她要尽力减少针对自己部门的投诉。为了实现这个目标，她决定将自己在管理培训班上所学到的知识应用到实际工作中。她设计了一套管理体系，奖励那些为客人提供最快捷服务的前台员工。

在接下来的部门会议上，辛迪介绍了她的客人们留在意见卡片上的意见及自己对这件事的遗憾态度，除此之外，她还在会上介绍并说明了她的新计划。“事实上，这非常简单”，她解释说，“在每8小时一次的轮班中，登记客人人数最多和办理客人结账手续最多的两名员工在月底将得到额外奖金”。这个体系运作得非常完美，在第二个月的第一天，她给予两个员工50美元的奖励。接下来的一个月，情况仍然进行得十分顺利，员工们的工作速度比以前快多了。虽然她的员工之间似乎不像过去那样友善和互相帮助了，但是总体上，辛迪对他们还是感到很满意。

然而，在月度财务部门会议上，辛迪的热情受到相当大的打击。由于新系统的激励，客人办理入住结账手续似乎加快了许多，但他们现在开始抱怨说前台人员缺乏友善的态度和礼貌。一名客人评价说：“我感觉自己就像正在被赶入牲畜栏的公牛。这不是我期待的想从这样级别的宾馆中所得到的服务。”辛迪感到很困惑，可她也表示了强烈的不满：他们既想要快速的服务，又期待礼貌的待遇，我们怎么能兼顾两方面？然而，她的麻烦才刚刚开始，因为随后查账员就发现在记账问题上，前台存在不少失误。为了在结账程序上加快速度，很多费用没有登记在账单上，这样做的结果是不仅产生了很多错误，而且给酒店带来了不少损失。同时，在登记入住的时候很多汇总需要的信息没有被输入电脑系统中，给事后补发账单通知带来了困难。很多时候，都需要在电话本上找出客人的家庭住址，才能将账单寄给他们。由于资料不全，有几次查账员甚至不知道是不是已将账单邮寄给了与其相符的客人。辛迪很快就对经营管理理论失去了信心。

资料来源　作者根据相关资料整理.

讨论题：

1.辛迪的奖励体系有哪些失误？

2.她应该对经营管理理论失去信心吗?

□ 思考题

1.旅游企业员工有哪些个体差异?如何进行管理?

2.在旅游企业管理工作中常常采用哪些激励方式?

3.在旅游企业管理工作中应该如何控制员工的不良情绪?

第11章

员工的群体心理

学习目标

通过本章的学习，理解人际关系与群体心理的关系，正式群体与非正式群体的联系，群体沟通的方式。掌握如何处理好群体人际关系，如何引导及发挥非正式群体的创造性作用，如何加强群体间沟通。能够对企业群体心理有一个比较系统的认识，能够较妥善地处理群体中的一些行为，并加以引导和改善。

思维导图

11.1 群体管理中的人际关系

11.1.1 人际关系与群体心理

所谓人际关系（interpersonal relationship），即人与人之间的相互交往和联系。人际关系是影响群体心理的一个重要因素，对旅游企业管理有着重大的作用。群体中人际关系良好，成员之间相互关心，感情融洽，则群体凝聚力高；反之，则凝聚力低。一个群体凝聚力的高低直接影响到群体的士气和工作效率，还会影响到群体成员的自我发展和自我完善的程度以及企业管理效益。因此，企业要努力构建良好的人际关系，调动全体人员的积极性，共同完成企业的组织目标。

1）人际关系影响群体凝聚力和工作效率

群体凝聚力（cohesiveness）是指群体成员之间相互吸引并愿意留在群体中的程度。20世纪30年代，勒温（Kurt Levin）提出了群体力学，指出群体的行为不等于群体中各个成员个人行为的算术总和，它包含有集体智慧，因而产生了一种新的行为形态，这就是群体力学“1+1=3”。

良好的人际关系是增强群体凝聚力的基础。如果群体人际关系良好，员工之间感情融洽，工作上共同协作，那么员工就能焕发工作积极性和工作热情，群体士气就能提高，凝聚力就能增强；反之，如果一个群体人际关系差、关系紧张，则会削弱群体凝聚力，影响经济效益（如图11-1所示）。

2）人际关系影响员工的自我发展和自我完善

员工的自我发展既受个体主客观因素的影响，也受外部环境的影响，包括人际关系的和谐度。管理心理学的研究表明，良好的人际关系常常会导致一种社会助长作用。一个人单独工作，往往不如一群人聚在一起工作效率高。如果群体内建立了良好的人际关系，就可能鼓励员工互帮互学，相互促进，增进员工之间的行为模仿和相互竞争的动机，促进员工的自我发展和自我完善。

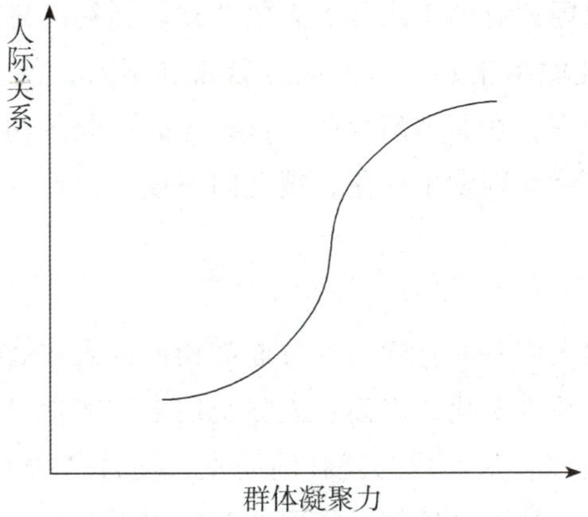

图11-1　人际关系与群体凝聚力关系图

3）人际关系影响企业管理效益

企业管理的实质就是对人的管理，而要管好人，除了采取行政指挥、经济手段、制度约束外，更重要的是人本管理。现代管理理论强调以人为中心，尊重人、体贴人、关心人。人本管理的真谛就在于，通过最大限度地发挥企业共同价值观的影响力，充分调动广大员工的积极性，在推动企业发展过程中，实现人自身素质的全面提高。

11.1.2　影响人际关系的因素

1）相似因素

俗话说，"物以类聚，人以群分""惺惺惜惺惺"。在个性特征方面，双方若能意识到彼此的相似性，且相似性越多、越接近就越能产生好感，相互吸引，从而建立起良好的人际关系。相似因素包括社会地位、民族、宗教信仰、籍贯、年龄、学历、性别、职业、思想成熟水平、兴趣爱好、态度、理想等各个方面。

（1）具有相似的兴趣、爱好。因共同的兴趣、爱好而参加类似的社会活动，那么获得较多的交往机会，成为朋友的概率相对较大。

（2）具有相似的价值观、世界观等。在彼此交往的过程中，发现对方的价值观、世界观与自己相似或一致的地方，会有一种"英雄所见略同"的共鸣感。

（3）具有相似的年龄、学历、态度、社会地位等。在交往时，彼此间的意见容易沟通，较少产生误会。

除了个性上的相似性，外部环境的相似性（如时空接近），也能促进良好人际关系的建立。首先，人们在空间距离上越接近，彼此接触的机会越多，相互依赖、相互帮助的时候越多，就越容易形成良好的人际关系。因此，在一个班组工作的员工之间极易形成良好的人际关系。国外管理者很重视这一外部因素的作用，他们对员工的工作场所进行设计和安排时，常常将人际交往的因素也考虑进去。这样，既便于员工之间相互交往，有利于形成协调一致的关系，又可防止因空间上的距离而产生与整体利益不一致的小圈子。其次，人与人之间的交往频率也影响人际关系的建立。在群体中，成员之间接触越多，了解时间越长，就越容易形成良好的人际关系。

总之，交往中的相似因素有助于人际关系的建立。在初次见面的陌生人之间，相似性能在很大程度上消除彼此的陌生感，从而减少紧张和不安，使交往成为一件轻松愉快的事。此外，心理学研究发现：在原本陌生的一群人走到一起的初期，时空接近对人们之间的吸引起决定作用。到了后期则发生变化，彼此间态度和价值观越是相似，相互的吸引力越大。

2）互补因素

在人际交往中，虽然人们一般喜欢与各方面都相似的人相处，但有时却觉得过于相似会使人际关系显得单调而缺少变化，因而在人际交往上又产生对不一致的心理需要。人们会重视与自己不同的人交往，从而成为互补的朋友，使自己的不足由别人的长处来补偿，自己的长处又能弥补对方的缺陷，这就是需要的互补因素。

需要的互补也是形成良好人际关系的重要条件。在现实生活中，需要的互补可以使人们发展密切的友谊。俗话说，一山不容二虎，脾气暴躁的人和脾气随和的人相互容纳，往往能友好相处；独断专横者与优柔寡断者刚柔并济，会成为好朋友；活泼好动的人与沉默寡言的人也是相得益彰。在相互交往中，成员之间通过互取其长、互补其短，可以形成密切友好的人际关系。

在心理学上，可按照人的性格倾向把人际关系的适应模式分为主动型和被动型两类，两种类型各有三大特征，可以形成六种人际关系适应模式（见表11-1）。

表11-1 人际关系适应模式

特征 类型	主动型	被动型
包容	主动与他人交往	期待别人接纳
控制	支配他人	受他人支配
感情	对他人表示亲善	希望得到他人亲善

主动型和被动型的人在三个特征上分别形成三对互补关系，就比较容易协调。如果是同一类型的，有时反而难以相处。

3）相悦因素

所谓相悦，主要是指人与人之间情感上的相互接纳和肯定。

人们的相悦会在言谈举止中不知不觉地表现出来，彼此都感到对方能接纳自己和喜欢自己时，就会产生最大的相互吸引力，极易建立良好的人际关系。人们常常很敏感地根据他人的评价和态度来体会自己是否被他人接纳和肯定。从别人的评价中，了解自己在群体中或在别人心目中的地位，树立自己的自尊，产生一种被承认和接纳的满足感。人们能从对方的友好态度中感到愉快，这是建立良好人际关系的基础。在许多情况下，人们能心悦诚服地接受他人善意而合理的批评，同样出于别人也接纳和喜欢自己。如果是在一个群体之中，那么那些离说话者最近的人，往往就是期望对方对自己最有好感的人。同样，说话者也能觉察到，那些离自己最近的人正是喜欢自己的人。

就一般心理活动而言，人们并非总是喜欢别人的称赞。首先，人们需要的是恰如其分的称赞，从中可以了解到哪些是自己该保持的优点，也需要恰如其分的批评，从中可以了解到自己应注意克服的缺点。其次，人们也并非受到别人的赞扬越多就越喜欢对方。这里存在着一种“得失效应”，老生常谈的赞扬话不能起到增值效应反而会贬值。当一个人处境不利、缺乏自信或不为他人所接纳和称赞时，他最需要的是得到肯定性的评价和支持。恰当的“鼓励和称赞”，就恰如“雪中送炭”。而当一个人得到众口赞誉时，多一个人的“锦上添花”未必能使他感到高兴。如果他是个明智的人，就会更欢迎中肯的批评。因此，人际交往的相悦因素不是基于相互间的捧场，而应该基于相互间能提供帮助，共同提高。

4）个性心理特征

人的性格、气质和能力往往影响人际交往的数量和质量。在群体中，一个态度和善、性情宽厚、富有同情心、能体谅他人的人，易受到其他成员的欢迎，因而也易于建立良好的人际关系。反之，人际关系难以融洽。就气质而言，一个爱好社交、活泼好动、热情奔放的人，往往容易建立良好的人际关系。一个感情丰富的人，容易体验他人的感受，与他人产生心理共鸣，就能建立良好的人际关系。就能力而言，按一般人的正常心理，都比较喜欢聪明能干的人，觉得与能力强的人结交是一种幸福。一方面，人们往往因有能力强的朋友而感到自豪，得到心理上的满足；另一方面，人们也相信能力强的人对自己更有帮助。所以，聪明能干的人，也比较容易建立良好的人际关系。

心理研究还表明，人们一般并不喜欢结交能力太强、“十全十美”的朋友。有的人越是要显示自己一贯正确、能力特强，就越会减少自己对别人的吸引力，这样只会使人们“敬而远之”，必然影响人际关系。比如，有一位非常优秀的前厅员工，不仅业务精通，而且谙熟棋琴书画，但是她几乎没有什么朋友。她身边的人说，和她在一起，她所散发的优秀气质让她们很难受。所以，大家都对她敬而远之。

此外，群体的社会地位与社会影响，也是建立良好的人际关系的一个客观条件。一个群体的成就高、在社会上影响大，就容易使成员在相互交往时产生心理相容和感情共鸣，从而结成良好的人际关系。反之，一个失败的群体在社会上声名狼藉，常常不能使成员友好共事，容易导致摩擦，难以建立良好的人际关系。

11.1.3 如何建立良好的人际关系

群体人际关系的好坏直接影响着人们的工作情绪和积极性，影响着组织效能的发挥和个人身心的成长。旅游企业提供的产品是服务，提供服务的人的作用显得尤为突出。所以，管理者必须创造各种有利条件建立融洽的人际关系，以稳定员工情绪，发挥其积极性。

群体不是个体的抽象的综合。作为领导者，必须对人际关系的一些基本规律有所了解，善于了解调控群体的活动，善于塑造群体的凝聚力，充分调动群体中凝聚力积极因素，克服或避免人际关系中消极因素对组织各项工作的负面影响，使管理人员的工作建立在科学的基础上。

【实例 11-1】 从沟通入手改革薪酬体系

某星级酒店为了调动员工的积极性，总经理准备对员工的薪酬体系进行改革。开始时，总经理在顾问的帮助下拟订了改革方案，试图予以施行。但遇到了较大阻力，不得不放弃改革。一年后，再次尝试改革，这次运用的是参与式方法。他与基层主管、一些重要员工讨论了变革的重要性。然后，他建立了一个由基层、中层和高层人员组成的委员会，专门负责酒店薪酬体系的调研和改革工作。委员会成员辛勤工作，几个月后，在征求多方面意见的基础上，该委员会提交了一份出色的报告。改革方案得到了卓有成效的贯彻执行，并取得了圆满的成效。请结合总经理的两次不同的做事风格，对酒店薪酬体系改革的成败予以评论。

分析：

第二次改革之所以成功，是因为总经理采取了良好的沟通方式，调动了员工的积极性，激发了员工的主人翁精神。委员会成员作为全体员工的代表有了自豪感，认为自己是报告的主人，所以改革取得了成功。

资料来源 作者根据相关资料整理.

1）强化管理者民主作风

在群体中，管理者的思想作风和个性品质对群体人际关系有很大影响。一个管理者作风民主、办事公道，与员工关系融洽，就能促成整个群体建立良好的人际关系；反之，则很难。

2）创造有利的群体环境和交往气氛

双方沟通机会比较多，而且质量较高，则容易建立良好的人际关系。因此，管理者要有意识地利用组织力量，创造适宜的群体气氛，促进成员的相互交往。这具体表现为：一方面，要让每个成员都了解组织目标，鼓励大家分工协作，共同完成组织任务，创造出一种团结共事的气氛；另一方面，要加强成员之间的意见交流，加深相互了解，减少误会。此外，还要组织必要的活动，增加成员相互了解的机会，为建立良好的人际关系创造条件。

3）建立合理的组织结构

组织结构是否合理，同样影响人际关系。如果组织结构重叠、人浮于事、相互扯皮，就会影响群体的人际关系。反之，如果组织结构合理，成员在各自的岗位上能发挥特长，便有利于建立良好的人际关系。

4）提高人际交往的技巧

在人际交往中，合理地运用人与人之间的相互作用，是一门高超的艺术。一般来说，在平行作用时两个人之间的“对话”会无限制继续下去；而在交叉作用时信息沟通往往会出现中断。理想的相互作用应该是“成人”刺激和“成人”反应。相互作用分析的重点之一，是不但使自己确定成人的心理状态，尽可能控制自己，用成人的思想、成人的语调来对待别人，同时，也要鼓励和引导对方确立成人的心理状态，尽可能用“成人”态度来处理问题。这样，人际关系就会建立在一种较稳固的基础之上。采用相互作用分析的技术，可以使管理者和群体成员理解人与人在相互交往时的心态，一个人只要明白自己和对方都有种种心理状态，同时能配合这些状态进行交流沟通，便能正确地分析对方的话语，并做出适当的反应。

思政园地

女排精神述评

“在我的字典里，‘女排精神’包含着很多层意思。其中特别重要的一点，就是团队精神。”中国女排原主教练郎平说，女排当年是从低谷处向上攀登，没有多少值得借鉴的经验，但是在困难的时候，大家总能够团结在一起，心往一块想、劲往一处使。

主攻、副攻、二传、接应、自由人……作为集体项目成员，女排队员在场上各有分工，但也需要及时、有效地相互补位，团结协作是排球项目制胜的关键因素。中国女排自建队以来，始终坚持和发扬集体主义精神，无论是教练员、运动员，还是工作人员，每个人都为了集体的荣誉拼搏、奋斗。2019年女排世界杯，中国女排以全胜战绩卫冕，第十次荣膺世界“三大赛”冠军。

“赢了一起狂，输了一起扛”，这是女排精神不变的底色。正如中国女排队长朱婷所说：“有时候训练很辛苦，我就会想到，打排球不仅仅是为了自己，还是集体荣誉的一部分，就会咬牙坚持下去。”将集体利益置于个人利益之上，是女排精神的重要体现，是每一位成员直面挑战、争取胜利时不可或缺的能量。

女排的故事，亦是中国人的故事；女排的精神，更是中国人骨子里的精气神。

资料来源　李丹阳，王东. 团结起来 振兴中华——女排精神述评［EB/OL］.［2021-09-02］. http：//www.qstheory.cn/qshyjx/2021-09/02/c_1127820756.htm.

11.2　正式群体与非正式群体

11.2.1　正式群体与非正式群体的含义

在组织中，根据群体构成的原则和方式，可以把群体分为正式群体和非正式群体两种形式。

1）正式群体

正式群体是组织精心设计与规划的，有明确的目的、规章、成员地位和角色，有明确的权利和义务，并有稳定、正式结构的群体。正式群体通常具有以下特点：①经过有计划的设计而不是自然形成的，组织结构的特征反映出设计者的管理信念。②有明确的目标。③角色明确，分工专业化。④讲求效率，要求工作协调并以最经济有效的方式达成目标。⑤权威体制与组织中的层级息息相关。组织赋予上级权力，下级必须服从上级。⑥制定各种规章制度，用以约束个人的行动，达成组织的一致性。⑦正式群体内的个人职位可以相互替换，不重视组织成员的个性和个体差异。

2）非正式群体

非正式群体一般是基于某种相同的利益、观点、社会背景及习惯、准则等而产生的，具有强烈的感情色彩。它首先由美国工业社会心理学创始人梅奥（Elton Mayo）在20世纪30年代的霍桑实验中提出。非正式群体的产生主要受以下因素的影响：

（1）个体因素。成员之间的社会背景、地位类似，或有共同的兴趣与价值观等，容易形成一个非正式群体。此外，成员中有人具有领导能力，或其人格对别人具有吸引力时，也容易以他为中心，形成一个非正式群体。

（2）工作位置因素。成员间工作位置靠近，彼此接触机会多，容易形成一个非正式群体。在霍桑实验中，有关配电盘卷线工作的报告指出，由14个工人组成的正式工作群体，事实上分成两个非正式群体：一是“前排群体”，即屋内前方工作的一群；二是“后排群体”，即屋内后方工作的一群。

（3）工作性质因素。所从事的工作性质相同的成员容易形成一个非正式群体。配电盘卷线的“前排群体”与“后排群体”，除了因工作位置的关系外，“前排群体”因其工作较难，成员都有比“后排群体”优越的感觉，从而更增强其群体的意识。

应该指出的是，即使工作性质相同、工作位置也靠近，但如果组织没有安排适当的作息时间，如休息时间太短，或休息时间强迫大家做团体操，或强迫睡午觉，而不让成员间有自由交往的机会，则难以形成一个非正式群体。此外，组织若频繁调动个人尤其是中心人物的工作岗位，或采用一种流动作业方式，使成员间不需要交互作用，则非正式群体也难以形成。

【实例 11-2】 “用爱成就伙伴”：西贝餐饮集团的文化探索之旅

西贝餐饮集团（以下简称“西贝”）初创于1988年。2019年，西贝在全国50多个城市开设分店，拥有300多家门店，员工2万余人，年销售额近60亿元。西贝的价值观第一条是“把‘爱’放在首位”，而且非常明确：爱要从心出发，爱自己、爱家人、爱伙伴、爱顾客。人才是不断推进西贝发展的原动力，正因如此，西贝把对人的重视、“爱”的文化、成就员工放在了真正重要的位置。价值观第二条是“真实”，西贝一直倡导讲真话、玩真的。西贝创始人贾国龙常说，“凝聚团队、提高执行力，真实、信任的企业文化真的很重要”。价值观第三条是“负责任”。当出现问题时要更多地想：我是不是一切事情的起因，而不是更多去谈论对错。价值观第四条是“荣耀承诺”，强调说到做到，给予自己的话最高的尊重。价值观第五条是“我的西贝”，强调西贝是一个大家庭，提倡荣辱与共、风雨同舟。

西贝在员工的培训学习上投入非常大。2017年，西贝培训费达1亿元，超过西贝当年营收的2%。2015年，西贝大学成立，所有新工匠厨师入职两周内，必须到西贝大学参加培训。所有工匠厨师、前厅训导师、部长等岗位员工，每年必须“回炉”西贝大学进行脱产培训。

西贝每年还有很多员工评选活动，除了传统的对“明星员工”“功勋员工”的表彰外，西贝还在年会上特别推出“工匠精神”的表彰。这些奖项是要让所有链接企业蓝图、践行企业价值观的伙伴都有机会得到认可。而“工匠精神”奖止是针对那些长年累月勤勤恳恳、踏踏实实做事，践行“热爱、坚持、精准、创新、专注”的西贝员工设置的。比如在一线的很多师傅，例如洗碗工，他们可能不一定有机会再去发展其他技能，但正因为他们的专注精神，因此给他们授予一个奖项。

在新冠肺炎疫情期间，西贝更加关注员工身心健康。开月度会、季度会时，除了工作汇报外，还安排表彰、团建、梦想分享等活动，尽可能让员工放松，减轻焦虑。给员工宿舍配备冰箱、微波炉，改造每一个小环境，希望把员工宿舍打造成具有幸福感的员工之家。

分析：

企业文化对于企业形成内部凝聚力、提升外部竞争力具有重要意义。本案例中，西贝餐饮集团以“爱”为企业文化建设的核心，注重员工个人发展、关注员工身心健康，其价值观得到员工的广泛认同。员工在良好的企业文化环境下工作生活，在本职岗位上各尽其能、积极进取，推动企业快速发展、助力企业克服危机。

资料来源　屈燕妮，王文燕，刘彬鑫．“用爱成就伙伴”：西贝餐饮集团的文化探索之旅［EB/OL］．［2021-12-01］．http：//www.cmcc-dlut.cn/Cases/Detail/5812.

11.2.2　非正式群体的类型与作用

1）非正式群体的类型

根据非正式群体的作用及其与正式群体之间的关系，可以将其划分为四种类型，见表11-2。

表11-2　非正式群体类型

<table>
<tr><th></th><th>类　型</th><th>特　点</th></tr>
<tr><td rowspan="4">非正式群体</td><td>积极型</td><td>与正式群体目标完全一致或基本一致，其成员服从组织领导，在工作上有进取精神。它可以使正式群体的工作更为生动活泼，更有成效</td></tr>
<tr><td>中间型</td><td>有时与正式群体目标一致，有时不一致，态度有一定的不稳定性。既有积极作用，又有消极作用</td></tr>
<tr><td>消极型</td><td>与正式群体的目标基本不一致，作用是消极的，是需要加以引导和争取的对象</td></tr>
<tr><td>破坏型</td><td>通常具有犯罪动机，需要通过法律手段加以解决</td></tr>
</table>

现实中，消极型或破坏型的非正式群体为数不多，大多数非正式群体都属于中间型，即群体内形成了一定的内聚力，而对组织的态度处于游离状态。因此，旅游企业管理者必须正视非正式群体的存在，不应将它视为拉帮结派而加以粗暴禁止，而应尽可能创造条件，发挥它的积极作用。

2）非正式群体的作用

（1）满足情感、心理、交往需求

企业的主要目标是获取最大化的利润，一般难以完全顾及每个员工自身的情感、心理和交往需求。而在非正式群体中，员工自由互动，精神放松，心情舒畅，充分缓解工作中的紧张情绪，既有利于员工身心健康，又有利于提高工作效率。但是，如果员工过度地沉溺于非正式群体中，将导致工作时精神不集中、纪律松弛、精力不充沛，并因此而降低工作效率。

（2）传递信息

正式群体的信息传递渠道往往比较僵化、单一。而在非正式群体中，成员间的互动以情感为基础，所有成员都全身心投入到群体中，彼此畅所欲言，信息传递渠道呈蛛网状，在群体内传递信息速度快、容量大、灵活、有弹性、适应性强。但非正式群体的信息传递渠道过于丰富和错综复杂，信息在传递过程中容易失真。

（3）促进自我发展

著名社会心理学家库利首先提出了“镜中自我”的概念，即人们可以通过他人对自己的评价来认识自我。非正式群体中以情感为基础的人际沟通有利于群体成员全面认识、评价自己。并且，非正式群体成员间互动的显著特征是选择力，并提供了加强个人态度的机会，使群体成员人格和自尊得到维持和发展。

（4）增强企业凝聚力和效率

非正式群体虽然没有正式的权力体系，但个别成员的个人性格魅力，会使其很可能成为该群体的一个稳定客观的自然权威性领导。从众心理和群体压力又会进一步强化这种自然权威，使非正式群体具有较高的行为一致性和较强的内聚力。如果非正式群体的权威价值观和行为规范与企业的价值观和正式规范一致，那么非正式群体的存在有利于企业目标的实现和效率的提高；反之，则可能转化成与企业对抗的小帮派、小团体，降低效率，不利于企业目标的实现。

（5）促进新的正式群体的诞生

随着一个非正式群体规模的扩大和内聚力的增强，群体成员日益认识到需要和利益的共同性。为了这种共同的需要和利益，成员努力追求其地位的合法化，力图使非正式群体正式化。

11.2.3　在管理中创造条件发挥非正式群体的积极作用

企业领导者首先要承认非正式群体存在的不可避免性。对于其功能两面性要有一个全面的认识，要从实现组织目标的全局利益出发，加以因势利导、巧妙利用。领导者要积极同非正式群体的成员沟通，及时了解成员的需求、思想变化等。充分利用成员的广泛人际关系、优良的传播渠道，准确地将企业宗旨、价值观等信息传递给其他雇员和社会。

引导和利用非正式群体的作用，主要是发现和结识中心人物，并利用其在非正式群体中的地位和影响力，团结这个非正式群体的全体成员，使他们拥护企业领导和管理人员的决策，为企业服务。为此，企业领导和管理人员要做到以下几点：第一，要当有心人，有意识地观察非正式群体的存在，发现其中心人物，了解中心人物的心理特点（如兴趣、爱好、个性、需求等），主动接近他、尊重他，跟他交朋友。在不影响管理规章制度的前提下满足他的心理需求，使他成为企业管理的拥护者甚至代言人，至少不能成为反对派。第二，要及时发现中心人物之间的联系，尽可能使原中心人物成为新中心人物的朋友或支持者。第三，有意识地扶植并利用中心人物，使其为管理服务，帮助管理者团结该群体中的所有人员。

对于那些起消极和破坏作用的中心人物，企业领导者要严加防范，加强教育；对于屡教不改、情节严重的给予纪律处分，甚至采取行政或者法律手段，以消除他们的破坏行为。

【实例11-3】 餐饮总监即将离职的连锁反应……

餐饮总监刘某在一家四星级酒店工作了4年，其领导能力出色，深得下属信赖。但其自感在现酒店很难有更好的职业发展前景，出于自身发展的需要，于是准备跳槽。中餐厅经理李某跟中餐厅主管钱某是追随刘某多年的老部下，也表示要随之离开。对于这家四星级酒店而言，中餐厅业务在餐饮线中占据着举足轻重的位置。面对这种情况，总经理开始犯难了。如果你是总经理，怎样预防餐饮管理人员的集体流失呢？

分析：

酒店员工的流失率通常比较高。面对这种集体流失现象，作为管理者，采取预防与补救措施是极其重要的。首先，在招聘的时候就应该熟悉这些潜规则，运行过程中要有意识地避开这种小团体的形成。其次，在员工培训中，要提高员工综合素质，从而在有紧急事件发生时，不至于给酒店经营造成太大的损失。

资料来源 作者根据相关资料整理.

11.3 群体中的信息沟通与传播

11.3.1 群体信息沟通的作用

1）信息沟通是协调企业的凝聚剂

每个企业都由诸多个体以及诸多群体组成，每天的活动也由许多的具体工作所构成，由于各群体、个体的地位、利益、能力不同，各自对企业工作目标的理解、所掌握的信息也不同，这就可能造成某些群体或个体的工作目标偏离企业的总体目标。为了保证齐心协力地完成企业目标，就需要加强相互之间的交流和沟通，统一思想，自觉协调各群体、个体的活动。发挥集体的智慧，形成员工参与民主管理的气氛，充分调动各级员工的积极性，增强员工的主人翁精神和自豪感。

2）信息沟通是激励员工的基本途径

作为领导者，不管拥有多么大的个人魅力、多么丰富的经验，都必须通过沟通将思想传递给下属，让他们认同自己的想法和意图，并同时了解员工的想法。领导者善于沟通，可以及时发现问题、鼓舞士气，促进相互间的信任和理解，从而为建立良好的工作环境创造条件。换个角度说，沟通是转变员工态度、改变员工行为的重要手段。在企业管理中，通常会开设总经理信箱、总经理热线，还有设立总经理接待日等，都是为了加强领导与员工之间的沟通。

3）信息沟通是企业和外部环境建立联系的桥梁

企业在经营过程中，必然要跟各级政府以及有关部门、顾客、材料供应商等发生各种各样的联系。把握市场是成功的起点，而只有保持跟外界畅通的信息沟通，才可以及时调整市场策略，避免时间和资金上的浪费，提高工作效率。跟各级政府及有关部门保持沟通，可以树立良好的社会形象，提高社会知名度。

图11–2形象地说明了企业信息沟通的内外部环境。

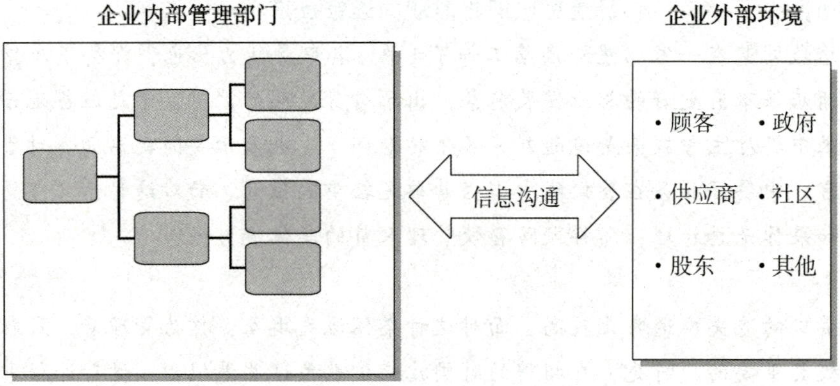

图11–2　企业信息沟通的内外部环境

【实例11–4】　良好的沟通创造一流工作环境

某饭店人事培训部提出了“用一线员工对客服务的标准为饭店员工提供服务”，即使遇到员工误解和不理解时也能以对宾客服务的宽容态度对待。在该饭店实施内部对客服务承诺制的活动中，人事培训部率先提出“一步到位服务”承诺，即：“员工来到人事培训部，任何一位主管都会马上放下手中的工作，热情接待员工，保证做到可以立即解决的事情，5分钟内就能得到解决。”人事培训部下设的各后勤保障部门也都向全体员工做出了相应的承诺：“在员工区域内员工看到的一定是整洁明亮的环境，员工感受到的一定是温馨舒适的服务，员工吃到的一定是卫生可口的饭菜。”

分析：

国际假日集团的创始人凯蒙·威尔逊先生曾经说过：没有满意的员工，就没有满意的顾客；没有令员工满意的工作环境，就不可能有能够真正令顾客满意的享受环境。

就饭店人力资源开发而言，员工是饭店的第一位客人，是饭店服务的实施者，只有让自己的员工得到满意的服务，感受到温馨和舒适，员工才能够全身心地向客人提供满意的服务。

员工在饭店内的经历和感受直接会影响到他们对客服务的质量。饭店要想为顾客提供可靠、优质的服务，就必须将员工放在第一位，充分考虑员工的需要。

资料来源 许杭军，舒伯阳. 从案例看管理［J］. 中国酒店，2005（10）.

11.3.2 群体信息沟通的类型

一般按沟通的组织、沟通的流向、沟通的方式以及沟通者的地位变化等对群体沟通进行分类。

1）按沟通是否具有正式的组织系统分类

（1）正式沟通

正式沟通，是指在组织系统内，依据一定的组织原则所进行的信息传递与交流。例如，组织和组织之间的公函来往、洽商会谈，组织内部的文件传达、会议召开，上下级之间定期的情报交换等。另外，群体所组织的参观访问、技术交流、市场调查等也属于正式沟通。

正式沟通的优点是：沟通效果好、严肃可靠、约束力强、易于保密、沟通信息量大、信息沟通保持权威性。重要的信息和文件的传达、组织的决策等，一般都采取这种方式。其缺点是：因靠组织系统层层传递，较刻板且沟通速度一般较慢。

（2）非正式沟通

非正式沟通，是指在正式沟通渠道之外的信息交流和传递，它不受组织监督，可自由选择沟通渠道。例如，群体成员私下交换看法、朋友聚会聊天、传播小道消息等都属于非正式沟通。非正式沟通是正式沟通的有机补充。在许多组织中，决策时利用的情报大部分是由非正式信息系统传递的。同正式沟通相比，非正式沟通往往能更灵活迅速地适应事态的变化，省略许多烦琐的程序，并且常常能提供大量的通过正式沟通渠道难以获得的信息，能真实地反映员工的思想、态度和动机。因此，这种沟通方式往往能够对管理决策起到重要的作用。

非正式沟通的优点是：传递信息的速度快，形式不拘一格，并能提供一些正式沟通所不能传递的内幕消息。其缺点是：非正式沟通难以控制，传递的信息不确切，易失真、曲解，而且，它可能导致形成小集体、小圈子，影响人心稳定和团体的凝聚力。

此外，非正式沟通还有一种可以事先预知的模型。心理学研究表明，非正式沟通的内容和形式往往是能够事先被人知道的。它具有以下几个特点：第一，消息越新鲜，人们谈论得就越多；第二，对人们工作有影响者，最容易招致人们谈论；第三，最为人们所熟悉者，最多为人们谈论；第四，在工作中有关系的人，往往容易被牵扯到同一传闻中去；第五，在工作上接触多的人，最可能被牵扯到同一传闻中去。对于非正式沟通的这些规律，管理者应该予以充分重视，以杜绝起消极作用的"小道消息"，利用非正式沟通的积极作用为组织目标服务。

2）按沟通中信息流动的方向分类

（1）上行沟通

上行沟通，是指团体成员和基层管理人员通过一定的渠道与管理决策层所进行的信息交流，如各种报告等。上行沟通是领导了解基层情况的重要手段，是掌握决策执行情况的重要途径。上行沟通有两种表现形式：一是层层传递，即依据一定的组织原则和组织程序逐级向上反映；二是越级反映，这指的是减少中间层次，让决策者和团体成员直接对话。

上行沟通的优点是：员工可以直接把自己的意见向领导反映，获得一定程度的心理满足；管理者也可以利用这种方式了解企业的经营状况，与下属形成良好的关系，提高管理水平。上行沟通的缺点是：在沟通过程中，下属因级别不同产生心理距离，形成一些心理障碍，害怕“穿小鞋”，受打击报复，不愿反映意见。因此，上行沟通常常效果不佳。有时，由于特殊的心理因素，经过层层过滤，导致信息被曲解，出现适得其反的结果。所以，管理者在鼓励上行沟通的同时，要注意上行沟通的信息真实性、全面性，防止出现报喜不报忧的现象。

（2）下行沟通

下行沟通，是指上级向下级进行的信息传递，如企业管理者将计划、决策、制度规范等向下级传达。下行沟通是组织中最重要的沟通方式。

下行沟通的优点是：它可以使下级部门和团体成员及时了解组织的目标和领导意图，增加员工对所在团体的向心力与归属感，从而激发他们的积极性。它也可以协调组织内部各个层次的活动，加强组织原则和纪律性，使组织正常地运转下去。下行沟通的缺点是：如果这种沟通使用过多，会在下属中造成高高在上、独裁专横的印象，使下属产生心理抵触情绪，影响团体的士气。此外，由于来自最高决策层的信息需要经过层层传递，容易被耽误、搁置，有可能出现事后信息曲解、失真的情况。

比较而言，下行沟通比较容易，居高临下，甚至可以利用广播、电视等通信设施；上行沟通则困难一些，它要求基层领导深入实际，及时反映情况，做细致的工作。一般来说，传统的管理方式偏重下行沟通，管理风格趋于专制；而现代管理方式则是下行沟通与上行沟通并用，强调信息反馈，增加员工参与管理的机会。

（3）平行沟通

平行沟通，是指正式组织中同级部门及个人之间的信息传递。平行沟通是在分工的基础上产生的，是协作的前提。做好平行沟通工作，在规模较大、层次较多的组织中尤为重要，它有利于及时协调各部门之间的工作步调，减少矛盾。在企业管理中，平行沟通又可具体划分为四种类型：一是企业决策层与工会系统之间的信息沟通；二是高层管理人员之间的信息沟通；三是企业内各部门之间的信息沟通与中层管理人员之间的信息沟通；四是一般员工在工作和思想上的信息沟通。平行沟通既可以采取正式沟通的形式，也可以采取非正式沟通的形式。通常后一种方式居多，尤其在正式的或事先拟订的信息沟通计划难以实现时，非正式沟通往往是一种极为有效的方式。

平行沟通具有很多优点：第一，它可以使办事程序、手续简化，节省时间，提高工作效率；第二，它可以使企业各个部门之间相互了解，有助于培养整体观念和合作精神，克服本位主义倾向；第三，它可以增加员工之间的互谅互让，培养员工之间的友谊，满足员工的社会需要，使员工提高工作兴趣，改善工作态度。其缺点表现在：平行沟通头绪过多，信息量大，易造成混乱；此外，平行沟通尤其是个体之间的沟通也可能成为员工发牢骚、传播小道消息的一条途径，产生涣散团体士气的消极影响。

3）按沟通所使用语言的方式分类

（1）口头沟通

口头沟通，是指采用口头语言进行的信息传递。口头沟通是最常用的沟通方式。其优点是：沟通过程中，信息发送者与信息接受者当面接触，有亲切感，并且可以运用一定的体语、手势、表情和语气、语调等增强沟通的效果，使信息接受者能更好地理解、接受所沟通的信息。口头沟通通常还可以及时获得反馈意见，具有双向沟通的优点。但口头沟通也存在一些不足之处：一是沟通范围有限；二是沟通过程受时间限制，沟通完成后缺乏反复性；三是对信息发送者的口头表达能力要求比较高。

（2）书面沟通

书面沟通，是指采用书面文字形式进行的沟通，如各种文件、报告。书面沟通的优点是：严肃、准确，具有权威性，不易被歪曲；信息接受者可反复阅读以增强理解；信息发送者对要传递的信息所采用的语言可以仔细琢磨，以便用最好的方式表达出来。其缺点主要是：应变性较差，只能用于单向沟通，所以，一般需要反复强调。内容量大、涉及面广的信息，多采用书面沟通的方式。

（3）混合沟通

混合沟通，是指在沟通过程中，既有书面表达的信息，同时又以口头沟通的方式加以阐述、强调，以使信息接受者加强理解。如一些重要会议中，报告人的报告既以书面形式印发给与会者，报告人又亲自做口头报告，同时还召开有报告人参加的座谈会，以加强信息沟通。这种方式兼顾了口头沟通与书面沟通的优点。其不足之处是沟通费用较高，仅当传达一些特别重要的信息时，才采用这种沟通方式。

心理学家戴尔曾对口头沟通、书面沟通、混合沟通的效果进行测试调查。其内容是让大公司各部门员工对沟通方式的效果进行打分，结果见表11-3。

表11-3　各种沟通方式的平均测试分数

沟通方式	员工人数	平均测试分数
混合沟通	102	7.7
口头沟通	94	6.17
书面沟通	109	4.91

从表11-3可知，混合沟通方式得分最高、效果最好，而书面沟通方式的效果最差。虽然这只是一个方面的实验结果，难说是规律，但它还是反映出了一定的问题。一般来说，在文化水平较低的人群中进行口头沟通，效果要好于书面沟通，而在文化水平普遍较高的人群中，就不尽然了。

4）按沟通过程中信息发送者与接受者的地位是否变化分类

（1）单向沟通

单向沟通，是指信息的发送者与接受者的地位不改变的沟通。在这种沟通中，不存在信息反馈。其优点是：信息发送者不会受到信息接受者的询问，能保持发送者的尊严，信息沟通比较有秩序、速度较快。其不足之处是：信息接受者不能进行信息反馈，没有理解的信息只能是囫囵吞枣地强制接受。这样，容易降低沟通效果，严重时甚至可能产生对抗心理。只有在比较特殊，特别是时间紧迫，不允许采用耗时较多的双向沟通时才采取单向沟通。

（2）双向沟通

双向沟通，是指在沟通过程中信息发送者与接受者经常换位沟通。在这种沟通中，存在着信息反馈，信息发送者可以及时知道信息接受者对所传递的信息的态度和理解程度，有助于加强协商和讨论，增强了解和对发送信息的理解。但双向沟通一般费时较多、速度较慢、易受干扰，信息发送者的心理压力较大。如果时间允许，为了保证信息传递的准确性和提高沟通的效率，应尽量采取双向沟通的方式。

【相关链接11-1】 **哈贝马斯沟通行动理论**

沟通行动的概念

沟通行动的目的是行动者协调相互之间的行动，这种协调是行动者相互之间以语言为中介，通过相互沟通而达到的；也可以说，沟通行动是人们相互之间的一种运用语言进行沟通的行动，是使用语言的行动，即言语行动。

沟通有效性的要求

沟通有效性必须满足四个条件：可领会性要求（选择可领会的表达，以便说者和听者之间能够相互理解）；真实性要求（提供一个真实陈述的意向）；真诚性要求（真诚表达意向以便听者能相信说者的话语）；正确性要求（话语表述正确的，以便听者能够接受）。

沟通行动与理性探讨

在沟通的有效性受到质疑时，我们要么中断沟通，要么转向策略性行动，不再以相互之间的理解为目的；要么通过提供论据为继续沟通做出努力，也就是理性讨论的过程，理性讨论过程实际上就是一个沟通参与者寻求更佳论据、证明自身的合理性的过程。

沟通行动与理想的言语情景

沟通行动除了要求行动参与者有沟通资质，还需要理想的言语情景，沟通的理想言语情景条件有：①对话各方有平等对称的地位和权利；②任何与问题相关的论据都应该受到重视；③每个参与者都有同等的权利实施表达性言语行动；④每个参与者都有同等的权利实施调节的言语行动；⑤不给讨论设定时间界限；⑥沟通行动的参与者对言语的有效性要求采取假设的态度；⑦沟通结构排除一切强制。

资料来源 作者根据相关资料整理.

11.3.3 群体信息沟通的障碍

沟通障碍是管理人员最关注的问题之一，因为沟通障碍往往是引发那些深层次问题的征兆。例如，计划工作不当，也许就是企业发展方向捉摸不定的原因；同理，一个设计糟糕的组织结构也不可能理顺各种组织关系；模糊不清的业绩衡量标准使得主管人员对其预测要求心中无数，难以定夺。因此，有见识的管理人员首先去寻找信息沟通发生问题的原因，而不是处理表面现象。障碍可能存在于发送者方面，存在于传递过程中；或存在于接受者方面，存在于信息反馈过程中。

1）信息发送者的障碍

（1）表达障碍

表达障碍，指信息发送者表达能力不足产生的障碍。语言是信息的载体，准确地选择语言是实现沟通目标的必要前提。准确的语言选择不仅包括选用最恰当的词句、使用正确的语法，而且包括采用书面沟通形式时清晰的字迹、简明的图表。由此可见，影响信息表达能力的因素，除了自身的语言文字水平之外，还有工作责任心等非文字方面的因素。所以，信息发送者若要消除表达障碍，必须努力提高自己的语言表达能力。同时在发送信息时，应具有高度的责任心。

（2）语义障碍

语义障碍，指因对语义的不同理解而引起的障碍。对于信息发送者来说，不能仅从自己的角度来选择用语、理解事情，还要从信息接受者的立场来考虑用语，这样才能保证发送的信息被完全正确地理解。

（3）传递形式障碍

传递形式障碍，指传递形式不协调产生的障碍。信息发送者在发送信息时，形式要恰当，如语言符号和语体应保持一致。例如，领导在批评下级错误时态度不严肃，就可能使下级难以认识到错误的严重性。正式、重大的事件信息用很平常的方式传递，就可能使人怀疑信息的真实性。所以在沟通中，信息沟通的形式应同内容相一致，消除因内容和形式不一致带来的障碍。

（4）社会环境和知识局限产生的障碍

如果信息发送者与信息接受者之间有共同的经验区，就比较容易实现沟通信息的目标。如果双方不存在共同的经验区，沟通就会遇到障碍。例如，同一领域的科学家之间运用大量专业术语、数学公式、各种符号进行沟通，既简便又实用。但如果用这种方式同缺乏相应知识和经验的外行沟通，肯定会失败。

2）信息传递渠道中的障碍

（1）传递手段的障碍

在现代信息沟通中，越来越多的新兴信息传递手段被使用，这大大提高了沟通效率。但同时，一旦这些手段发生故障就会影响沟通。如开大会时，音响设备的物理噪声过大，就会影响发言的效果。在信息沟通中，要尽可能地选择保证高效率的沟通工具。

（2）传递层次的障碍

信息在传递过程中，同其他的物体运动一样，会发生损耗。信息损耗现象被称为信息过滤。一个信息从发送者那里发出，到达接受者那里时经过的环节越多，这种过滤现象就会越严重，使到达最终接受者那里的信息大打折扣，或者被歪曲、曲解、篡改。所以，在沟通过程中，沟通的层次应尽可能少，以防信息被过多地过滤。

3）信息接受者的障碍

（1）对信息“过滤”。信息接受者在接收到信息后，有时会按照自己的需要对信息进行过滤，取其对味的信息，滤掉不对味的信息。

（2）理解能力的障碍。这同发送者发送能力的障碍是一样的。如果一个发送者面对一个接受者，这种障碍还可以通过发送者与接受者的共同努力消除；但如果一个发送者面对多个接受者，其中一些接受者对信息不理解或存在障碍，就只能靠接受者自己提高理解能力来消除障碍了。

（3）信息过量的障碍。前面已经指出，接受者在收到过多的信息时，必然有一部分信息会被忽略，这对发送者来说要给予重视。同样对接受者来说，也要引起重视。一个人在信息化的社会中，所接收到的信息必然是海量的，信息接受者不能整天埋在信息堆里，而应有重点地选择信息。

4）沟通环境障碍

沟通系统中的环境因素也可能导致一定的障碍，影响沟通的效率和绩效，这就是沟通环境障碍。沟通环境障碍可以说是沟通过程中的噪声，清除沟通过程中的噪声是提高沟通效果的重要途径。

11.3.4 群体信息沟通障碍的改善

（1）建立有效的沟通网络

沟通网络是保证组织良好运行、鼓舞士气和激励员工的重要的基础性工作。在建立沟通网络时应该注意几个方面的问题：①正式的沟通网络应当完善、规范和制度化。②注重沟通中的民主参与和反馈，特别是下级反映的意见，无论是什么样的处理结果，都应当及时反馈。③尽可能地利用现代化的沟通工具。④符合知识经济信息共享的要求。

（2）准确使用语言

语言是传递信息的基本载体。所以，准确地使用语言是保证沟通效果的前提。为此，就需要通过学习和训练，提高文字运用和语言表达能力。沟通中还要与沟通对象、沟通环境、沟通内容结合起来考虑怎样使用语言，并善于运用肢体语言。

（3）善于倾听

有效的倾听往往包含以下因素：少讲多听，不打断对方讲话；表示对谈话感兴趣；站在对方的立场上考虑问题，表现出对对方的理解；不妄加评论，提出问题以显示自己在充分注意和求得了解。

【实例11-5】 衣服是谁的?

酒店615房客人李某问服务员小王送洗的衣服拿回来没有，小王查完工作笔记本，发现头一天只有618房的一袋客衣，615房没有洗衣服。但印象中刚才的客人亲手交给了服务台一袋衣服，共三件，两干一湿，不会有错。而此时，618房客人在结账离店时，出现了原本不属于他的洗衣账单，客人正对此事进行投诉。核对事实，原来是服务员交接时将615房说成了618房。

分析：

造成这次误会的主要原因是服务员之间沟通的问题。且不管当时交接的情况，投诉已经发生了，当务之急还是要平息客人的怒气。如果李某当天要穿着这衣服出席生意洽谈会，这损失又该如何挽回？不仅客人有损失，酒店也会付出难以估量的代价。所以，在管理过程中，要督促有效沟通，避免产生误会。此外，要培训员工有效沟通的能力，给客人满意的服务。

资料来源 作者根据相关资料整理.

本章小结

本章介绍了旅游企业中与群体心理相关的一些问题，比如人际关系、正式群体与非正式群体、群体信息沟通等。主要内容是提出处理人际关系的措施，如何发挥非正式群体对企业的积极作用，以及认清群体信息沟通中的障碍，加强沟通。

关键概念

人际关系 群体凝聚力 正式群体 非正式群体

基本训练

□ 案例分析题

快乐旅游公司

“早上好，王小姐!”一位正坦然走向座位的职员向美儿问好。美儿对这位迟到逾一小时的职员竟然还能够若无其事感到非常惊讶。

王美儿在快乐旅游公司工作超过10年，并于一年前升为人力资源部经理。在过去的一年里，她面对的一个棘手的问题，便是员工迟到的情况日益严重。高层已多次催促她要解决这个问题，但情况始终没有改善。数日前，公司遗失了10位客户的旅游证件，但美儿不清楚在什么时间什么人进入了办公室，故无法判断谁要对该事件负责。虽然，迟到和遗失证件似乎是两件毫不相干的事情，但两者或多或少地暴露了人力资源部多年不变的一些缺点和问题。为求了解问题的症结，美儿必须全面研究公司的人力资源政策和制度。她首先从分析公司的历史和业务发展着手。

美儿在10年前加入快乐旅游公司时，公司只有20名员工，可以很容易便认识全部同事。但当公司逐渐发展成为拥有数百名雇员的大型企业时，美儿便很难熟悉每一位员工。此外，公司在旅游旺季往往会以临时合约形式招募一些兼职导游，这令情况变得更糟，公司出现了更多的新面孔，而这些兼职导游也能轻易进出公司。

美儿深信公平是有效管理人力资源的重要原则，尤其是在员工薪酬福利方面。公司规定所有员工办公时间为上午9点至下午5点半，但市场推广部总是违反公司规定。该部门自作主张地采取弹性上班时间制度，有些职员更是在上午10点或12点才上班。由于大部分职员是30岁以下的年轻人，有些年轻职员眼见其他同事迟到没有受到任何处分，也跟起风来。

美儿与市场推广部经理商量，希望双方能找出有效的解决方法。但市场推广部经理却解释说，他们要面对公司高层的压力，在短时间内完成高质量的设计，需要经常加班，有时甚至需要通宵才能完成工作。迟到一两个小时，是为了保持精力以应付日常繁重工作。美儿了解市场推广部的压力和困难，但她仍然认为职员须准时上班。公司大部分设计师都是高薪聘请来的，故没有超时工作津贴。

快乐旅游公司是本地主要的旅游公司之一，拥有很多客户。然而，由于本地旅游公司的数量不断增加，竞争日趋激烈，加上受季节性因素的影响，故进行具有时效性的广告宣传是非常重要的。公司高层对一切宣传稿件的质量和推出时间极为重视，并对市场推广部职员的努力极为赞赏。美儿不可以用过分强硬的方法处理这个问题，但美儿明白这个问题必须尽快解决，否则遗失旅游证件的事件必会再次发生。虽然她不时地向本部门员工解释为何要准时上班，但眼见其他部门同事不守规矩、经常迟到，其下属也感到茫然。面对这个严峻的情况，你认为美儿应如何是好？

资料来源　作者根据相关资料整理.

讨论题：

1.“公平”是不是管理员工最重要的原则？

2.试从心理学的角度分析是什么原因导致这些问题的发生。

3.美儿应该怎样解决这些问题？

□ 思考题

1.影响人际关系的因素主要有哪几个？如何改善企业人际关系？

2.正式群体与非正式群体的联系和区别是什么？

3.如何引导非正式群体为企业目标服务？

4.以学校所在地某一酒店为例，组织调查研究，分析该酒店员工的心理状态，并提出改善措施。

第12章

领导与管理激励

学习目标

通过本章的学习，掌握什么是领导及领导风格理论，了解旅游企业员工心理，熟悉员工激励机制的作用及影响，认识团队士气对旅游企业的重要性和必要性。懂得利用本章所学的知识，针对员工的不同心理进行逐一分析。了解领导者如何在不同情景下，对不同员工做出不同的激励。了解领导风格与员工心理之间的关系及矛盾，具备熟练运用本章知识阐述和分析实际问题的能力。

思维导图

员工与领导者就像是一对天生的“冤家”，大多数人在工作的时候，都抱怨过上司忽视自己的意见，用指挥、命令的方式来行使领导的权力，甚至只会无情地批评与训斥下属。而管理者对下属也常常感到不满意，认为员工不遵守制度、不服从管理、偷懒，工作技能不够、效率低下等。领导者与员工似乎处在矛盾的对立面，永远无法调和。在一个旅游企业中，如果领导者不能与员工很好地协调相处，那么必定会影响企业的服务质量，最终会影响经济收益。

本章正是针对此矛盾分析原因并提出解决的办法，力求实现领导者与员工的和谐相处。

12.1 领导行为与员工心理

12.1.1 领导行为研究

1）领导概述

领导，即率领、引导、指挥、统御。领导实际上是一种社会关系，体现了社会组织中权力主体（领导者）与权力客体（被领导者）的相互关系。

(1) 领导的含义

领导的含义有很多种，通常我们认为的是以行为和影响力启发群众的责任心与荣誉感，引导和带领下级在一定条件下，为共同理想的实现而努力的行为。其性质为交互刺激反应的历程，本质是人际关系中所产生的影响，强调程序与功能，较不重视所占位置、角色与价值。

（2）领导的功能及构成部分

领导一般由以下三个方面的功能组成，分别为组织功能、激励功能、控制功能。

① 组织功能。组织功能是指领导者为实现组织目标，合理配置组织中的人力、物力、财力等分散的要素，使之构成一个有机整体的功能。组织功能是领导的首要功能，没有领导者的组织，那么组织中的人力、物力、财力等都只可能是独立分散的因素，难以形成有效的生产力。只有通过领导者的组织活动，将人力、物力、财力等要素进行合理配置，才能实现组织的最终目标。

② 激励功能。激励功能是指领导者在领导过程中，通过激励的方法调动员工的积极性，使之积极努力地实现组织目标的功能。实现组织的目标是领导的基本任务，但是这一任务不能只靠领导者一个人去动手完成。他应该基于组织，通过激励功能的作用，将全体员工的积极性调动起来，共同努力。所谓“众人拾柴火焰高”，领导的激励功能就是通过一定的措施和方法来使众人都积极、有效地完成任务。

③ 控制功能。控制功能是指在领导过程中，领导者对员工以及整个组织活动的驾驭和支配的功能。在实现组织目标的过程中，“偏差”是不可避免的。偏差的发生可能源自不可预见的外部因素的影响，也可能源自内部不合理的组织结构及规章制度、不合格管理人员的影响。纠正偏差、消除偏差的各种影响是领导的基本功能。

2）领导理论研究

（1）魅力型领导理论

House于1976年提出了魅力型领导理论（charismatic leadership theory），后迅速在组织行为学领域盛行。魅力型领导理论研究的核心是通过领导者独特的人格魅力对下属施加影响，以改变员工的态度、信念和价值观等。魅力型领导者的特质如图12-1所示。

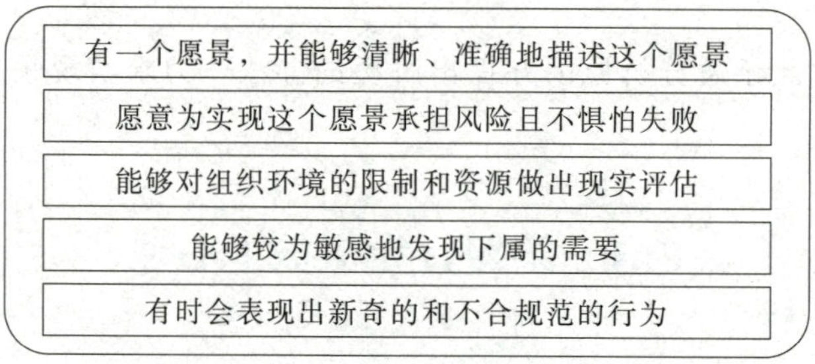

图12-1 魅力型领导者的特质

资料来源 AWAMLEH R，GARDNER W L. Perceptions of Leader Charisma and Effectiveness：The Effects of Vision Content，Delivery，and Organizational Performance［J］. The Leadership Quarterly，1999（10），345-373.

从员工角度看，魅力型领导者更容易获得员工的信任、对领导者价值观的认同、对领导者领导行为的服从和认可。员工十分认同领导者提出的愿景，并愿意为实现愿景而全身心地投入。

但是，魅力型领导理论并不能适用所有情景。当公司组织架构尚未固定、下属的任务内容还不明确，或员工所处的环境存在较大不确定性时，魅力型领导可以起到很好的作用。如果员工的任务结构清晰，工作规范明确，员工又有着良好的专业技能，这种领导风格便难以发挥作用。

（2）交易型领导与变革型领导

Burns（1978）首次将领导划分为两种类型：交易型领导（transactional leadership）和变革型领导（transformational leadership），为领导理论的研究开辟了新的思路。交易型领导者通过明确工作角色和任务，指导并激励下属向着既定的目标努力，使用奖赏、承诺等激励方式维持组织的高绩效水平。变革型领导者则是以自身的领袖魅力，通过关注员工的需求，影响和改变员工对待工作的态度、信念和价值观，鼓励员工为了组织利益而超越自身利益。这两种领导类型的特质，如图12-2所示。

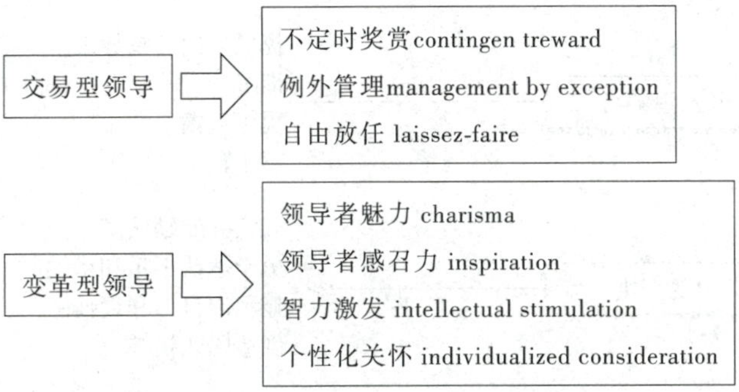

图12-2 交易型领导与变革型领导特质

变革型领导理论是在交易型领导理论的基础上形成的，与单一的交易型领导行为相比，变革型领导行为可以使下属产生更高的动机水平和绩效水平；与魅力型领导者依靠领袖魅力向下属灌输自己的价值观相比，变革型领导者更愿意采纳新观点并鼓励员工创新。变革型领导者不是为了既定的目标去实施领导，而是强调领导者和下属的互动，对下属的激励不仅仅是提供物质奖励，还对下属情感和成长需要加以满足。

（3）以价值观为本的领导

随着研究者对文化认识的加深以及组织内部文化的构建对组织发展的重要性，20世纪90年代中期，美国宾夕法尼亚大学沃顿商学院的House教授及其同事基于以往的领导理论和多年的实证研究提出了以价值观为本的领导理论（value-based leadership theory）。以价值观为本的领导理论认为，领导者通过和下属共同承担一种强烈的、明确的组织愿景，向组织和工作注入自己的价值观以唤醒下属对组织和组织愿景的强烈认同，从而激励组织所有成员发挥最大效能，以提升组织成员的自我价值和完成组织目标。

以价值观为本的领导理论提出了一系列对形成组织共同价值观非常有效的领导特质和领导行为。在各种文化中公认的核心领导特征有：健康的人格、自信心、影响力、领袖魅力等。相应地，以价值观为本的领导行为包括：能清晰地表达组织的愿景；向下属展示自己的良好素质和对愿景的不懈追求；向员工传递高层期望，并表达对员工实现目标具有高度信心；将富有创造性的人团结在自己的周围为组织效力。组织成员在对领导者和组织所信奉的价值观强烈认同从而内化为自身价值观后，将会产生强烈而持久的激励效果。

3）领导者在企业中的影响力

（1）如何有效地管理企业

一位领导者如何做好管理工作，并进一步使自己的管理水平达到优秀和出色？这是每一位领导者都会认真思考的问题。在旅游企业中，除了管理思维、管理方法等之外，最主要的就在于如何针对员工的心理需求适时做出调整和变化，满足员工的需要，激励和促使他们为组织贡献出最大的热情。有效领导者的行为如图12-3所示。

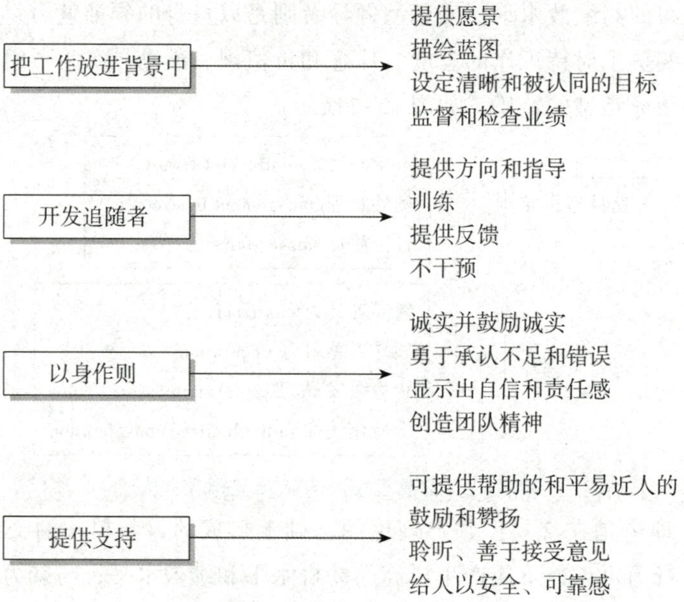

图12-3　有效领导者的行为

① 决策。决策有三种类型：日常型、危机型、复杂型。对于不同类型的决策，员工参与的程度应有所不同。

② 授权。领导者的职责是成为员工的领头羊。只要有基本的规章制度，就不必时刻担心员工该做些什么。正如林肯所说："你不可能永远代替别人做他会做也应自己做的事。"

③ 激励。责任是强有力的激励武器，赋予责任也是对员工个人才能和竞争力的承认。给予员工专业发展和提高的机会，会使他们备受鼓舞；提供广泛的发展机会，说明你将员工的自我进步放在心上，也说明公司对此十分支持和重视。

④ 影响。理想的领导者应该是出色的感化专家，擅长赢得人心，能够不通过摆老板架子而达到影响他人行为的效果。

（2）领导者决策方式

并非每一个人都是一名出色的领导者，不同的领导者有不同的领导方式。而世界上的员工心理素质千差万别，使用千篇一律的管理方式显然是不合时宜的。如何做出一个最优决策，取决于问题的性质和员工的素质。员工参与决策的水平有五种（见表12-1）：

表12-1 员工参与决策的矩阵

<table>
<tr><td rowspan="23">问题状态</td><td>决策重要性</td><td>承诺重要性</td><td>领导者专长</td><td>承诺可能性</td><td>群体支持</td><td>群体专长</td><td>群体帮助</td><td>决策水平</td></tr>
<tr><td rowspan="18">高</td><td rowspan="13">高</td><td>高</td><td colspan="4">高</td><td>决定</td></tr>
<tr><td rowspan="12">低</td><td rowspan="4">低</td><td rowspan="3">高</td><td rowspan="2">高</td><td>高</td><td>授权</td></tr>
<tr><td>低</td><td rowspan="3">群体咨询</td></tr>
<tr><td colspan="2">低</td></tr>
<tr><td colspan="3">低</td></tr>
<tr><td rowspan="4">高</td><td rowspan="3">高</td><td rowspan="2">高</td><td>高</td><td>促进</td></tr>
<tr><td>低</td><td rowspan="3">个体咨询</td></tr>
<tr><td colspan="2">低</td></tr>
<tr><td colspan="3">低</td></tr>
<tr><td rowspan="4">低</td><td rowspan="3">高</td><td rowspan="2">高</td><td>高</td><td>促进</td></tr>
<tr><td>低</td><td rowspan="3">群体咨询</td></tr>
<tr><td colspan="2">低</td></tr>
<tr><td colspan="3">低</td></tr>
<tr><td rowspan="5">低</td><td colspan="5">高</td><td>决定</td></tr>
<tr><td colspan="2" rowspan="4">低</td><td rowspan="3">高</td><td rowspan="2">高</td><td>高</td><td>促进</td></tr>
<tr><td>低</td><td rowspan="3">个体咨询</td></tr>
<tr><td colspan="2">低</td></tr>
<tr><td colspan="3">低</td></tr>
<tr><td rowspan="4">低</td><td colspan="3" rowspan="3">高</td><td colspan="3">高</td><td>决定</td></tr>
<tr><td rowspan="2">低</td><td colspan="2">高</td><td>授权</td></tr>
<tr><td colspan="2">低</td><td>促进</td></tr>
<tr><td colspan="6">低</td><td>决定</td></tr>
</table>

① 决定，是指领导者独自做出决策，不管下属是否提供信息。

② 个体咨询，是指征求个别群体成员的意见和建议，然后领导者做出决策，不管决策是否体现下属的影响。

③ 群体咨询，是指和群体所有成员通过会议讨论问题，获得他们的意见和建议，然后领导者做出决策，不管决策是否体现下属的影响。

④ 促进，是指和所有群体成员一起解决问题，鼓励大家多提方案，控制与协调讨论过程，最后达成一致意见。

⑤ 授权，是指把问题交给群体解决。

（3）领导者如何处理及协调人际关系

精明的领导者都明白协调好人际关系的重要性，尤其是在旅游企业，其服务的特殊性使得学会与人沟通和协调更为重要。而在疏通、协调与上级、同级和下级之间的人际关系时，要在以下四个环节上多下功夫，做好文章：

① 尊重：无论是和上级、同级还是下级接触，都必须尊重对方，这是取得对方帮助和支持的前提。这种尊重不应该用语言来“表白”，而应该用实际行动来“显示”。唯有这样，才能打消对方的疑虑，使对方深受感动。当然，尊重上级，随之而来的就是“服从”；尊重同级，集中表现为“合作”；尊重下级，更多地需要“肯定”和“支持”。

② 了解：友好相处，亲密合作，必须建立在充分了解的基础上。所谓了解，就是应该尽可能周详地了解上级、同级和下级的长处和短处，并在工作接触中尽可能使对方展其所长，避其所短，这是使对方避免感到“为难”并能更加有效地给予帮助和支持的重要一环。

③ 给予：上级最希望下属圆满地完成自己交办的一切任务，尽力为公司争光；同级最希望互相之间建立起一种携手并进的融洽关系，在这种氛围中进行良性竞争；下属最希望获得的当然是上级的“信任”。只要你给予对方他最希望获得的，你就能赢得对方的心。

④ 索取：索取对方“能够”给予的、“愿意”给予的。在从事创造性领导活动时，每个领导者当然都希望获取对方的支持。

【相关链接12-1】　　优秀领导者的影响力来源

硬权力：职位权力，由职位所带来的对他人的奖惩权力、法定性权力等（基于职位）。

软权力：专家性权力，由专业知识、技能带来的专家形象所产生的影响力（基于能力）。

参照性权力：由个人品性带来的人格魅力所产生的影响力（基于人格）。

领导力的源泉不在于职位权力，核心在于领导者/管理者的个人魅力。

12.1.2 员工心理分析

健康是人类的基本需求之一，是每个人都渴望的。作为一名企业员工，特别是从事旅游业的工作人员，保持良好的身心状态十分重要。可以想象一个心理不健康的员工会给客人提供怎样的服务。所以了解心理健康标准、及时解决心理问题、掌握造成心理问题的原因和心理防卫机制是非常有必要的。

1）心理健康的标准

（1）人类的心理健康标准

人的心理健康与否，标准是相对的。要判断一个人的心理是否健康，判断一种行为是不是健康心理的表现，必须考虑这个人所处的时代、文化背景以及年龄、情景等多方面因素。

基于对这些问题的考虑，心理学家认为，同等条件下大多数人的心理和行为的一般模式属于社会常规模式，具有这种心理活动、情绪或行为的人心理就是健康的。与此相对应，若一种心理活动、情绪或行为只是少数人具有，那我们可以认为这些人偏离了常规，他们的个性与众不同。但是这种与众不同的行为并不能称为心理不健康。为此，心理学家制定了判定人们心理健康与否的标准，来判断一个人的心理和行为是否正常（见表12-2）。

表12-2 心理健康的标准

概念范畴	标准说明
对自身的态度	有意识地对自身进行适当的探索 自我概念的现实性 接受自我，能现实地评价自己的长处和短处 心理认同感的明确性和稳定性
成长、发展或自我实现的方式及程度	显示自己各种能力及才干的动机水平 实现各种较高目标（如关心他人、工作、理想、兴趣）的程度
主要心理机能的整合程度	各种心理能量的适宜的动态平衡（如本我、自我、超我） 有完整的生活哲学 在应激条件下能坚持并具有忍耐能力和应付焦虑的能力
自主性或对于各种社会影响的独立性	遵从自身的内部标准，行为有一定之规 行为独立的程度
对现实知觉的适应性	没有错误的知觉，对于所预期及所见的事物重视实际证据 对于他人的内心活动有敏锐的观察力
对环境的控制能力	具有爱的能力并建立令人满意的人际关系 有足够的爱、工作和娱乐 人际关系适宜 能够适应环境的要求 具有适应和调节自身的能力 能有效地解决问题

（2）旅游企业员工心理健康标准

参照上述心理健康的一般标准，结合旅游企业员工的心理特征以及特定的社会角色，旅游企业员工心理健康的标准可以概括为：

① 正确认识自己，接纳自己。一个心理健康的员工，应能够体验到自己存在的价值，既能了解自己又能接受自己，对自己的能力、性格和特点能做出恰当、客观的评价，并努力发展自身的技能。

② 能较好地适应现实环境。心理健康的人能够面对现实、接受现实，并能主动地适应现实，改造现实；对周围事物和环境能做出客观认识和评价，并能与现实保持良好的接触；对生活、工作中的各种困难和挑战都能妥善处理。

③ 和谐的人际关系。心理健康的员工乐于与人交往，能认可别人存在的重要性和作用。在与人相处的时候，积极的态度总是多于消极的态度，因此在工作和生活中总是有较强的适应能力和较充分的安全感。

④ 合理的行为。心理健康的员工，其行为应该是合情合理的。比如，行为方式与年龄特征一致；行为方式符合社会角色等。

2）旅游企业员工如何保持健康的心态

人的一生很少是一帆风顺的，难免遇到这样或那样的困难与挫折。不同的人对待挫折有不同的态度和解决方法。正确的态度和方法能使人从挫折中总结经验，汲取教训，增强心理承受能力和解决问题的能力；不当的态度则会给人带来巨大的心理痛苦，引起失意、沮丧、悲观、消沉，甚至种种疾病，从而影响员工的工作质量，给企业带来不良影响。旅游企业服务的特殊性决定了其员工必须以饱满的精神状态出现在客人面前。要做到这一点，就需要保持良好、健康的心态和身体素质。旅游企业的领导者如果要获得最大的效益，就必须采取一些措施来保证员工总是处于最佳的心理状态。一般来说，心理问题主要是由后天生活经验中不良适应已成习惯所引起的，长期焦虑是形成心理异常的主要原因，而焦虑又是由挫折和冲突引起的。旅游行业的员工难免会在服务中与客人发生冲突、误会，其他原因也会引发员工的焦虑或是其他心理问题。

【实例 12-1】 改善作业环境

某饭店的一位总经理曾讲起这样一件事：他刚上任不久，有一天餐饮部粗加工组领班来找他，反映粗加工组的劳动条件太差，工作场所下水不畅，屋顶不挡风、不遮雨，无论晴雨，整天都得穿胶鞋工作。这位总经理赶到粗加工组一看，感到了问题的严重性，于是立即召来有关的负责人，责令在一星期内改善粗加工组的劳动条件。

一星期以后，领班又来见他，告诉他问题都解决了，并说：“这个问题先后反映过几次，始终没人理睬，只有您把我们当人看。”说着说着，小伙子流下了眼泪。

最后，这个领班向总经理表示：饭店看得起我们，我们也要对得起饭店。如果总经理信任我们、授权给我们，凡不合采购要求的食品原料可以退货，我们愿意为饭店把关。在这位领班建议的基础上，总经理设计了一套食品鲜活原料验收及责任追究制度，这一制度实行以后，该饭店餐饮毛利提高了10%。

分析：

➢在饭店管理中，适当增加关怀，可以从根本上将员工的积极性和主动性调动起来，从而为饭店创造更多的价值和财富。

➢饭店管理与其说是管理员工，还不如说是协调员工关系。开展合理有效的管理沟通可以使工作事半功倍。

➢不论你是饭店的总经理还是部门总监，抑或仅是一位主管或领班，你的一句祝福的话语、一声亲切的问候、一次有力的握手，都会使员工终生难忘。更何况是上述实例中那位富有人情味的总经理，他从根本上满足了与员工切身利益相关的合理要求。

资料来源　许杭军，舒伯阳. 从案例看管理［J］. 中国酒店，2005（10）.

思政园地

"请党放心，强国有我"

奋斗的道路不会一帆风顺，遇到急难险重、打击挫折在所难免，青年人面对困难和压力时要有毫不畏惧、不断奋起的勇气，做经得起风雨的奋斗者。"我走了很远的路，吃了很多的苦，才将这份博士学位论文送到你的面前"，中国科学院大学工学博士黄国平在博士毕业论文中一句致谢的话，打动了很多人。1987年出生的黄国平经历了许多生活的艰难，但他未被这些困难压倒，坚持求学奋斗，探索人工智能领域的新天地。山再高，往上攀，总能登顶；路再长，走下去，定能到达。"既然选择了远方，便只顾风雨兼程"，只有经得起摔打、挫折、考验，才能成为奋斗路上的强者。

美好的梦想，要靠奋斗来实现；生命的辉煌，唯有奋斗才能铸就。青年一代肩负使命、砥砺奋斗，才能自信地喊出："请党放心，强国有我！"

资料来源　易舒冉. "请党放心，强国有我！"［N］. 人民日报，2021-10-24（06）.

12.2　领导风格与情景权变

12.2.1　领导风格的分类与决定因素

1）领导风格的定义

领导风格是指在各种领导场合，激励领导者个人行为的基本需求结构。领导者的领导风格，也就是在不同的领导场合，领导者的目标或需求的一致性（假定领导风格是难以改变的）。

2）领导风格的分类

根据领导风格表现形式的不同，可分为以下几种类型（见表12-3）：

（1）集权型领导风格。集权型领导风格是基于领导者自身才智与能力的，这类领导者主管全局，立场鲜明，具有领导威信，行事果断，对下属的期望值很高并让他们担负责任，对问题寻根究底等。

（2）授权型领导风格。授权型领导风格意味着给其他人创造主宰自我的环境——赋予他们权力，接受他们的意见，关心他们的需求，和他们共享荣耀等。

表12-3 领导风格类型及其表现形式

领导风格类型	表现形式
集权型	主管全局，立场鲜明，具有领导威信，行事果断
授权型	赋予员工权力，接受员工的意见，关心员工的需求，共享荣耀
战略型	设定长期方向，事务考虑周全，善于寻求发展变化
实务操作型	注重短期成效，了解员工工作进程及战略实施情况

（3）战略型领导风格。战略型领导风格的领导人致力于为企业设定长期方向，对组织的事务想得全面，寻求发展企业的各种路子，将员工团结在统一的愿景与战略之下。

（4）实务操作型领导风格。实务操作型领导风格关注的是短期成效，他们亲自参与到操作过程中，对战略的实施情况十分清楚，并通过各种流程了解员工的工作情况等。

3）领导风格的决定因素理论

现实中的领导风格多种多样，上文中也不过列举了大概。要了解领导风格，最重要的是了解领导风格是如何形成的，哪些因素在领导风格的形成中起重要作用。

（1）菲德勒的情境决定论

菲德勒认为，领导风格由情境决定，与领导者的个性关系不大。在情境因素中，最关键的因素是以下三个：

① 职位权力。它指的是一个领导者所处职位的权力。职位高、权力大的领导者更容易博得下属的忠诚和追随。

② 任务结构。它指的是对任务明确阐述的程度和下属对此负责的程度。任务明确，下属愿意对此负责，工作的业绩容易衡量，采取民主或是参与式的领导风格就有条件；否则，就必须采取集权式的领导风格。

③ 领导者与被领导者之间的关系。如果领导者为被领导者所追随和崇拜，被领导者有较高的忠诚度，民主式领导就容易实行。

（2）科曼的生命周期变化理论

这个理论是由科曼首先提出的，保罗·赫塞与肯尼思·布兰查德又进一步发展。他们认为，领导风格是变化的，应该根据下属的工作成熟度和心理成熟度来决定。工作成熟度在这里被定义为：个体对自己的直接行为负责的能力和意愿，或者说是成就动机和承担责任的意愿、能力以及与工作有关的学识、经验。工作成熟度与个人拥有的知识、能力和情景有关；心理成熟度是指一个人做某事的意愿和动机。这两个维度有高有低，因此构成四种组合。这四种组合的领导风格是不同的，具体如图12-4所示。

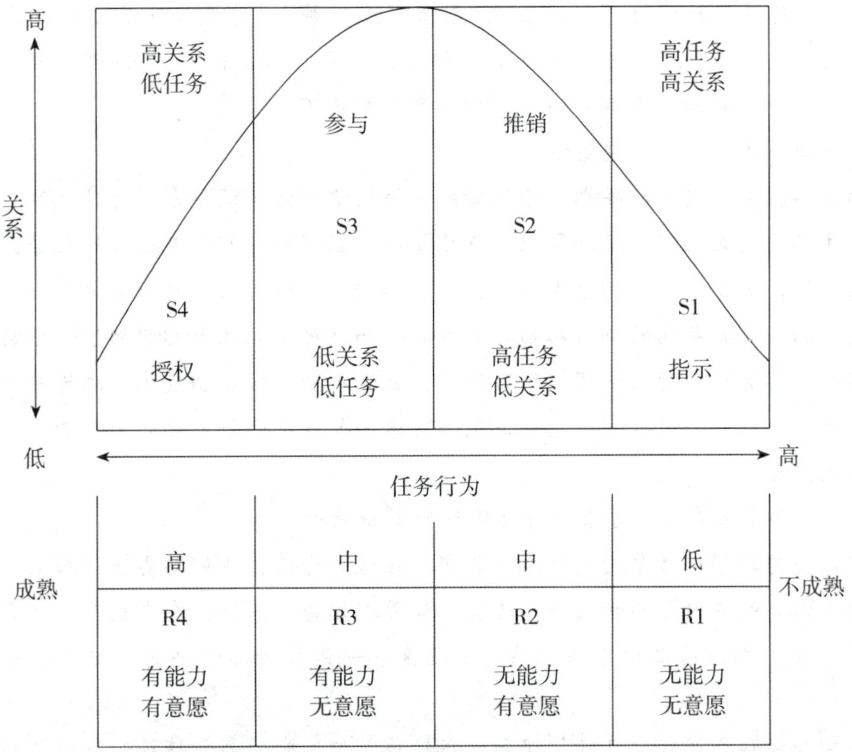

图12-4 领导风格生命周期变化图

【相关链接12-2】 不同生命周期阶段需要的领导风格

1.孕育期和婴儿期的领导者：既是梦想者又是实干家

只做梦的领导者无法让公司降生，而没有梦想的行动派则无法孕育公司。因此，对一个健康的初创公司而言，如果只有一位领导者，他必须既是梦想者也是实干家，也就是要具备目标管理和创新创业精神两种能力。

2.学步期的领导者：既是点火者也是消防员

学步期需要新愿景和新的可能性。如果行动派无法建立新愿景，整个系统就会处于规模有限且营养不良的状态。新愿景能帮助组织加速结束婴儿期。因此，想从婴儿期进入学步期，我们还要依靠创新创业精神。如果没有互补型团队，那么具备目标管理和创新创业精神的领导者将可以推动组织从孕育期发展到学步期。

典型路径上最常见的创始人既是点火者，也是消防员。他们自己点把火，然后迅速地控制火势，再在第一把火熄灭之前迅速另点一把火。创始人以制造难题再解决难题的方式，迫使公司跨越式成长。他们是努力工作的梦想者，在管理危机的环境下能蓬勃发展。

3.青春期的领导者：关注稳定性，同时积极创新

在青春期，公司必须实现条理化、制度化、稳定化。在这一阶段，质量比数量更重要。什么才是理想的领导风格？答案是偏向行政管理的风格。处于这一阶段的公司一般都

会经历艰难的领导风格转变。从学步期过渡到青春期，领导者需要将领导风格从“目标管理+创新创业精神”转变为“行政管理+创新创业精神”。行政管理者是慢性子，做事周全，喜欢分析，讨厌风险。对他们而言，细节很重要。而“目标管理+创新创业精神”的领导者是急性子，对细节没有兴趣。两种领导风格是不相容的。

4.壮年期的领导者：强调整合

青春期后，公司进入壮年期，管理者的领导风格应该强调整合。为什么？

在壮年期公司文化中，目标管理、行政管理、创新精神都由职业经理人等高管而不是领导者去实现。壮年期公司领导者的工作就是招聘到合适的人，整合公司中出现的合理冲突，并给出指导。壮年期的公司结构是完美的，并且每个职位上都聘到了恰当的人选。公司领导者将目标管理和行政管理授权给下级，创新精神已实现制度化，成为常态，因此也授权给下属。现在，公司需要的是一位能够将这些要素整合到一起的领导者——这位领导者必须强调整合。

5.稳定期和贵族期的领导者：目标管理和创新精神

稳定期公司的领导者要延缓公司的衰老。在这一阶段，他们需要逆势而上，朝着上游前进。他们需要的不仅是创新精神，还有目标管理能力。很快，在贵族期，公司的目标感开始下滑。贵族期公司必须重新关注基本要素——讲求实际的决定，阻止公司状况继续恶化。

稳定期和贵族期也需要目标管理和创新精神，但这时的创新精神和公司在初创期的创新精神是不同的。贵族期需要的是具有创新精神的职业经理人，需要职业兵，而不是游击队风格的领导者，他们必须能制定决策，而且清楚公司未来的愿景是什么。这种差别很明显，通常失去灵活性的大公司收购或兼并学步期公司，其明确的目的就是获取学步期的领导层。但是贵族期公司很快就会发现，学步期公司的领导层在政治上不够成熟，无法应对困扰贵族期公司的内部政治。

资料来源　佚名．不同生命周期阶段需要的领导风格［EB/OL］．［2021-02-02］．https：//mp.weixin.qq.com/s/4Pntz6n8ysvTMSXAUzSAPQ.

（3）坦南鲍姆的个性决定理论

大多数管理学家都认为，领导者的个性对于领导风格的形成不起作用，但是，坦南鲍姆认为，除了下属的能力、责任心、组织文化和价值观等因素以外，领导者的个性对领导风格的形成也起着重要作用。

12.2.2　情景权变分析

1）权变理论

权变，即随机应变之意。权变理论认为世界上根本不存在适用于一切组织、一切情况的管理的“最好方式”“最佳模式”。管理的形式、方法必须根据组织的外部环境和内部条件的具体情况灵活运用，并随着它们的变化而随机应变，这样才能取得较好的效果。领导品质和领导行为能否促进领导的有效性，受环境因素影响很大。一种成功的领导行为，在时移势易的环境下再来运用，并不一定有同样的功效。领导权变理论就是着重研究影响领导者行为和领导有效性的环境因素的理论。

2）领导方式的权变效应分析

任何一个领导者的领导方式都不可能具有充分的弹性，每个领导者的特性是相对固定的，其领导方式也是相对缺乏弹性的。在这种情况下，根据情景选择领导方式就变成了根据情景选择领导者的问题。菲德勒提出了“有效领导的权变模式”，他认为任何领导方式都不可能十全十美，也绝非一无是处，领导方式要与环境相适应，尤其是要针对员工的变化做出相应的领导方式的变化。

（1）决策权力的倾斜与领导方式（如图12-5所示）

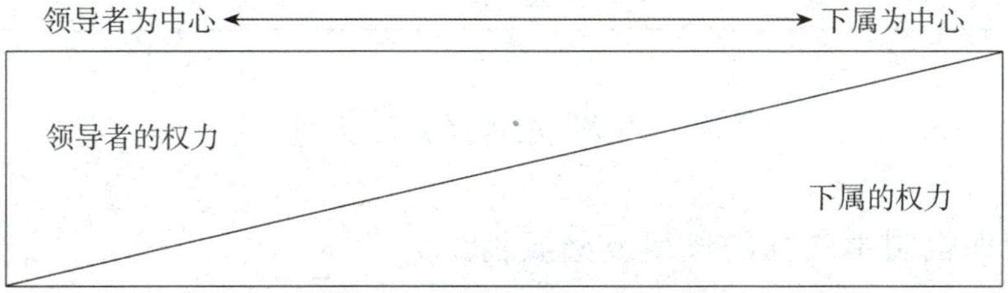

图12-5　决策权力示意图

在这里，从决策权力的角度来看，决定领导方式的一个关键因素是下属的决策能力和独立决策的意愿。当下属有独立自主要求、对决策问题有兴趣并有承担责任的意愿，以及有足够的经验、知识和能力做出恰当的决策时，决策权力要向下属倾斜。这种能力和意愿越强，倾斜的程度也应越大，领导方式就应越靠近上述连续体的右端。

（2）下属成熟度与领导方式的对应

有效的领导行为应该把工作行为、关系行为和被领导者的成熟度结合起来考虑。领导者要根据下属的不同年龄，不同心理成熟度，不同成就感、责任心和能力等条件，采取不同的领导行为。

下属成熟度是下属管理自己行为的意愿和能力，这种意愿和能力也要结合具体执行的任务考虑，对于复杂性不同和责任、能力要求不同的任务，下属的相对成熟度就会不同。

下属对其活动自我管理的意愿表明其心理成熟度。心理成熟度高的人，有很强的工作责任心、强烈的自我成就愿望和对工作目标的献身精神；相反，心理成熟度低的人，工作责任心不强，没有取得成就的愿望，对工作目标心不在焉。

下属对其活动自我管理的能力表明其工作成熟度。工作成熟度高的人，有丰富的工作经验，有必要的具体工作知识，非常了解自己的工作要求；相反，工作成熟度低的人，没有工作经验，缺乏必要的具体工作知识，对自己的工作要求缺乏了解。

根据个人完成工作目标的意愿和能力，可以把下属分为由低到高4种不同成熟度的人。领导者须据此采取相应的领导方式，即采取关心工作与关心人的适当组合（见表12-4）。

表12-4 有效领导者的行为方式

成熟←————————————————————→不成熟

下属成熟度	高	中		低
	M4	M3	M2	M1
心理成熟度	愿意	愿意	不愿意	不愿意
工作成熟度	有能力	有能力	无能力	无能力
领导方式选择	授权	参与	说服	命令
	低关系 低工作	高关系 低工作	高关系 高工作	低关系 高工作

12.3 管理激励与团队士气

12.3.1 管理机制中激励的作用及必要性

正确、恰当地对员工的工作动机进行引导和激励，是绝大多数领导者的重要任务之一。如何才能使员工把组织的任务、目标看成是自己的任务、目标？如何使他们为实现这种目标而自觉努力地工作？这都需要领导者对员工的工作动机进行引导和激励。激励越来越被人们所重视，成为不可缺少的工具。

1）激励的定义

激励就是指领导者采用某种方法调动员工的积极性，激发其为实现组织目标而努力工作的行为。员工的积极性能否被调动起来，是检验激励是否成功的标准。在组织内部，管理工作需要创造和维持良好的环境，这种环境能将员工的动机引向组织目标并促使其完成目标。它含有激发动机、鼓励行为、产生动力的意义。

员工是实现目标的基本要素，组织要取得成功，应能够吸引优秀的员工，并留住员工，确保员工能够完成自己的工作并表现出对企业的忠诚和创造性。员工的绩效最终影响组织的绩效，员工的绩效不仅取决于能力，而且取决于激励机制。

【实例 12-2】 房价折扣权限

某饭店以接待商务客人为主，管理很严格。一天，总台主管小王和其他两位服务员值班，晚上11时进来了两位客人，小王很礼貌地招呼客人，并热情地向客人介绍饭店的客房情况。听了小王的介绍，客人对饭店的客房非常满意，同时，他们告诉小王，由于他们是商务客人，公司对他们出差住房的报批价格有规定，希望能给予他们房价七折优惠。但是饭店规定，总台主管只能有房价八折的权限，况且部门经理已下班回家。小王想是否多销售两间客房对自己也没多大关系，就非常礼貌地拒绝了两位客人的要求。最后两位客人不得不失望地离开了这家饭店。

分析：

造成客人不满离开的主要原因是：（1）总台主管在没有相应的折扣权限来满足客人要

求的情况下，没有及时向自己的上级领导汇报，以求得帮助。(2) 员工的服务意识有问题，未能设法留住客人，增加饭店的销售。(3) 授权不足。

饭店应调整以下制度：扩大对总台基层管理人员的授权，使总台基层管理人员在为客人服务时，有相应的权限来满足客人的一些特殊要求。这样既能提高服务工作的效率，又能多留住一些客人。在授权时，要对下属进行相应的培训，建立有关监督考核机制和使用操作程序，使授权管理得到控制。此外还应建立有关的激励机制、奖惩办法，增强销售工作的力度。

2）激励的类型

激励的类型如图12-6所示。

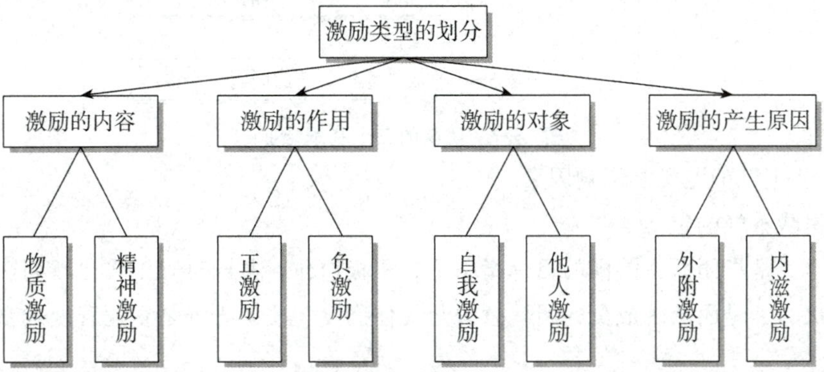

图12-6 激励的类型

3）激励的必要性

激励对人的行为有显著的作用，美国哈佛大学教授威廉·詹姆斯对按时计酬工人进行调查时发现，他们只用20%~30%的力气就可以保住饭碗，但受到激励后能发挥80%~90%的能量。

有效的激励通过满足员工的正当需求，使他们产生努力工作的行为，从而提高工作绩效。当这种绩效受到奖励后，员工就产生了满足感，进而在新的需要基础上进入下一轮激励。激励的必要性表现在：可以挖掘员工的内在潜力；可以吸引组织所需的人才，并保持组织人员的稳定性；可以鼓励先进，鞭策后进；可以使员工的个人目标与组织目标协调一致，并保持组织人员的稳定性；可以鼓励先进，鞭策后进；可以使员工的个人目标与组织目标协调一致。

激励是行为的钥匙，又是行为的键钮，按动什么样的键钮，就会产生什么样的行为。因而每个人都需要自我激励，需要得到来自同事、团体、组织方面的激励和相互之间的激励。作为一个管理者，为了使团体或组织实现既定目标，就更加需要激励全体员工。

12.3.2 提高团队士气的必要性

1）团队的定义及基本特征

团队，又称群体或团体，是组织内的一群人，其成员相互依存，在心理上彼此意识到对方同属一群，在行为上相互作用，为达到某种目标而结合起来。团队是组织与社会的基本组成部分，是组织管理工作的对象。组织是由团队构成的，团队是由个体构成的。个体、团队、组织是不可分割的统一体，团队介于组织与个体之间。建立一支生气勃勃、富有战斗力的团队，是企业管理者领导企业员工朝共同的目标奋进的重要内容，也是人事主管工作的重点所在。

团队有如图12-7所示的三个基本特征。

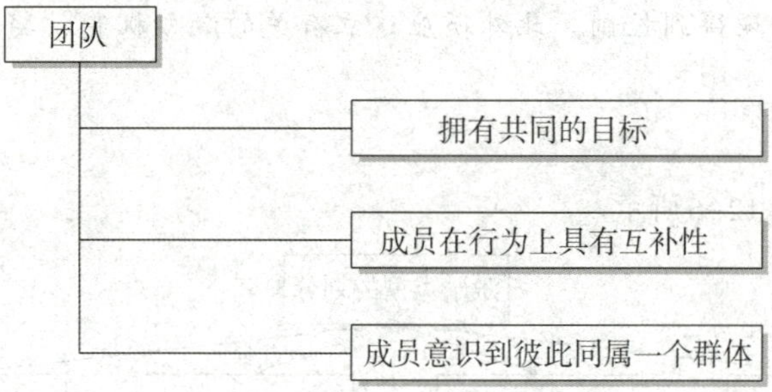

图12-7 团队的三个基本特征

2）团队士气的定义及影响因素

（1）团队士气的定义

团队士气是指团队在共同的目标指引下，积极协作，共同努力工作，以期达成目标的一种精神状态，是团队中成员的团队意识与集体态度。团队士气是企业管理效率高低的重要指标。

（2）影响团队士气的因素

影响团队士气的因素大致有以下几个方面：

① 领导者的精神状态及领导方式。一个企业的领导者具有奋发图强、开拓进取、无私奉献的精神状态，就能激发员工积极向上的意识与高昂情绪。领导者坚持原则、作风正派、联系群众，就能使团队正气向上，人际关系良好。领导者采取民主的管理方式，坚持物质激励与精神激励并重的激励方法，充分发挥员工的聪明才智，就会增强员工对团队的认同感，提高团队的战斗力。

② 工作的环境与条件。合理的作息时间安排、安全与舒适的工作环境，能使员工在工作期间保持愉快的心情，毫无身心疲劳之感，这会有助于团队战斗力的提高。反之，工作环境不安全，会使员工提心吊胆；工作环境杂乱，易使员工烦躁与抑郁。这些都会影响员工的身心健康，挫伤员工工作的积极性。

③ 报酬的公平与合理。这不仅是员工生理与安全的需要，而且在一定程度上反映了一个人的贡献。工资待遇上按劳取酬，奖金分配上实行多劳多得，公平合理。企业的福利水平较高，有助于解决员工的后顾之忧，极大地调动员工的积极性。

④ 团队成员之间的心理相容和相互补位。这是影响团队士气的重要因素。团队成员情投意合，心心相印，能使员工的工作积极性高涨，提高工作效率。反之，团队成员之间互相猜疑嫉妒，内讧不息，必然瓦解团队士气，使团队瘫痪，甚至解体。同时，员工从工作出发，相互协调、相互补台，形成一种协作精神，对于团队士气的提升也是不可缺

少的。

⑤ 意见沟通与参与机会。领导者对团队内的员工，能否给予其意见沟通与参与机会，以及上下级之间能否以意见沟通代替监督命令，对团队士气也会产生很大影响。员工参与管理，畅所欲言地发表自己的意见，能使员工的智慧、常识、经验获得充分的运用，对员工会产生鼓舞与激励作用，能增强其对团队的认同感，提高团队的战斗力。

⑥ 员工对工作的满意感。员工对现工作是否满意，员工是否认为在团队内有发展机会，这些心理感受也会影响团队的战斗力。一般来说，员工所从事的工作合乎他的兴趣，工作安排与他的能力相适应，员工在工作中必然会取得优异的成绩，这样也会使员工心理上具有满足感和成就感，能激发他的工作积极性与创造性，使其为达到组织的目标而努力。

⑦ 员工的身心健康。员工个人的体质会直接影响其精神状态。员工体质的不同，会造成各人在精力、决断力及情绪上的差别，进而影响工作的持久性。员工的健康状况、员工的心理状态，都会影响员工的工作效率，影响团队战斗力的发挥与提高。

3）旅游企业提高团队士气的重要性

团队士气是增强企业活力和内部团结的一个重要心理因素。一个企业能否有效地实现自己的目标，在很大程度上取决于企业成员的士气。一个企业要获得效益最大化，必须实现有效的管理，而有效的管理必须基于一群富有热情和力量、努力为共同的目标而奋斗的人组成的战斗团体。散漫的组织、互相冲突对立的个体是无法体现集体合作精神的，更谈不上团队士气和战斗力，企业的目标更难以实现。富有战斗力的团队是与管理工作的高效率紧密联系的。领导者要想提高管理绩效，使管理工作更加符合企业全体员工的共同目标，建立和培养富有团队士气的员工队伍是一条必要途径。

旅游企业以服务为主的性质决定了其与一般的企业组织不同。服务在旅游企业中居于首要地位，这就决定了服务质量的高低与旅游企业的经营成功与否成正比。在服务过程中，员工是否具有良好的精神状态、是否具有饱满的工作热情都会影响客人的满意程度，从而最终影响旅游企业的发展。例如，一家旅行社，如果资金充足、拥有很好的人力资源，并且也实施了科学有效的管理，但是员工有意见，与领导之间存在矛盾冲突，集体缺乏动力和前进的冲劲，团队士气不高，那么在平时的工作中就不会表现出应有的工作态度和服务水平，从而不能充分发挥旅行社应有的功能，也不能取得良好的经营效益。

12.3.3 如何在旅游企业中实施激励机制

怎样才能让企业立于不败之地？怎样才能使企业保持核心竞争力？这一直是企业领导者们冥思苦想的问题。长期以来，大家都寄希望于工具、设备、技术和生产方式，但实际上，人们忽略了这样一个事实：工具是人发明的，设备是人使用的，技术是人开发的，生产方式是人创造的，一切的根源都是人。因此，企业的核心竞争优势来源于人的因素。

一个企业要获得成功，提高组织工作效率，就离不开员工的合作和团队的努力。高昂的团队战斗力是提高组织工作效率的必要条件。领导者应通过多种途径与方法来激励员工，提高团队的战斗力。

如何实现激励，如何在领导者与员工之间寻找平衡点并实现组织的绩效最大化呢？以下分几个方面进行阐述：

1）让员工感到是在为自己工作

最有效的方法是让员工感到自己是在为自己工作。

（1）利益驱动。要解决长期激励的问题，必须建立利益驱动模式，使员工报酬与公司的经营状况相挂钩、相一致。长期激励最典型的是股权或虚拟股权。员工最终得到的“奶酪”大小与他们所持有股份的多少以及企业最终利润的多少有很大关系。员工持股，他们就成了企业的主人，工作起来就会更带劲。

（2）利润共享。在经营管理上，经营者如果能和员工利润共享的话，所产生的激励效果肯定大于员工只拿固定的薪水所产生的效果。因为员工知道，最终的利润也有他们的一份，这就关系到他们自己的切身利益了，所以他们会增强责任心，提高工作的积极性。

（3）参与管理。参与管理是激励员工士气的另一个好办法。通过参与管理，可以让员工把企业当作自己的企业来看待。既然是自己的企业，当然会比一般人更用心，这种用心的结果就是效率自然高起来。

【实例12-3】　胖东来：本真营销缔造商业传奇

2021年4月，一个平常的周六下午，位于许昌市七一路的胖东来时代广场人来人往，停车场入口处长达300米的车队正在等待入场。站在马路对面的于东来静静地看着这样的场景，面带微笑。虽然对此已非常熟悉，但每当看到这场景还是会感慨万千：胖东来能有今天的成就，离不开那些曾经陪伴、帮助自己的人。

于东来不禁回想起1998年的那场大火，在那场大火中，他苦心经营3年的胖东来望月店轰然坍塌，陪伴自己多年、如同兄弟姐妹般的8名员工丧生。后来，在社会各界的帮助、支持下，于东来凤凰涅槃、浴火重生。从这次惨痛的经历中于东来感受到了人性的温暖，他认识到顾客、员工才是企业最宝贵的财富，因此于东来此后秉持以人为本的经营理念，从而获得了忠诚的顾客和良好的收益。

（1）满足员工的“缺失性需要”。于东来充分满足员工的物质需求，让员工没有后顾之忧。根据2020年河南统计年鉴，2019年全省批发和零售业就业人员平均工资约为3 430元/月，但胖东来一名普通售货员每月的工资最低5 000元，还没加销售抽成，并且公司会给交五险一金；胖东来按照“三三三”的比例进行利润分配，第一个30%的利润捐赠给社会，第二个30%的利润用于下一年的垫付成本，第三个30%的利润按照级别分给所有员工，于东来自己仅留10%；在股权分配上，胖东来实行“岗位持股制”，股份的额度并不是固定不变的，而是随着员工岗位、能力的变动而变动，这样的设置便可让股权始终掌握在能够为企业创造较大利益的核心员工手中，从而保证胖东来旺盛的生命力。

（2）满足员工的“成长性需要”。于东来倡导“工匠”精神，让员工们热爱和专注于自己的工作。胖东来通过“星级评定”的方式设置员工成长通道，要求员工通过努力学习成为本岗位或品类的专家，员工有4种晋升通道：管理人员、星级营业人员（一线管理人员）、星级员工（一线服务人员）以及技术明星（后勤技术保障人员），各种类型的员工都有因努力而晋升的机会。对于优秀的员工，胖东来还会为他们举办表彰大会，号召其他员工向他们学习从而激发其他员工前进的积极性。胖东来不但为员工做职业发展规划，还帮助员工做人生规划、理财规划，带领员工追求个性、自由、乐观、自信的人生。于东来充分信任员工，给他们足够的权力。胖东来实施“弱总店强门店”的权力下放策略，而于东来只做政策上的决断。从第一家分店——五一店开始，于东来就让新开的店自主经营，怎么经营、卖什么货、用什么人……都由店长决定，根据经营情况获取报酬，当时分店店长的年薪就已经有十几万了。

分析：

胖东来一改传统服务行业“顾客就是上帝”“利益最大化”的经营理念，加强人文关怀，以人为本，重视同顾客及员工的关系维系。胖东来通过适当的员工激励方式来满足员工的“缺失性需要”与“成长性需要”，在提供相对丰厚报酬的同时也注重员工的职业生涯规划，增强员工对公司的情感依附，愿意认同公司的核心价值观与经营理念，并愿意为实现公司的远期目标全身心投入，从而提高工作绩效。员工对企业的认同进而表现在对顾客的服务态度上，员工会更加真诚、更加主动地同顾客交流、为顾客服务，顾客也会因优质的服务体验而形成品牌认同、产生消费黏性。胖东来的经营理念不仅适用于销售行业，也适用于服务业，尤其是旅游企业，要想创造更好的经济效益，保持良好的客户关系，就必须重视员工关系，满足员工的需求。

资料来源 于建朝，袁龙芬，蒋石梅．胖东来：本真营销缔造商业传奇［EB/OL］．［2022-03-01］．http：//www.cmcc-dlut.cn/Cases/Detail/6037.

2）了解自己的下属并激发其内在动力——让员工自己跑起来

充分了解自己的下属，找出他们真正需要的东西，用他们所需要的方法去激励他们。重要的一点就是内驱力，内驱力来自员工的内需。

外驱力和内驱力是人的行为产生的两种动因。其中，内驱力是指建立在员工自信心基础上的一种自我达成的成功精神。内驱力立足于员工的自尊和自我实现等心理需求，使员工渴求不断完善自己，将自身的潜能发挥出来。在这个过程中，员工热情主动地投入到工作中，甚至不计报酬地寻求创造性解决方案。如果领导者可以满足员工的一种或几种需求，就能够激发出他们的内驱力。

企业的领导者要努力改善员工的工作环境、生活环境，丰富员工的文化活动，努力增进员工的身心健康。建立良好的内部沟通渠道，努力消除管理人员对员工、员工对管理人员，以及员工之间的不满与隔阂，保持员工的心理平衡，减少员工的心理挫折。

3）给自己的员工搭建发展的平台

授权给员工，营造融洽的氛围，为员工搭建自由发展的平台，给每个员工提供最好的发展机会。

在适宜的环境下，领导者会发现无论是员工个人还是团体，都能很快为自己设置比通常情况下更高的目标，作为其结果，他们又会要求拥有发言权，以使他们能够自主决定完成工作的方式。

领导者只有把应该授出的权力授予员工，员工才会愿意为工作负责，才会有把工作做好的动机。领导者应该把授权工作做好，使其成为解放自我、管理员工的法宝。

4）激励要因人而异

激励要因人而异，对不同的人进行不同的激励，这样的激励才能真正发挥作用。

（1）对不同类型的员工进行不同的激励。

（2）为员工安排的职务必须与其性格相匹配。

（3）针对不同的员工给予不同的奖励。

5）对于不同的员工采取不同的报酬措施

合理的经济报酬是对员工付出劳动的补偿和肯定，取得一定的经济报酬对不同的员工来说具有不同的作用。对有些人来说，报酬是一种取得社会地位的途径；而对另一些人来说，可能是受到赏识的形式；对大多数人来说，经济报酬决定了他们生活水平的高低，可以满足员工不同层次的需求。

因而，企业在工资与奖金的分配上如能按劳分配，保证工作表现较好的员工获得较高的报酬，就会激发员工的积极性和创造性；反之，就会严重挫伤员工的积极性，降低团队的战斗力。合理的经济报酬，不仅对激发团队成员的战斗力有重要作用，而且对保持团队成员的战斗力也十分重要。如果成员关系和谐、内部团结、思想统一、感情融洽、行动协调，每个成员对团队的归属感、责任感、自豪感就会增强，当个人利益与团队利益发生矛盾时，个体就会无条件地服从集体。相反，如果成员互不相容、猜疑嫉妒、尔虞我诈、内讧不止，正常的人际关系就不复存在，这样的团队不仅没有战斗力，而且必然解体。

【实例 12-4】　香格里拉酒店集团的管理之道——消除恐惧，下放权力

酒店行业中一件至关重要的事情就是服务。

香格里拉做到的就是：“我们希望员工在与顾客打交道时，就做出决定，这可能是很简单的事情。当顾客抱怨时，服务人员应主动解决问题，而不是说‘我要去问我的主管’。这是我们承诺实现的一个简单观念。”

这个观念看似简单，实际上推广起来有很大的困难。员工经常有一种害怕的心理，即害怕负责、害怕失败、害怕被老板责骂，他们有时感到经理不允许他们做一些事。经理必须学会放权，让员工做决定。

“因此我们的策略是，首先通过反复灌输做决策的重要性，并培训我们的经理不要因员工犯错误而惩罚他们，来逐步消除害怕心理。”香格里拉的负责人说，“其中又以经理对犯错误的反应为重点。”

这一进程使该公司改变了对经理成功的评价标准。它的高级经理开始关注一些他们以前从未注意到的事情，他们开始大力强调员工管理技巧。所有经理都可以看到他们在调整调查中所得的分数，这增强了他们营造环境提高员工积极性的意识。

公司还建立了一些机制，帮助下放权力给员工。参照财务机构的做法，将授予的职权限定为一定的金额，比如说，一个员工最多可以支配1 000美元。公司正寻找办法，将这个机制应用到非管理层。当一个员工与顾客打交道时，如果他不是管理人员，就有一个限定的金额。无论是什么花费方式，只要员工觉得那样可使顾客满意，他就可以随意支配。

这位负责人说："以前，我们对此非常模糊，我们只是有理性认识。但在实践中，最好不要概念化，越具体越好，这样人们才会知道他们的权限是什么，所以我们明确地规定了具体的授权。"

在规定权限时，公司实行管理层所说的"定义行动的框架"。这样，人们非常清楚"干好工作"的含义是什么。Scandinavian航空公司的前行政总裁Jan Carlzon这样定义他公司的框架："我们首先是要保证安全，其次是准时，再次是其他服务。因此，如果你不顾飞行安全，准时起飞，那么你的行为就超出了你的权限框架。同样，如果你为了等待两箱食品而没有准时起飞，也是超出了你的权限框架。那就是我说的框架的含义。你给予员工一个框架，在那个框架内，你可以放手让员工发挥。"

分析：

领导者在处理与下属、员工之间的关系时，应该学会一定程度的放权，给予下属自主决定一些事情的权力，而不是事必躬亲。懂得适当授权的领导者才是真正明白如何管理好企业和处理好人际关系的优秀领导者。

【相关链接12-3】 员工意见调查表：评估激励环境的工具

激励员工所涉及的心理因素颇为复杂。为了解员工的需要、期望，以及对目前处境的评价，可以通过员工意见调查表对下述四个变量进行评估，这四个变量可以相当可靠地反映员工心理状态的全貌：

➢工作生活品质。这是员工从个人角度评估工作生活品质，其中包括工作成就感、薪酬和收益、升职机会、称职的上司、舒适的工作环境、和谐的人际关系以及内部程序公正性等多种因素。这些都是员工满意的保证因素，高品质的工作生活环境未必能带来高效的激励，但低品质几乎一定使员工缺乏工作动力。

➢士气。士气高昂通常是高度投入的必要表征，但不见得是充分条件。服务人员会因为各种原因而士气低落，但依然可以高水准地完成工作，而且工作中未必缺乏创意。相反，员工可能会士气高昂，却未必能全身心投入工作。但就整体来说，士气和投入之间的联系还是相当明确的。

➢活力程度。活力程度主要是通过个人利益与心理满足程度来衡量的。"活力"一词是"心力交瘁"的反义词。处于不同身心疲劳程度的服务人员，一般表现为对工作没有什么干劲，对任何新的尝试都打不起精神。

➢乐观精神。这意味着员工相信有新的可能、新的做事方法、新的成就水准。乐观精神往往与士气和干劲一起出现，但并非总是如此。

如果服务组织的领导者希望在一线服务人员身上培养出高水准的激励和认同感，其首要任务就是运用上述调查结果评估服务组织目前的激励环境。如果现有的环境需要整顿，那么就着手整顿，直到员工表现出积极的心理状态。

资料来源　梁彦明. 服务营销管理［M］. 广州：暨南大学出版社，2004：299-300.

本章小结

为了有效地对旅游企业进行管理，必须对管理工作中的主要心理现象进行分析。管理工作中的心理现象主要包括领导者的素质与结构、员工的心理特点、员工的心理挫折与积极性调动等内容。

领导者个人素质主要由思想品德、知识水平、能力结构、心理素质、身体素质等几部分构成。个人素质可以通过学习、训练得以提高。企业领导水平的整体提高，需要配置合理的领导集体结构。领导集体的合理结构主要包括年龄结构、知识结构、专业结构、智能结构、素质结构等。

不同年龄段的员工心理特点明显不同，领导者要关注员工的心理健康情况。心理健康有一定的标准和一定的维护措施。管理心理中的重要内容还包括群体心理研究、群体的压力和规范、群体的凝聚力和士气等。

挫折是人群中的一种常见心理现象。挫折产生的原因有内部因素和外部因素两个方面，个人遭受挫折以后有直接和间接两种反应方式。领导者要根据员工的不同素质，改变自身的做法，采取积极手段帮助员工战胜挫折。研究管理心理的最终目的是寻求调动员工积极性的方法。基本的方法包括物质刺激、精神鼓励，以及营造宽松的工作环境、和谐的人际关系等。

关键概念

领导风格　领导权变　管理激励

基本训练

□ 案例分析题

老板和员工的博弈

以前有位酒店老总曾对我说过一句肺腑之言：你要去适应你的老板，而不能指望你的老板来适应你。他就是遵循着这一“金律”坐上老总职位的，而这句话也是他以前老板的口头禅。他以前的老板对他说这句话时，他刚进公司不久，对老板的工作方式不满，觉得老板不像他想象的那样果断，延误了不少最佳时机。当然，他的老板并没有因为他的不满而发生任何改变，改变的是他自己。现在他也习惯于四平八稳地处理各种事情了。时机？宁可错过一个时机，也不能做错一个决策。

我也一直觉得“要适应老板”的话很有道理，直至最近遇到一位对所谓“金律”很不以为然的酒店业新贵：“我的下属在适应我，但我为适应他们而做出的努力比你想象的要多得多。”这些努力主要是防止员工跳槽和研究怎样用最少的薪水换来员工最大的工作热情。

酒店业新贵努力的结论是：工资不能给得太高，比市场平均水平略高一点即可。给得太高，会被员工视为弱智，员工虽然短期内很开心，但从长远看则会缺乏对公司盈利的信心；给得太低，更不用说了，员工碰到合适的机会就飞走了。根据不同层次员工的心理需求，他制定了不同的策略，用最大的想象力满足员工的心理需求。他每月给管家部阿姨、服务生过集体生日，亲自为门童点蜡烛。“当他们不得不加班到深夜才走时，看在我给他们点生日蜡烛的情分上，一般都会放我一马，更重要的是不再以加薪或跳槽相威胁。”而对中层管理人员，他就高举“尊重他们，再尊重他们”的旗帜。无论大事小事，他都会找到特定的人商量，让他们提出想法，然后取精华再糅进自己的意见，交给他们去执行。这时他喜欢对中层人员说：“你这个创意很好，继续把它贯彻下去！”让他们误以为是自己在为自己打工从而越发卖力。

善于用不花钱的办法适应员工的酒店业新贵的事业正在急速膨胀，而奉着“要适应老板，不要让老板来适应你”为“金律”的公司也在稳健发展，不同的是后者只能用高额薪金或公司品牌来吸引员工，当员工因为“适应老板”而不得不加班的时候，是看在薪水的份上才放了老板一马。前者是用合理薪资和尊重关怀的情感来培养员工忠诚，而合理待遇和主人翁地位让员工更卖力工作，因此老板和员工的相互理解和相互适应最终实现了企业和员工的双赢。

讨论题：

1.结合本案例，分析员工的工作目的除了获取相应的物质报酬外还有哪些。

2.从企业的角度分析企业应该采取哪些措施来激励员工。

□ 思考题

1.什么是领导风格分类理论？影响领导风格的因素有哪些？

2.如何理解权变理论？

3.如何做到领导者与员工的协调以及如何做到有效地激励员工？

4.以学校所在地某一酒店为例，通过问卷来调查该酒店员工的心理状况，并分析如何做到保持员工心理状态最佳。

参考文献

[1] 吴正平. 实用服务心理学——客我双满意的奥秘 [M]. 北京：中国旅游出版社，1990.

[2] 吴正平. 旅游心理学教程 [M]. 北京：旅游教育出版社，1994.

[3] 吴正平，邹统钎. 现代饭店人际关系学 [M]. 广州：广东旅游出版社，1996.

[4] 沈祖祥. 旅游心理学 [M]. 福州：福建人民出版社，1998.

[5] 屠如骥. 现代旅游心理学 [M]. 青岛：青岛出版社，2000.

[6] 彼得，奥尔森. 消费者行为与营销战略 [M]. 徐瑾，译. 大连：东北财经大学出版社，2010.

[7] 李灿佳. 旅游心理学 [M]. 北京：高等教育出版社，2000.

[8] 王婉飞. 餐饮消费心理与经营策略 [M]. 北京：中国发展出版社，2000.

[9] 张树夫. 旅游心理学 [M]. 北京：中国林业出版社，2000.

[10] 东京帝国饭店营业企划室. 帝国饭店服务秘诀 [M]. 孙琳，译. 北京：中国旅游出版社，2000.

[11] 吕克. 雅高——一个银河系的诞生 [M]. 孙兴建，译. 北京：中国旅游出版社，2000.

[12] 李昕. 实用旅游心理学教程 [M]. 北京：中国财政经济出版社，2001.

[13] 赵西萍. 旅游企业人力资源管理 [M]. 天津：南开大学出版社，2001.

[14] 荣晓华，孙喜林. 消费者行为学 [M]. 大连：东北财经大学出版社，2001.

[15] 甘朝有. 旅游心理学. [M]. 修订版. 天津：南开大学出版社，2001.

[16] 谢苏，王明强，汪瑞军. 旅游心理学概论 [M]. 北京：旅游教育出版社，2001.

[17] 艾夫. 卓越服务 [M]. 宋亦瑞，译. 北京：旅游教育出版社，2002.

[18] 提姆. 对客服务艺术：成功源自顾客的满意 [M]. 肖洪根，等译. 2版. 北京：旅游教育出版社，2002.

[19] 罗子明. 消费者心理学 [M]. 2版. 北京：清华大学出版社，2002.

[20] 刘易斯，布里格. 新消费者理念 [M]. 江林，等译. 北京：机械工业出版社，2002.

[21] 桥本保雄. 大仓饭店接待艺术 [M]. 何世钝，陈晶，译. 北京：中国旅游出版社，2002.

[22] 吴正平，阎纲. 旅游心理学 [M]. 北京：旅游教育出版社，2003.

[23] 陈筱. 旅游心理学 [M]. 武汉：武汉大学出版社，2003.

[24] 阎纲．导游实操多维心理分析案例100［M］．广州：广东旅游出版社，2003.

[25] 徐栖玲，等．酒店服务案例心理解析［M］．广州：广东旅游出版社，2003.

[26] 布莱思．消费者行为学精要［M］．丁亚斌，等译．北京：中信出版社，2003.

[27] 陈觉．服务产品设计［M］．沈阳：辽宁科学技术出版社，2003.

[28] 段国强．旅游投诉案例与分析［M］．北京：中国旅游出版社，2003.

[29] 刘纯．旅游心理学［M］．北京：高等教育出版社，2004.

[30] 黎泉．导游促销技巧［M］．北京：中国旅游出版社，2004.

[31] 斯沃布鲁克，霍纳．旅游消费者行为学［M］．俞慧君，等译．北京：电子工业出版社，2004.

[32] 孙喜林．旅游心理学［M］．大连：东北财经大学出版社，2004.

[33] 王有路．导游艺术100例［M］．北京：人民音乐出版社，2004.

[34] 秦明．旅游心理学［M］．北京：北京大学出版社，2005.

[35] 薛群慧．现代旅游心理学［M］．北京：科学出版社，2005.

[36] 匹赞姆．旅游消费者行为研究［M］．舒伯阳，等译．大连：东北财经大学出版社，2005.

[37] 薛群慧．旅游心理学［M］．昆明：云南大学出版社，2005.

[38] 金海峰．旅游心理原理与实务［M］．北京：旅游教育出版社，2005.

[39] 陈启跃．旅游线路设计［M］．上海：上海交通大学出版社，2005.

[40] 李昕，等．旅游心理学［M］．北京：清华大学出版社，2006.

[41] 麻益军，等．旅游心理原理与实务［M］．北京：旅游教育出版社，2005.

[42] 所罗门．消费者行为学［M］．卢泰宏，译．6版．北京：中国人民大学出版社，2006.

[43] 王伟．品牌服务人教程［M］．北京：旅游教育出版社，2005.

[44] 王伟，孙东．服务经理人管理手册［M］．北京：旅游教育出版社，2005.

[45] 王伟，孙东．服务人教程［M］．北京：旅游教育出版社，2005.

[46] 梁杰．导游服务成功秘诀［M］．北京：中国旅游出版社，2006.

[47] 李一文．旅游心理学［M］．大连：大连理工大学出版社，2011.

[48] 李祝舜．旅游心理学［M］．北京：高等教育出版社，2013.

[49] 陈楠，等．旅游心理学［M］．北京：北京理工大学出版社，2011.

[50] 畠山芳雄．服务的品质是什么［M］．包永花，方木森，译．北京：东方出版社，2011.

[51] 佐藤知恭．如何让顾客的不满产生利润［M］．王占平，译．北京：东方出版社，2012.

[52] 刘宏申．旅游心理学［M］．成都：西南财经大学出版社，2012.

[53] 博泽克工．雅高——一个酒店传奇的诞生［M］．贺艺娇，译．广州：广东旅游出版社，2015.

[54] 大住力．服务的初心［M］．周征文，译．北京：东方出版社，2015．

[55] 川名幸夫．帝国酒店：恰到好处的服务［M］．张舒鹏，译．北京：东方出版社，2015．

[56] 石原直．好服务是设计出来的［M］．姜瑛，译．北京：东方出版社，2016．

[57] 刘纯．旅游心理学［M］．北京：科学出版社，2017．

[58] 王婉飞，等．旅游心理学［M］．2版．杭州：浙江大学出版社，2017．

[59] 李长秋．旅游服务心理学［M］．北京：旅游教育出版社，2017．

[60] 托波雷克．魔力服务：创造非凡顾客体验的82个技巧［M］．刘蕾，译．北京：中国人民大学出版社，2017．

[61] 赫佩尔．服务的艺术［M］．俞强，译．北京：人民邮电出版社，2017．

[62] 古德曼．细节决定体验［M］．张坚栋，译．北京：中国人民大学出版社，2018．

[63] 贾林男．西贝的服务员为什么总爱笑［M］．上海：文汇出版社，2019．

[64] 张建庆，穆亚君．顾客体验设计与管理［M］．北京：旅游教育出版社，2019．

[65] 马勇，李应军，等．旅游服务质量管理［M］．武汉：华中科技大学出版社，2019．

[66] 李志飞．旅游消费者行为［M］．武汉：华中科技大学出版社，2019．

[67] 董璐．服务心理学［M］．贵阳：贵州大学出版社，2020．

[68] 罗清．旅游服务质量研究［M］．北京：旅游教育出版社，2020．

[69] 钱三毛．海内外特色酒店案例解析［M］．合肥：黄山书社，2020．

[70] 黄蔚．服务设计：用极致体验赢得用户追随［M］．北京：机械工业出版社，2020．

[71] 艾格，洛弗尔．一生的旅程［M］．靳婷婷，译．上海：文汇出版社，2020．

[72] 岳鹏飞．极致服务真理101句［M］．北京：中国经济出版社，2020．

[73] 薛欣，雷铭．旅游消费者心理与行为［M］．北京：旅游教育出版社，2021．

[74] 纽曼，麦克唐纳．体验100个多渠道提升客户体验的实用方法［M］．耿聃聃，龚振林，译．北京：中国商业出版社，2021．

[75] 舒伯阳．旅游体验设计［M］．北京：中国旅游出版社，2021．